2020

北大清华人大社会学硕士论文选编

SOCIOLOGICAL MASTER DEGREE PAPERS FROM THREE UNIVERSITIES

李丁　储卉娟　晋军　卢晖临　编

中国商业出版社

图书在版编目（CIP）数据

2020 北大清华人大社会学硕士论文选编 / 李丁等编. -- 北京 : 中国商业出版社, 2020.12
ISBN 978-7-5208-1482-9

Ⅰ. ① 2… Ⅱ. ①李… Ⅲ. ①社会学-文集 Ⅳ. ① C91-53

中国版本图书馆 CIP 数据核字 (2020) 第 251440 号

责任编辑：滕　耘

中国商业出版社出版发行
010-63180647 www.c-cbook.com
（100053 北京广安门内报国寺1号）
新华书店经销
北京楠萍印刷有限公司印刷
*
880毫米×1230毫米　32开　14印张　403千字
2020年12月第1版　2020年12月第1次印刷
定价：58.00元
* * * *
（如有印装质量问题可更换）

前　言

回顾初心，和本科从北大中文转专业到社会学、挑战杯论文作征地拆迁研究、博士论文写农民子女的社会分化与流动、毕业后跟随卢晖临老师作东中西三村追踪调查、联合首都青年学者参与北京市回龙观天通苑地区的社区建设等众多行为一样，我答应郑老师参与三校论文选编工作，也有着强烈的情感冲动。

2017 年 3 月，郑老师在《南方周末》发出了参选社会学会会长的自荐书。我比较认同自荐书里的一些理念，心想如果受社会学理念滋养，平均素质这么高的学界同人们都没有办法改进自己的社区制度，还谈什么改变中国社会呢？看到郑老师退休后还能为了更美好社会振臂高呼，我成了那个唯一和他联系并表示支持的青年学者。发挥年轻人的优势，帮着制作了一个线上问卷，投放到微信群和朋友圈里，希望看看社会学同行们的意见。这是一个“得罪人”的调查。900 多人浏览了匿名问卷，最终只有 215 人提交，其中专业教学研究者 142 人，学会或专委会理事 44 人。大多数人支持郑老师提议的差额选举和会员选举会长制，但不支持会长不得兼任行政职务和会长任期一年的主张。当时我已听闻候选会长名字，作为在职青年教师，即便在当时活跃的社会学青年教师群里也不敢公开替郑老师吆喝，邀请大家填写问卷。因为候选会长单位很多朋友也在群里。有了关系牵绊，人的顾虑也就多了。

自荐信和在线问卷表面上如石沉大海，暗地里还是引起了不少反思和行动。吴肃然教授曾经写过一段有关社会学年会的小品文，刻画得很深刻。这几年社会学年会以及冬季论坛等学术活动安排作了不少改进。在多个学术会议上，我也亲眼见证了现任会长的辛劳勤勉与对晚辈学人的殷殷期许。那真不是一个轻松的职位。当然，这些都是后话。

因为这次参与，我从北大毕业多年后又和郑老师建立了私人联系。这才有了后面他托储卉娟老师问我是否愿意参与到三校论文集的出版工作中来，为三校优秀毕业论文的传播和全国社会学研究生培养做些事情。这个工作与郑老师自荐会长的用意类似，和我创建全国社会学青年教师微信群——“青椒”，为同龄伙伴提供一个跨单位成长陪伴群，促进社会学共同体发展的目标一致，于是我当即就同意了。虽然知道这项工作耗费精力、不算工分，对一个尚未解决职称问题的“青椒”来说，回报率极低，但从我对自己人生意义的心理暗示来看，是件值得做的事情。郑、沈、潘三位老师开创的事业，具体配合硕士导师卢晖临，学妹及同事储卉娟，清华大学的晋军三位老师工作，这样的社会关系，让这项任务变得更有意义，好像有了一种使命感。

写论文亦是如此。只有对研究议题或问题动了真情，相信它的长远价值，才会真的“用心用力”。最近几年入选的优秀论文很多都是作者多年关注的具体呈现。2017年董彦峰的论文就是长期“浸泡”在调研地，与村民同吃同住，不断观察访谈的成果，是他成长过程中长期好奇的问题。通过硕士论文写作，他不仅明确了自己相对于同龄人的优势，选择了学术方向，研究能力和视野也因此得到了极大扩展。他现在是北京大学社会学博士，已进入到博士毕业论文写作阶段。2019年入选论文的作者陈莹骄和2018年的陈忠都是卢晖临老师的学生，两个人一起参加调研，结合各自成长经历和当时的农村现状，他们都非常关注农村小孩的发展和教育问题。陈莹骄在多次调研后仍然对自己找到的切入点和理论视角不满意，为此，三年学术硕士再延期毕业一年，比本专业硕士陈忠多读了两年（因为毕业论文不满意而延期的北大社会学学生并不是个例）。反复琢磨，补充调研，在陈忠已经写出一篇优秀论文的基础上，硬是又写出了一篇更厚实，让人眼前更为一亮的好论文。论文写作过程中，她也成功地考取了北京大学社会学博士生。硕士论文写作以及硕士阶段长期的阅读讨论与调研工作不仅让她具备了一次性通过北大博士考试的超强综合素质，更让老师们充分感受到了她的学术志趣与追求。

据不完全统计，近 4 年入选论文集的 32 位作者中，多数都读博深造了。如 2017 年的董彦峰、何钧力、林思成、唐元超、吴文兵、余慧芳、张越，2018 年的韩礼涛、余朋翰、祝璞璞，2019 年的陈莹骄、解鸿余、何奇峰、王婷婷、熊志颖、朱涛，2020 年的陈映彤、郑肯、付堉琪等。筛选论文时，我们完全没有考虑学生背景和毕业出路。论文集能选出这么多预备博士，与他们在选定学术方向后，相信硕士论文写作训练的价值并给予了更多重视密切相关。其他论文的选题很多也是学习生活过程中长期关注和观察的结果，比如潘荣桂关于大学校内空间与情侣恋爱日常的研究，舒辉关于游戏生产过程的研究等。

进入研究生阶段，标志着大家从一个知识学习者变成相对专业的知识生产者。经过多年培养和选拔，凭借基础素质，完成硕士论文大概率上是没有问题的。至于写得好不好，更多是态度问题，是是否愿意投入的问题。硕士最后一年是论文写作的关键阶段，很多同学都将心思放在了实习和找工作上。实际上，应该更早地作好规划，以便能在找工作之余留出更多时间用于阅读和研究写作。大家今后的工作大概率是利用既有知识结合新的经验材料，生产新的知识或作出新决策。虽然不一定要像硕士论文长篇大论，但是明确关键问题、收集证据资料、进行分析论证的过程和逻辑是相似的。在硕士阶段锻炼好这种能力，对将来的工作大有好处。

结合中国人民大学社会与人口学院的制度安排以及自己指导研究生的经历，我建议社会科学的研究生们可以给自己设定几个与硕士论文写作相关的任务和时间点：

（1）研究生录取确定后，先问自己一个问题，如果用2～3年的时间为这个社会贡献一点新知识，你希望是关于什么主题的，或者更确切地说，是什么问题？为什么？给自己找到十足的情感理由和价值支持。这样，不需要任何其他人督促和提醒，凭借自己的兴趣爱好和价值追求就愿意在研究生阶段围绕着这个主题或问题多读、多想、多观察、多记录。如果一时找不到这样的主题和问题，那么给自己设定一个时间点，最晚在倒数第三学期的期中，找到相对明确的答案。否则毕业论文的选题大概率会是“撞到什么是什么了”。

（2）尽早告诉导师自己的这个关切，并让他给予一些阅读建议和接触经验材料的调研实习机会。

（3）研究生阶段的寒暑假最好都能全身心地投入到严肃阅读或社会调查中，充分感受和体验社会，并在最后那个学年的秋天回校之前完成主要经验材料的收集工作并形成论文大体框架（对两年制硕士也是如此）。即便如此，到来年6月毕业答辩，也只有10个月时间了——很多教授生产一篇论文的时间比这还要长。

（4）最后一个秋季学期开学后务必立马与导师商量确定好论文选题、写作框架、论述逻辑、时间安排（要将实习、找工作、考博、准备英语和出国材料等的时间考虑进来），充分利用这个学期的时间完成经验材料整理工作、文献综述工作，并利用十一假期和寒假做好补充调研工作。

（5）到最后学期开学，也就是2—3月，基本完成论文初稿并进入预答辩状态，征求老师和同学意见，然后利用最后两个月时间进一步修改论文，完成答辩工作。

实地调查研究，至少应该在毕业前那个寒假完成实地调研资料的收集工作，并适时与导师沟通调研进展与收获。实地调查开始得越早，看到过程和故事越多，更容易产生研究问题。个案访谈似乎耗时不多，确定访谈提纲后集中访谈，十天半个月凑足 20 ～ 30 个案例好像很容易，尤其是访谈对象比较好找时（如大学生）。但是，需要告诉大家的是，访谈能力差异真的很大，没有经过大量操练和对于研究问题的充分探索，是很难凭借自己的一张嘴和浅薄的背景知识获得那些你根本就没意识到的重要信息的。而且，这类个案总结或个案比较型研究，要写出高水平来很难。很多论文最后只能给出一些粗浅的概括，并配上裁剪的经验材料作为例证。好的论文，概念框架和材料要水乳交融。实现的前提是，对问题和材料有充分把握，这常常是一个漫长的迭代过程。需要边访谈边分析材料，绝不是匆匆做出一个访谈提纲，然后批量访谈，最后进行分析就能实现的。如果计划写作理论性的硕士论文，需要更早动手。恨不得能在本科就有相对明确的阅读对象并开始积累。

很多同学认为定量论文容易写，可以迟一点开始。实际上，定量论文的写作时间并不能更少。而且要有心理准备，写出可以媲美三校论文集的定量论文是非常非常非常难的。因为，这不仅需要具有极强的数据管理与统计分析能力，还需要具有很强的理论素养，并拥有切合研究问题的数据资料。多数社会学定量硕士论文更像方法课练习作业，而不是新的知识产品。社会学研究生由于统计功底差和方法训练不足，难以在方法上创新。大量论文主要是回归模型加上交互效应、中介效应，最多再作一些稳健性分析或尝试用匹配法、工具变量法等解决内生性问题。更关键的原因是，大家不大可能先提出研究问题，然后据此定制调查方法和测量工具，采集数据以使其匹配高品位的学术问题，而是通常不得不使用现成的开放二手数据或导师课题数据。因此，研究问题及其操作化都会受到极大的限制。如果不反复研究对比已有数据，在细致的文献梳理中找到值得研究的新问题，并发挥高超的想象力，那么写出精巧又有价值的定量论文是很难的。三校社会学论文集没有量化论文，与主编们的偏好有一定关系，也与社会学定量硕士论文的水平与知识贡献相关。我建议可以在方法课上进行完整的量化论文写作训练，而在硕士论文选题时能选偏质性的经验研究，这样可以使自己得到更加完整的研究方法训练。

硕士论文的写作节奏要明显区别于课堂作业和期末论文。指望用最后 2～3 个月时间完成硕士论文选题、资料收集和文字写作的整个过程，将带来巨大的心理压力，不仅得不到有效的知识生产过程训练，养成良好的研究习惯，甚至会养成坏毛病或落下一辈子的写作阴影。它不是一个既有知识的纸面组合过程，而是新知识生产的社会过程。其时间节奏与高校、科研单位、政府部门的研究项目的节奏接近。确定选题、研究设计、准备研究条件、落实资料收集的社会过程需要耗费大量时间。如果是新的研究领域，知识储备和社会条件准备的时间就更长。而这正是一个知识生产的新手写作硕士论文时的情况——几乎全新的话题、极少的知识积累和社会资源积淀。这个长达半年、甚至几年的硕士论文写作过程是与上课、实习、找工作交织在一起的。就像老师们的项目研究工作与日常工作，如行政事务、会议、教学安排、家务劳动等交织在一起。在论文写作过程中规划好进度，平衡好任务冲突，形成自己的知识素材管理体系，养成良好的研究习惯，将极大地改善终身学习的品质和知识生产体验。

希望大家不仅能读出每篇文章的精彩，更能读出每篇文章写作和整个论文集编辑出版的复杂社会过程！感谢每一位支持真知生产和传播的人！愿大家都能有着不竭的内驱力、强劲的社会支持和良好的知识生产习惯。

李　丁

2020 年 10 月 13 日　凌晨

目　录

传统与现代铆合下的彩礼给付实践

陈映彤　北京大学社会学系2016级
指导教师　卢晖临

第一章　引言

一、问题的提出

21世纪以来，农村地区的彩礼数额普遍经历了明显的快速增长，于生育男孩的家庭而言已成为一项沉重的负担，大量适龄男性因此难以进入婚姻，彩礼现象被视为社会病理学意义上的“社会问题”。而在一些地区，由彩礼引发的刑事案件更是屡见报端，凡此种种，冲击着公众对于婚姻家庭话题的敏感神经。

正如有关彩礼纠纷的报道经常在大众心目中激发出两种对立的形象——掉进“钱眼”、贪得无厌的女方家庭与面对沉重经济压力选择用暴力予以回应的男性。舆论场对彩礼问题的讨论也时常导向一种“性别战争”：据说是出于女性主义视角，一些观察者将彩礼视为父权制遗留的陋习，是农村女性在婚姻家庭中仍然处于依附地位的明证；另一阵营对此则不屑一顾，性别结构中男性的相对过剩导致女性成为婚姻市场上的稀缺“资源”，彩礼风气的败坏显然来自女方在缔结婚姻时的“漫天要价”。由于“供求关系”作为一种结构性的解释确实相当有力，持“女性视角”者常常也会默认这一逻辑，转而提醒论辩对手不要忘记畸形性别比的根本原因：正是农村地区传统上强烈的男孩偏好造就了今天农村男性的择偶处境，高额彩礼和大量“光棍”都是重男轻女者的“自食恶果”。显然，不管这种相互攻伐多么激烈，双方都对以“供求关系”解释彩礼的有效性毫不怀疑。

婚龄人口性别比对婚姻市场的影响当然是不容置疑的。近年的研究表明，随着20世纪80年代的高出生性别比队列陆续进入婚姻市场，未来一段时间对男性的婚姻挤压将持续加重（郭显超、黄玲，2014；果臻等，2016；于潇等，2019）。

但是，“供求失调说”毋宁是理解彩礼的起点而非终点。正如“婚姻市场”不是真正的市场，婚姻关系也不应成为买卖关系。由于存在使神圣的婚姻沦为交易的倾向，自古及今，主流话语对“婚姻论财”的批判从未停止。在民间，“买妻”与“娶妻”之间的界限亦是分明的，没有新娘会将彩礼看作自己的“竞拍价格”。若承认彩礼给付是一个社会过程而非单纯的经济行为，就意味着承认其背后存在某种合法性观念，而“婚龄女性的稀缺性”显然不足以提供这种合法性。事实上，回望其历史脉络，彩礼习俗诞生之初就是与“从夫居”这种特定的婚姻家庭安排形式关联在一起的。

基于以上分析，一些问题呼之欲出，比如：在村庄生活的情境中构成彩礼要求之合法性言说的依据有哪些？在婚姻市场中被设想为“待争夺资源”的女性，是如何理解其要求彩礼的行动的？以及，在刚性的父系家庭结构趋于松动的今天，与彩礼习俗相关联的是哪些婚姻家庭安排？彩礼实践的过程卷入了缔结婚姻双方对婚姻家庭的哪些期待？回答这些问题，需要将彩礼置于家庭的组建与维系的整个历程中进行讨论。

二、彩礼的偿付原则与“卖女焦虑”

许多彩礼研究经常将“婚姻偿付模式”与“婚姻资助模式”并举，作为对两种彩礼流动路径的概括。在实际经验中，前者通常指女方父母收到彩礼后不予返还的情况，即彩礼成为对嫁女家庭的补偿；后者则指女方父母收到彩礼后增加一些，一并给予新婚夫妻小家庭的情况。从彩礼的经济功能上看，这种区分非常必要。不过，女方返还彩礼的前提是男方给予彩礼，因此“婚姻资助模式”中未必就不存在偿付的逻辑。而从彩礼的历史上看，两种模式在历史脉络中的地位也完全不同。因此，很难抽离具体的时空情境比较何种模式更适切于经验的描述。事实上，恰恰在彩礼实践本身的历史变化中，似乎可以找到接近前文所提问题的某种线索。

1. 起点：作为补偿支付的彩礼

Jack Goody 以非洲的民族志材料为基础建构了一种分化程度较低的社会中的婚姻交换模式，即作为社会性交换的聘礼（Bride-wealth，或称彩礼[①]、新娘财）体系。Goody 认为，聘礼是男方亲族由于占有女性的生育力和劳动力而向女方亲族支付的一种补偿，其水平标志着女性权利转让的程度，也与男性对后代的权利相关（Goody and Tambiah，1973）。多数关注婚姻支付的民族学者都倾向于将非洲视为典型的“聘礼社会”，而将欧洲大陆和印度归为实行嫁妆原则的地区。但另一方面，也有一些学者力图表明，聘礼习俗实际比人们通常想象的更加普遍，由新郎向新娘父亲支付财物的做法在萨利安法兰克人、早期日耳曼人广泛存在（Hughes，1978；Testart，2013）。

确实，单一的偿付逻辑对于分化程度更高的亚欧各民族并不

① “聘礼”与“彩礼”的区别只在称谓，前者更偏书面。本文对用词的选择将基于具体的语境。

完全适用，没有证据表明这些地方存在类似非洲那样广泛而稳定的“新娘—财物”相向运动。但鉴于大规模工业化到来以前，婚姻通常涉及女性从父亲家庭到丈夫家庭的位移（Schlegel and Eloul，1988），偿付逻辑的婚姻交换模式仍然清晰地展示了“从夫居”的总体安排下父系家庭的整合方式和动力：从家庭外部得到妻子并提供补偿，以合法地占有其生育能力和劳动产品，并繁衍自己的后代。至于汉民族的情况，虽然有关上古时期庶民生活日常的记载付之阙如，但儒家经典中仍然可以找到这方面的提示。在“六礼”中，纳征，即纳聘币，是具有决定性意义的环节。吕大防认为：“纳征者，纳币以聘之也，古之聘士聘女，皆以币交，贞洁之女，非礼不行……是有俪皮束帛。”（陈鹏，1990：206）显然，纳聘币体现了婚姻中“男先于女”的基本精神，以聘士比之聘女，男方家庭自然就类似于“主公”了。诚然士婚礼更强调的是聘币之“礼”而非“财”的一面，但至少由此可见，男家向女家赠送礼物，是婚姻证成的重要标志（而不是相反）。

2.“卖女儿”的道德焦虑与嫁妆习俗的确立

虽然聘礼反映了汉民族地区嫁娶婚的基本精神，但整体上而言，中国通常被认为是嫁妆与聘礼并行的地区。重要的变化发生在唐宋之际。陈鹏先生爬梳史料对宋代财婚的特殊性早有感受：“男女嫁娶，既非财不办，而女之难嫁，尤甚于男，故嫁女之家必倾资遣送，甚有质第宅行假货以给者。”（陈鹏，1990：141）伊沛霞则对由唐至宋从重聘礼向重嫁妆这一转变进行了集中探讨，并将其与社会政治领域的变革联系起来（Ebrey，1991）。唐代的婚姻论财是魏晋南北朝以来婚重门第之风的延续，鼎革之际的新贵往往斥重金聘礼求取与山东士族缔结婚姻的机会。为了遏制这种借婚姻进行的资源置换，唐高宗诏令禁止七姓十一家为婚姻，并规定聘礼必须作为嫁妆返还：“自今以后，天下嫁女受财，三品以上之家，不得过绢三百匹；四品五品，不得过二百匹；六品七品，不得过一百匹；八品以下，不得过五十匹。皆充所嫁女赀妆等用，其夫家不得受陪门之财。”（《唐会要》卷八十三）

伴随科举选官逐渐而彻底地清除门荫制度的影响，唐中后期已经出现了进士结婚时索要丰厚嫁妆的现象（孙玉荣，2013），及至宋代，这种做法更是几乎成为主流。宋代文官政治给平民出身的读书人提供了大量晋升机会，前途无量的士子取代了唐代世家大族女子成为婚姻市场上被竞相追逐的对象，嫁妆由此显示出在横向拓展社会关系方面的重要优势。这种风气甚至由精英阶层下沉到民间，新婚家庭的物质基础一度大部分由女方家庭提供（Ebrey，1991）。此时，嫁妆的内容也不再只是衣物首饰等新娘的个人用品，而出现了土地、房宅等不动产（宋东侠，2003），在清代和民国时期的一些法律文书中，仍然可以看到奁田的存在。

宋代以后，以贵重嫁妆求取夫婿的风气略减，但是在很多地区，嫁妆原则已然作为一种传统固定了下来。其中除了习惯本身的固化倾向外，对于“卖女儿”的道德敏感也是表述嫁妆必要性时诉诸的重要因素之一。

众所周知，自中华人民共和国建立之初贯彻新婚姻法以来，废除以彩礼为代表的“买卖婚姻”，一直是我国推行的婚姻改革中的重要内容。事实上，经济因素作为某种异己性的力量（特别是以货币形式支付的彩礼），它的卷入本身对婚姻的神圣性就具有潜在的破坏性。在这个意义上，现代女性主义者对彩礼的道德谴责并不鲜见。婚姻论财使得婚姻契约沦为商品契约，犹“驵侩鬻奴卖婢者”，这种道德关切在儒家知识分子对财婚的批评中是一个相当常见的主题。即便受限于时代风气不免从俗，士人阶层仍然会在形式上极力避免不佳的联想：“（士大夫家婚书）均只叙求婚许婚之意，而聘财之数，则‘具如别笺’。盖士大夫家以礼自文，且多故旧为婚，笃于亲谊，与当时世俗之‘立契约云，某物若干，某物若干’，犹‘驵侩鬻奴卖婢者’似略有差异。”（陈鹏，1990）显然，只有通过避开谈论聘财，婚书所具有的仪式神圣感才能得到最大限度的保护。有趣的是，在1937年的《益世报》上，一位天主教人士几乎用同样的理由号召纠正买卖婚姻，只不过增加了婚姻自主的内容：“把神圣的婚姻当作儿戏，子女当作货币。要价还价，形同畜类。到此，婚姻神圣被侵犯了，婚姻自主被剥夺了，一切不幸的惨剧，一幕幕的均由此开始！”（益世报，1937[19]：556）

在这个问题上，嫁女方的焦虑又会大过娶妻方的焦虑。当婚姻与“生意”边界模糊起来时，首当其冲的是新娘的人格。在从夫居住、单系偏重的总体性安排中，新娘是作为物来交换的，女性似乎只是作为以男性为核心的血缘组织传宗接代的要素而存在。在商品关系并不发达的情况下（比如前殖民传统下的非洲），聘礼通常由法令和习俗确定（钟独安，2008），这使得新娘的交换更可能服从礼物交换的逻辑，从而也深嵌于社区的总体道德；但是在商品关系更为发达、聘礼货币化，以及婚姻竞争高度激烈的情况下，“彩礼—新娘”的交换则有使婚姻变为交易、新娘沦为商品的风险。

为了避免女儿的降格，为女儿陪送嫁妆就成为一种自然的选择。如前所述，虽然嫁妆通常被认为是富裕阶层建立姻亲关系网络的一种手段，然而许多民族志记载能够表明，在许多地区，为女儿陪送嫁妆并不仅是富人借女儿出嫁展示经济实力与声望的方式，也是普通农家让女儿在婚姻中保证尊严的方式（杨懋春，2011；费孝通，2007；Parish and Whyte，1978；韩敏，2007；李霞，2010）。

嫁妆的强烈象征意义体现在，即便在以直接的聘礼交换为主的华南地区，嫁妆有无仍然成为当地村民区别“妻”与“妾”的标准。即便在较贫穷的人家，新娘也不会空手嫁入夫家（Watson，1991）。可见对“卖女儿”的道德敏感，并非精英阶层特有的传统。

李霞在对华北村落的研究中，提示了地方传统中化解这一问题的两种做法：一是确保聘礼的象征而非实物价值，二是为女儿准备嫁妆。因此男方家付出的财物主要是象征性的见面礼、衣服，嫁妆反而是实物价值更高的。反之，女方家向男方索要财物是非常丢人的事，会被说成是“拿着闺女卖钱”。在1949年以前，即便是比较有钱的人家在定亲时也只是给未来的儿媳妇一对金耳坠，此外不再给女方家任何相当于聘礼的礼物。李霞认为，这种不均衡的交换（女方家庭“赔人又赔钱”）意在彰显新娘的礼物而非商品性质（李霞，2010：97）。女方家庭赠出的是新娘的劳力和生育力，但保留了她的人格、情感和与娘家的关联。费孝通先生也曾明确提醒，在江村，“彩礼并不是给女孩父母的补偿”。通常，女孩父母会增添一份财物与聘礼一起作为嫁妆送还男家，“按照一般能接受的规则来说，增添的财物如果抵不上聘礼，那就是丢脸的事，女儿在新的家中的地位也将是尴尬的”（费孝通，2007：44）。

在作者的田野地点苏村，这一点也在前期访谈中得到了初步印证。生在本地、嫁在本地的苏村妇女主任梅琳认为现在“风俗坏了”，理由是20世纪八九十年代结婚时，嫁妆的价值通常要高于彩礼。比较当时和眼下，变化既有女方家庭相对支出的减少，也有仪式程序上的简化。大概十年之前，女方父母还会将彩礼的一部分用于置办家电、家具等陪嫁，余下部分随心增减返还给男方，而现在“陪女儿越来越简单，出个人就行”。结亲双方在经济负担比例上日益悬殊，似乎越来越远离传统上的“得体”期望。

以上简单的梳理过程意在表示，一些在今天可能被视为“陋俗”的现象，在传统的规范谱系中也未必找得到正当的位置。显然，对彩礼的要求长期与“卖女儿”的道德负担缠绕在一起。那么，如何理解女方家庭在下一代婚姻中支出标准的相对降低？从嫁妆的丰俭到彩礼的高低，评判苏村新娘是否够有“面子”的标准似乎确实发生了重心的变化。在此基础上，我们自然想知道，过去嫁女方“要求而非给予礼物”带来的使新娘降格的风险，在新的情境中是如何被处理和化解的？进而，以婚姻交换实践为窗口，可以发现今天农村婚姻家庭的哪些变化？这些具体问题将牵引接下来的研究。

三、国内彩礼研究述评

在一项新近发表的关于彩礼的研究中，作者认为，结构功能论视角下的婚姻支付研究固然强调了彩礼在姻亲关系与代际关系方面的社会功能，“但由于缺乏在更宏大的社会结构及变迁中探究彩礼问题的视野，而且始终忽略了更微观的彩礼议定过程，因而使得对彩礼的认识局限在其功能意义上，彩礼的道德意涵也由原初‘礼’的最高点急剧降到‘剥削’的最低点”，而“婚姻市场理论”因应于现代化变迁，“虽然在更宏大的社会结构中考察彩礼，却以‘文化意义衰落’的说辞遮蔽了彩礼在经验社会中仍然具备的道德意涵”（王思凝等，2020）。部分基于上文论述过的理由，这一批评是准确和中肯的。传统人类学脉络中的婚姻支付研究，处理的基本是相对稳定、分化程度相对较低的社区中的婚姻交换，围绕婚姻财的给出与接受，关联起来的是一整套亲属制度下的权利与义务关系（Goody，1973）。因此对这种基于稳定习俗的彩礼功能的说明，自然也可以理解为一种规范性说明。其一部分是由于中国社会本身的快速变迁，另一部分是由于研究者放弃了对规范性的提问，近年着重关注彩礼功能的研究固然提供了很多关于家庭领域中姻亲与代际关系细节的可靠观察，但似乎也逐渐满足于中观层面或对具体家庭策略的说明（吉国秀，2007；王跃生，2010）。而一些尝试从婚姻支付变迁关联到价值变迁的研究虽然足可提供启发，但经验的延展性和论述的周密性似乎还有待发展（阎云翔，2006；熊凤水，2009）。

在依托“婚姻市场”的研究中，最明显的问题是“供求失调”

与个体行动者之间的鸿沟一直没有得到很好的解决。正如上引文章所说，婚姻市场理论拥有提供结构性解释的野心，相关研究也往往善于提供不同区域婚姻市场的速写，但一旦进入具体层面则解释往往失于粗糙，所谓的“机制解释”经常是平面的而非过程性的。比如，对“女方要价”机制的解释可能止于“攀比心态”“社区公共性衰落”等概括，很少呈现行动者的具体实践（桂华、余练，2010；王向阳，2017）。或许，这一陷阱是援引“婚姻市场”作为核心解释资源时很难避免的。

事实上，如果事先接受了一个高度“市场化”的婚姻市场模型，行动者的具体实践就已然不那么重要了，因为理性人当然会遵循市场规律，而不能被这一规律容纳的现象将成为“杂音”。即便是有意识地基于婚姻市场对“实践”进行的分析，仍然难以避免简约倾向。比如李永萍的研究指出，彩礼归属主体由父母转向女儿本人，这一点给女方父母要求彩礼提供了相当的合法性（李永萍，2018），但可惜的是研究者仍然没有展示彩礼议定的具体过程，以呈现女方父母是如何运用这种合法性的有利条件的。

观察目前国内学界对彩礼的讨论，另一重可能的局限性是未被明言的“现代化视角”带来的，只不过其重心通常立足于变迁之前的稳定状态。这意味着，研究者对彩礼的关注，很大程度上是将其作为一个社会病理学意义上的“社会问题”进行观察。这可能意味着对更“成问题”地区的关注，意味着更加“问题化”的表述，比如将彩礼现象总结为“代际剥削”“伦理缺位”（王德福，2014）。

由于过强地将彩礼预设为一种“反常”现象，将其视为经济与社会变迁中出现的不良后果，研究者自然很少感受到追问彩礼实践背后规范性与道德内涵的必要，而满足于人口和经济层面的解释。比如，“婚姻市场”取向的研究可能不吝于呈现村庄的社会经济面貌，但是基本不会深入婚姻和家庭生活的细节，“较少将其作为生动的社会行动过程予以研究”（王思凝等，2020）。比如，李永萍的研究如果能够呈现彩礼协商议定的具体互动，或许我们就可以知道父母为女儿要价的合法性效力边界何在，在什么情况下即便女方父母承诺以嫁妆形式返还彩礼，男方家庭仍然有拒绝的可能；在什么情况下这种有利条件可以发挥到最大，从而更加具体和真实地理解“攀比”的含义。

基于以上评述，本节开头引用的研究给予本论文相当的启发，甚至在一定程度上回答了“卖女焦虑”的问题：彩礼的议定本身是一个高度互动性的过程，即便在彩礼不以嫁妆形式返还的地区，“议彩礼”仍然有高度的道德嵌入性，“议价最大的情理在于不得不议”，只有“议”出来的彩礼才能最大限度地成全议价双方的道德感受力（王思凝等，2020）。

四、调研过程简介

本论文的田野点苏村是一个位于安徽省北部的务工村庄。笔者的导师卢晖临老师长期主持追踪中国农村社会变迁的课题，苏村是所选取的三个调研点之一，项目团队在当地有良好的社会基础。2017 年开始笔者参与到课题中，通过多次到访苏村，亦建立了较好的社会关系。因此，本文的撰写主要基于 2019 年间对村庄进行的 3 次调研。

第一次调研开展于 2019 年 1 月 22 日至 29 日。这次调研在尚未明确写作主题的情况下对村庄的婚姻与家庭进行了概貌性了解，方法主要是随机走访家庭户，进行非结构式访谈。第二次调研开展于 2019 年 7 月 3 日至 28 日。这次调研的主要内容包括：①随机走访家庭户，话题涉及家庭生计、打工经历、子女婚姻、子女养育等；②与关键报道人进行以彩礼为主题的访谈；③根据报道人提供的线索，收集最近5年间嫁出女儿或娶进媳妇家庭的案例，对在村者进行专门访问，主要内容包括婚姻缔结的基本情况与彩礼的议定过程。第三次调研开展于2019年11月30日至12月5日。这次调研的主要目的，是在上一次工作的基础上，选择重点案例进行回访，进行更深入的挖掘。在1月的调研中，我是作为调研组成员与伙伴一同前往苏村的；7月和12月的工作则由我独立开展。不过，论文写作最终能够完成，仍然建立在团队中前人与伙伴的大量工作成果之上。

第二章　苏村婚姻缔结的概貌

一、村庄的基本面貌

苏村是一座典型的皖北村落，位于安徽省T县西北，距县城32千米。因地处淮河支流沿岸，苏村在20世纪90年代以前，常遭洪水之害。中华人民共和国成立以来，最严重的两次洪灾分别发生在1972年和1991年，房屋和庄稼全部被淹没。因此，一直到改革开放前，苏村都有外出务工的传统，其中1991年的洪水尤其促成了苏村人大规模外出务工的过程。

现在，苏村是一个以务工经济为主的村庄。根据“三村观察”研究项目2016年的调查，在当时苏村3457名总人口中，外出务工或经商者为927人，这意味着90%左右的苏村家庭至少有一名外出务工的青壮年劳动力，其中男性占到65%，“长三角”地区是苏村的主要劳务输入地。根据曾经长期担任村干部的弘兵估计，村中年收入10万元的家庭能占到10%左右，在夫妻二人都稳定地在外务工的情况下，年收入五六万元并非难事。可见，T县当地甚至省内都没有能够吸纳大量劳动力的产业，在这种情况下，决定普通苏村家庭收入水平的，很大程度上是同一时间内能够外出务工的劳动力数量。

苏村下有 7 个自然庄，1 个小集市，11 个村民小组。从村庄形态上看，整个苏村包括新旧两部分，一部分是相对分散的老村落，其中大部分是砖瓦房；另一部分是集中规划的新村，房屋是统一设计的小楼房，小集市设在新村中心的十字路口。在新村未建之前，村民外出打工的首要目的就是回家建新房。新村修建以后，村里不再批宅基地，村民由建房转向买房。苏村新村于 2005 年在耕地上开始建设，按照占补平衡的政策，原来宅基地复垦为耕地。经过十多年的建设，新村占地 300 亩，已建成 700 户左右，入住 500 多户。因为基础设施完善，新村还吸引了外村 40 多户人来这里买房。不过，当儿子买房乔迁到新村后，一些年老的父母（主要是七八十岁的老人们）并不会一起搬过去，而是继续留在老村生活，部分是出于对老屋的眷恋，部分是由于“住在新村不习惯”。

新村建设的成功使得苏村成为省级示范村，时任村书记的弘兵也成了当地的政治明星。不过建新村的意义并不仅仅在于政治上的“先进”。由于和老村只有一坝之隔，且规划集中，苏村人原有的社会交往和社区生活能在改善人居环境的情况下得到比较好的保留。而且，作为历史上曾经辐射周边的集市，苏村今天的规模仍然较周边村庄为大。加上新村建成，苏村每隔一天就逢集，一横一纵两条街道上颇为热闹，邻村人也经常会来赶苏村的集，买家门口没有的东西。留守在家的年轻媳妇、带孩子的奶奶们会定期出现在集上，住在老村的老人们也会趁此到新村的集上会会老朋友。

另外，新村的建成对于缓解苏村男青年的婚姻压力也有一定的积极作用。在新村建设之时，T 县县城的商品房市场还没有成熟，因此在周边其他地区开始逐渐追求以县城购房作为结婚条件的时候，对苏村的不少媳妇而言，新村的一套婚房也是可以接受的。村里很多父母为了孩子结婚，早早就把房买好，等儿子结婚的时候再装修。

二、苏村青年的择偶：结构性约束与策略

苏村当地对择偶标准的表达是，男的要“正干”，女的要“能过日子”。“正干”代表的并非农业传统下“吃苦耐劳”的品质，在市场化的背景下，“正干”意味着有将辛苦变现的能力。而“能过日子”不仅指在持家上节俭，还意味着以家庭为重、拒绝过度追求个人满足的性情与能力。[①]

伴随着务工流动，苏村的通婚范围出现逐渐扩大的趋势，但对本地婚的偏好仍然明显。狭义的“本地”范围包括本村、本镇以及两个隔壁乡镇。不过随着交通逐渐便利，本县范围内的通常都被认为是本地婚。如果用这个标准来看，以Y村民组为例，在统计的所有73对结婚夫妻中，本县范围内的通婚占到70%，最近20年间，本地婚的比例仍然可占到60%左右。看起来，苏村通婚范围的扩大主要体现在最远通婚距离的增长和跨省婚姻的相对增多。

根据苏村全员人口统计资料，2016年全村有922户，3534人，平均户规模3.83人，与1999年户均人口4.3人相比，减少了0.47人。在总人口中，男性1880人，女性1654人；16～60岁的劳动力2155人，其中男性1134人，女性1021人。与全国很多农村一样，苏村当地的男性青年承受着婚龄人口的较高性别比、由教育和务工带来的女性向外流动、婚姻匹配中女性“上嫁”偏好等多重因素带来的婚姻挤压。

女性在择偶方面的相对优势地位是不言自明的。由于普遍外出

---

① 一位中年妇女对“能过日子”的反面是这样解释的：“有的不好好过日子，她挣一个钱花两个，或者花心，结了婚还在外面玩。”

务工，春节期间一直是村里婚礼集中举行的时间段。作为村干部，妇女主任梅琳以前每年春节要喝二十多场喜酒，但近几年每年只有十来家。

> 找不到女孩怎么搞？现在女孩子介绍对象，不是讲我们以前，多长时间相了一个对象，而是在一天内，春节的时候，要相十家、十几家，对比他们的条件。十几个人，就挑这一个人。不是没人给你介绍，而是你的相中率太低了。没有一个特别特别好的条件，就跟你到社会上去面试一样。像现在，二婚的女性特别抢手。现在带孩子的都找的啥？头婚小伙子。（梅琳）

通常来说，女孩的父母可以比较从容，根据对方的经济状况、父母人品以及男孩个人素质综合考虑，选择一个合适的女婿。看起来，男孩们似乎成了货架上的商品，任女方挑挑拣拣。然而实际上，男孩尤其是他们的父母并不会被动等待，接受这种命运。

第一种策略是退出本地相亲市场，将眼光投向外界。梅琳说：“异地婚姻，我是不看好。但是好多人在本地找不到对象的，‘找什么找，叫他上外面谈去！’父母都是这样教育的男孩子。”“外面”，就是务工城市的婚恋机会。打个不甚恰当的比方，本地相亲的模式颇类似于女方父母主持的“统一高考”。“投档线”根据本地中等家庭经济水平划定，过不了这个“线”，男孩子的个人素质也很难施展。相比之下，务工城市的婚恋则更像是女孩子的“自主招生”了。摆脱了统一考试的条条框框，打工地青年男女高度个体化的交往，给“会叙话”、有异性缘的男孩提供了一线“生机”。

朱梅夫妇几年前双双生了大病，几乎花空了家中积蓄，因此儿子苏亿虽相貌清秀，到了二十出头却无人提亲。没想到苏亿出去打工后很快交往了一个江西女孩。因为意外怀孕，结婚被提上日程。

女方母亲提出要20万元彩礼，朱梅果断拒绝。她之所以不因潜在的“孙子”而动摇，理由很简单：“他肯定能找到，苏亿不愁人。你看他在家不讲话，跟人叙话也会叙的。”不过，女方母亲最后松口到12万元，朱梅夫妇也就四处筹措，成就了这桩婚事。

不过，对于多数男孩来说，外出务工在多大程度上增加了婚恋的可能性，是难以确论的。最重要的是，务工地潜在的交往对象大多是远距离的陌生人，双方又都没有可能在务工城市安家，缔结婚姻所需要的基本信任并不是那么容易建立的。从婚后家庭生活的维系来看，在务工城市择偶也并非一个现实的选择。这也是为什么无论男孩还是女孩的父母，都更倾向于本地婚姻，只有在本地实在过不去“投档线”，父母才会鼓励男孩“上外面谈”。

如果笃定在本地相亲市场寻觅机会，那么第二种策略就应运而生了。但凡能在孩子的婚姻大事上做主，男孩的父母会倾向于“提早报考”，为可能的“复读再考”打好提前量，增加成功的机会。

陈吉柯在儿子刚满20岁时就为其搞定了婚事。第一个对象是陈吉柯做主帮儿子定的，没想到女方很快提出退亲，“嫌我小孩太老实”。所幸这个小波折没有影响大局，第二年陈吉柯就给儿子娶了一个同村姑娘。亲家是陈吉柯的小学同学，同处一个村毕竟能做到知根知底。虽然过礼借了几万块，但解决了这件大事让陈吉柯心里轻松不少。相比于村里条件相似的家庭，陈吉柯之所以能做到这一点，是出于他对儿子的了解、对婚姻市场形势的洞察，以及对农村青年缔结婚姻过程内嵌其中的时间制度的把握。

陈：（第一个对象）当时是亲戚介绍的，本身那个小丫头个头也不很高，长得也就一般，我心里也不是多同意的。

访：那当时为啥帮儿子定下来了？

陈：当时我的家庭条件不允许。家庭穷，怕他以后找不到合适的，小孩还老实。我想给他早一点定下来。

访：他当时自己着急吗，成家啊，结婚什么的？

陈：他没说过。小孩他没那个经济实力，也不知道怎么办。不像你们大学生，结婚的时候都 20 多、30 岁，自己都安排好了。

访：对，我们农村的孩子多是先成家后立业。

陈：农村男孩要是二十六七岁以后，找都不好找。因为女孩太少，十八九岁都开始说婆家了，二十多岁[①]要么就是离婚的，要么就是在外面打工，挑来挑去花眼了。现在小孩子一跑都是一年，有的叫他自己谈他又没本事，介绍说吧，今年说不好看不好，一耽误又是一年。出去打工中间又回不来，过年再说，相不好又是一年。

在男多女少的婚姻市场中，男孩的父母并不是束手无策，女孩的父母也并非随心所欲。“统一高考”这一比方的不恰当之处就在于，女方父母并不总是命题者。比如，“女孩十八九岁就开始说婆家”，很大程度上就是对男方提前相亲策略的响应，有时未必发自本心。

苏村的孩子初中毕业年龄通常在 17 岁左右。若没能升入高中，父母可能会送她去读一个职业学校。两三年后女孩毕业回家，如果没有马上出去打工，很快就会有媒人上门说亲。一个 20 岁的女孩觉得自己太小不适合说婆家，但在母亲坚决的要求下最终仍然顺从了。母亲的考虑是这样的：“这农村的小丫头就是，不上学了在家蹲着了，够年龄了，20 岁了左右，人家提亲的就来跟你说。你一次讲不愿意，两次不愿意，人家讲你‘难讲话！’人家就不来给你提了。”可是，既然女孩子较少，即便考虑到男女婚龄匹配的差异，女孩至少可以和家庭宽裕的男孩子一样从容。如梅琳所说，离异带孩子的女性都可以和头婚小伙子匹配，20 岁女孩的

① 苏村在谈论婚嫁年龄时的表达习惯，“一二十岁”通常指 18～20 岁上下的年龄，“二十多岁”则并非指 20 岁出头，而似乎偏重于 25～30 岁的区间。

母亲为什么要担心对媒人的小小得罪，感到难以拒绝相亲的请求呢？一位中年妇女苏云提供了女方视角的另一重考虑，解释了女孩的早婚倾向。

苏：她们有的18岁、19岁就结婚了。农村么你看，不上学了父母就想着，现在这个社会女孩特别难带，就想赶紧给她找个婆家，做父母的也就省了那份心了。

访：女孩子难（带）还是男孩子难（带）呀？

苏：这年头还是女孩子难带一点，就怕她走错路了。男孩子随便他出去怎么跑。但女孩子就不一样。你如果学坏了走偏路了……

访：学坏是指？

苏：就谈男朋友呀什么的，作为家长不都想找个知根知底的么。你谈个对象，不得知道这一家人是什么样的人么。女孩子现在真是经不住诱惑。

访：诱惑是指哪方面的？

苏：就比方说女孩子不是比较容易哄么，买点吃的买点喝的，有的小男孩子就给你带坏了。但男孩子在这方面就不会吃亏。

访：男孩子要是出去闯荡做个生意什么的，也可能吃亏呀？

苏：那金钱上面的赔无所谓，女孩子就不一样了呀，你在外面名声也不好听，有的在外面打工给人家生个孩子，好多这样的。

苏云使用的“走错路”“学坏”，让人以为父母担心的是女孩在大城市的灯红酒绿中误入一些“不正当”的行业，但是反复确认之下，苏云谈论的似乎始终只是青年男女的普通恋爱交往而已。看来，虽然男方和女方同样存在本地婚偏好，但女方父母对不能“知根知底”的婚恋格外警惕。这一点不仅仅是由于女孩在本地婚姻市场中原本就有机会，从而更加没有必要进入城市择偶；“走错路”

的说法更与一种根深蒂固的观念相契合，即在两性关系上，尤其在性关系上，女性被认为交付了全部的自我以及自我全部的价值，而男性交出的只是个体的一部分而已（西美尔，2018：393）。未婚怀孕、远嫁他乡等可能性，也意味着，不审慎的婚恋选择对女孩而言是一种人身性风险，而男性就算受骗，通常也不过意味着金钱上的损失，不会真正伤害他的名誉。

从某种意义上说，“外面”的世界对女孩而言潜藏的危险与诱惑，正来自那些离开本地婚姻市场、到大城市寻觅婚恋机会的男孩，只不过他们来自相对于女孩而言的外省。正因为如此，一般的父母并不会放心女孩独自去城市打工，除非有可靠的家人或亲戚的管束和照顾。读职校某种程度上正是要解决这一问题。有了学校的管理，女孩可以相对地避免在大城市打工时“社会”上的诱惑，即便在学校恋爱，她交往的男孩也更有可能是本地人，对于父母而言这不是太大的问题。

总此，如前所述，基于婚龄人口性别结构的“供求关系”，提供了农村青年男女在婚姻选择上的主动和被动态势，在结构性层面约束了行动者的行动策略和利弊权衡，也因此成为我们理解农村婚姻缔结的起点。但同时，男方通过主动的策略谋划同样拓展了行动的空间和可能性，而女孩的早婚倾向（女方父母早作安排的倾向）也提醒我们“婚姻市场”理论所不能揭示的、来自行动者观念层面更加复杂的考量。

三、苏村彩礼交换的基本情况

在当地，媒人的重要作用之一是为结亲双方沟通“过礼”的形式和数额。如果双方都是本地人，即便是“自谈”的，也要在订婚之前找个媒人作为中间人。“过礼”包括小礼和大礼。前者相当于订婚礼，男方送出的礼物包括礼钱、送给女孩的衣服首饰，以及给女方家庭的烟、酒、肉等。后者则相当于婚礼的预备，通常在婚礼前十天左右举行。大礼的礼金是结亲双方此前协议的重点，通常村民所说的彩礼数额也就是指大礼钱。实物礼品则和小礼差不多，只是更丰厚一些。

在谈到某家娶媳妇的彩礼时，苏村人最津津乐道的，一是男方家出了多少礼，二是女方家回了多少礼。“回礼”可以理解为间接嫁妆，是指女方父母在收到男方的大礼后，根据家庭具体情况对这笔彩礼进行增损补益，在婚礼当天由女方代表（大宾）送给新郎。这一环节通常成为婚礼喜庆的“终章”。

最近几年苏村的小礼数额在2万～6万元左右，大礼则通常不会超出8万～18万元的范围。不过2019年访问时发现，村里也出现了20万元的大礼。目前村民提到最高的彩礼是22万元，主家是一个做农药技术服务的富裕家庭，不过，特别之处在于他的亲家也给女儿陪嫁了22万元，婚礼现场44万元现金搭成高高一摞，轰动一时。但这种情况毕竟是非常稀少的。

关于女方的回礼，中等以上的家庭会将彩礼如数奉还，稍好的会添上2万～6万元不等，但一般不会超过10万元了。条件稍逊的可能会略减一两万元后返还，减去的部分可能用于女方摆酒，或者给女儿买一些陪嫁的小物件。将女儿结婚彩礼留作他用的父母会被人指责为“卖女儿”，几乎没有嫁女家庭这样做。少数不回礼的案例都发生在跨省通婚的情况下，由于没有共同的舆论环境和信任基础，女方家庭可能会明白提出彩礼要求并表示将不会回礼，通常这种事情发生在女方家庭较为困难、家中还有未婚男孩的情况下。

20年前，村里“70后”一代结婚时，小家庭的家具、家电一般是由女方父母提供的。虽然买大家电时女方可能会将彩礼用掉一点，但是剩下的仍会返还。时年45岁的苏云1995年结婚，当时男方给了4000元彩礼。而当时在H市跑长途客车的父亲不仅给她买了熊猫牌电视机、美菱冰箱，还另给了她 2000 元，这份嫁妆在当时应该算是很丰厚了。普通的人家也会尽量给女儿陪嫁沙发，找木匠打组合柜，甚至买一台黑白电视机。相比之下，男方要买的东西似乎确实更像给新娘本人的礼物，比如缝纫机和自行车。

确实，从“给出彩礼—回礼”的过程来看，20 年前，若不考虑男方盖房的支出，女方对新婚家庭的资助至少并不比男方少，何况当时盖房的标准也比较低。但最近十年来，双方的资助比例愈益悬殊。如梅琳所说，现在男方通常是一切齐备再迎娶新娘。不过村民们说，现在相邻的 Q 乡彩礼已经超出了 20 万元，与附近一带的村庄比，苏村彩礼行情算是比较低的。这其中的原因还不是很清楚，或许与苏村的整体收入水平、公共舆论空间有关。但即便如此，婚房的准备加上现金彩礼，仍然是苏村普通人家相当沉重的负担。有两个儿子的梅琳感叹：“我都不知道自己能不能熬过这一关。”

第三章　彩礼议定的动力：婚姻缔结时刻的权力与“姿态”

什么情况下女方会倾向于要求较高的彩礼，什么情况下对彩礼的要求较低？作为村庄生活的实际参与者，村民对这个问题自然有一些朴素的经验性认知。比如，女方总会觉得彩礼越高越有“面子”；再如，彩礼水平与男方家庭的经济水平或新郎本人获得经济收入的能力有关，“条件越差要的越高，家庭条件好的反而要的少”。然而本章通过对苏村几个结婚故事的分析表明，在特定的具体彩礼协商过程中，无论是女方求得“面子”的心理，还是男方家庭经济状况，都不会机械地作用于最后的彩礼数额。

事实上，特定的彩礼水平往往反映了女方对这桩婚事中双方权力地位“态势”[①]的认识。以“大多数”的彩礼水平作为参考，在某种程度上，女方提出的要求高于“大多数”多少，意味着在女方心目中男方为了这门亲事应该把“姿态”降低到什么程度。而不超“大多数”的彩礼水平，则通常意味着在女方看来双方从家庭到结婚儿女的“般配”，或者男方在整个谈婚论嫁过程中，已经展现了足够“低”的“姿态”，以至于不再需要彩礼来充实女方的“面子”。本章的第一组案例表明，总体上彩礼协商过程应该被视为两方基于权力态势展开的“面子”互动；第二组案例希望补充的一点则是，在特定的情形下，彩礼协商过程会被简化，“面子”互动也会被转化为其他形式。

一、胡雨和竹林的故事：不够“般配”的婚姻

得琴的儿媳胡雨是本村人，与得琴的儿子马健原本是小学同学，只是之前并不相熟。得琴在外打工时认识了同在一家酒店工作的胡雨，同乡的关系加上得琴乐于照顾人的性格让两人相处得非常好。因此在考虑儿子的婚姻大事时，得琴很自然地把胡雨作为理想的儿媳人选。

三十年前得琴结婚时，家中的两间屋破旧不堪。得琴夫妇白手起家，经过二十几年的奋斗，两人在老村盖起了四间房，几年后又在新村买了一套二层楼作为儿子的婚房。没想到，即便被公认为“日子过得造[②]的家庭”，得琴和准儿媳还是在彩礼问题上发生了争执。当时的大礼“行情”有三个参考标准：36000元、46000元和66000元。胡雨希望婆家拿66000元的彩礼，得琴坚决不同意。出于原本的亲

① 此处之所以使用“态势”而不是“关系”，是因为“关系”似乎容易让人联想到某种本质性的存在，而此处更想强调的是关系的外在样态，也更适合于对面子互动的阐释。

② 造：当地方言，即“好”“可以”的意思。

近熟稔，就在过大礼的前一天，得琴还在和准儿媳打着电话吵。最终，是得琴用“软硬兼施”的态度强力结束了这场争执：

> 那时候有三万六的，有六万六的，有四万六的，我就不上不下。六万六的有，但很少。我并不是讲不舍得给你钱，我搁了之后人家问，带头给那么多钱，人家娶媳妇怎么办，对不对？人家肯定这样讲，你家有什么了不起的？最后我说，你自己看着办吧你！你别讲这一点点，到时候我手里有钱了我走县城给你买房子——我想都没想真能走县城买房子——然后就这么，吵急了我就说：就四万六啊！明天早上来早一些！（得琴）

第二天，胡雨果然早早来到得琴家，过大礼的仪式顺利举行。

得琴家明明是村里“日子过得造”的家庭，为什么过大礼时女方仍然认为应该“给高”而不是“给低”？作为他们的媒人，梅琳提供了更多情况。

原来，虽然得琴觉得这门亲事很不错，但女方家长却并非特别满意。虽然原本的同事甚至朋友的关系，为日后婆媳相处免去了不少障碍，但是两个孩子之间交往并不多。最重要的是，胡雨高挑白净，马健看起来却又黑又瘦，胡雨的父母觉得，男孩有些不般配自己的女儿，用媒人的话说，“在外人看来就是，唉，一朵鲜花插在牛粪上了”。因此，这门婚事的结成并不是那么一帆风顺，甚至让媒人相当费心。事实上，大礼并不是双方第一次发生争执，女方父母内心不平衡感的影响贯穿了谈婚论嫁的整个过程：

> 当时订婚都“万里挑一”（即过礼一万一千元），这个女孩子非要两万六。男方就讲，你看可有这样的？谁家不过日子，俺都给你买的这买的那，你干啥还要这么多彩礼？当时什么情况呢？就处

在彩礼增长的过程中，也有高的，也有低的。但确实当时很多人都还是“万里挑一”。女方就非要，说：人家谁家谁家不搁了多少，怎么的，看我们家女儿是嫁不出去了怎么着！（梅琳）

最终，媒人从中说和，双方各退了一步，小礼的数额以2万元达成一致。看起来，女方家对这次互动的结果并不满意，因此过大礼时才会再起争端。与马健同村民组的另一个男孩结婚时也面临类似的情况。这个男孩与女朋友是“自谈的”，交往中不吝金钱，然而因为个子比女孩矮，女方父母“死不同意”。最后在女孩的坚持下，女方父母勉强答应，但是仍然要了26万元的高额彩礼，作为“出了名儿难讲话的丈母娘”，女孩母亲还在结婚前临时提出要男方贷款70万元买房的要求。

不过，并不是所有的“不般配”都会导致女方较高彩礼的要求。

中丽的女儿竹林容貌姣好，相亲结识的女婿齐海却是个“大胖子”。对于这一点，即便在第二个外孙出生以后，中丽有时还是会情不自禁地难过：“一米七八的个了，相（亲）的时候有180斤，现在怕是有200斤了。讲不好听的，俺做梦也没想到自己闺女能找那样的。”但是难过归难过，中丽并没有反对这桩婚事，她在和邻居闲谈中这样表达自己的考虑：

我丈夫心里也难过。但因为啥呢，这孩子“正干”，待她又好，她过得享福，不要我操心干啥的（就好）。我现在念着，她要是找一个傻的，吃不上，来家哭哭啼啼的，我心里也难受。她只要享福，不生气，不缺钱花，想买啥买啥，就是她的福气。（中丽）

看起来，男方家庭的经济条件似乎是中丽夫妇许婚的重要原因。齐家父母干装潢起家，经过一番打拼在县城开了一家装潢公司，还给儿子在镇上和县城各准备了一套房子，村里人也都认为“小丫头嫁过去肯定特别享福”。但更深入地了解两个年轻人交往到结婚的过程，可以发现男方家庭的物质条件绝不是中丽夫妇肯定这门亲事的唯一原因。

竹林读中专的第二年因为生病休学在家，康复后就没有返回学校。正如前面提到的，这种情况下，很快就会有媒人前来说亲。然而，竹林觉得自己太小，应该出去“学点东西”而不是说婆家[①]。因为不情愿，在媒人安排的第一次见面时，竹林甚至都没有进门，母亲只好做主，同意让两个孩子“试着相处一下”。没有想到，齐海虽然与竹林同岁，却很主动，也很会照顾人，对竹林“事事迁就”：

> 竹林在大药房上班，他就买成盒的巧克力去了。她那时候不喜欢，不想说[②]，主要是觉得自己小，不管哪一个都不想说。他给送去了，她就撂在外头，那孩子又给她拾进来，放在桌子上，说，大林我走了啊！她也不买人家账：“走，你走！”（中丽）

即便竹林态度冷淡如此，齐海仍然不以为意。两人定亲后，齐家母亲在熟人的驾校给竹林报名学车，齐海风雨无阻每天接送。[③]通过这些点滴细节，竹林和母亲逐渐觉得齐海是一个可靠的结婚对象。虽然有时看到女婿内心仍有一丝遗憾，但是中丽已经在理智上说服了自己：“虽然是那啥，但他待她好，从来不跟她生气啥的。啥叫好？那不就叫好么。”

由于双方在心里都很认可，这桩婚事的缔结非常顺利。两次过礼之前，媒人来问女方对彩礼数目的意见，中丽都表示让亲家母“随

---

① 竹林 2016 年结婚，当时她实际只有 19 周岁。

② “说”，说亲，谈对象。

③ 在当地由父母起主导作用的婚姻中，男女青年比较密切的交往通常是定亲后才开始的。

便搁”，最后齐家按照媒人建议的“大多数”标准，小礼和大礼分别给了2万元和8万元。[①] 而中丽也给女儿置办了家电，又将大礼和小礼共10万元一并让女儿带了回去。事实上，竹林同样没有留下这笔钱，而是给了婆婆用于生意周转。

一些外在条件的相似性导致胡雨和竹林的故事适于进行对照式的理解。首先，在这两桩婚事中，家长都发挥着比较明显的主导作用，双方的交往开始于以结婚为目的的介绍相亲而不是浪漫恋爱。其次，两个案例中的男方家庭经济条件都比较好，但是新郎本人的外表却都有某些“瑕疵”，会被认为与漂亮的新娘“不般配”。基于这些似乎可以认为，两个女方家庭对于女儿的婚事应该有某些共享的考虑或顾虑。然而，这两个谈婚论嫁过程却呈现出了截然不同的互动样态。本节的分析认为，造成差异的关键因素，是女方对双方互动中权力态势的感知，以及由此带来的面子“得”与“失”的不同感受。

一方面，虽然苏村人讲，过日子还是两个人自己“处”，也就是说婚姻在内里上是否幸福，是“冷暖自知”的事情。但另一方面，两个年轻人相貌上是否般配，作为最容易向外人展示的部分，仍然在最浅表层面上构成了一桩婚姻的“面子”。“不般配”对女方家庭而言，是一种“面子”的损失。在这种情况下，新郎家庭更好的经济条件对女方就成了一个有些尴尬的事实：明明看起来“不般配”，女方家庭仍然许婚，物质似乎就成为最直接的解释。

换言之，新郎外表的不尽如人意，反而让男方家庭由于经济条件造成的优势地位更加显眼。因此，在谈婚论嫁的过程中，对于这种权力态势的失衡，女方家庭必须有所行动，比如通过要求高于通常数额（或高于对方心理预期）的彩礼宣示女方对于这桩婚事的主

① 实际上，当时过小礼流行的还是“万里挑妻”，即“一万七”，但是“她老婆子心里喜欢，非搁两万。”

动性。胡雨父母对媒人所讲的两句话正是表达了这样的意思。首先，“人家谁家谁家不搁了多少”，说明身为同村人、共享同一套评判标准的女方父母并不是“漫天要价”，而是在“不般配”的观念驱使下在彩礼上“比高”，即选择当地同一时间内出现过的彩礼数额中较高的那个；其次，“看我们家女儿是嫁不出去了怎么着”的某种潜台词是，不要以为你家日子过得好，就觉得我们是“上赶着嫁过去的”。

“给面子”的行为必须有足够的指向性，即向女方进行权力让渡。一个矛盾在于，男方的“谈婚”与女方的“论嫁”确实是重点有别。男方父母经常诉诸其为婚事的整体付出，作为女方不该要更高彩礼的理由；相比之下，女方不会过于轻易地将“我家女儿”与“你家儿子”视为一个整体。因此在第一个案例中，虽然在婆婆得琴看来，自己和丈夫辛苦准备下婚房，不仅装修齐备还置办了最好的家电，甚至还有再买一套房的计划，已经为年轻人的婚事付出了很多，但在嫁女方看来，这些行动背后的指导原则仍然是父母与儿子的伦理关系，是对“你儿子”的付出，并不足以构成对女方“面子”的赠予/补偿。因此，女方期待在更为专属性的（与新娘本人直接关联的）、更加便于对外展示的事项上得到满足，在此体现为高于通常水平的彩礼。

而在竹林的案例中，潜在的矛盾通过二人交往过程中男方对权力的主动让渡得到了化解，中丽所说的“迁就”很好地表达了这种态势：作为关系中实际上较为强势的一方，却以较低的姿态进行追求，让对方处于某种主导性的地位——“对她百依百顺的”，也就是赠予了“面子”。

另一方面，这种权力让渡开启了一系列良性的“面子”赠予互动。由于权力的不平衡感已经被预先“矫正”，通过特别的彩礼要求表达某种“别扭”心理，就不再必要了。相反，中丽能够向男方赠予“面子”，她乐得做一个“好讲话”的丈母娘，让对方“随便搁”；当男方按照通行的标准赠予彩礼后，中丽不仅让女儿把全部彩礼带了回去，还另外拿了6万元为女儿置办家电。作为新媳妇，竹林同样延续了这种信任互动，她把带回的彩礼交给婆婆用于资金周转，结婚后夫妻两个卖掉了镇上的房子，竹林也把钱给了婆婆。

在与邻人的闲谈中，中丽也乐于讲述女儿婚姻中因相互赠予带来的和谐：“俺两个亲家还有俺女婿，人一家子都通情达理，对她真好。他对小丫头（女儿）好，我讲你不要装傻，小丫头对他也要好。他爸妈真把小丫头当自己闺女一样了，从来去都没生过气。”

二、徐婷的故事：“先孕后婚”下的婚姻缔结

伴随着最近二十年间的大规模外出务工，苏村人对于婚姻家庭的观念也在悄然变化，比如在今天，即便较年长的村民也不会抱有“严男女之大防”的传统观念，婚前怀孕的情况也越来越常见。但是，在父母起主导作用的介绍型婚姻中，比较密切的男女交往通常还是在定亲后才开始的，在这种情况下，意外怀孕通常只是让原有准备的婚礼提前罢了。

因此，严格意义上的“奉子成婚”在“自谈”的年轻人中更为常见，这种情况下彩礼的“给多给少”也对双方家庭而言颇为敏感。意外怀孕带来的婚姻的迫切性构成了对双方的特别考验。可以在某种程度上说，婚姻意愿的强烈程度将决定双方的权力态势，并在很大程度上塑造谈婚论嫁的互动过程。

徐婷是苏村的外地媳妇，娘家在三百多千米外的安徽西南部地区。职高毕业后，徐婷和同学一起去了南京一家美容店打工。打工第四年，和徐婷关系很好的同事把自己的弟弟苏楷介绍给了她。徐婷当时刚和一个河南的小伙子分手，“就感觉自己一个人生活怪好的，谈什么恋爱”，但是碍着好朋友的面子，同意先处处看。两人

交往后的第一个春节，看着儿子已经 25 岁了，苏楷的父母提出了希望两人尽快订婚的想法。虽然还不想谈婚论嫁，徐婷还是在大年初五到了苏家，向苏家父母表达了希望“先谈着”的想法。

没想到，回到南京后，徐婷发现自己怀孕了。苏楷对此作出了符合社会对男性道德期待的反应，既表达了愿意负责的态度，也强调女朋友的决定权：“俺俩都属于惊吓比较多，他反正自己跟他妈讲的，意思就是他也要负责了，但就是看我自己，如果不想要的话也不强求我要，我想结婚就结婚生孩子。”很快，苏楷的父母主动上门来谈结婚的事情。

苏楷的父母常年外出务工，家里的日子在村里算“过得造”。儿子结婚以前，两人已经贷款买了县城的一套房，还全款买了一台车。不过做到这一步，手上的钱也不多了，因此苏父提出把剩下的 8 万元一次性给完。

“我们家人都嫌少，说女儿嫁得远，跟你儿子认识的时间又不长，不行。”徐婷的父母提出 18 万元，理由是：第一，女儿远嫁外地，按当地标准 8 万元彩礼实在说不过去；第二，虽然结婚之事急迫且两家相隔较远，谈婚论嫁过程所需的各种“礼”可以简化，但是小礼的礼金和当地传统中订婚需要的各种礼物（比如猪、牛、羊）都应该折算进总的彩礼数额中。因为还有个在读大学的儿子，徐婷父母主动把话挑明，打消亲家的顾虑，表示这笔钱总归是小两口的，不会用这笔钱给儿子娶媳妇。徐婷对此感到有些尴尬，但是“只能当场这样讲么，因为你毕竟也不是多熟的人”。

虽然一度从 8 万元谈到了 12 万元，但是因为双方心理预期差距比较大，加之双方都比较和气，小心地维护着谈婚论嫁的“面子”，协商的过程进展缓慢。最后，是徐婷自己用坚决的态度一锤定音：

> 话还不通，讲啊讲都磨叽一天了，我的妈呀，都没有磨叽清。

一直在那讲，叙叙别的又叙叙这个，还没谈通，就感觉有点个不好讲出口的感觉，后面我就气死了（笑），就问我爸，到底要多少钱！晚上吃饭，我就把我爸妈的意思、他爸妈的意思，全讲开了。讲完后我就跟我公公他们讲，总共就这些钱（18万），其他的不用管了，大家都简单一些。（徐婷）

或许吃过了晚饭，或许是内心早已被说服，或许是觉得儿媳本人的“面子”不得不给，苏楷的父亲就这样同意了亲家18万元的彩礼要求。徐婷和苏楷很快就举行了婚礼。在另一次闲谈中，徐婷无意间提到，其实苏楷父亲一开始提出的8万，在娘家当地对于嫁外地的标准来说不算低了。既然如此，为什么徐家仍然觉得难以接受呢？先孕后婚或许是其中最关键的因素。

在得知怀孕的消息后，面对苏楷“愿意负责”的态度，徐婷却心乱如麻。如果从自己的心意来看，徐婷原本完全没有结婚的打算。一方面，她对苏楷的感情并不深，甚至此前已经考虑过分手，只是碍于苏楷姐姐的“面子”迟迟未提；但另一方面，她害怕堕胎会对以后的生育造成不好的影响。

实际上，处在乡村总体性的生育和婚姻观念（即婚姻更多地作为一项内嵌于个体生命时间制度的人生任务，而不是浪漫恋爱的升华）中，徐婷没有太多的选择。首先，23岁在当地已是正适合结婚的年龄；其次，放弃孩子的想法也让她内心不忍。而选择孩子就意味着要和苏楷结婚，毕竟做一个未婚母亲在村庄社区中仍然是难以想象的。总之，从徐婷的角度来说，结婚几乎是唯一现实的选择。[①]苏楷关于她有最后选择权的表态当然是一种尊重，却也让徐婷的被动地位更加明显。因为气恼，她直到结婚后一段时间都“不愿意理

① 在双方父母见面之前，徐婷心里已经有了决定：“我当时想着，凑合着过吧，孩子生下来，你玩你的我不管，我该怎么带孩子怎么带孩子，那种感觉。”

他”。“在形势所迫下缔结婚姻”，这是彩礼协商之前女方对双方权力关系的核心感受，也因此期待这种不平衡的关系在之后的互动中得到某种矫正。

徐婷的父母对这桩婚事同样有一个逐渐接受的过程。徐家父母对两人的交往早有了解，但是得知女儿意外怀孕的消息仍然有些生气。虽然如此，徐婷的父母并没有像通常这种情况下的女方家长一样强横：

> 他爸妈还没去我家的时候，他把我送回家，顺便见一下我爸妈，我爸我妈对他还怪好的，一点也没有给他脸色看。我妈说看着他觉得怪老实的，就是人有点黑，有点呆呆的。但再一想，因为我弟也大了嘛，她看到苏楷就有点以后看到我弟的那种感觉。她说那就不要搞的那样子了，以后儿子也要娶媳妇啊，人家要是也给他脸色看，是吧。嘿，我心想，这还沾了我弟的光了哈。（徐婷）

可以看出，在双方协定彩礼之前，徐家父母内心已经接受了这桩婚事。但是，这并不能意味着这桩婚事就“顺理成章”，不代表就此放弃对男方家庭的“考验”，也就是说，他们的态度和策略，将取决于男方能否补偿女方由于怀孕造成的“潜在的”“面子”损失。需要再次强调的是，造成“面子”损失的并不是未婚先孕本身，而是由未婚先孕带来的被动地位：

> 访：现在农村结婚之前怀孕，也不是特别大的事了。
>
> 徐：都好多了，现在除非过年结婚的，一般过年结婚的十个有一两个是怀孕的，那平时结婚的基本上都是怀孕了。
>
> 访：嗯。但可能你自己会有点……
>
> 徐：我会有点，但旁人没有。像这边有几个和我一般大的，都

是未婚先育(孕),人家一点感觉都没有。就是我自己会有点不好意思。

访：是会担心，因为先怀孕了男方家会轻慢吗?

徐：这个没有，只是我感觉还是先结婚再生孩子的比较好。像现在因为怀孕结婚，怠慢一个人，像这样的基本都少了。

访：但你爸妈会担心吧？可能谈彩礼的时候担心的就是这个。

徐:对,对呀,考虑的就是这些因素呀。就是嫁得远又是未婚先孕，怕你受到怠慢呀，你拿的钱高一点，你手上拿价高一点，他心想就能对你好一点，就是这样想的。

上引对话清楚地表明，在当地婚前怀孕已经不再是一个禁忌[①]，虽然徐婷自己仍然感到不适，但婚前怀孕本身在地方社区中并不是一件丢脸的事情。然而，如果婚前怀孕的事实叠加了较低的彩礼数额，新娘在婆家的地位就会显得很成问题，女方父母也会在村庄中很没有“面子”。

从旁观者的角度来看，苏楷父亲所提给出8万元作为彩礼其实不无诚恳，理由也很充分（刚刚买了房了和车），但是这种“把手上的钱一次性给完”背后隐含着一种“顺水推舟”的意思，这种“姿态”在徐婷父母看来当然不够。女方父母要求18万元的彩礼背后的潜台词是：我女儿的地位很重要，与她的婚姻是值得你做点什么来争取的，而不是因为怀孕就顺理成章的。更加重要的是，要提防对方“不怀好意”，利用女方的不利地位故意给低的可能：

就是因为怀了她，不然我妈没那么生气。我妈讲，你看，8万块钱怎么嫁人！她就说是“拿劲”，就是看我怀孕了，故意压得低干嘛的。就是怕这样的，现在这样的人都多，有这样的婆婆，看你

① 当然，比较准确的说法是“先怀孕，后结婚”，非婚状态的怀孕仍然期待婚姻将其合法化。

怀孕故意给得低。也有这样的父母，你看现在我闺女都怀了你家孩子了，彩礼不给高我就不把闺女给你。（徐婷）

作为婚姻的直接当事人，徐婷的顾虑其实比父母更多一些，对方提的太少或者自己父母提的太高，都会让她感觉没有“面子”。一方面，作为一个社区生活参与程度相对较低的年轻女性，她并不像父母那样对彩礼的“高”和“低”有足够的敏感度，她并不清楚“该给多少钱”，况且，这种以自己为标的的“讨价还价”也让徐婷感觉很尴尬。但另一方面，她同样很清楚，这不仅仅是她自己一个人的“面子”问题。站在父母的角度，她完全能够体察彩礼的重要性，并且在关键时刻站在父母的立场上。

访：两家谈彩礼的时候，会有心理负担吗？

徐：有，就感觉怕他们男方主动开口开得少，会觉得，也就是像人家讲的，开多少钱也就是相当于你在他们家心目中地位一样。怕自己的爸爸妈妈听到伤心呀，就以为原来你在他们眼里就值那么点个钱。还有也是怕自己爸妈开口开太大了。

访：当时谈的时候气氛还是挺……紧张的吧？

徐：就感觉好尴尬，跟一头猪放在那里卖猪肉一样。（笑）

访：那当时烦得很吧。

徐：很烦躁，特别是他们讲不通又有点不好意思开口的时候。

访：那你会希望你爸妈少要一点吗？

徐：要是我没怀孕，我会（能）少要就少要了。但是因为当时我怀孕了，而且我妈前面就跟我讲了，她说你的钱我又不要你的。假如你要是再那样子的话，就也是怕（父母难办）。那时候我公公婆婆就没有我爸妈在我心里重要，我就怕我爸妈心里难过。我未婚先育（孕），他（们）心里本来就怕家门口人讲他们，自己本来心里就有点个不舒服了。所以那时候我就没有想过。

不过，一旦父母的“面子”得到了保全，徐婷就感到了某种新的平衡的必要。从婚姻缔结的整个过程来看，因为怀孕造成的权力失衡通过18万元的彩礼得到了修正，但是从这次彩礼协商的整个过程来看，最后达成一致的数额远远高于苏楷父母最初的预期，徐婷需要开始站到公婆的角度考虑问题，以便自己即将加入的家庭不会感到过分的压迫：“我公公说18万造。刚开始也没讲什么，后来回去了我一想，是不是有点多，因为那时候他压力也大。但是我爸妈就想，如果不愿意出的话就是（不重视），不放心嘛。我就说你要是借的话先借，嫁过去了我跟你一块儿还。那大家心里都舒服一点，我就那样讲。”而后，这种释放善意的行动得到了回应：“后来确定下来，我公公就带我去存钱，路上跟我讲说，你们那里要18万也不多，像我这边现在结婚的话也要十几、二十万，然后平时还要送礼什么的。”

三、“面子”游戏的放弃：自由恋爱中的彩礼

我们这个地方结婚还是太年轻，女孩子十八九、二十来岁结婚，她懂什么？本身在家里就娇生惯养，猛一接触彩礼这个东西，根本没有当家做主的能力。所以出面解决这个事情的还是父母。有的自由恋爱只是前期，事情一坦白之后，还是两家的事情，不是两个孩子的事情。不排除有一部分，家庭不同意但我个人同意。她有感情基础，对父母为她婚姻所谋划的条件就不是很在意。（梅琳）

确实，并非所有的谈婚论嫁过程都存在这种在彩礼上的“面子”较量。不管是胡雨、竹林还是徐婷，在她们的婚事上父母都发挥了

相当的主导作用。正如之前徐婷所说的，年轻女孩们对于彩礼所象征的“面子”的感知和认识，通常来自她们的父母。相较而言，在父母参与程度较低的自由恋爱中，准新娘们对彩礼的考虑通常较少地服从“面子”逻辑，而取决于更加私人领域的因素，比如双方对感情的投入程度，以及女方对关系的信心等。

与苏家父母一样，前文提到的朱梅家也娶了一个“外地媳妇”。2015 年，高中毕业的苏亿跟着姐姐到了上海，在便利店做店员。到上海的第三年，苏亿认识了在隔壁奶茶店打工的黄丽丽。苏亿常去奶茶店借剪刀，一来二去两个人就熟悉了起来，互加微信后二人很快就确定了恋爱关系。回忆两人相识的情形，黄丽丽觉得苏亿的腼腆很可爱，“每次借东西都脸红，不好意思”，连微信都是在同事怂恿下加上的。苏亿则觉得这个江西姑娘独立又贤惠。24 小时便利店经常需要上晚班，黄丽丽就会买饭送到苏亿工作的店里。2017 年夏天，黄丽丽怀孕了。两人原本就情投意合，看起来结婚应该是水到渠成。然而，之后的两个月时间里双方家长对于彩礼的数额一直没有达成一致。苏亿的母亲朱梅对这个过程的描述非常简单：

> 女儿那时候（把我）叫去，黄丽丽她妈在上海打工，去了就讲这个事，“你看小孩走到这地步了，你也不要气也不要那啥”。她妈非得要钱，一开始说 20 万，开始就说没有回头的。没回头那我给你 10 万块钱嘛。我讲俺借（也会拿出 10 万）。她妈就说我跟她讨价还价了。我讲，不是讨价还价。她妈就不干。讲 10 万没讲好，俺就不讲了，就回家了。拿不出钱来，俺就不提了。（朱梅）

朱梅的做法并非出于徐婷提到的“拿劲”，故意压低。某种程度上，双方都受到客观条件的约束。由于家中还有未婚儿子，黄丽丽的母亲明确告知男方，这笔彩礼不会返还。按照江西的习惯做法，她有理由用女儿的彩礼来支付儿子的结婚支出，20万元的彩礼对于当地农村来说似乎也“正常”。但对于朱梅夫妇来说，这是几乎不可能的。几年前，夫妻两个生了一场大病，花掉了三四十万元。身体刚刚有起色又在新村的外侧盖了二层楼房。算下来，儿子结婚的钱几乎全部要靠借，朱梅决意彩礼不能超过10万元。就这样，婚事陷入了僵局。之后的几个月里虽然争吵不断，两人都无法说服自己的父母妥协，但两人（特别是黄丽丽）并不想真的分手。在这期间，女方母亲一度松口到15万元，但朱梅仍然很坚决。家里的条件摆在这里，大病初愈的夫妻两个也没法从事过于繁重的劳动，十几万元的债务对这个家庭来说负担太大了。更重要的是，正如第二章第二节提到的，凭对儿子的了解，朱梅认为苏亿找对象是不需要愁的——“和谁结婚不是结呢？”

访：媳妇当时有没有讲过要把孩子打掉呢？

朱：不打。我听见可有六个多月了吧，他俩吵架气的，苏亿讲：“你打掉吧，打掉我给你一个月工资，伺候你一个月。”黄丽丽不干，说：“我就不打掉。咱俩分手，也造。小孩我生下来，自己养。”这不就是不想么。她说小孩（生）出来我自己养，不要你问事。

访：就是还是想和苏亿在一起？

朱：欸对。她说钱要不到我跟你过啥？——那打掉吧？不打。

不过虽然决意不许下彩礼，朱梅还是清楚，儿子和黄丽丽都处在两难境地。看起来女方母亲不会再让步，但是男方家庭似乎仍然要承担一些责任，因此怀孕八个月时，朱梅提出让儿子把女朋友带回家照顾，事情也由此有了转机。在孩子出生后的第二年春节，苏亿和黄丽丽终于补办了婚礼。

她妈撅她，她不也难过么。然后可是有 8 个月了，我说苏亿来家吧先，我没有好的起码我给你做着吃。我说大钱没有，小钱(还行)。苏亿说来家，我就买小鸡子给她吃。我说，黄丽丽你跟你妈商议，这房子盖了还没装呢，办事就这一场，起码好好装一下。她不吱声。她也说不动她妈，她跟她哥商议，她哥跟她妈讲，好容易又退 3 万块钱，说黄丽丽你跟阿姨讲讲，给 12 万，什么都不要，可造。俺想这什么都不要，12 万算了，不就过了礼么。(朱梅)

在田野过程中，孟芬和苏持是为数不多近几年的新婚夫妻里没有彩礼的一对。孟芬认为这很大程度上出于自己的决定，而她能够这样做，是因为她较少受到家里的影响："现在结婚不能征求家里人，女方你可以听一点意见，但不能太听家里话，否则哪怕你再有感情，只要家里人在里面说，那肯定就变卦了，你不许[①]我这个，不许我那个，我就不同意。"确实，孟芬的婚事全靠自己做主。因为父亲去世早，母亲改嫁，孟芬一直由伯父养大。初中毕业后有两三年的时间在泉州打工卖衣服。2018 年，孟芬到苏村探访母亲时认识了苏持——一个在上海跑滴滴的小伙子。两人之前都有过不少相亲经历，但都没有"修成正果"，没想到一见投缘，两人相识十几天后就决意订婚。2019 年 1 月到孟芬家访谈时，两人刚刚领证不久。

起初聊到彩礼时，孟芬说，她理想中的对象应该和自己合得来，要对自己好，即便在父母面前也要维护自己，此外的事情，比如彩礼，则不是很重要。然而在聊天进行了一个多小时后，孟芬主动提起，她和丈夫在彩礼的问题上实际上发生过一次争执。在结婚之前，孟芬希望男方家里能拿出 8 万元作为彩礼，但是苏持的父母考虑到在银行的定期存款要农历新年后才到期，于是提出想结婚之后再给。

① 许：许诺，答应。

一开始，孟芬对此很不满：

> 毕竟我订婚也没花什么钱，马上结婚了，我也要个几万块钱，七八万块钱，这个钱必须结婚之前给我，我觉得你们有诚意，我觉得这个钱可以到我手里。结完婚以后怎么说……大多数女孩都会想，结完婚你们（如果）变卦了，我也没办法了。我问你们要了，你们一家还生气。毕竟我老公是独生子，我不能想得太那个。然后我还跟我老公吵架。我老公跟我吵，我就特别气，我说你怎么不为我想想呢！（孟芬）

然而，或许是缺乏父母家人作为后盾，或许出于对苏持的信任，孟芬还是做出了让步，在没有彩礼的情况下领了结婚证。两人结婚后，丈夫曾再次提起此事，以表示他没有忘记这一约定，但孟芬却表现出了无所谓的态度：

> 后来也没想那么多，不给就不给吧。我觉得跟我老公性格合得来，感觉他比较疼我，我就觉得无所谓了。前两天我老公还说，等他们钱到期了我问他们要给你。我说，给不给我，我都觉得无所谓，都是一家人了。再说他们老了以后又没有两个(儿子)，有两个(儿子)我也能多要一点，就我老公一个，他们老了以后还是给我。（孟芬）

显然，彩礼并不如孟芬之前表示的那样“不重要”。但值得注意的是孟芬前后态度转变中所呈现的逻辑。首先，在她看来彩礼是对男方“诚意”的要求。与许多人相比，两人订婚确实非常简单，孟芬用 1000 块钱买了 4 件衣服，两人的戒指加在一起也不过三四千。但是，女方主张“简朴”固然可视为一种体贴，男方如果把“简朴”视为理所当然则有缺乏诚意的嫌疑。

其次，将彩礼与“诚意”相关联，也意味着双方的关系仍然存在某种“试探”的性质，毕竟只有当两个陌生人之间展开更深入的关系时，才存在以特定的外化的方式表达“诚意”的必要。因此，这一行动只有在结婚之前完成，才是有意义的。丈夫是独生子的事实尤其意味着，结过婚后，她与丈夫、公婆理应成为一个经济上不分彼此的共同体，“是一家人了”，家人的伦理和自然情感都让她觉得，此时对彩礼“无所谓”的态度才是恰当的。在谈话过程中，孟芬也乐于展示一家人之间的相互体贴与照顾。

前两天我们去县城玩，我妈（婆婆）跟我小姨他们也一块出去玩了。我跟我老公说，我妈今天回去时候肯定给我买一件衣服。然后真被我说准了，我们玩一趟回来四点多了，我妈回来了，说孟芬，我给你买一件衣服，也不是太贵的，也不是太便宜的。我穿刚好。我就特别感动，现在基本上婆婆出去都是给自己买衣服，哪有给儿媳妇买衣服的。我妈带两三百块钱，就给我买了一件衣服，她自己看中一件大衣，我小姨要给她付钱，她都不要，都没舍得买。

也挺为我爸（公公）感到辛苦的，他干那个活爬高上下的。中午他必须要喝酒，不然都爬不了高。所以说今年我要跟我老公板板正正地干了，不想让我公公婆婆（太辛苦）。我听了我公公说他每天必须要喝酒才能爬高那一刻，我就为我公公担心一直到现在。（孟芬）

从女孩家长的角度看，本节最后两个主人公的婚姻选择都不失为一种冒险，甚至可以说是不够有“面子”的婚事。孟芬不要彩礼就嫁到外地，黄丽丽则在怀孕8个月彩礼还未谈定的情况下来到了婆家。一种理解是，上述情形不过是女方相对弱势地位的外在反映；然而正如徐婷所说的，她认为自己与黄丽丽的关键区别在于，她们对各自结婚对象的“爱”的程度不同。

正因为在配偶的选择上有相当的主动性，加之和原生村庄社区语境的疏离，她们能够不太在意彩礼这种外化的权力态势表征。也正因如此，婚姻关系中对权力姿态平衡点的摸索也会转入更加私人的层面，她们对婚姻的掌控感和平等感觉，更多地来自与配偶的私人互动空间。

从朱梅有意无意流露的抱怨可以看出，黄丽丽是夫妻小家庭财政的掌握者，也对婚姻关系提出了更高的信任要求：“儿子不当家。苏亿去年挣的钱花净了，今年挣的她都拿着呢。媳妇会过，拿钱重视。”“媳妇给我打视频么，说请朋友吃饭（却）不带她，她说妈妈，我要是上哪儿吃啥都带苏亿，苏亿上哪儿吃饭不带我。这媳妇心思多。”而孟芬也会在各种具体而细微的事情上验证她对丈夫的影响力：“我老公听他爸妈的话，但认识以后，我觉得他听爸妈的话，也听我的话。”因为不想丈夫总是当老好人，面对丈夫的朋友借车出去玩的请求时，她不仅表达了反对意见，而且给出了明确的理由——作为妻子她对车的用途有理所当然的发言权：

> 我老公就是太实在了。比如说我们家有车了，动不动人家来借车，我老公就给了。我就说你不能什么事都借。有个急事还可以，带老婆孩子出去玩这种我觉得没必要。前两天，还是那个人来问我们家借车，我老公就说：我媳妇说，你真是有什么急事的话我可以给你，没什么急事的话我媳妇这个车不借。因为我之前就跟我老公说，既然我们结完婚以后，这个车就是属于我们两个共同的。
>
> 结完婚以后人家都说我老公，小持你现在结婚了，你媳妇把你管得太严了，你妻管严啊。我有时候就特别生气，我说怎么是妻管严，既然两个人在一起了，必须两个人说话都是一样的。（孟芬）

四、小结

“大多数”的彩礼提供了一个婚姻缔结时刻男女双方权力态势的参考标准。如果一桩婚事是以“大多数”的彩礼水平达成的，通常情况下意味着双方“门当户对”，或者即便存在势能的差距，但婚姻缔结的过程比较顺利，简单来说，是双方都没有不平衡感从而不存在补偿心理的结合；比“大多数”更高的彩礼则通常意味着女方（通常是家长）因为某种原因感受到权力的不平衡，以及由此带来的“矫正”这种不平衡感的愿望；比“大多数”更低的彩礼则通常意味着在社会关系上女方相对于男方比较弱势的地位。在这种情况下，婚姻关系中对权力平衡点的摸索会转向更加私人的层面，婚姻当事人中的女性会更倾向于在和配偶的私人互动空间中确证其对婚姻的掌控感及平等感觉。

第四章　彩礼授受的合法性依据：以“单系偏重”为核心

“现在风俗坏了，陪女儿真的很简单。陪嫁根本不陪了，就搁点现金，带着人来，齐了。我都不敢想我能不能熬过这一关。”身为土生土长的当地人，并作为两个儿子的母亲、经常为村里人沟通婚嫁的“红娘”，梅琳对当地彩礼给付习惯的变化非常敏感。如第二章中所提到的，梅琳最明显的感受就是，最近 10 年间，在儿女的婚事上，男方和女方家庭的“出资比例”越来越相差悬殊。如何理解女方对小家庭支持义务的这种变化？这种变化是如梅琳所表达的“传统的败坏”，还是“传统的强化”？

从财物流动的最终方向来看，彩礼仍是男方父母单方面提供给新婚家庭的物质生活资料。但从整个过程来看，彩礼经女方父母再由女儿带回，使彩礼给付呈现了一个复杂交叠的话语空间。在理想的状态下，作为“间接嫁妆”的彩礼给付会生发出三重意义上的礼物流动：在男方父母给出彩礼的环节，它体现为父母对儿子伦理义务的担当；在女方父母将彩礼作为嫁妆让女儿“带回来”的环节，它体现了女方父母对女儿的恩情；而女孩通过设想这笔钱日后将用于男方直系后代的养育，在最终意义上让这笔钱“回来”。在本章中，为了理解支撑彩礼给付实践的基础性观念，这一过程主要被拆解成了两对互相关联而各有侧重的关系：嫁女家庭与娶妻家庭的关系；父母与儿子/女儿的关系。

一、横向环节：“嫁—娶”关系与偿付逻辑

在传统的婚姻家庭安排中，婚姻缔结意味着女性从自己的原生社区中被“连根拔起”，加入男方所在的生活单位，从“娘家人”变成“婆家人”（李霞，2010）。最近30年间，虽然外出务工造成的人员流动状态导致小家庭婚后与上一代人共同生活的空间和机会都处于收缩态势，但是总体上，在苏村依托男性的生活单位组建婚姻家庭的安排尚未发生根本变化。因此在苏村，儿女的婚姻仍然在很大程度上被视为男方家庭“得人”、女方家庭“失人”的过程。这种“从夫居”安排下的“嫁—娶”关系在很大程度上构成了表述彩礼合法性的观念和现实基础。

“嫁女儿”与“娶媳妇”，对应的是待婚女性的社会身份和权利在以两个男性为核心的亲属集团之间转移的过程，苏村的婚姻仪式中仍然有很多环节体现了这一意涵。在苏村，缔结一桩婚事的仪式环节包括过小礼、过大礼、婚礼和回门礼。“礼”的对象是比较偏指女方的，通常对男方“礼节周全”的要求，显示了仪式中真正的主宾关系。

比如，看起来小礼和大礼的核心都是男方向女方家庭赠送礼物，但是“过礼”的仪式主场地是男方家庭的社会空间。如果目的只是礼物本身，那么男方大可直接将礼物送到女方家。但实际的做法是，在过礼当天上午男方派车接来女方代表，后者作为贵宾，会和男方的本家、亲戚以及媒人一起，接受主家的宴席款待。用饭过后，男方再将女方代表送回家。临行前，媒人将小礼的礼金转交女方代表，烟、酒、肉等礼品也会随车装好。按照习俗，女方的父母通常不会出席，担任女方代表的是女孩的兄长、叔父、伯父等尊亲属，而接待女方贵宾的则是男孩的父亲、舅舅、姑父等。因此，“过礼”所涉及的仪式互动，既是两家之间交换礼物并缔结姻亲关系的过程，更是男方家“办喜事”的过程、姻亲关系得到强调和巩固的过程。男孩的舅舅和姑父的角色，正是分别代表了整个家族通过“娶媳妇”与“嫁女儿”所结成的姻亲关系。

年轻的媳妇对于“出嫁”之“出”的感受，则首先来自父母亲人对待自己方式的变化。苏娴从小是奶奶带大的，祖孙感情一直很深。但是她难过地感觉到，结婚仍然让她从“自家人”变成了“亲戚”：

> 为啥人家讲“嫁出去的女儿泼出去的水”，在婆家是外人，回娘家就是亲戚了，就不觉得你是这家庭的一部分了。我没结婚之前，我奶想吵我就吵我。但我结婚以后再来，这就是我娘家了，她就把我当亲戚对待。感觉我就是家里一个客人，从来不像以前吵我、让我干活呀，对我特别特别的客气。俺那个朋友也是的，结过婚一回家，什么活都不让她干。心情比较失落。（苏娴）

或许从苏娴奶奶的角度来看，不许干活未尝不是一种照顾和疼爱，但是苏娴毕竟在这种转变中感受到，自己曾经可以无拘无束的“家”已经变成了“娘家”，伴随结婚她与原来的“家”产生了某种界限。有一些女孩在谈婚论嫁之时就已经感受到了这种变化。刚刚出嫁不久的苏晓眉认为，这是很多父母不与女儿商量彩礼的原因："你没结婚的时候是女方家的人，快结婚了他们又觉得你是男方家的人。彩礼的问题，父母不需要跟你商量。"

虽然不无失落，苏晓眉在闲谈中已经很自然地将公婆与自己和丈夫设想为一个共同的经济单位来考虑外出务工的家庭策略："如果我公公婆婆再年轻一点，40 多岁，他们留一个人，比如让我婆婆在家带孩子，我们都在外面打工租个房子，那我们家收入肯定多一点，比种地强太多了。等孩子大一点上幼儿园了，我婆婆又能出去工作了。就等于我们四个人在赚钱。"

通常的意义上，孩子也被视为男方家庭的后代。按照习俗，孩子出生后姥姥要包上些"满月钱"，数额由几千到一两万元不等，视经济情况而定。"满月钱"经常与娘家对女儿的感情有关，但是在规范意义上，这份赠予代表了"娘家"对"婆家"添丁进口的祝贺。

更重要的是，在孩子的照料上，奶奶是除了母亲之外最"正当"的人选，通常只有在婆婆无法胜任的情况下，媳妇们才会选择让"娘家妈"帮忙。当事人的顾虑通常来自两个方面。第一，因应于单系偏重的原则，中老年女性的劳动机会存在某种"正当用途"的序列，对孙子的照料优先于对外孙的照料。因此通常只有在"照顾自己的孩子"与"照顾兄弟的孩子"之间不存在冲突的情况下，母亲们才会请姥姥帮忙照顾。第二，姥姥照顾外孙，有时还意味着承担更多的风险。吴莲家有两个儿子，经济压力很大。但因为内心不赞成婆婆的养育习惯，她还是放弃了外出打工的机会，自己照顾孩子。当问及娘家能否帮忙时，吴莲果断给出了否定的回答："我妈给领还要担风险，磕了碰了什么的婆家会不高兴。因为毕竟是人家的后代呀。"

总此，在村庄生活情境中，"嫁娶有别"既体现为女性将步入婚姻体认为“成为媳妇”的过程（而不仅是成为某人的妻子），也体现为婚后生育的孩子与男方家庭的紧密联结。而在彩礼给付的实践中，表达这种“从夫居”传统下“嫁—娶”关系的话语亦格外显眼。虽然在当地习惯中很少有父母会使用女儿的彩礼（比如用于儿子的婚姻支付），但在对彩礼正当性的理解上，经典的偿付逻辑却仍然经常显现。

陈吉柯给儿子娶媳妇时拿出了 12 万元的彩礼。和很多父母不同，他对彩礼“回不回”的问题表现淡然，在他看来，带回与否都是“人家的事，不该过问”，而其中的关键道理，在于“嫁—娶”关系中女方接受男方补偿的正当性：“人家把小孩子给你领这么大，给你了，你给他彩礼是应当的，是吧？人家领一二十年的闺女，（男方）就花这个钱是应当的。”在这个以婚姻为预设目的的表述逻辑中，女孩成长的自然过程似乎被倒转了。站在婚姻缔结（女孩成为媳妇）的时刻往前倒推，女方父母对女儿的养育就成了对男方家庭的馈赠。正如村里的老人们讲的，“女儿就是给人家领的”，因此作为男方父母理应给予补偿。

二、纵向环节：差别化代际义务与承嗣逻辑

2019 年 12 月，在某网站的生活组板块出现了一则用户发帖：

> 讲一个观察到的发生在独生女家庭的，非常隐形的重男轻女现象。就是很多独生女的父母因为自己是独生女儿所以奋斗的心很弱。如果当年生的是独生儿子，他们就可能下海经商，或者在仕途上拼搏一下，多买套房囤着，多赚点钱，多提高一下社会地位。但是独生女儿，他们就有点得过且过，觉得可以松懈一点，享受生活。直接导致女儿在读书和迈入社会时，家庭不能提供足够的钱和资源的

支持，很多也没有咬牙多囤套房，错过房地产上涨机会。[①]

对此，很多网友给出了评价。不出意料地，很多人对这种要求父母付出的“理所应当”极为反感：“父母连享受生活的权利都没了？自己过得不好能不能从自己身上找找原因？”“你家给你买房难道是天经地义？”但同样有网友对博主表示“深有同感”：“对，我曾经问过父母，如果生的是儿子，事业上是不是会更拼一点，他们都表示会的。”“对，现身说法，我家买得起房时就是不买，并且到现在坚持认为房子不重要，找个有房子的男人就行。”

如果忽略其行文表述中的某种“榨取”心态和阶层跃升焦虑，原帖指涉的并非一个虚假问题。跟帖者的发言很好地说明，社会观念默认男性与女性遵循着不同的社会地位获得策略。由于女性可以通过婚姻获得社会地位，独生女的父母更少地感到积累和传递财富的必要。已经有学者基于不同时期的数据证实了生育男孩对于中国家庭收入的激励作用（Knight，2010；罗凯，2011）。事实上，在父代退出生育阶段后（即家庭子女数量基本确定的情况下），男孩偏好仍然对父代经济行为有显著的影响（刘厚莲，2017）。

相比之下，由于涉及赡养问题，苏村父母在子女投入上的性别偏好更多地服从于某种代际间义务的公平逻辑，也是女性继承权问题的某种变形。契合于“嫁—娶”关系下的补偿原则，彩礼给付正当性的另一重逻辑是单系偏重的代际义务。相对而言，父母与儿子的关系受到更强的伦理义务约束。

一方面，婚姻市场对男性经济能力的较高期望，对于生养儿子的父母而言可谓是一种高度压迫性的共享经验。一个显著的共识是，

① 讲一个观察到的发生在独生女家庭的，非常非常隐形的重男轻女现象[EB/OL].（2019-12-19）[2020-02-02].https://www.douban.com/group/topic/161233424/#sep.

生育两个男孩几乎就意味着一种注定辛苦的人生。第一次去李苗家时，邻居苏云正好来拜访。听到我们谈论生育偏好问题，苏云半开玩笑地大声说："她家两个女孩，你看她日子过得多滋润，吃的都比我们家好！"实际上，苏云和丈夫常年做装修，日子过得不差，家里的老大刚刚结婚，她本应期待"提前退休"的生活。但几年前，抱着"再领个女孩老了贴心"的想法，苏云和丈夫决定生育二胎，没想到来到家里的又是一个男孩。因此苏云一刻也不敢放松，她得和丈夫为小儿子的未来进行经济筹划。相比之下，李苗似乎确实更加从容，她给两个上小学的女儿分别报了舞蹈和美术的兴趣班，也将更多的时间和精力放在对孩子的培养上。

另一方面，或许也因其足够艰辛，对儿子"尽义务"足以构成为人父母的人生意义之铆与努力进取的动力。因应于传统上"父子一体"的观念，让儿子娶妻生子标志着其一大人生任务的完成，足以构成为人父母者尊严的底线，没能完成这一任务意味着尊严受损的风险："孩子养大了，把媳妇娶回来了，这辈子就算安定。父母在外面打工十多年，娶了媳妇后就舒服了。如果不帮孩子娶完媳妇、盖完房子，会被人看不起。除非父母有疾病，才由家里的孩子承担这些。"而高于一般水平的"完成任务"也会带来高于一般水平的尊严感与成就感。得琴在儿子结婚后的第三年，和丈夫在县城给儿子儿媳买了一套房。为了还贷方便，房本上写了得琴丈夫的名字，儿媳对此有些介怀。对此，得琴诉诸这种尊严感表明自己的无愧于心：

> 我跟（儿）媳妇说，很快你妈你爸[①]就要娶（儿）媳妇了，到时你妈就会尝到做婆婆是什么感觉，你想想你爸妈做到什么程度。我

① 指得琴的亲家。

们两个，结婚时就两间房。然后她爷爷（得琴的丈夫，得琴以身边孙女的身份称自己丈夫）就讲，我发狠我不会让我儿子跟我一样那么苦，一定要让我儿子过更好的生活。在老家盖了四间房，算好的了，新村又开始盖房子了。买吧，一下拿了九万。第二年她妈妈（孙女的妈妈）说到我们家，订婚呀彩礼呀什么的。隔一年有了大宝，又隔一年我们走县城买了房子。像一般他们可能都办不到的事。就凭打工又没有这那的，本来我和她爷爷就白手起家。所以我的心很知足，这一生盖（买）了三套房子。她姥姥姥爷都跟我们一样大的，现在才买了一套房子，也在菜市场西边。（得琴）

相比之下，父母对女儿的义务要轻松和灵活很多。为儿子“累钱”也就是为自己“累钱”，某种意义上这种付出是“上不封顶”的，因此在苏村很少听到哪个父母讲自己已经“对得起儿子”了。但是“对得起女儿就行了”在描述对女儿的婚姻支持时非常常见。

女儿出嫁，你觉得对得起你的女儿就行了。但是儿子不行吧。儿子问你要30万，你想娶儿媳妇不给30万，可能吗？即使只有10万，就是借20万你也得给。女儿呢？基本上没有以女儿去换取彩礼的。但一般家庭嫁女儿能花多少钱？不会超过10万。一般正经的给女儿花个4万块钱，就不错了。来10万块钱，多少要加一点，也给自己一点面子吧。（梅琳）

能否让儿子娶妻生子，关乎一个人在社区生活中的基本尊严，但是给女儿多少陪嫁，更多的是一家之内的事情，可谓“安则为之”。唯一可能招致他人非议的做法，是“扣留”女儿彩礼另图他用。不过，现在这样做的人已经很少了。“现在一般有钱了，有几个是拿女儿钱的？这种钱，就跟卖闺女的钱似的，拿着不好听，人家都骂你。”弘兵的情况则似可佐证给女儿的陪嫁“通常不超过10万”的说法。弘兵有一儿一女，作为村里公认的能人，给两个孩子各准备一套房对他来说应该不成问题，但对于为女儿付出的“限度”，弘兵想得很清楚：

我女儿今年23，她的事我不干涉。我说你谈对象，首先对方必须有个正当职业，第二必须在县城买个房子。至于他给你好些见面钱，我是不问的。你走的时候我10万块钱给你买张车，就这么简单。这些年我们给她养这么大，为了计划生育罚了两万块钱，家属为她结扎了，后面我们又送她上幼师。所以呢我为她付出了。现在上班了，一个月拿两三千，后边的路就你自己走了。（弘兵）

不过，这并不意味着父母与女儿间关系淡漠。父代经济上的差异化付出对应的是子女经济上的差异化赡养义务。抽象地来说，村民将代际间与代际内的公平原则概括为“儿子养老”与“女儿不需要养老”。由于继承了父母的生活空间和社会身份，儿子是正当而自然的养老人选。“打个比方，在农村，讲直白一点，他老了都要死在儿子家，可有死在女儿家的吗？女儿你有家庭了，你有自己的家庭要照顾，你没办法像儿子一样。”

但是在本地通婚仍然比较普遍的情况下，儿子与女儿的赡养义务实际上经常是“养老”与“照顾”的差别，或“出钱”与“出力”的差别。在苏晓眉看来，这种安排既符合付出与回馈的公平原则，也符合父母与女儿的自然情感。而且，或许正由于伦理义务的优先性，以及作为“家外的家里人”的身份，苏晓眉能够更基于对养育之情的感念，来理解与父母的关系：

基本上农村就是，不要女儿的（彩礼）就行。因为不指望女孩养老，就希望女儿照顾他。像我妈七老八十的话，她儿子、媳妇也要挣钱养家呀，我能经常来看看，给她洗洗换换，给他买点烟。女儿是贴心小棉袄，可以照顾他们一点。但是经济方面就没有儿子付出的多一点。都说养女孩子吃亏，那父母把你养这么大，你无非一年过节，给他们买个衣服买两瓶酒啥的。他们到死能享受你多少东西呢？你又不能跟婆家一样付出这些。（苏晓眉）

有趣的是，虽然给付与收受彩礼时各方反复表述的是女孩从“娘家人”到“婆家人”这一“断裂性”转变，然而在日常生活实践的层面上，传统上刚性的单系偏重原则已经松动了。有的已婚妇女会诉诸人情相当“强硬”地表达对“嫁出去的女儿泼出去的水”这一传统原则的反对：

我爸不是住院了么，他（徐婷的丈夫）说要带我去杭州看看。那天我俩聊天，他说：“要是你弟长大了，成家了，这个事情我就不会管。”这话我听着就是另外一个味道。我说哦，你这句话给我记好了，以后你爸妈有啥事，不要指望我动一根手指头。他说我讲的不是那意思，我不用管大头，我管个小头。我知道他是说我弟还在上学，所以有什么事情（他）都要管，但我就跟他扭个理。其实男的也懂，你老婆自己的爸妈养那么大了，嫁到你这里来了，那边该帮的你还是要帮。（徐婷）

在社会经验更加丰富的梅琳看来，打破差异化赡养原则的情况也确实越来越多了。除了像她这种在经济上能够自己做主的情况，父母的养育有时也会成为兄弟要求姐妹共同承担父母大项支出的理由：

女儿呢，一个是看你的能力，一个是你们姊妹几个协商。比如兄弟（姐妹）三个人，两个女儿一个儿子，父母生了大病，难道女儿你就不出钱吗？如果儿子有钱，关系处得比较好，或者比较理性，就会觉得，不该让自己妹妹拿钱，人家出嫁了，和人家没有关系，经济上还是应该我们去支付。如果不好的，兄弟就会说，“养我没养你吗？那不行，我们几个人平均分。”现在这样的也多呀。（梅琳）

三、小结：三重意义上的礼物流动

在观念层面，彩礼给付最根本的合法性仍然是由传统“从夫居”安排下单系偏重的原则提供的。在婚姻大事上，男先于女，两个家庭结为亲家是“男方得人，女方失人”的过程，因此给予彩礼是对女方尊重与感谢的应有之义。而父代对儿子和女儿婚姻的差别化支持也因应于传统观念下差别化的代际义务。在某种程度上，婚姻市场加诸男性的彩礼负担与单系偏重的代际观念是相互强化的。我们既可以说，是女性对配偶经济能力的要求导致了多子女家庭中父代的差别化投入，也可以说，民间观念中女儿对家庭财产的有限继承强化了女性的择偶策略。

作为一笔财产，彩礼绝不仅仅是银行账户上的数字，也不只是婚礼当天托盘上厚厚的一摞钞票。在单系偏重的原则之下，由于保留了横向支付的逻辑而不是将彩礼直接交予新婚夫妻，[①] 苏村的彩礼交换实践背后呈现了一个更加复杂交叠的话语空间，彩礼的流动过程创造出了三重意义。

第一，在男方父母给出彩礼的环节，它是父母赠予儿子的礼物，其实质是男性继承权利的某种变形。第二，在女方父母要求、接受却不使用它的层面，它是父母赠予女儿的礼物。女方父母仍然是要

① 比如在东北农村，早在 20 世纪 80 年代就开始出现将实物折算成“干折”，由男方父母在订婚礼上交给未来儿媳的做法（阎云翔，2006）。

求和接受彩礼的正当主体，这一点似乎是对“嫁一娶”关系下偿付原则的表述，但主动放弃使用它的可能性，又表示了父母与女儿情感的联结，以及期望这种联结能够在女儿结婚后继续延续。第三，如果说过去女孩的父母通过直接资助嫁妆，以表示自己的女儿是作为某种高贵的“礼物”赠予男方家庭的，那么“回礼”的表述同样延续了这种逻辑。在单系偏重原则下，婚姻意味着女儿嫁过去成为男方家人，在这个意义上，彩礼终究要“回去”，男方家庭不过是完成了代际之间家产的传递，但同时，经过了女方父母之手，当这笔财产“回到”这个家庭时，它已经穿上了嫁妆的外衣。彩礼的“嫁妆”性质，将是下一章理解的重点。

第五章　彩礼的功能：“当家钱”或作为女性婚姻保障

一、彩礼的正当归属：共同财产还是个人财产？

初次进入苏村的观察者可能会对彩礼的归属产生些许困惑。一方面，“回”礼似乎指彩礼经过女方父母之手又回到了男方家庭，媒人在说合两家时，也可能会劝说不同意女方彩礼要求的男孩父母：“人家父母说了，要多少也都会回给你们家，你总不能一点不加，（不管）花多少钱你娶个媳妇呀。”但另一方面，彩礼又被女方父母视为女儿的钱，不能“卖女儿”，意味着不能拿女儿的彩礼钱买房子、支付儿子的彩礼，等等。那么，彩礼是在什么意义上“回”去的呢？在婚礼的最后环节上，当女方代表将礼金送给新郎之后，彩礼的归属权到底是什么情况？

法律界对这个问题的理解具有高度的共识：“彩礼是附解除条

件的赠予”，是男方在女方同意履行婚约的条件下的赠予行为。通常，女方家庭与女性婚姻当事人被视为一体，是彩礼的赠予对象。那么，在苏村的地方观念中，在彩礼以类似于间接嫁妆的形式赠予新婚家庭的情况下，这笔财产应该属于新娘个人还是夫妻的共同财产呢？

第一种常见的解释倾向于主张新娘个人对这笔财产的权利，将其作为对进入婚姻的女性提供的保障，甚至是一种风险理财。经验丰富的村民表示：“要是嫁得远（并且不要彩礼），女儿嫁过去没一两年在婆家受欺负了离婚了，你钱也没落着，姑娘也赔进去了。假如说向男方要 20 万，这钱就是给女孩子，女孩就自己存着，也不要拿出来用。就是到时要是离了，如果是你男方家的错，20 万就不给你。如果是女孩子的错的话，男方就会提出要赔钱。”

而在实际经验中，新娘对这笔钱的权利（或对这一权利的要求）似乎也能够得到印证。陈吉柯儿子的婚礼上，女方家送亲的长辈将一张银行卡交给新郎后，新郎下意识地将卡递给了父亲，结果被父亲责骂：“我说你现在怎么能把卡递给我呢，你这不是找气生么！你拿给她呗，我要卡有什么用呢！”① 确实，这件事处理不当会有婚姻破裂的风险。一位联队长家的媳妇正因此提出了离婚：女方回过彩礼后，双方在这 10 万元该存在谁名下的问题上产生了分歧。男方家的一致意见是放在自己儿子的账户，女方则坚持放在自己的账户，双方僵持不下，最终婚姻破裂。

不过，梅琳对于这件事的解读更加值得注意：

> 在外人来看，你钱都给人家了，何必在意在谁名下呢？所以女人当时就是这样想的，钱给我了就是我的，我成了你家庭中的人员，存在你儿子名下和存在我名下有什么区别？你为什么要分这个，你

---

① 陈吉柯的恼火不能仅仅理解为对女方以银行卡而非现金形式回礼的不满。“找气生”意味着，在一种公认的观念里，儿媳会要求对这笔钱的权利。

就没有把我真正当成你家庭中的一员。所以就冲这一点，我不能在你家待下去了。（梅琳）

虽然这段表述强调“是我的”，但接下来的论述却诉诸家庭或夫妻共同财产的观念，而并非基于新娘要求得到保障的权利。媳妇从一个外人转变为男方家庭的一个成员，似乎有理由对男方的接纳程度表示敏感。而按照媳妇的观点，既然已经基于习俗给出了彩礼，如果对方真正接纳她作为一个家庭成员，就不应该介意钱是存在谁的名下，因为他们已经成了“一家人”。男方给出彩礼在先，又坚持存在儿子名下，似乎对她太不信任了。

延续这种理解，苏晓眉提供了一个民间常见而简洁的表达：当家钱。“当家钱”格外突出了这笔钱作为家财而非个人财的性质。这意味着，媳妇对这笔钱的要求建立在“当家”基础上的管理和控制权，但并不能随心所欲地支配。比如，个人的享受性消费就不在苏晓眉列举的用途中。

彩礼是要带回来的，这就是说像女孩了的当家钱一样的。其实就是走个过场拿出来看一下，最后嫁给你了钱还是花你家里了。你花钱都是在孩子身上，然后买房子呀吃喝呀，（给）你公公婆婆养老送终呀，不都是你的么。（苏晓眉）

如何理解作为给新娘个人的“保险”和作为媳妇“当家钱”的两种彩礼？婚姻和家庭生活中的何种角色导致女性需要男性提供担保？如果彩礼实际上被设想为共同财产的一部分，为什么女性能够在婚前要求对其的控制？“保险”与“当家钱”的两种理解之间又有何关联？这将是本章接下来试图理解的问题，得琴的故事将使我们意识到，传统上经常服从于一种城市生活叙事的家庭主妇的形象，在苏村同样已经出现。

二、得琴的故事：打工与个体价值的可能

对于传统的农业社会，观察者将中国的家庭理解为“合作社”模式是很正常的，在某种意义上，所有家庭成员都是生产者，而与此相对应的财产观念体现为“家产”的概念。直到1931年开始生效的民国民法在法律权利上改变了这一财产结构，为了保证男女平等继承权，民国民法全盘采用了西方的个人财产概念（白凯，2007）。但是，这一激进变革在广大农村地区的影响较为有限，除了当时国家政权下沉能力的限制，经济结构的限制因素是更根本的。只有当农民进入城市、更加彻底地成为工人，个体财产才有可能在观念上取代家庭共有财产，经济力量也才得以在更深刻的层面塑造个体价值。

根据前任村书记的回忆，1999年全村常年在外打工者不超过100个。但是如今，绝大多数苏村家庭都有至少一名劳力在外打工。在务农转向务工的过程中，“人”的转变是对村庄社会的最重要塑造。对于务工者而言，打工带来的不仅是新奇的城市生活，更重要的是独立获得收入、独立支配收入的自由感。尤其对妇女而言，打工带来了家庭之外的价值感。几个不同年龄段的妇女都报告了这种体验，其中得琴的讲述格外详细，她在初次见面时就主动谈起了自己的打工经历，显然这段经历对得琴的个人价值非常重要。

得琴对打工生活的总体感受是“有盼头”。20年前，因为感到自己在丈夫的工地帮不上忙，得琴只身来到上海打工，辗转十几年间做过很多“工种”。在每一份工作中，得琴都因为她的热情和能干得到肯定，而每次主动更换工作都让她确证对生活的掌控感。有了独立的收入，用自己的工资给孩子们买能力范围内最好的衣服，则足以让得琴感到作为母亲的尊严和价值。

干配菜那家，我走的时候他们都哭得不得了。这也是我自己去处的吧。那时我就是看哪里工资高，就往哪里跳，休班了就去找。后来就去到烧烤店里收钱，就离刘翔那个学校很近。有一次老板娘不在，快放学了，那个时候怎么办呢，要炒河粉蛋炒饭呀什么的，小老板说“我妈怎么还不来呢？”我就上去炒了，我炒好他们照样吃完。小老板说：“阿姐，看不出来哈，你真厉害啊！”（笑）

那时候她姑和她爸[①]两个我不叫他们受委屈。她姑上高中的时候，我600块钱一个月，我放暑假回来家，给她买了一套李宁大红的卫衣，那时候四百多。她就哭了，说俺妈，你那么苦你自己都舍不得买。她爸原来也是的，那时候净穿牌子的，那次给他买一双鞋，990，买了个羽绒袄子，1150。我给他买了寄过去。（得琴）

不过，拥有独立和自由的感觉有多愉悦，失去这种感觉就有多苦痛。几年前，孙女出生后，儿子强烈希望母亲帮妻子一起照顾孩子，得琴只好辞掉了工作，没想到“回来就彻底走不掉了”。得琴发现，失去工作和社交的寂寞倒在其次，最重要的是她感到难以适应“问别人要钱花”的生活：

上班时候这个月钱花了那个月钱（又）来了，感觉很轻松。现在从她爷爷[②]手里拿钱，哪怕给再多，但你花一个少一个。因为也存了点钱，就想在家带她，不问她爷爷要钱，感觉要钱好难为情。后来彻底在家待着了，自己卡里的钱也花掉了，就要了。（笑）要了她爷爷就讲别的，钱一花完，欸唷我都讲不上来那种难受。（得琴）

得琴的故事展示了务工给农村女性带来了在家庭之外的领域实

① 指得琴的女儿和儿子，谈话时得琴的孙女在场，得琴使用孩子的称谓指代。
② 指得琴的丈夫。

现价值的可能。虽然在两人中间，丈夫才是家庭收入的支柱，但打工已足以让得琴养活自己、补贴孩子，甚至还能攒下积蓄。而结束打工回到家庭，意味着得琴从一个家庭经济的贡献者变成接受供养的人。虽然丈夫的收入属于他们共同的财产，她操持家务、照料孙辈，“要钱”完全正当，但是她仍然在意“钱是丈夫赚的”，尤其在她需要不断主动索要的情况下。得琴的“难受”感觉毕竟没有破坏她对婚姻和家庭生活的安全感，但在更加年轻一代的婚姻中，这种矛盾会更加凸显。

三、“守家”与“养家”之间：家庭分工与婚姻尊严

1. 农村生计模式与家庭功能变迁

妇女的家庭地位经常被作为观察和理解婚姻家庭领域变化的一个切入点。伴随市场化、工业化的变迁，农村妇女家庭地位的上升有目共睹。但与此同时，也有人注意到今天的妇女在家庭中似乎更“清闲”了，陈锋（2011）将相关现象概括为“依附性支配”，即妻子虽然在经济上依附于丈夫的“挣钱”，但仍然能够在家中“管钱”。基于对辽东地区村庄的观察，研究者对当地基本的家庭性别分工进行了描述，指出当地妇女不挣钱仍然能当家的根本原因，在于农村婚姻市场失衡带来的妇女家庭地位上升：

> 已婚妇女参与非农性的就业人数不到10个，全职太太在幸福村是相当普遍和正常的事情。除了农忙时节妇女与丈夫一起下地以外，其他时间基本上就是做点家务，然后将剩余的大把时间都花费在了唠嗑、打麻将、看电视之上……另外也有一半左右的妇女不喜欢出门，在家做家务、看电视。与此相反，村中的已婚男性90%以上都在村里的小煤矿上工作。

幸福村的妇女尚且在农忙时节与丈夫一起下地，而在1936年的江村，“妇女不到田里劳动，整天在家中忙碌”（费孝通，2007：40），但没有人怀疑她们操持家务对于家庭经济的贡献和意义。她们照料孩子，洗衣做饭，制作全家人的衣服。显然，问题在于家庭本身的变化。

最近30年间，大规模的工业化以及由此而来的农村家庭消费的货币化、市场化，意味着生产活动逐渐远离家庭的物理空间，后者正日益变成一个更加私人性的、消费性的空间。如前所述，今天苏村家庭的生计主要通过务工实现，多数家庭的土地都流转给了种粮大户或合作社，村里仍在种地的多是不需要考虑边际收益递减规律的老爹老婆，或留守的中年妇女。与此同时，伴随着苏村人搬入新村的“小区房”及生活水平本身的提高，从前可以在家庭内部自给自足的日常蔬菜、禽蛋消费也越来越依赖于市场。苏村的两条街上就有一个综合性超市和六七家规模不等的日杂商店。

显然，由于人口再生产的功能并没有伴随经济生产一同剥离，孩子的养育、老人的照料，成为家庭最后的堡垒，也通常是妇女留守的最重要理由。但是，传统上丈夫与妻子基于共同生活空间进行的密切生产合作不再可能，夫妻家庭作为经济共同体，几乎只在财政结算意义上继续存在。尤其在“家”经常处于分离的状态下，妻子的家内劳动对丈夫在城市获得收入甚至谈不上直接的保障功能可言，其劳动的价值也就不那么分明了。[①] 在很大程度上，苏村的情况正与此类似。这是一个传统性别分工中似乎不会出现的问题，从这一角度入手有助于我们更好地理解农村妇女的“依附性支配”。

① 即便在妇女并非“留守”的状态下，家内劳动的价值似乎仍然不很显然，正如前引研究所表明的，家内的劳动比较笼统地以“做家务”概括了。问题不在于当地妇女的家务是否繁重，而是其具体内容没有被纳入研究者的观察范围。

2. “守家”：以日常尊严作为抵押

关于苏村妇女在家庭中的地位，用“依附性支配”描述可能有些过度，但很多人会接受“女的在家里管钱”这一说法。不过对于留守在家的妇女而言，故事还有另外一种讲法。我们应该记得，当得琴结束打工生活回家照顾孙女，不得不向丈夫要钱时内心的难受。与回家后的得琴不同，也与村里多数同龄妇女不同，梅琳是真正有自己独立收入的妇女，事实上她与丈夫“财政分开”，这在村里非常罕见。在村里，梅琳的主要身份是妇女主任、镇上的计生专干，同时她也是一名勤奋的微商和保险业务员。不过，当年让她下定决心经济独立的，正是与得琴一样的那种“难受”的心情。

> 梅：我刚结婚时就是一个家庭主妇，没一点收入。家里又比较穷，我根本舍不得花钱。每次家里有一点钱，要想着各方面开支，不要浪费。最大的消费就是上集，带10块钱去，都花完了，就想下次不能再去了。女人你花钱都是去找他要，第一次要他觉得应该给你的，第二次就说，“天天买东西，天天消费。”第三次再要的时候，他就不耐烦了，“唏，这么爱吃！”当你每次都张口问别人索取的时候，你就是被动的。你受限了，就影响你的感情。
>
> 访：其实两个人组成家庭之后这个收入是共同的呀。
>
> 梅：那当然了。但你第一次张口第二次就不好意思了啊。如果你有一次张口要钱、受到别人不尊重的时候，那种心情就特别难过。或者人家就使个脸色、发句牢骚，或者拒绝你。

作为女儿，梅琳非常孝顺。当年正是出于嫁在本村便于照顾父母的想法，梅琳才不顾父母的反对嫁给了丈夫，尽管当时后者家里兄弟多，条件差。如今她对当时的选择深表后悔，但梅琳毕竟没有辜负初心，这些年她对父母的回馈既有日常照顾，也有经济支持。

去年母亲生病，梅琳承担了两万元的医药费，虽然这本该是她哥哥的义务。通常家庭的丈夫并不会同意这样做，出嫁的女儿——比如梅琳的两个姐姐——只要出力照顾就可以了，但是梅琳的底气来自她能赚钱，给父母的钱是她自己的钱。她引用一句“抖音”里的“名言”总结自己的理念：“女人就是要：包里有钥匙，车里有油，卡里有钱。”

> 你无论什么时候（都）不能做一个全职家庭主妇，你依靠别人生活的时候真的不行。我有经济收入了，我爱怎么花就怎么花，想给孩子买什么就买什么。所以我们这么多年没有在经济上发生分歧，他没有理由。我的理念就是，我爱怎么消费怎么消费，想给我父母多少就给多少，不需要看你的脸色。（梅琳）

显然，并非只有中产阶级的全职太太才会质疑自己对家庭的全身心拥抱。“不依靠别人生活”，虽然并非所有的苏村妇女都有决心和机会做到这一点，但她们往往对此感同身受，年轻的媳妇们尤其如此。

徐婷的处境比当年的梅琳好很多，她的丈夫从未在花钱方面出口伤人。丈夫每月会固定将一部分工资转给徐婷，用于她们母女的生活，因此她甚至可以免于经历“开口要钱”那种难为情的瞬间。但是，作为一个留守在家的年轻母亲，徐婷还是有意识地维持某些边界。比如，在婚后她改变了向娘家进行礼物回馈的习惯，以避免潜在的冲突和伤害。

> 我以前上班的时候，想给我爸妈买啥就买啥，我弟的衣服都不用我妈管，但结婚以后我基本没给他买过了，因为不是我自己挣的钱。现在关系好，要是到时候关系不好了就扯的很多了。（徐婷）

一个主妇给自己的父母买与不买东西，她都可以找到某种正当性观念的支持。从法律上说，婚姻关系存续期间，任何一方的工资性收入当然都属于夫妻共同财产，双方有平等的处分权；从民间观念上说，女性结婚后已不属于其父母的家庭，她不该“总想着给娘家花钱”。但实际上徐婷的理由与两者都不相同。她不再给父母买东西，关键在于她日常用的钱不是她挣的。实际上不管礼物的对象是自己的父母还是公婆，用不是自己挣得的钱来表达自己的孝心，这就是一件难以“理直气壮”的事，只不过后者相对还可接受。

> 有时候想给自己父母呀公公婆婆呀买个东西，但你花的钱都是你老公的钱，就感觉挺那个的。要给他自己的爸妈买，还没事，你感觉也是他自己的爸妈，用他的钱买就买了。你自己挣一个钱花一个钱，心里多舒服呀。男的挣的话，虽然他自己不讲，但是你花得心里不舒服。（徐婷）

这种“不舒服”看起来是婚姻生活的琐碎细节，但对于家庭主妇而言，这既涉及当下的尊严磨损，也涉及未来可能的婚姻风险。平日里，徐婷独自在家带2岁的女儿，丈夫和公婆都在苏浙沪一带打工。徐婷一度有过“儿女双全”的想法，但当婆婆试图劝说她生二胎，并建议她索性在家把两个孩子再带上几年时，她坚定地拒绝了。徐婷觉得，自己一定要出去打工。

> 我婆婆说让我在家再领两年（小孩），她说，苏楷挣的钱反正够你们俩花，我们挣的钱以后也是你和苏楷的。我就跟我婆婆这样讲，我说花苏楷的钱，现在是不讲，到时候我们俩感情不好了，他一天到晚说是“我养着你，我养着你”什么的（怎么办）。我婆婆讲，那不得吧，苏楷不是那样的人。我说现在谁都看谁不是那样的人，

以后谁知道啊。(徐婷)

在徐婷的描述中婆婆很开明，大概正因如此她能坦率表达她真正的顾虑。对她而言，返回工作岗位存在一个机会窗口，若不能尽快回去工作，她会因为在家太久而丧失劳动市场需要的技能。在最坏的情况下，这意味着她将没有能力承受婚姻破裂的风险。丈夫确实很好，但她仍然得保留一些主动，而不是寄希望于他一直“好”下去。考虑到苏村近十年来愈加升高的离婚率，徐婷的顾虑并不奇怪。

3.“养家”：一种辛苦的“特权”

虽然妇女们在婚后经常感受到独立的经济地位对家庭生活中个人尊严的重要性，但是她们在家庭分工中的角色使其隐然的追求难以实现。在这个意义上，年轻女性在婚姻市场中“要价”与“挑挑拣拣”的权力和婚后家庭生活中的不利地位是同时并存的。

大部分女孩子在结婚前都会有几年的外出打工经历。通常她们跟随亲戚长辈出去，可能在打工地恋爱，谈得“差不多”就在父母首肯下结婚；也可能由于男方家太远而被父母“叫停”，过年返乡时与家里安排的相亲对象谈婚论嫁。结婚后，大部分女性会在一两年内生下第一个孩子，如果想尽快返回城里工作，则哺乳期一过就把孩子留给婆婆照顾，与丈夫外出打工。但还有一部分，婆婆在儿子结婚时仍然年富力强，甚至有稳定的打工收入，这种情况下媳妇会把孩子先“领”上几年，等孩子上幼儿园或小学，再与婆婆交班。如果生育二胎，则留守的时间还会增长。事实上，妇女是家庭经济安排中的机动力量。老人生病、孩子进入高中的关键阶段需要陪读，都会成为妇女从务工地返回家庭的原因。

为了“守家”而放弃经济机会的另一面，是妇女们“守家”的意义经常失焦。虽然市场化的机会并不是均等地提供给每个男男女女，然而一旦如梅琳这样的先行者突出重围，就会意识到，她有着通过经济实力证明自己的强烈愿望，也有充分的机会实现这一愿望。而这一机会甚至并不比男人更差。[①] 相反，与那个充满风险、富于艰辛但是有着丰富价值的外部世界相对应的，是“家”的内部作为一个价值空间的快速收缩。比如，对于村中的年轻妇女来说，照料幼儿常常是她们在家内从事的主要劳动，但是这种劳动越发成为琐碎的高强度事业。

既出于婚姻的危机感，也出于支持家庭的责任感，徐婷念念不忘再次外出务工。但是她也发现，自己似乎开始逐渐习惯在家带孩子的“快活”生活，同时又经常感到别扭。这种感受部分来自她身处外乡、独自照顾幼女的事实。一方面，公婆与丈夫都在外务工，她没有很多家务可做；另一方面，照料幼儿生活的愉悦和折磨，她都需要独自消化。因此这种生活既是轻松的，又是让人颓废甚至抑郁的。

> 访：你打算出去学点什么新东西吗？
>
> 徐：欸唷讲实话现在真的很迷茫很迷茫。学什么呢？现在我感觉出去上班都怪难的。就像人家讲的，在家待的时间长了，我也怕出去上班了，我感觉快活惯了。
>
> 访：那你觉得家里面男主外女主内这种分工还比较合理吗？
>
> 徐：我感觉，如果你有老婆婆的话最好还是……偶尔在家待一待可以，女的如果一直在家照顾小孩子的话，真的会很颓废很颓废的。孩子要是磨人的话，现在讲“抑郁病”，真的会有的。

不过并未与丈夫两地分居、公婆俱在的妇女也不见得更开心。

① 在访谈中，梅琳对她的丈夫的评价是“得过且过”。

忙里忙外的辛苦并不容易被理解，她们会更加大声地表达不满。事实上，农村家庭在养育和照料方面的精细化、情感化，并不是传统的现象，用陈吉柯的话说，“过去养个孩子就跟养个小猫小狗一样”。在某种程度上，农村家庭的少子化或许带来了养育工作内容的变化，但强度未必减轻，甚至可能由于丈夫的参与程度较低而更加难以忍受。虽然一些年轻的父亲也与孩子有亲密的互动，但做不到这一点同样被认为正常。在生育孩子之前，苏娴非常喜欢小孩子。但是孩子出生后，照料孩子本身的辛苦、丈夫的极少参与让她感慨，如果人生再有一次机会，她绝对不会结婚。

访：你觉得母亲对孩子的感情是有孩子后自然就有了吗？比如你之前可喜欢小孩么？

苏：我以前也喜欢小孩，现在我领他领得不喜欢小孩了。太累了，就感觉这是老天爷派来折磨我的。有时一个人领孩子领到崩溃。有时候这天他奶给他带走，我就觉得今天好轻松呀，好舒服呀。但心还是在他身上。就会想他吃饭了吗？可睡觉吗？各种担心。女的生过小孩就是母爱泛滥，怎么讲呢，就是天生的，就是你有了孩子之后，你就真正地变成一个母亲了。

访：那你觉得他爸在孩子出生后有什么变化？

苏：没什么变化。（笑）该干嘛干嘛，该吃吃，该玩玩。

从这个意义上讲，男人“养家”的性别分工安排，几乎可以被理解为一种辛苦的“特权”了。结婚后的女性面对的，一方面是因为养育和照料孩子而放弃的工作机会，另一方面则是已呈现出精细化趋势的母职在村庄生活的情境中尚未得到价值的安放。事实上，虽然很多年轻妇女已经对这种分工的“天经地义”表达了清晰的反叛声音，但是在行动上，她们仍然践行这种分工模式。总体上，她们相信，这种分工既是出于家庭生计的需要，也是因为女性“原本”就更适合操持家庭。事实上，相比于改变分工的现状，她们更希望得到“理解”和“尊重”。

> 你讲他不好吧，也没有哪里不好。就是感觉你的辛苦他都感受不到。他就感觉，这些事都是你作为一个女人应该做的。有时候我就想，我要是个男的就好了，我就出去挣钱，家里面所有事情都不用操心。我在家再累他都看不到，他就觉得你天天在家看店、带孩子，坐着怪舒服的。其实大部分时间我是不可能坐着的。（苏娴）

> 其实女孩子挺惨的。比如说你结婚了，你老公的工作不一定有你的重要，但家里人会劝你，牺牲你的事业让他去干。女的挣钱一定比男的少吗？真服了。其实男的才是累赘呢，让他带孩子不行，做饭炒菜不行。不过我感觉这些事情确实女的去做比男的去做好。但是男的不尊重你呀，他觉得这是你应该做的。为什么女的觉得男的出去工作她能理解，女的在这做的这些事，男的做不了，为什么还不尊重她，不感恩呢？（苏晓眉）

正如我们在得琴的故事中所看到的，打工的生活虽然辛苦，但是毕竟通往广阔的社会生活，而且在“辛苦”与“独立收入”之间建立的关联，也会带来高度的个体尊严感。相比之下，“守”着一个有时只有孩子、已经成为剩余范畴的“家”，日常的付出和辛苦常常面临价值失焦的危机。

四、小结：家内与家外——“平等”还是“迁就”？

竹林的母亲中丽曾经提到，竹林在结婚之前，曾有另一个潜在的交往对象。当时竹林在镇上帮人看店，老板娘主动将自己的外甥介绍给了竹林。闲聊中男孩提到，他认为男方和女方不管在恋爱中还是结婚后，都应该要讲“平等”。竹林当时没有说什么，回家后讲给母亲，中丽立刻觉得这个对象不值得交往，竹林也认为这个男孩“小气”。

即便中国没有高度发达的身份政治，在性别问题上讲“平等”，仍是一种政治正确。尤其在互联网主流语境中，一个男孩在与异性交往时表明自己支持性别平等，显然不可能是“减分项”。但是，对于女儿潜在交往对象提出的“平等”，中丽却十分警惕。

中丽的反应似乎是一种基于社会生活经验的“本质直观”。虽然访问者几次试图提问，中丽始终表示她也不清楚男孩所说的“平等”到底意指哪方面。不过，通过她对“过日子”的理解，可以看出她对于男孩这一表达背后“意向性”的理解，以及她自己对“平等”的看法：

> 我的心里是讲，也不能是平等，多少男的要对女的那啥一点。平等，怎么叫平等呢？你可能一点都不迁就着？过日子就是，总归两个人，男方多少迁就女的点。不能讲，你这才谈恋爱呢就“平等”，你过了门了呢？女的伺候孩子呀，家务呀啥的，如果还去挣钱累钱啥的，她就比你辛苦。你不能讲男的你光挣钱。（中丽）

在更“进步”的主流性别观念中，“平等”的反面是歧视，歧视的指导原则是差异。女性要求性别平等，意味着要求不因女性身份受到差别对待，只有这样才满足“公平”原则。在社会和政治领域中，性别平等强调女性不应该因其性别身份而被剥夺某些权利；在家庭领域中，性别平等提倡男性与女性平等地分担家务。

显然，中丽并非不讲“公平”，但她完全诉诸不同的逻辑。中丽的观点基于“通常意义上，在一个家庭中女性要比男性辛苦 / 弱势”这一前提。这一前提意味着双方原本就是“不平等”的，而这种情况下的“平等”对待，可能恰恰违背了公平原则。比如，丈夫可能诉诸“平等”原则，要求妻子与自己同等地贡献家庭经济收入，但却无视妻子承担家务、照顾孩子的事实。

更重要的是，在中丽的观念中，“平等”本来就不应该作为指导家庭生活的原则。“怎么叫平等呢？”说明在中丽看来，家庭生活中的“平等”，不仅很难做到，甚至很难讲清。在“过日子”中，最符合公平原则的做法，是付出较少／强势的一方主动让渡权力，向付出较多／弱势一方进行“迁就”，这是一种更类似于礼物经济而非市场经济的“公平”原则。

中丽多次提到的“迁就”或许可以为上文提到的“依附性支配”提供一种新的理解。在经济依附于丈夫的情况下，如果妇女在家而不能当家，家作为一个道德空间的意义就更加成问题了。一个人在家外的社会空间中取得的政治和经济成就，当然会在家内的空间造成“效应”，但是它不可能成为约束家庭成员间的关系的正当性依据，否则家人关系就会变成隶属关系、雇佣关系，“家”作为一个伦理共同体也就不复存在了。

第六章　总结：彩礼——礼物还是商品？

至此，第一章中预设的某些问题似乎得到了回答。某种程度上，高度的商品化与货币化带来了量化价值的某种可能，达到一定数量的金钱尤其意味着价值的确证而不是价值的贬低。更重要的是，“从夫居”观念的话语和实践仍然为彩礼的合法性提供基础，这意味着相对于商品交换，彩礼给付更多地服从于礼物交换的逻辑。作为彩礼给付的关键主导者，女方父母要求而不使用彩礼，避免了传统中

“要钱”对女儿人格的贬损。相反，“要求”彩礼所带有的主动性，使得彩礼协商的过程更容易被理解为塑造平等姻亲关系的努力、要求女儿在婚姻中得到重视。事实上，对苏村的媳妇而言，她们的困扰似乎也从不来自彩礼所带有的“物化”色彩，而来自朦胧中感受到的婚姻和家庭变迁本身带来的挑战。既然彩礼本身仍然在“传统”提供的框架中占有一席之地，既然对彩礼的要求仍然得到习俗和观念的支持，那么用旧工具解决新问题似乎就是很自然的选择了。

不过，彩礼本身并不能被简单地理解为对女性因为婚姻放弃的工作机会的补偿。某种程度上，它既是又不是新娘的钱。虽然经常被以嫁妆的方式理解，但是没有人否认它的继承性质，它的实质是男方父母对小家庭的资助，给女方只是“走个过场”，目的是让新娘能够当家。彩礼的要求正是基于对其正当用途的设想。保有对这笔财产的控制权，可能让丈夫更重视她，至少不至于太忽视她。而伴随着婚姻的存续，她感到婚姻中信任的逐渐建立，家庭的大项开支也逐渐出现：买房、孩子需要上学、父母需要看病，这时她将把这笔钱拿出来，就像宋代的妇女将自己的嫁妆贡献于丈夫的大家庭，只不过在这里，这笔钱是由男方的父母提供的。

因此可以说，就苏村的情况而言，彩礼的授受和流动过程，始终遵循礼物的逻辑。彩礼从男方父母流向女方父母，女方父母再将彩礼赠予女儿，女儿带着这笔“当家钱”成为男方家的媳妇。甚至到此，彩礼的意义还并未结束，它仍然期待着下一次赠予：媳妇在合适的时候将其再次投入家庭，实际的情况中，这件事经常是“夫妻俩的事”。

从某种意义上说，彩礼的赠予逻辑正是中丽多次提到的“过日子”中需要“迁就”的道理。无论基于传统的“嫁—娶”关系，还是基于现代化变迁中的家庭分工，男性都被视为社会和经济意义上占优势的一方。而根据“家”这一领域内的逻辑，优势的一方被期望先退一步，将权力作为一种礼物赠出。而这一过程之所以不能被混淆为商品关系，乃是因为收到礼物的一方同样在期待下一次的回馈——正如中丽面对男方的“迁就”时所做的那样。

当然，问题在于，礼物互动的规范只对愿意遵从这一规范的人有效。苏村青年缔结婚姻的范围早已超越了地方道德共同体的边界，而婚姻本身作为一项风险性事业，也让这种礼物互动实践日益脆弱。今天，即便是在父母主导下以“合两姓之好”缔结的婚姻，日后同样可以因为两姓的不和而破裂。从这个意义上说，男方在缔结婚姻时进行的权力让渡，确实承担了相当大的风险。

因此，我们可以更清晰地看到司法解释与民间观念之间的巨大断裂。司法解释将彩礼表述为“附带解除条件的赠予”，并补充以“女方如不履行婚约，则赠予解除”。这种别扭的说法似乎只是为了避免表述为“有条件赠予”后与“买卖婚姻”的纠缠不清。但是这种遮掩恰恰暴露了这种理解下的彩礼“一次性结清”的性质，从而与商品交付脱不开干系了。在某种程度上，正是这种理解为彩礼“强加”了私财的性质，从而将彩礼的交付理解为一种变相的买卖关系，但是对民间所期望的基于礼物互动的社会关系，它却无力调节了。

参考文献

[1] 白凯．中国的妇女与财产：960—1949 年 [M]．上海：上海书店出版社，2003.

[2] 陈锋．依附性支配：农村妇女家庭地位变迁的一种解释框架——基于辽东地区幸福村的实地调查 [J]．西北人口，2011，32(01)：83-87+94.

[3] 陈鹏．中国婚姻史稿 [M]．北京：中华书局，1990.

[4] 费孝通．江村经济 [M]．上海：上海人民出版社，2007.

[5] 果臻，李树茁，等．中国男性婚姻挤压模式研究 [J]．中国人口科学，2016(03)：69-80+127.

[6] 郭显超，黄玲．我国婚姻市场现状、发展趋势与影响因素分析 [J]. 西北人口，2014，35(04)：98-104.
[7] 桂华，余练．婚姻市场要价：理解农村婚姻交换现象的一个框架 [J]. 青年研究，2010(03)：24-36+94-95.
[8] 韩敏．回应革命与改革：皖北李村的社会变迁与迁徙 [M]. 南京：江苏人民出版社，2007.
[9] 吉国秀．婚姻支付变迁与姻亲秩序谋划——辽东 Q 镇的个案研究 [J]. 社会学研究，2007(01)：114-136+244-245.
[10] 李霞．娘家与婆家：华北农村妇女的生活空间和后台权力 [M]. 北京：社会科学文献出版社，2010.
[11] 李永萍．北方农村高额彩礼的动力机制——基于“婚姻市场”的实践分析 [J]. 青年研究，2018(02)：24-34+94-95.
[12] 刘厚莲．男孩偏好激励父代挣取更多收入了吗？——基于子女数量基本确定的情形 [J]. 中南财经政法大学学报，2017(01)：25-32.
[13] 罗凯，周黎安．子女出生顺序和性别差异对教育人力资本的影响——一个基于家庭经济学视角的分析 [J]. 经济科学，2010(03)：107-119.
[14] 宋东侠．宋代厚嫁述论 [J]. 兰州大学学报，2003(02)：62-66.
[15] 孙玉荣．论唐代社会变革期的“财婚”[J]. 华中科技大学学报（社会科学版），2013，27(04)：129-135.
[16] 王德福．变色的嫁衣：作为代际剥削手段的彩礼——转型期农村彩礼习俗的性质嬗变研究 [J]. 湖北民族学院学报（哲学社会科学版），2014，32(02)：26-30.
[17] 王思凝，贾宇婧，田耕．“议彩礼”：论农村彩礼形成机制中的道德嵌入性基于甘肃 L 县的案例分析 [J]. 社会，2020，40(01)：1-24.
[18] 王向阳．婚备竞赛：共识、策略与行动——理解华北农村婚恋压力的一个中观机制 [J]. 华东理工大学学报（社会科学版），2017，32(05)：20-28.
[19] 王跃生．婚事操办中的代际关系：家庭财产积累与转移——冀东农村的考察 [J]. 中国农村观察，2010(03)：60-72.
[20] 西美尔．货币哲学 [M]. 陈戎女，耿开君，文聘元，译．北京：华夏出版社，2018.

[21] 熊凤水．从婚姻支付实践变迁看农村家庭代际关系转型 [J]．中国青年研究，2009(03)：18-22.

[22] 阎云翔．私人生活的变革：一个中国村庄里的爱情、家庭与亲密关系（1949-1999）[M]．龚小夏，译．上海：上海书店出版社，2006.

[23] 杨懋春．一个中国村庄：山东台头 [M]．南京：江苏人民出版社，2001.

[24] 于潇，祝颖润，阚兴龙．中国男性婚姻挤压城乡差异研究 [J]．人口研究，2019，43(04)：3-16.

[25] 钟独安，陈雪飞．婚姻支付再反思 [J]．中国农业大学学报（社会科学版），2008(02)：109-120.

[26]Goody J,Tambiah S J.Bridewealth and Dowry[M].Cambridge University Press,1973.

[27]Diane Owen Hughes.From Brideprice To Dowry in Mediterranean Europe[J].Journal of Family History,1978,3(3):262-296.

[28]John Knight,Li Shi,Deng Quheng.Son Preference and Household Income in Rural China[J].The Journal of Development Studies,2010,46(10):1786-1805.

[29]Whyte M K,Parish W L.Village and Family in Contemporary China[M].University of Chicago Press,1980.

[30]Testart A.Reconstructing Social and Cultural Evolution[J].Current Anthropology.2013,54(1):23-50.

[31]Watson R S.Inequality Among Brothers:Class and Kinship in South China[M].Cambridge University Press,2007.

[32]Watson R S,Ebrey P B.Marriage and Inequality in Chinese Society[M].University of California Press,1991.

[33]Schlegel A,Eloul R.Marriage and Transactions:Labor,Property,Status[J].American Anthropologist,1988,90(2):291-309.

“活地图”的诞生：跨越空间的外卖配送劳动过程研究

付堉琪　中国人民大学社会与人口学院 2018 级
指导教师　刘少杰

第一章　绪论

我们生活在一个社会空间迅速变化的时代之中，每时每刻都在和各式各样的空间发生着密切往来。围绕空间建立起来的话语也体现在日常生活的方方面面，除了耳熟能详的地理空间、网络空间、社会空间外，网红空间、消费空间也充斥在日常生活的各个角落。并且，伴随着社会的发展，人们对于空间的感知也在发生着重要的变化，例如近些年兴起的即时配送行业也在消解着人们对于“邻里”概念的认识。当前的冠状病毒流行，又将人们的关注点拉回到流动与空间规制这个一直存在但常常被习惯性忽视的重要主题。毫不夸张地说，如果不去充分理解空间，就无法确切地把握当今社会的种种重要问题。

社会学界兴起的空间论转向使得一批学者的关注目光投向了我们每时每刻都在打交道的空间，将对主体与空间关系的讨论叠加在经典的时空知识范式之上，并接管了诸多原属于人文地理学、城市管理学的研究主题。回观中国，立足发展空间社会学理论话语体系的研究还较为少见，这与中国正在经历的深刻与复杂的空间转变呈现出极度的不平衡。在笔者看来，国内在空间社会学的理论清理和认识论方面已经积累了丰富的知识，但如何利用这些知识开展空间与日常生活体验紧密联系的研究，回应空间变迁下的行动者微观的实践逻辑，还有待扩充。本研究将尝试基于空间理论知识传统，将其操作化为分析具体日常生活实践问题的框架，以外卖配送行业为例，讨论空间对于劳动过程的形塑，进而以劳动为切入口，透视社会结构中的空间逻辑与社会过程机制。

一、研究背景：社会学研究的空间论转向

本研究建立在社会学研究的空间论转向知识背景之上。这一转向有两个比较明确的线索，一个是研究主题上从空间作为社会容器转向空间作为社会过程（Lefebvre，1991；何雪松，2006；郑震，2010）；另一个是在知识基础上实现了从基于物理学的空间研究转向基于现象学的空间研究（刘少杰，2019a）。

社会学的空间论转向并不意味着古典社会学家不关注空间，马克思关于资本主义价值生产、涂尔干围绕宗教生活中的集体表象、齐美尔围绕都市生活的精神面貌创作出大量关于空间与社会的理论著述。尤其是齐美尔关于都市生活的讨论直接引发了沃斯对于“都市作为一种生活方式”的讨论，帕克、沃斯一批学者的努力也构成了芝加哥学派将空间视为一种客体开展研究的重要理论依据。芝加哥学派开展的城市研究可以说在很长时间内奠定了社会学对于空间问题讨论的格调，在这一个格调中，空间被视为社会的容器，多是静态的、机械的。

新马克思主义代表人物列斐伏尔对于空间问题的系统讨论成为开启空间本体论转变的重要标志（郑震，2010）。空间既不是一个主体，也不是一个客体，而是一个社会现实，就是说空间是

一组关系和形态（Lefebvre，1991）。列斐伏尔主张将空间作为一种社会过程，围绕空间实践、空间表象、表象空间展开空间思想，并对抽象空间予以批判（Lefebvre，1991）。苏贾延续了列斐伏尔的讨论，指出社会学者对于空间的轻视源于主流社会学所持有的客观主义立场，空间基本上被看作是一种机械的外部存在，相对于人类力量和社会过程的强大作用而言，空间只不过是一种被动的容器或镜子（苏贾，2004）。哈维、卡斯特等也试图像列斐伏尔一样从实践层面上回应空间作为一个社会过程的问题，虽然他们并没有给出解决空间的行动与结构二元论的方案（郑震，2010），但是在进行理论探索的过程中，他们提出的时空压缩、时空扩展、网络社会概念为从结构层面认识空间作出了重要贡献。

推动社会研究的空间论转向的还有福柯、吉登斯、布迪厄等带有现象学学科知识基础的学者。福柯围绕主体、知识、权力、身体展开的讨论，推动了学界对空间中“知识—权力”和主体性言说（福柯，2016a）的关注；吉登斯在现代性构架下检视空间与社会结构之间的交互关系对于研究社会结构与社会过程的重要性（何雪松，2006），并将空间作为自身研究结构化问题的一个重要主题，讨论了在场、脱域等极具空间实践感的概念主题（吉登斯，2011）；布迪厄在概念构建上更具有现象学的空间色彩，其笔下的“场域”更是一种实践中的空间，对于知觉、表象的强调在其反身性的讨论路径（布迪厄、华康德，1998）中得以很好体现。在现象学为知识基础的理论著述中，以往被实证主义取向研究抹平掉的实践、主体、权力、表象、身体等维度，透过空间被淋漓尽致地展现出来，扭转了实证主义社会学将空间对象化进而抹去主体性的局面。

列斐伏尔的学生德·塞托接起老师提出的社会研究的日常生活转向大旗，围绕实践中的空间构建自己的理论体系。在德·塞托的理论中，日常生活中的主体被赋予了充满诗意的创造力，透过主体为实践空间赋予意义。德·塞托（2014）的诗意实践同时也挑战了福柯对规训权力对于主体压制的论述。与此相比，文艺领域掀起的后现代空间运动更为强调自然性，放大了差异空间作为一种地方性知识的意义，而忽视了空间之中蕴含的一般性特征。后现代文艺领域的空间运动恰恰没有意识到诸多“叛逆”实践中蕴含的结构性、一般性空间知识。

既有空间社会学研究存在两种极端：一种是过于强调结构，最具代表性的实证主义社会学将空间作为一个客观对象，抹去空间中的社会建构成分，而将其视为一个客观的容器，行动者仿佛是被诸多结构牵线的木偶，他们的主观体验、差异策略在此类讨论中被悬置；另一种则是过于强调主观性，否认空间中存在的一般性知识，这类空间研究在后现代文艺领域中较为常见，而这类取向则否认了一般性知识的存在。刘少杰（2019a）倡导在主观和客观的统一中开展空间社会学，这一研究路径潜在为调和空间中诸多二元对立提供理论出路。对于主观和客观考察取向的研究虽然共享着不同的知识基础，甚至在立场和方法上都存在诸多对立，但是两者都带有对社会新现象、新经验的好奇与关注（刘少杰，2020）。再向前进一步，在空间实在论的范畴中能够很好地将对于空间中的主客问题统一起来①。本研究将基于主观与客观统一的空间社会学知识开展对具体问题的讨论。结构如何言说主体，主体实践如何反映结构，将

① 这里面最核心要解决的难题是主观的、体验式的空间如何被纳入社会科学研究中。笔者认为，行动者的主观意识对于他们自身而言是主观的，但是对于外部想理解他的人来说则是客观的。这种声明意味着，虽然对于每个主体而言，体验因人而异，但是其中的一般性知识可以从差异化体验中被提炼出来，作为一种主观的知识被纳入社会科学研究中。这种研究路径类似于韦伯在讨论新教伦理与西方资本主义发展时提出的选择性亲和。新教教义对于每个主体而言是主观的，但是从行动者围绕教义而生发出来的诠释性理解可以提出禁欲、天职观、命定论这些主观的概念，进而从理解性知识中指出宗教、文化与经济间的紧密联系。并且，从韦伯在《社会科学方法论》中提倡的研究方法中可以看到，虽然韦伯主张对行动意义的理解，但是从方法上来讲韦伯认为对于社会行动的理解是有着正确、错误之分，科学的方法需要对研究的行动意义进行检验（而检验恰恰是实在论所强调的验证真伪的必要过程）。

在本研究的分析框架中予以体现。

二、研究议题：空间与劳动过程

理论视角为我们提供了认识复杂社会事实的化繁为简路径，并且同样的经验现象从不同理论视角出发看到的内容也有所不同。社会学的空间论转向形成的知识帮助我们意识到，空间不仅是作为认识对象的客体，同样是内化于主体的感性知觉体验。在本研究中，笔者将在社会学研究的空间论转向形成的空间视角下，思考近些年互联网时代背景下兴起的外卖配送行业，并聚焦于讨论骑手的感性空间实践与劳动过程之间的深层联系。在此之前，笔者需要说明将"空间"引入到劳动过程理论何以可能。

首先，围绕劳动展开的劳动过程理论脉络可以作为空间视角进行对话的理论靶标。我们谁都不能否认劳动实践的开展与劳动所在的空间有着密切的关系，但是劳动过程理论脉络的演进过程中已经过于偏向关注劳动过程中的控制与反抗，而将空间的知识悬置起来。并且，在整个理论脉络的演进中，忽视空间被视为一种理所当然的做法，只有当空间作为构成劳动过程中某个维度（例如权力）的构成要素时才会被当为背景知识予以呈现。

其次，社会学空间论转向中形成的知识与劳动过程理论所立足的知识有着较高的同源性，列斐伏尔开启的对抽象空间的批判和主流劳动过程理论都是在延续马克思的政治经济学知识体系中展开的，并且两个理论脉络都在密切关注主体、体验、知觉这些主观维度以及政治、权力、知识这些带有结构特性的客观维度。

再次，社会结构的急剧变迁使从空间维度回应劳动问题的紧迫感骤然提升。当下社会中的诸多劳动开始走出资本家所占有的工厂空间，与人们日常生活场景紧密交融。超越工厂空间的劳动中，空间不再作为一种既定的结构，而是与复杂的社会过程紧密关联起来。

在劳动逐渐走出工厂空间的过程中，资方已经不再占有大多数劳动所发生的空间。经验世界中围绕借助他者空间过程中蕴含的复杂空间生产与规则冲突问题已经屡见不鲜，但是学理层面上尚未从空间角度予以很好的回应。

最后，笔者选择外卖配送这一种特定的劳动，原因在于该种劳动类型中自带很强的空间特性。对于骑手而言，每天的配送劳动都要与特定的地理空间打交道，并通过平台搭建的网络空间来获取相关订单信息和地理位置信息。同时，骑手并不是在真空中完成餐品配送，社会空间中各种规则也会涌现出来形塑劳动过程；骑手自身在配送的空间实践中形成的空间表象也作为配送过程的重要组成。这就给笔者从空间的角度分析该种劳动过程提供了众多潜在的切入点。

三、方法论与具体方法

社会科学假定，生活世界和分析世界既相互联系又有所不同，分析世界试图挖掘生活世界表象中的实质关联。在研究的资料呈现过程中，笔者试图通过讲述经验世界中浮现出来的事件，将其带入到学理的抽象分析之中。在方法论层面上，本研究运用布洛维提出的拓展个案法（布洛维，2007）作为指导。拓展个案法的核心是强调将反思性科学运用到民族志的研究过程中，实践策略上讲究从观察者拓展到参与者、对于时间和空间观察上的拓展、从过程拓展到力量，最终实现对理论的拓展。拓展个案法的每个维度都是必需的，它引导干预，把情境知识建构成社会过程，并将那些社会过程置于更加广阔的情境中。情境中的诸多知识往往面临着难以言说的困境（尤其是一些体验性的知识），这需要笔者花费大量时间浸染在田野之中，逐步接近研究对象享有的“共识”。

本研究在具体方法上采用了参与观察法、深度访谈法、文献法。笔者亲自投身研究对象的群体，于 2019 年 11 月—2020 年 1 月期间注册成为一名外卖骑手，进入到生产的隐蔽之处，基于研究者的“在场”来收集资料。一方面，笔者透过在场的体验收集一些通过言说很难表达的主观性知识；另一方面，通过实践、观察、访谈，多方位地收集外卖配送空间实践相关的资料。同时，笔者也会结合田野中的发现，邀请骑手对其开展访谈，也会和骑手们在不同的场合进行聊天，听取他们配送中的经历与感受。整个调研过程中与百余位骑手开展交流请教，正式访谈了 17 名专送骑手、9 名众包骑手、4 位兼职骑手、3 名站点管理者、8 名特定场所管理者（如保安、物业人员）和 4 名商家工作人员。梳理行业发展历史则着重采用文献法，整理近些年关于外卖行业的新闻报道、年度报道、数据年鉴、商业报告，以及相关档案和公司制度性文件。

研究伦理方面，笔者在进入田野时明确告知站长自己的研究者身份，田野也在尽可能融入研究对象世界的同时，刻意保持自己的差异身份。笔者成为骑手，但又要保持和其他骑手的不同，暗示自己是一个潜在的研究者。这种做法并不会因为我们身份的差异而彼此拉开了距离；相反，基于差异的身份反而使得一部分骑手对笔者有些好奇，愿意和笔者分享他们的事情。笔者均是在结束了骑手生涯后还会有一些之前的同事来找笔者讲述他们近期经历的故事。研究中，笔者均是在征得被访谈者的同意后方才录音，所有公共场所收集的资料也均保留了录音。研究中涉及的站点名称、人名部分均做了匿名化处理。

第二章　研究起点：主体、劳动与空间视角

劳动过程理论脉络围绕“不确定性”和“获取剩余价值”展

开的控制与反控制、剥削与反剥削策略（游正林，2006），在解读各个劳动场域中的生产实践方面展现出蓬勃的生命力。伴随着后工业时代的来临、符号消费的兴起，研究者对劳动过程的讨论也逐渐拓展到特定的工厂之外。在劳动过程理论的发展进程中，对于劳动者主体性的考察也使得劳动者形象更为鲜活地被展现在研究者的笔触之中，即劳动者不仅仅是被剥削的客体，同时也是实践的主体（Burawoy，1985；任焰、潘毅，2006a；闻翔、周潇，2007）。然而在劳动过程理论脉络的演进过程中，“空间”作为劳动具体发生场景中最直接接触到的对象往往被研究者悬置起来，即使偶尔“露面”，也是作为劳动发生的具体场所，或者需要被生产改造的对象。在对劳动的研究中，作为结构的空间对于劳动秩序的形塑、主体体验到的空间表象并围绕空间开展策略，与劳动过程的关系都尚未被充分地展开讨论。

一、从管治到主体性：劳动过程理论演进

劳动过程理论脉络的演进在一定程度上来说是发现主体性的过程。[①] 马克思、布雷弗曼为代表的学者将劳动者视作生产中的客体，其卷入价值生产的过程，是需要被强制和管理的对象。然而，劳动者作为一个社会中的行动者，有自己主观的感受与意义赋予，对劳动过程会形成自身的认识，这些主体性维度在很长时期内都被忽视。在布洛维等一批学者的努力下，劳动过程中的具体工人渐渐浮现在研究者的视野之中，也奠定了当下学者基于劳动过程理论的讨论对于劳动中控制和主体性的双重关注进路。

① 劳动过程理论脉络的思想演进路径参考了沈原教授在“劳工社会学”课程中的划分：沈原认为劳动过程理论发源于马克思，经由布雷弗曼阐释劳动中的控制机制，再到布洛维将劳动者的主体性纳入分析，整个劳动过程的演进主框架被奠定。后续的学者沿着劳动过程中劳动者的主体性分化出劳动的社会建构和情感劳动两个大分支，前者的代表人物有李静君，后者的开创者是霍赫希尔德。

1. 抽象劳动与过程管治

早期对于劳动过程的研究关涉资本如何采取手段，确保对劳动过程中剩余价值的稳定剥削。这种理论风格肇始于马克思《资本论》（第一章）中奠定的对劳动过程与价值创造之间关联的讨论。马克思在对生产的讨论过程中大量透过劳动过程来体现资本如何创造并剥削剩余价值。在马克思看来，劳动过程的基本要素是人类有目的的活动（即劳动）、劳动对象和劳动手段。劳动过程也被视为资本家消费劳动力的过程，在马克思的研究中提示了两种特殊的现象：第一，劳动者的劳动属于资本家，他也是在资本家的管理下劳动；第二，生产物是资本家的所有物，不是直接生产者（劳动者）的所有物（马克思，2011）。

马克思在价值增值论述中关照的劳动过程，同样是生产力与生产关系的生产与再生产的过程。对于劳动中的主体而言，资本需要生产出驯顺的劳动者（福柯，2016b），即劳动者对资本有用又能够顺从资本主义制度。然而，马克思只是在抽象地使用劳动这个概念，并将其与生产力、生产关系联系起来进而分析资本增值的逻辑。劳动者的主体性在马克思这里则被从劳动者主体中剥离出来，没有被充分讨论。劳动过程最终变成了对于劳动价值问题的附庸，劳动过程也被处理成了资方控制与劳动者反抗的阶级叙事文本。

布雷弗曼（1978）延续并发展了马克思奠定的劳动过程理论主题，对当时的劳动研究提出了诸多批评。在布雷弗曼看来，过去使得工匠引以为豪的复杂工作已经被拆解成了简单、更多重复动作的区段。这被布雷弗曼称为“劳动技能的退化”，这一进程中，劳动者从一个个基于概念的创造者变成了劳动的执行者。布雷弗曼所处的正是崇尚科学管理的时代，当时福特主义、泰罗制的实行印证着马克思对于资本主义引发劳动者异化的论断。布雷弗曼可以说是在批判这种时兴的管理制度基础上，进一步将马克思提出的资本对于劳动者控制方式生动地刻画出来。

《劳动与垄断资本》是一本批判性著作，是批评时兴的科学管理潮流导致了劳动技能的退化。在笔者看来，布雷弗曼是带有一种崇尚自然主义的态度去试图呼唤工匠精神的回归，但他在论述的过程中难免给解读者留下一种为了体现科学管理对劳动过程的拆解和去概念化而抹去劳动者主体性的印象。在早期的学者强调剥削的结构性决定因素中，例如管理者（资方的代理人）和劳动者之间存在明显的工作内容区分（资方占据权威和生产资料，劳动者附庸于资方），这种管理的图景几乎没有给劳动者留下自主权的空间。

2. 具体工人与主体性浮现

马克思、布雷弗曼从劳动过程中资本的管治角度出发，讨论了资本剥削剩余价值在劳动过程中何以可能；以布洛维与霍赫希尔德为代表的学者从劳动者的主体性出发批评马克思、布雷弗曼对于劳动者主体性维度的忽视，指出劳动过程中不仅仅存在以强制为基础的资本控制，还存在以霸权为基础的劳动者认同。在一批学者的努力下，劳动过程中的具体工人和劳动者主体性的维度开始逐渐浮现出来。

布洛维奠定了劳动过程中主体性的重要地位。他聚焦于生产的微观政治挑战了马克思、布雷弗曼传统下的劳动过程理论中没有主体性的主体概念，但同时拒绝像工业社会学开展的研究那样轻视客体。在布洛维看来，劳动者既是行动者意义上的主体（actor），也是有自我认识的主体（subject）。重返马克思讨论劳动过程时提出的经典问题——资本家如何确保稳定获得并掩盖劳动者的剩余价值，布洛维的关注点超出了劳动生产商品本身，转向拓展讨论政治、意识形态何以形塑劳动过程。

布洛维对于生产政体的讨论又与日常生活中微观的权力运作紧密联系（李洁，2005）。在布洛维看来，生产政体随着社会的发展，其确保劳动剩余价值稳定获得的方式逐渐从强制走向"制造同意"。他对于劳动过程中对主体的关涉主要围绕四种类型生产政体间差异的形成，以及对工人斗争后果的影响展开（李洁，2005）。并且，布洛维在讨论工厂政体过程中也大量继承福柯关于权力的微观物理学的讨论，事物的生产不仅是社会关系的生产与再生产，同时也是这些关系的经验的生产（Burawoy，1985）。

霍赫希尔德可以说是从另一个角度——资本剥削的是什么，来挑战马克思、布雷弗曼奠定的无主体性的劳动秩序。随着社会的发展，无论在社会生活中还是在学术讨论中，劳动与日常生活之间的边界日益模糊，劳动过程理论脉络中的后福特主义、后工业主义叙事风格越发明显。霍赫希尔德在《被管理的心：人类情感的商业化》（1983）一书中开门见山地主张，被剥削的不仅仅有劳动力，还有人类的情感。劳动的异化同时也伴随着情感的异化。当时兴起的情感劳动是对情感的控制，以制造出一种大家可以看到的脸部及身体表情。这种呈现是用来被出售来取得工资的，在霍赫希尔德看来，情感以及围绕情感的呈现就有了交换价值。

霍赫希尔德之后的"情感劳动"分为两个主要脉络，其一将其作为对服务型工作中的组织、结构和社会关系进行研究的工具；其二研究个人如何努力去管理和表达自己的情绪，以及因此带来的结果。但是沃顿也指出"情感劳动"经验研究繁荣的同时，并没有在霍赫希尔德的基础上实现对理论框架突破性的推进（Wharton，2009）。与此同时，更多的社会建构维度也在布洛维奠定的具体工人理论基础上加入劳动过程的讨论，近期关于劳动过程中的主体性讨论更是集中围绕劳动超越了具体的工厂空间后呈现出更为复杂的主体形塑机制展开。

米尔斯将主体性的回归引至距离我们更近的时空背景，讨论关系营造[①]对于免费劳动的形塑机制，这其中就牵涉到了社会生活中的文化、性别维度（米尔斯，2018）。米尔斯的最新研究是对布洛维“制造同意”议题的延续，同时将当下社会时空背景中重要因素带入对劳动过程的讨论之中。在超越工厂空间的劳动中资方如何确保稳定剥削并掩盖劳动者的剩余价值这一问题上，米尔斯的回答是“关系”。这里的关系体现在剥削的手段之上不仅仅是正式制度强调的按章办事的强制，也是基于关系营造后产生的合意。

米尔斯的研究是基于马克思的劳动过程传统对泽利泽尔为代表的文化研究的综合，借用泽利泽尔的“关系营造”框架讨论了生活中的交往关系如何重塑一套对于劳动认同的话语（Mears，2015）。研究指出，夜店模特行业这一较为极端的劳动力市场中，文化结构塑造出一种模特来夜店工作是帮朋友忙、“是来玩的”这种观念，而这种行动中接受报酬是被视为一种“如同妓女、自降身份”的行为。米尔斯进一步指出这种看似非理性的经济行动是根植于关系文化中的，将生活中的意义代入劳动的情境之中。这时，劳动价值已经不再简单地体现在经济维度上，还体现在自我成就的价值上，模特们生活中奉行的文化准则在劳动过程中有了再现。

米尔斯对于劳动领域中的文化结构更为系统的研究集中体现在《美丽的标价》一书中，她考察的模特行业中充满了诸多的不确定性，给模特界定价值的标准主要集中在“是否美丽”之上，由此将劳动价值生产中的文化结构归到性别、种族和阶级的差异（米尔斯，2018）。笔者认为，虽然米尔斯的分析内容建立在当前的时空背景之下，但本质上还是和霍赫希尔德的进路类似，即认为劳动中的标

① 国内学者有将泽利泽尔运用的“relational work”一词翻译成“关系工作”，笔者认为这种译法脱离了泽利泽尔想要运用这一概念表述的含义。在原作者这里，这个词主要用来描述行动者之间的关系建立、运营以及通过关系获得支持、资源的过程，其中包含了对关系的工具性取向和情感性取向。译为“关系营造”或“关系运作”更为合适。

准很多源自更为一般性的社会系统，这也反映了劳动过程理论脉络对于主体性问题拓展的一般趋势——从社会生活中寻找主体性建构的依据。由此，笔者在继承既有劳动过程共识的前提下，进一步追问，如果空间成为劳动过程中不得不面对的社会构成，那么围绕空间展开的劳动过程中主体性建构又是怎样的呢？

3. 小结：劳动过程中的主体性

笔者认为，劳动过程理论的演变过程中所“发现”的主体性集中体现在两个面向之中，一个是劳动技能中的主体性，一个是劳动认同中的主体性。首先，要明确劳动过程理论要回应的是生产中的价值增值问题，那么与主体相关的同时又能服务于价值增长的当属劳动技能和劳动认同。布洛维之后学者进行的劳动过程的社会建构议题讨论，在笔者看来都可以概括为，“作为社会构件的劳动能够将哪些社会要素纳入其中作为能够帮助赢得价值的劳动技能，并且在劳动中形成了怎样的强制和认同”。

笔者之所以在本节一开始就强调劳动技能作为主体性的一个重要维度，是因为很多沿着劳动过程理论脉络开展研究的学者将劳动中的主体性就等同于劳动中的认同。劳动技能作为主体性的重要体现这一维度没有被很好地关注到。试想，其实在布雷弗曼的研究中已经暗含了将劳动技能视为主体性重要体现的论述①，而后续无论是布洛维讨论的赶工游戏/工人文化还是霍赫希尔德讨论的情感劳动，都揭示出劳动者在劳动过程中的劳动技能作为其主体性的重要体现。因此，劳动技能理应归入主体性的讨论范围。

那么，借助劳动过程理论浮现出的主体性两个维度，如何对既有的研究进行分类以及为本研究中讨论的外卖配送劳动定位呢？劳动认同维度方面，布洛维基于葛兰西传统对于生产中的意识形态再

① 布雷弗曼对于工匠精神的歌颂可以被视为在他看来，原本属于劳动者基于“概念”进行创造的劳动实践是彰显主体性的最佳途径。

造与霸权形成的讨论（Burawoy，1985），在讨论劳动中的认同问题上已经达成了共识。但是在劳动技能维度，整个劳动过程脉络对于不同劳动主题的讨论呈现出明显的分野。霍赫希尔德（1983）将这一讨论拓展成了生产性劳动（Labor of Production）和表现性劳动（Labor of Presentation）。在笔者看来，这种分类直接指向了劳动技能的呈现形式，一个面对具体物的，另一个是不可见的。但是按照这种分类，必然会存在众多的逻辑交叉，例如绘画可以既是表现性的（表演自己绘画的过程）又是生产性的（生产出绘画作品这一劳动产品）。

笔者在这里试图围绕劳动本身的目标与路径清晰性进行二分，呈现不同劳动技能类型下的劳动形式。笔者在基于目标和路径清晰性的二乘二表格中，将既有的劳动过程研究按照劳动技能的维度划分成了三种类型①（见表 2-1）。

如果说劳动过程可以概括成用特定的劳动手段完成特定的劳动目标，简单劳动②是目标明确的类型，即能够在劳动之前就能够清晰地预判通过劳动的手段得到一个怎样的结果，这种结果有着很强的可预期性。同时，实现劳动目标的过程是可以标准化的。简单劳动的路径在超越劳动者主体的层面上已经被完全理性规制，预示着劳动路径的清晰性，劳动者只要作为一个熟练的操作工即可完成劳动的全过程；复杂劳动则是指劳动目标或是劳动手段存在任意一个或两个都是不明晰的情况，这就需要劳动者调动极大的创造性去开展劳动，其过程和结果都有着较强的不确定性。

---

① 笔者认为，路径的清晰性是目标清晰的充分条件，在承认因果律的前提下不存在实现路径清晰但目标模糊的劳动形式。

② 对于简单劳动的讨论，最容易联想到的就是布雷弗曼对于垄断资本下劳动技能退化问题的讨论。他的研究中带有对科学主义极大的批评色彩，强调资本通过对劳动技能的拆解，将劳动者从运用技能的创造者转变成了机器的执行者。而科学管理的前提就是能够用理性计算的方式将劳动过程标准化。在简单劳动中，人的主体性可以被剥离。劳动者可以在简单重复执行中创造价值。

表 2-1　基于技能维度对劳动类型的划分 [①]

劳动目标 实现路径	目标清晰	目标模糊
实现路径清晰	简单劳动：身体劳动（马克思、布雷弗曼、布洛维研究中的工厂劳动）、标准化情感劳动（例如空姐行业）	
实现路径模糊	复杂劳动 I：非标准化情感劳动（例如直播行业）、外卖配送劳动	复杂劳动Ⅱ：无标准之标准；劳动产品具有高度的探索性（例如学术科研）

不同于马克思论述的“复杂劳动”，本研究中所运用的复杂劳动是作为一种描述性概念，来突显出劳动技能维度上的特点。为了进一步明晰当前的劳动过程理论中围绕劳动技能的主体性方面都做了哪些工作，以便更好为本研究定位，外卖配送骑手的劳动将被更精确地定位在复杂劳动 I 中：骑手面临一个清晰的目标——将餐品按照订单要求配送到顾客手中，但是具体的配送过程存在着诸多模糊的路径，即没有人能够给出一个配送的标准，只能够给骑手提供一些框架（约束、帮助）来协助完成配送。那么在这种模糊路径中，骑手是否能调动自己对于空间的策略性使用和表象性认识，就成了劳动技能的重要构成。至此，空间透过主体性中的技能和认同与劳动过程建立起紧密的联系。接下来，笔者将继续进入空间视角，给出本研究中从主客结合的空间视角分析外卖配送劳动的理论框架。

二、劳动过程与空间视角

空间在劳动过程理论视角的逐渐浮现源于劳动生产开始走出

① 不同于马克思提出的“简单劳动”“复杂劳动”这一对分析性概念，笔者仅是将两个同名概念作为描述性概念，从劳动技能维度对既有的劳动类型在学理讨论范畴上进行划分。

工厂这一特定生产场景。当生产逐步走出资本家所占有的空间，面临更为复杂的社会事实时，资本需要更为依赖于社会空间来完成自己的财富增值，空间的重要性就更加凸显出来。当劳动场所逐渐走向开放，更多不确定性被纳入劳动过程的生产之中。这种空间将不再简单被视为一种既定的外部存在，而是成为建构劳动过程的必然要素。

1. 空间视角反思劳动过程

笔者带着以“空间”为关键词的“藏宝图”寻找劳动过程已有著述中与空间相关的知识碎片。其中，布洛维（2008）早已在研究中主张是劳动的场所制造了同意，它独立于进入工作之前特定的人群，或者是特定的生产要素。他的“生产政体”分析框架中已经预设了一个外在于主体的结构性场景对于劳动过程的形塑，但这一提议却被政治经济（权力）的分析框架俘获，围绕该政治经济学框架生产出诸多阶级叙事。劳动过程理论脉络的阶级分析范式之流行就意味着这一理论脉络在讨论具体问题时不会刻意地关注空间问题。在剥削与反抗的阶级对立叙事中，空间更多作为斗争的容器或者场所而存在。

不过，虽然一些学者没有直接声明自己是在做一项空间视角下的劳动过程理论建构尝试，但是在实际操作过程中，他们自觉或不自觉将空间作为一个重要维度纳入分析框架。此类研究在无形中也生产出一种关于空间与劳动过程的知识。此类代表性的研究有沈原团队（2018）的卡车司机群体研究、项飚（2012）的印度 IT 技术工人研究、蓝佩嘉（2011）的东南亚帮佣研究、任焰和潘毅（2006a/2006b）从事的全球化时代的宿舍劳动体制研究①。

① 这些学者并没有沿着空间的角度深挖下去，而是回应完空间维度的状况后用以服务于他们提出的理论问题，但是他们的研究成果依然对从空间的角度思考劳动过程提供了重要的知识基础。

上述这些学者围绕空间与劳动之间的关系所生产的知识可以进一步细分。以宿舍体制、在台菲佣、跨国 IT 工人为代表的研究更多关注的是劳动力与空间之间的联系，而卡车司机研究将劳动过程与空间关联起来进行讨论。其中，跨国流动进一步抽象则是跨空间流动，宿舍体制要回应的也是跨越空间的劳动力流动中宿舍作为工厂中的一种制度设计背后所承载的政治经济学意义。卡车司机的“在路上”真正体现了作为社会过程的空间对于劳动过程形塑的机制。

在外卖配送行业中，资本家并不占有社会空间，而是借助空间完成相应的资本逐利过程。按照马克思关于剩余价值问题讨论的路径，资本家需要对有碍于资本增值的要素有所行动，设法使其有助于资本增值，或至少不妨碍资本的增值（哈维，2014）。外卖配送实践开展过程中不仅仅有着劳动过程的社会建构，同时劳动秩序形成与空间生产高度地重合在一起，为笔者从空间的视角思考劳动过程理论脉络中的核心问题提供契机。

就外卖配送中的空间议题，社会学界也有所论述，例如刘少杰、王春锦（2017）从时空压缩和时空拓展的角度讨论外卖行业兴起的结构性意义。此外，大多学者以一种生产规范知识的立场强调骑手在配送过程中的违规如何造成失序，进而提出相关的规范化策略。但在笔者看来，既有的对外卖配送行业中空间与劳动研究议题的探讨尚不能充分论证这种跨越空间的劳动过程对于资本增值、都市生活、空间秩序中更深层的逻辑。进一步说，这种跨越空间的过程与劳动过程（包括其中围绕空间展开的权力争夺、空间生产与劳动秩序、跨越空间中劳动者的主体性、资本的控制逻辑）的关联尚未被系统讨论。

2. 研究问题：空间何以形塑劳动过程

在以外卖配送为代表的这类劳动过程中，资方并不占有劳动空间。当研究者在理论建构过程中试图去消灭空间的时候，空间总会以各种能想到或者未能料到的方式跳出来对劳动过程进行影响。笔者在带着空间视角进入到外卖配送劳动的“隐秘之处”时发现，外卖平台管理者并不是理想化的“聪明而又狡猾的资本家”，也并不能够用尽各种招数榨干劳动者的剩余价值并控制生产的各个环节。实际上，看似理性高效的外卖配送服务需要骑手调动差异化策略（感性实践）回应复杂的实践情境来完成一次次的外卖配送。那么劳动者在情境空间中的差异化实践是如何撑起这一规模庞大的外卖配送行业呢？有悖于劳动过程理论“常识”的是，笔者在田野中发现，骑手很多时候感受到的控制和表现出的认同会指向具体劳动情境的各个主体，不仅仅是平台的管理者、站长，还有小区门卫、交警、消费者。这其中又蕴含着主体、劳动、空间之间怎样的复杂关系呢？

本研究认为，劳动空间和劳动过程基于劳动者主体发生联系，并相互建构，在此基础上试图回答，劳动空间在何种意义和形式上形塑了劳动过程。为此，笔者将从空间的视角出发着重讨论空间如何形塑劳动技能和劳动认同（控制与反抗）。在行文过程中，笔者以“活地图”的诞生作为经验线索指向本研究中提出的理论问题，其中“活地图”指代的是骑手将空间表象内化入主体后形成的一种身体行动的策略图式。需要强调的是，本文并不仅仅要讨论清楚“活地图”是怎样的，以及“活地图”是怎么生产出来的，还要将其放在劳动与空间的关系中，讨论为什么资本家要鼓励骑手调动自己的创造性，并帮助他们成为“活地图”？

3. 处理空间与劳动问题原则：“知识—体验”空间分析框架

我们根本无法在经验上找到统一的空间逻辑或者空间规律，但这并不意味着研究者不能在学理层面上提出一个统一的分析框架。在社会的实体主义想象中，劳动所处的空间嵌入在更为一般性的社会结构中，劳动过程与社会过程将呈现出持续的互构。劳动者作为行动者，基于自身的主体性形成的空间表象，展开了丰富的策略实践。这两条空间进入劳动过程的途径为笔者构建空间分析空间回应劳动过程理论脉络的问题提供了桥梁。

在“空间”概念的使用方面，笔者延续Lefebvre（1991：11-12）在《空间的生产》一书中做出的界定，即“我们所需要的（空间）理论，是需要把诸多知识碎片集合起来。第一，物质的、自然的、宇宙的；第二，精神，包括逻辑抽象和形式抽象；第三，还有社会交往，换句话说，我们关心的是逻辑—认识论的空间（Logico-epistemological Space）、社会实践的空间、感官现象所占据的空间，包括项目、投影、符号、乌托邦等想象的产物。”

空间对于劳动过程的两个可行进路如何体现在理论框架中呢？笔者继承了福柯思想中的“断裂”特征，跳出对空间知识的生成性考察，直接将客观的空间构建成围绕特定知识拓展开的结构，与空间中的主体实践结合起来构建出本研究中的“知识—体验”空间分析框架①。整个分析框架基于社会学的空间论转向所形成的知识，以空间实在论的立场在分析范型延续了后期现代主义（以吉登斯、布迪厄、哈贝马斯为代表）对“行动—结构”二元对立进行调和的“互构论”式理论进路，试图构建主客相统一的空间分析框架。

本研究在福柯的话语体系中使用“知识（savoir）”这个概念。在作为知识的空间层次上，笔者延续刘少杰（2019a）概括出的四重抽象空间（地理空间、社会空间、网络空间、表象空间）分类来对该层次的空间内部作进一步划分。四种知识空间中形成的话语体系为“真理化”提供场所，能够生产出人类社会赖以构建联系的共

① 营立成（2019）曾经提出过与笔者提法相类似的“使用—体验”的空间社会学分析框架。在笔者看来，该分析框架过于聚焦关于主体在空间中开展实践活动的策略与情境，悬置了空间中超越特定行动者、特定情境的结构性力量，将对具体使用的考察转向对于空间知识的考察有助于勾连其行动中的结构，将主观与客观的空间维度在分析中统一起来。“使用”是一个不言自明的前提。但是为何“使用”，以及“使用”何以被言说，将作为知识讨论的范畴，被空间中知识主导的话语系统所塑造。

识。知识的空间一旦形成，便开始在实践中言说主体。

知识层面这四重综合的空间在实践过程中并非边界明晰，而是每个具体劳动者通过“在场”透过身体体验到的空间（梅洛庞蒂，2001）。实践中的感性活动是人们亲身经历的实际过程，是必须通过人的身体行动展开的过程（布迪厄，2003；刘少杰，2019b）。研究者需要运用社会学的想象力，从劳动者于空间的“实践感”中提炼出相应的空间表象、策略图式。在笔者的分析中，劳动者从抽象的概念被还原为生动的个体，个人的特质在跨越空间的实践之中浮现出来，构成本研究中作为体验空间的重要维度，从中发掘活生生的个体在空间中的表意实践和工具性策略（德塞托，2015；吴飞，2009）。与此相对应的是，空间中弥散的知识、权力以种种形式进入到劳动者的微观实践之中，使主体成为空间的对象并接受宰制（福柯，2006/2016b；列斐伏尔，2015）。

简单概述作为知识的空间和作为体验的空间的关系：四重知识空间将形塑主体在行动中展开的工具性、表意性实践，而个体的创造性实践又在生产着劳动过程中的新共识，并由共识进入到新的一般性知识生产中。对劳动过程中的空间的认识也应该是共时的主体化与客体化过程（福柯，2016a），空间是建构的、体验的，同时是可以抽象的，可认识的（见图 2-1）。

在分析对象方面，布洛维（2008）曾经使用过“劳动场景”这个概念，将劳动场景视为一个处于生产与再生产中的场域。鉴于本研究试图从空间的角度回应劳动过程的理论问题，笔者将布洛维提到的场景进一步抽象为空间，继而讨论空间如何透过劳动场景形塑劳动过程。这里也预设了一个逻辑起点：当我们从空间的视角开始思考劳动过程问题时，与劳动密切相关的劳动空间就被孕育出来了。在本研究中，劳动空间就是这样一个体现着知识空间和体验空间的复杂场域（field），其中空间与劳动相关的各种要素紧紧交融在一起。本研究中的空间分析都将围绕着外卖配送行业的劳动空间展开。

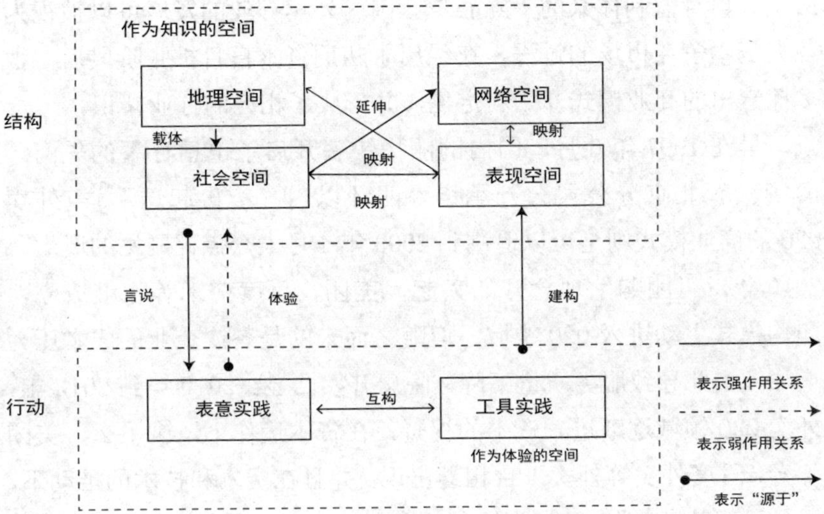

图 2-1　“知识—体验”空间分析框架

第三章　技术、组织与劳动形式的嬗变

外卖配送这种就餐形式在电话普及时代就已经存在，但直到近些年才发展成庞大的产业。行业的发展得益于很多因素，包括移动支付的兴起、信息网络的提速降费、定位准确性的提升、资本对服务市场的争夺，等等。本章旨在呈现围绕外卖行业展开的商业格局、技术、组织，以及劳动形式转变的基本历史和现实情况，进而完成外卖配送在整个行业发展中的时空序列定位。

一、商业格局的转变

外卖配送行业的商业格局发展离不开资本试图将日常生活需求组织到自身盈利体系的“野心”。国内外卖行业的发展可以被视为各大资本争夺市场的过程，在经历了初期资本盲目扩张阶段后，很多探索出的商业模式开始固定化，并形成了相应的行业共识。

早在 1997 年 6 月，国内的丽华快餐开启了电话订餐的先河。丽华快餐北京分公司公开承诺“四环以内，一份起送”①。外卖 O2O 的商业模式则是可以追溯到 2003 年 4 月大众点评网站的诞生。2010 年，“团购”理念开始兴起，美团、百度糯米等相继成立，团购模式主动进入 O2O 领域，但随之而来的是餐饮企业的成本压力增加，由此导致服务质量下降，隐患开始凸显。2010 年到 2012 年，外卖 O2O 领域逐渐进入资本的视野，在资本运作下，饿了么、美团外卖、百度外卖等外卖平台相继出现，并且在资本和技术的推动下，服务平台从 PC 端向移动端进行转移。

2014 年，外卖行业成为资本争夺市场的一大主战场，BAT 等互联网巨头纷纷涉足外卖行业，掀起了外卖行业的“烧钱”大战，大量的补贴和优惠吸引了一大批用户进入到外卖市场之中。但在 2016 年“3·15”晚会对于外卖行业的食品安全问题大曝光，引发全行业的合法性危机，整个行业也因食品安全问题进入长时间的整顿。同一时期内，外卖行业中经历了资本运作下的收购、合并浪潮，美团、饿了么、百度外卖逐渐形成三足鼎立局势。金融运作下的资本野蛮扩展一直持续到 2017 年。同年 8 月，饿了么正式宣布合并百度外卖。外卖行业从三足鼎立转变成了饿了么和美团两家企业的分庭抗礼。

---

① 浅谈餐饮外卖的发展史[EB/OL].（2018-07-18）[2020-02-10].http://www.szzoe.cn/peixun/zz/news/3403.html.

发展至今的行业竞争模式已经使整个行业从"红利驱动"转向"效率驱动""品质驱动"，并不断拓展外卖生态边界（美团研究院，2019）。现在的外卖公司并不像当时争夺市场初期那样投入大量的资金进行补贴，而是围绕自身已经建立起来的市场规模，致力于构建平台口碑，在技术和管理方式上优化平台的配送效率，努力缩短派单和配送时间①。外卖公司逐渐拓展自身业务类型，并逐渐下沉到市县，实现公司业务的广泛覆盖。

笔者开展田野研究所在的光宇公司于2015年8月成立，2017年5月开始承接美团业务。光宇公司与美团公司的合作关系源于美团品牌走向上市过程中将自身专送业务外包的进程。光宇公司作为一家劳务派遣公司，承接美团13个站点的配送业务，笔者所在的西直门站点就是其中的一个。团队中的骑手被称为美团平台下的专送骑手，区别于美团平台直接雇用的弹性劳工类型——众包骑手。同处于西直门区域的美团专送团队还有两个，分别隶属于彩虹公司和昆仑公司。美团西直门光宇站点在人事上接受着光宇公司的管理，在实践中，美团和光宇两家公司的管理者以及制度条规都可以下沉到站点，对其起到约束作用。同时，美团平台会根据光宇公司站点的跑单数据决定给光宇公司的佣金数量。这种组织架构在实践中会起到透过治理站点治理骑手的功效。

二、平台技术的变迁

劳动过程中的技术通常被认为是服务于生产效率的要素，但在实际中技术的推进也重塑了劳动生产形式、生产关系（王星，2011）。外卖配送行业发展中的技术变迁，核心是派单系统的引进

① 这一点对外卖配送劳动秩序影响非常大。外卖的即食性自然而然地诱发了配送及时性的共识，整个外卖行业都存在对配送时间的压缩过程。由于棘轮效应的存在，外卖配送速度一旦加快，很难再调慢。

与平台优化。伴随着技术的发展，基于数字的管理取代了人工管理。对于外卖配送秩序中具体的劳动者而言，技术一方面提供了更为精准的辅助，另一方面也是实现了对骑手更加精细的控制。

派单系统的改进伴随着技术的演变，劳动过程中的派单形式也从人工派单转向系统智能派单；围绕技术变革，外卖配送行业中的组织形式也发生着诸多共变。外卖行业刚刚兴起时，在订单量、骑手数量相对比较少的情形下，管理者可以凭借经验挑选合适的骑手来配送[①]。随着外卖订单规模的日益增长，继续采用人工派单的形式将存在诸多困难。各大平台也纷纷在技术方面下功夫，优化自身平台的派单系统。相较于人工派单形式，系统派单更为准确、高效。

外卖配送中定位信息的改善：整个行业中定位信息的改善建立在电信网络技术发展的基础上。在最初的派单系统和导航系统中，定位不精确是制约骑手派单能力的重要因素。随着定位能力的增强，系统能够更为精准地帮助骑手对多个订单进行规划，根据骑手现在所处的位置、手中订单的地理位置分布、每一单的剩余时间和送餐路径来规划出一条整体“最优”的线路。系统的配送平台还能够和其他的地图软件相互跳转，外卖平台可以借助更为成熟的地图软件来为自身的路线规划做优化。同时，定位技术的发展也使得资本对骑手的监视更为精细，压缩了骑手变通的空间。

外卖配送虚拟账号的推出：2017 年各大外卖平台联合电信公司推出虚拟号码功能。骑手和顾客看到彼此的号码都是系统生成的虚拟号码，并且这个号码只能保持 3 小时。订单中顾客的地址信息也会在 3 小时后被平台抹去，这也就意味着 3 小时后骑手和顾客之间的联系将会被切断。这种技术的引入将骑手与顾客间的接触导向

---

① 人工调度一个订单至少需要半分钟完成。

一种瞬时性的关系中，对双方信息都进行保护的同时，也使得一些后续的社会性互动被切断。

三、组织关系的嬗变

外卖配送行业的发展过程也经历了诸多组织关系的复杂转变，其中一个和本研究主题密切相关的转变是外卖配送站点经历了从公司到市场的转变。当下美团西直门光宇站点隶属于光宇公司，而其中一些资历较老的骑手经历了从直属[①]向外包的全过程。

竞争带来的商业格局转变，占据市场优势的公司为了扩大融资的规模纷纷走向了上市的道路。美团上市前夕，公司之下的站点进行了组织关系的改制，原先隶属于美团的站点纷纷转包给了不同的劳务派遣公司，光宇便是其中的一家。随着组织关系的转变，组织中的权力分配也发生了变化，站点从先前的平台所属者变成了平台合作者。站点的实质权力在关系改制中丧失。例如在配送站点直属时期，站长有权力关闭商家在平台上的店铺，还能够决定关闭的时长，在外包之后这些权力都不复存在。当下外卖配送行业中还存在多层转包和劳务派遣关系。虽然站点外包给了各个劳务派遣公司，但其所管理的骑手在身份上还是称为美团骑手，所有站点的物资配备、管理制度都要按照美团给出的标准执行，美团还设置了形式繁多的考核标准，以确保站点建设与公司要求的一致性。

---

① "直营"和"直属"特指两种组织关系，在这里需要进行明确的区分："直营"指商家自己雇用配送员，完成商家特定的配送工作；而"直属"是外卖配送平台在自己的公司内部设置配送站点机构，承接平台中商家发布的订单；与"直属"对应的是"外包"，即在公司组织结构转变之后，外卖平台将自身的配送业务外包给劳务派遣公司，劳务派遣公司再在外卖平台划分的各个片区中设置配送站点，承接相应的配送工作。

第四章　空间生产与外卖行业劳动秩序

外卖行业发展过程中形成了两个重要叙事文本，一个是围绕资本展开的市场争夺与产业布局叙事文本，另一个则是围绕行业所内嵌的社会空间展开的实践叙事文本。本章开始，笔者将立足于第二个叙事文本，将关注的焦点转移到外卖行业如何围绕复杂的社会空间展开的一系列行动，即支撑庞大即时配送行业秩序的微观基础。本章内容涉及劳动过程开展的重要前提，讨论抽象资本如何进入到复杂实践中，生产出适合外卖配送行业发展的空间，在此基础上又形成了怎样的劳动秩序。

一、空间改造与生产

在以外卖配送为代表的即时配送行业中，资本方并不占有劳动所发生的空间，但生产劳动价值的过程中又绕不开对社会空间的使用。行业在适应社会空间规则的同时，尽可能地将有利于自身的规则嫁接进社会空间，或是选择性悬置一些社会空间中的既有制度。这种对于空间的改造在外卖行业形成和发展的过程中持续进行。致力于改造与生产适合外卖配送的空间过程，可以分为四个重要维度，分别解决资本借助空间实现自身逐利过程中的四个重要问题。

框定送餐范围：餐品的配送讲究即时性，在既有的运输技术条件下，餐品的配送距离不宜过长，同时也是为了便于资方的管理（如何使得自己内部管理有序），尽量避免劳动秩序的混乱，框定范围解决的是配送劳动的边界问题，关系到“送餐怎么管理”的问题。

制定矛盾规则：资方借助社会空间完成资本增值的过程中，会尽可能降低社会空间中其他的与资本加速增值相抵触规则对于劳动过程的干扰，这种空间改造的直接后果就是“制造违规”。而资方对于社会规则的仪式性遵从和对资本管理规则的实质性强化，客观降低了骑手对于其他社会规则进行违规的道德障碍，并使其被卷入到违规空间秩序的再生产之中。制定矛盾规则解决的是社会空间为资本逐利限定了阈值这一问题，奠定了“外卖能不能送”的空间基础。

搭建网络平台：网络平台的建设解决的是不同地理空间中的主体如何在外卖配送劳动秩序中被联系起来的问题。在既有技术基础上，资本在网络空间中搭建起彼此联络的平台，由此，将外卖配送实践中的四个主要参与者[①]——顾客、商家、站点、骑手联系起来，并在公司搭建的平台上共享顾客下单商品的信息、顾客的地址信息以及联系方式、商家的地址信息及联系方式、骑手的地址信息及联系方式、订单的进度。站点在平台上呈现的“公开化”信息中并不暴露，而是做一个隐形的观察者、管理者，在必要的时候出面协调工作或者解决问题。

构建劳动力市场：资本在解决了外卖劳动中的管理、外部限制、内部联系等问题后，还要解决“谁来配送”。行业劳动者呈现出典型的不稳定劳工特点，伴随着高度的人员流动性（Kalleberg，2008）。为了确保有足够的劳动力能够投身到外卖配送的日常中，管理者需要设法留住现有的骑手，并且试图招聘更多骑手加入行业。围绕劳动力市场展开的招募过程也是一个“制造同意”的过程（Halpin & Smith，2019）：行业为了凸显自身的吸引力，在一定

① 在本研究中，派单系统被视为一个基于理性计算配置单量的黑箱。一方面，笔者基于获得的系统维护管理员提供的信息，派单系统需要事先将代码输入进去，派单系统将在执行中按事先规定好的程序进行执行和输出，但实践中订单的分布情况无法通过系统事先获得，即使是系统维护者也只能从原理上说明系统的运作机制，而实践中的具体派送方案无人能给出一个准确路径；另一方面，笔者思考更多的是认识系统派单运作的另一种方式，即从一线骑手的视角去看这个系统究竟怎样运作，笔者得出的结论是每个一线的实践者，包括站内的管理人员也是基于经验在猜测系统的派单逻辑。结合上述两点，笔者认为将派单系统的运作逻辑视为黑箱更为接近外卖配送中一线工作者的认知。

程度上为劳动密集型产业进行“赋魅”，对外宣称送餐是一种轻松自由的劳动方式。

完成对空间的四大改造后，外卖行业的劳动秩序得以确立起来。

二、跨越空间的劳动秩序

完成了对空间的改造与生产之后，外卖配送行业呈现出怎样的劳动秩序？这将作为本小节讨论的重点。笔者首先将外卖行业视为一个整体，讨论其整体性特征，以及与更一般性的社会秩序间的深层关联；接着笔者将进入对外卖配送行业秩序的内部讨论：派单构建起怎样的一种劳动目标分配格局，外卖配送行业中的重要主体发挥了怎样的作用。

1. 社会节律与劳动秩序

作为与餐饮相关的即时配送行业，行业劳动秩序在节律上与社会生活保持着较为一致的特性。订单的多少和顾客的消费情况密切关联，中午吃饭的人多了，订单也会多一些，下午吃饭的人减少了，订单量相对少一些，晚高峰的时候订单量又会稍多一些，一天中呈现出张弛有度的状态。这种饮食的时间节律与长期以来的文化塑造和社会中工作时间表的安排密切相关。外卖配送的劳动秩序是深深嵌入在社会秩序之中，其遵从的劳动秩序节律也是深深嵌入于社会的日常生活节奏之中。订单量多时，骑手忙碌奔波，配送餐品，高峰过后，骑手开始解决自己的吃饭问题，也可以稍作休息。下午往往是单荒的时候，很多骑手也会选择收工、睡觉，或是约上三两个朋友来几把王者荣耀，等待晚高峰的到来。

2. 外卖平台的订单分配

以订单为介质串联起的劳动秩序，牵涉到订单的发布平台、订单的类型、商家之间的订单分配，一个特定辖区空间中往往存在多个配送平台，一个商家同时入驻多个配送平台，同一个平台下面不同的骑手类型又对应不同的商家[①]。不同平台的派单规则在实践中都会作用于这个商家。商家需要根据平台的订单要求完成相应订单的备货，同时也会面临各个平台的考核标准。两个平台的不同标准将会塑造商家在备货过程中的差异对待。

接着，即使同一平台下还能区分出两种不同的工作类型——专送和众包。专送骑手配送订单的特点是，单价相对较高，配送距离较近，但是单量相对较少。众包骑手订单则单价相对较低，配送距离多数较远，相反单量会相对充裕。以美团平台旗下的专送骑手和众包骑手为例，一些大型酒店、连锁餐厅的订单多是分配给了专送骑手进行派送。一些店面较小、甚至是无堂食的餐厅多是分给了众包骑手进行配送。当然也会存在一个商家由众包、专送骑手交叉配送的情况。

3. 外卖生产的主体协作

外卖行业的秩序靠其中各环节的主体扮演好自己角色而得以所

① 不同订单在配送过程中的操作程序和考核要求也会存在一些差别，对于普通单、互助单和外单来说，超出系统给出的预期配送时间 8 分钟以内都被视为准时送达（显示超 8 分钟就已经超时了），超时 8 分钟到 30 分钟为普通超时，超时 30 分钟以上为严重超时点送达。而预约单则是超出预计送达时间前后 8 分钟为普通超时，严重超时标准与普通单、互助单和外单相同。这几种订单类型都是要求骑手必须把餐送达顾客手里后，且在顾客定位 300 米范围内才能够点击送达。平台中的订单在实际配送过程中以派单、抢单、"定"、"公转"与"救急"的方式在骑手之间进行传递。派单是指外卖平台根据骑手所处的位置、手中单量、配送数据等综合因素，运用机器计算将订单指派给骑手；抢单是指骑手根据个人的情况并考虑平台 App 转单大厅中"转单中"订单的情况决定后，选择其中的一些比较适合自己的订单进行配送，由于较好的单子比较受骑手青睐，所以在接受定点的时候需要手快，故称为抢单。"定"是骑手之间约定俗成的叫法。在未点取餐之前，可以打开订单界面选择定向转单，输入接收定向转单骑手手机后四位尾号。接收定向转单骑手则需要打开接收定向转单的功能，系统开始倒计时 60 秒。在这个过程中如果有定向转给自己的单子，即可以点击接受。定向转单是每人每天最多定向转 2 单，而接收者不限次数。"公转"是指在骑手接收到订单之后，可以选择转单这一功能。被转单的订单会被挂在公转的界面中供骑手进行抢单。抢单可以在整个片区中的所有配送站内进行，即光宇站点公转的单子可被彩虹或者昆仑站点的骑手通过抢单平台进行抢单。"救急"是指骑手在派送过程中站点管理者手动派给骑手单子。骑手群体中往往将这种转单形式视为帮助站内解决一些派单过程中的危机。"救急"这种派单形式是应对实践中各类危机的一种派单形式变种，在配送实践中并不常见。

维系。就工作的核心而言，商家主要根据订单的要求进行备货，骑手按照订单的要求从商家取货并把餐送到顾客手中，站点负责组织管理骑手，并参与协调配送中的各个环节。

骑手（跨越空间，成为外卖配送工作的直接承担者）：从成为骑手开始，每天最重要的事情就是跑单。跑单跟站内对自己的考核高度关联，也跟骑手的收入有着紧密联系。虽然每天去往的商家不确定，送餐的路线不确定，但是整个取餐的流程在原理上都是一致的，配送工作的难点在于对不同情景中派送技巧的灵活运用，以及有能力处理劳动过程中遇到的危机。在配送的过程中，骑手会接触到不同的场所、不同的顾客，在遇到问题的时候可以找站里帮助解决。

站点（坐守一方，调控着外卖配送中的秩序）：外卖专送站点大多扮演着跨越空间劳动过程中的留守者，坐镇一个固定的场所，通过外卖平台调控着整个外卖配送的秩序。实践中站点的管理者一定程度上还扮演着骑手的“家长”角色，除了组织协调站内的工作内容外，还帮助解决一些骑手的私人问题[①]。笔者所在的美团西直门光宇站点在一个居民小区中租了一套两室一厅作为站内的办公场所，骑手有事情的时候，或者站里有重要事情需要通知，骑手将来

① 管理者核心的工作就是围绕美团和光宇两家公司对于各项数据的考核开展工作，其中最重要的数据就是每天订单的各类数据指标（包括准时率、满意率、是否有提前点送达、是否有配送原因等）以及站点的运力（每天在岗的满足运力要求的骑手数量达标）。例行的工作有每天早上的开早会、传达近期数据、传达公司通知、配合举办各种活动（圣诞节发放平安果、小年组织前往商家吃团圆饭等）、处理配送中的各种事件（商家出餐慢、顾客投诉等）、每天进行各种数据报表（每天晚上例行上报数据、每周末例行上报数据）。每天盯着后台数据的工作总是必不可少的，如果有招人、领取物资、开会的时候，站点内部也会分工分头解决相应的问题。
站长和助理每天在晚上八点从站点下班后，两个人也会分工用手机盯着后台，随时处理外卖配送中遇到的状况。整个一天的后台管理工作需要持续到晚上十二点才能结束。站点的工作中也是要面临各种突发事件，并且站点还要夹在骑手和上级之间，在处理一些事情上会显得比较被动。

到站点里面进行相关事宜的办理[①]。除了需要碰面的联系渠道之外，站内对骑手的管理还通过外卖公司搭建的配送平台和站内建立的网络聊天群进行，骑手也可以私下与站内管理者进行联系。

商家（提供产品，外卖配送行业中的实体经济承载者）：商家直接承载着外卖配送行业中实际商品的生产工作。多数加盟外卖平台的商家都会配备专门的职员来负责对外卖收单与打包。但整个外卖准备过程还要争夺商家店铺运营的有限资源。商家一方面需要维系堂食顾客的餐品供应和就餐体验，同时又要努力准备不断收到的外卖订单。尤其是在高峰时期，商家的出餐压力将会对骑手的配送过程有着重要影响，这时候就容易出现外卖配送中常见的"卡单"问题。

外卖行业中的顾客：可以说，整个外卖行业都是建立在对顾客需求的满足之上。在平台致力于构建良好顾客体验的语境下，顾客被给予了很高的权力，有能力对骑手进行监督与评价（虽然这个权力在实践中并不经常被启动）。顾客所提供的商品需求信息以及自己的定位信息构成了外卖生产主体需要完成的工作目标。

三、劳动秩序危机

外卖配送实践中，危机与秩序总是相伴相随。从空间的角度审视劳动秩序的危机，可以将实践中的危机视为抽象知识空间中的冲突的具象化呈现。劳动秩序中的危机可以简单划分为常态性的危机和事件性的危机：常态性危机是劳动秩序中的主体都会遇到的，是系统性地内嵌于外卖配送行业之中的危机。而另一种则是事件性的危机，带有一定的劳动秩序外的或然性因素。

---

① 这些事情包括骑手来站里更换配送设备、站里组织的超时差评训诫会议、组长会议、重要政策文件通知 / 签署活动。

1. 空间转译危机

骑手在实际开展外卖配送之前形成的空间表象在转换成配送实践时将会遇到一些张力，进而呈现出实践中的困境。这种困境往往会影响骑手的配送进度，最终导致配送完成质量的下降。空间转译困境在外卖配送劳动秩序中主要体现在两个方面，一个是平台地图给出的抽象空间在转译过程中遇到困境；另一个是骑手往常配送中积累的经验汇聚成的空间表象在回应劳动场景中不断变化的状况过程中，骑手的预判可能会出问题。

抽象地图转译危机：骑手端 App 中的抽象地图只能标绘出平面的现实地理空间，骑手们在实践中需要将平面的抽象空间还原成复杂的情境空间。凯德 Mall 中的西少爷肉夹馍、绿茶餐厅、庆丰包子铺（见图 2-2）在地图上看只是一个平面上 150 米左右距离的三家商铺。但是实际取餐过程中将要经历一段复杂的路程。用“地图一条线，骑手跑断腿”来描述这种平面抽象空间到三维实践空间转译中的困境就显得十分生动贴切。在上楼下楼取餐的工夫中，配送时间就被消耗大半。取餐时间的消耗将迫使骑手压缩配送时间，马路上的“加速”就自然发生了。

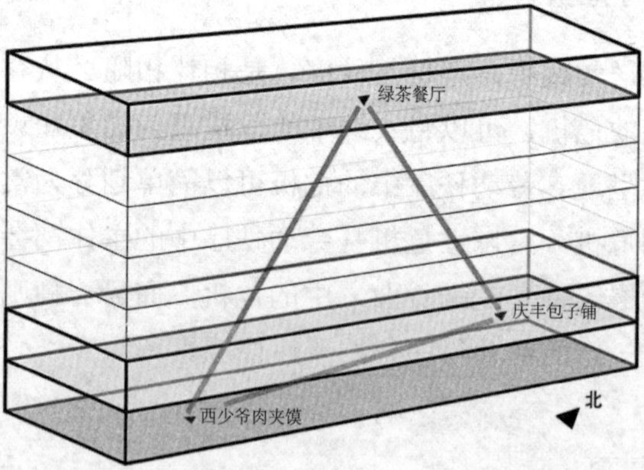

图 2-2　凯德 Mall“黄金三角”商家分布图

从抽象地图空间到实践空间转译困境还有一种是文字性描述的地图在实践中转译遇到的困境。即运用一些标志性建筑物或地址中的一些数字编号作为指导信息。骑手在不熟悉这些“地方性知识”的前提下也会产生配送过程的阻碍。

空间表象转译困境：这类困境直接源于骑手配送过程中形成的经验。造成困境的原因一种可能是骑手形成的经验本身出了问题，另一种可能则是骑手过往形成的经验没有问题，但现实状况发生了改变，按照先前建立的表象性认识去配送可能会遇到困难。

2. 配送卡顿危机

在实践过程中，空间转译困境带来的最具妨碍性的结果就是造成订单配送的卡顿。卡顿的结果就可能反映在对骑手、站点数据的影响之上，同时也影响消费者的用户体验，间接影响到平台的口碑。卡顿产生的原因有很多，可以说从系统派单到最后顾客接收订单之间的任何一个环节都可能造成卡顿。因此，劳动秩序中的每个主体都在实践中试图解决配送卡顿的问题，但最终也没有完美的解决方法。

在实践中，骑手在思考是否卡顿问题的时候永远不是仅仅看卡住的那一个订单，而是自己手里的全部订单，尤其是剩余时间最短的那个订单。系统的时间不会因为实践中的复杂因素而停下来，依然不停地按照自己的抽象算法运转着，这需要实践中的行动者去适应并作出改变。

3. 公共性危机

公共性危机来源于公共秩序建设的需求，不管外卖配送行业有没有合法性，都要以强烈的外部力量迫使外卖配送行业秩序发生改变。公共性危机已经超出了特定群体对于外卖行业秩序提出合法性疑问的范畴，上升到更为一般性的社会治理或者国家管控对于外卖行业的直接冲击。国家意志最容易成为公共性危机的来源，当国家以管治的话语进入到特定的空间中，对于外卖行业秩序施加影响，外卖劳动秩序中的主体基本上没有变通的余地，可以说公共性危机对于外卖劳动秩序的影响是最强硬最彻底的。

面临公共性危机时，公共空间中的规则受到改写，公共性干预的结果将成为外卖秩序作出进一步调整的起点。同时，外卖行业的劳动秩序对社会空间的依附性将更为直接地体现出来，例如新冠肺炎引起的城市管治不仅改变了配送过程的秩序，同时也重塑了外卖配送劳动力的时空秩序。从整个外卖配送行业对新冠肺炎治理要求下的适应过程也能深刻地反映出外卖配送行业开展所在的劳动空间对于更为一般性的社会空间的嵌入关系。

四、小结

简单地对本章内容进行回顾，资本在借助社会空间开展外卖配送的逐利过程中，需要尽可能降低社会空间中原有的秩序/规则对于行业发展的束缚，由此对空间进行生产和改造，创造出适合外卖配送开展的劳动空间。在劳动空间中形成了外卖配送的劳动秩序，整体上而言，这种秩序还是呈现出对一般性社会节律的依附性，在劳动秩序中，商家、站点、骑手围绕顾客的需求积极投入生产、配送实践。但资本所借助的社会空间往往以各种形式跳出来影响外卖配送的秩序，引发了诸种危机。

本章从宏观层面上勾勒整个行业的劳动秩序特点，以及与其所内嵌的更广泛的社会间的联系。但同时还遗留了一个疑问，外卖行业并没有因为内生的危机而解体，反而不断发展、成熟。为了搞清楚外卖配送秩序得以维系和发展的原因，还有必要进入最为微观的劳动过程实践，去讨论这种宏观劳动秩序的微观基础。那么接下来的两章内，笔者将试图进入生产的隐蔽之处，尝试回答这种劳动秩序在微观实践中是怎样建构的，呈现出怎样的形态，在此基础上进入到知识的层面讨论空间对于劳动的形塑过程。

第五章　生产活地图："主体—空间"与劳动过程

本章讨论的主题将进一步微观化，聚焦于具体的劳动者，从劳动者的主体性与基于主体性开展的配送实践出发，审视劳动秩序中的危机是如何被骑手给创造性化解的。在外卖配送实践过程中，对于劳动空间内的问题化解能力应当视为外卖配送行业中骑手重要的劳动技能。在充分劳动技能的保障下，劳动者方能顺利制造剩余价值。试想，如果骑手无法顺利跑完每一个订单，那么劳动者付出的劳动力将难以转化成价值。于是在外卖配送的实践中，骑手们在多方力量的作用下将被尽可能地打造成配送辖区内的"活地图"。生产"活地图"的目的是使得骑手能够高效有序地完成餐品配送，为资本创造更多的剩余价值。

笔者将生产"活地图"的过程视为一个劳动技能习得的过程，围绕劳动技能这一主题，本章着重讨论：骑手在完成跨越空间配送的过程中塑造了怎样的配送技能，即"活地图"的具体体现是什么，与劳动空间有着怎样的联系；"活地图"的劳动技能是如何形成的，其中有哪些条件，需要经历怎样的过程；配送过程中形成的技能对于配送劳动的完成有着怎样的帮助，没有这些技能行不行；以及"活地图"有怎样的局限性。

一、活地图："送餐像回家一样"

"活地图"指涉的是骑手对地理空间的熟悉、对社会空间中的关系营造的良好运用、对于网络空间的创造性使用，并且能够形成自己脑海中的一套独特的空间表象，并对外卖配送行业中形成的集体表象耳熟能详。这种与配送劳动空间高度融合最终的反映是，跑单过程的顺畅，以及资本家眼中的跑单数据“漂亮”。需要注意的是，“活地图”并不是指这些人能够让劳动秩序中的其他主体都满意，而是通过他们的实践能够使订单更高效。

1. 四重空间中的娴熟策略

地理空间烂熟于心：在地理空间维度上，骑手最基本的能力是要熟悉各个商家的地理位置分布，以至于能够在收到订单之后马上启动脑海中关于地理空间形成的图式，及时准确地找到商家。其次是熟悉辖区内部的主干道，对几个常去的配送地点要做到心里有数，要对配送过程中的方位有敏感性。同时，对于骑手而言，商圈中的一些骑手共享的隐蔽且便捷的空间也应该是知道的，并能摸索出一些“近道”。

社会空间游刃有余：透过外卖配送实践对于空间跨越的事实，还能够看到骑手不仅仅是需要跨越一个个地理空间，地理空间中还有诸多主体集合而成的社会空间，并且特定的空间中也会产生自身的规则。从社会空间的维度审视外卖配送实践，骑手需要跨越社会中的公共空间、私人空间，需要密集地与其他主体发生关系性互动，这就要求骑手能够捋顺各种关系。在能够顺应社会空间中的规定的同时，骑手还需具备对社会空间规则进行“修订”的能力。

网络空间灵活使用：网络空间也是骑手在配送过程中一个重要的能够发挥创造力的场所。网络空间中骑手的基本操作是能够利用好既有的平台功能，按照要求取餐、送餐，并且在平台上完成相应操作。同时还要求骑手能够及时接收站点的信息，保障在跨越空间的过程中与站点联系通畅，以便共同应对派送过程中出现的状况。相对高阶的策略则是灵活利用网络空间来提升自己的送单效果，实现单位时间内的派送效率提升。核心的体现是能够灵活运用系统的规律，降低配送过程中的风险，同时为自身创造好的派单数据。

表象空间得心应手：最能够体现“活地图”“有办法”的空间实践维度就是对于表象空间的驾驭。地理空间、社会空间、网络空间之中的灵活操作都离不开骑手们对于配送过程中表象空间运用得得心应手。在个体表象里，骑手可以把很多东西都变成一种准确的感觉，并随时随地可以调取。这种感觉体现在对于派送进程的把握、对于派单规律的运营，甚至包括对装餐过程中餐洒问题的把握。骑手围绕空间表象开展创造性实践的时候会存在“不要吃风控，不要出差评，不要出配送原因退款”这几条“高压线”，因此也加大了骑手驾驭表象空间的难度。

2. 跨越空间举一反三

在分析的时候我们可以将各种知识空间中的跨越逻辑拆开探讨，但是在实践中，四种知识空间的边界是高度模糊的，对各个空间的熟练驾驭也是相互促进的过程。骑手在任何一个空间的熟练操作都离不开其他空间中知识的协助，例如表象空间灵活运用也要建立在对地理空间熟悉的基础之上。如果对于地理空间不够熟悉，骑手也不太能借助网络空间帮助自己多收一些单子，使得在一趟配送过程中能够尽可能多且有效地将餐品送到相应的顾客手中。

当学理上对于四重空间的分类讨论进入到实践中时，将会看到在配送过程中，骑手更加依赖空间体验中的实践感——骑手并不能充分思考背后的原理，而是基于自身对遇到事物形成的表象，参考以往的经验进行判断，调用既有的表象和现有的资源来帮助解决问题。这种判断在不断地重复劳动中也被强化和修正。实践中主体凸显出来的对于空间的两种使用进路，是在配送过程中不断形成围绕配送实践展开的表象，给具体的空间赋予意义，例如形成了对商家出餐情况的表象，这些表象汇聚成了骑手对区域内商品提供情况的表象空间，在此基础上将凯德 Mall 出餐慢的商家归成合集，把它们称为“四大天王”。在拿单的时候尽量避开这些商家中的“坑单”。熟悉送餐中的各种策略，知道怎么挂单，知道怎么收单，对时间节点有自己的一套把握，在实践中对于各种知识的空间融会贯通。

另一种进路是骑手策略性地调动空间“工具箱”中的各类工具，帮助自己解决发生在劳动空间中的各种困难，这种策略也是建立在对集体表象基础上，并有着自身对空间的创造性使用。至于这些工具从哪里来？骑手身处的空间作为一个策略的“工具箱”，为他们提供众多策略得以开展的共识。借助围绕空间中的知识、文化、规则构建起来的“工具箱”，从中选择有助于自己的“工具”，进而策略性地开展空间实践。每个人调动的工具和使用的策略都是有着很大的差别。虽然都是“活地图”，大家表现出来的花式送餐技巧却各不相同。但是归纳起来，这些工具还是会指向人情、文化、身份、契约等。在作为他者进入到陌生的空间时，骑手还要解锁配送特殊空间的“通行券”，这种“通行券”首先是一种地方性知识，骑手需要掌握那些特殊空间之中的配送技巧。

整个跨越空间的配送过程都脱离不了“活地图”基于自身跨越空间的配送体验而形成的对于实践中空间的表意性认识与工具性使用。活地图具备的一些进阶性能力，使得这些骑手能够在配送过程中更加顺利地穿梭空间，在取餐速度上能够相比于同行更快，并且更为顺畅地将餐品高效配送到顾客手中。

二、何以生产“活地图”

骑手在进入到外卖配送行业开展配送实践时并不是白纸一张，而是自带“天赋”，这种天赋包含其长期以来养成的性格、处世方式、沟通能力。那么，骑手们在劳动过程中经历了怎样的过程，才能变成通晓辖区中各种空间信息的“活地图”呢？

1.“活地图”的准备工作

在骑手被招进来之后，还要经历拍照建档、签署合同、培训与考试的入职过程。在是否需要培训这个问题上，虽然在正式制度文本中要求站点将骑手招募进来之后需要进行统一培训，但笔者在实践中发现，站点在执行过程中将集体培训这件事情给淡化掉了，转化成了“在做中学”。

配送站点能够给骑手一些入行的保障性条件来解决骑手的后顾之忧，例如当骑手在城市中没有稳定住处时，站点管理者可以借助自己的关系网络帮助骑手联系住宿事宜[①]。如果骑手没有配备送餐车辆，站点同样可以能够帮助联系租车公司，租赁给没有电动车的骑手，并代电动车租赁公司收取租金。

2. 配送中的“脚手架”

在外卖配送中的“脚手架”有物质性的，也有关系性的。物质性的辅助，例如对车辆进行一些改造，可以方便骑手的配送。不过物质方面的辅助更多与骑手的个人体验关系较大，因人而异的特点较明显，笔者将不过多展开讨论。关系层面的“脚手架”可以找到很多共性的特征，笔者在这里将着重梳理帮助骑手快速成长为“活地图”过程中的几组重要关系——和师傅的关系、和平台系统的关系、和站里的关系、和社会的关系。

“给你找个师傅”：在专送骑手群体中，师傅带徒弟是一个常见的制度设置。通过人与人之间的交流将一些围绕外卖配送活动形成的劳动秩序知识传递给新入行的骑手。在师傅手把手教学的过程中，新入职骑手能够在较短的时间内集中习得外卖配送过程中的诸多基本技巧和公司规定，并且其中一些变通性知识的传递在师傅教

① 光宇西直门站点有两个长期租赁的宿舍，若是两个宿舍都住满人，站长可以联合其他站点单独联系房屋中介来寻找房源。在这个过程中骑手自身不需要操心寻找房源的事情。并且房租每个月也相对较为便宜。公司的宿舍收取每人每月 800 元。

导的过程中会先印刻在新人的脑海中，待其长期的配送过程中再慢慢参悟其中的妙处。

“回去多研究研究 App”：配送平台 App 在骑手配送过程中是骑手们每日必然会打交道的“战友”。App 为骑手提供商家与顾客的位置与相关信息，还能够提供语音辅助支持，骑手在配送过程中可以直接通过语音来完成对 App 的操作。在 App 中，骑手还可以随时调取地图，在地图的指导下更便于找到顾客地址。另外，App 既作为骑手送单过程中好的辅助工具，也是监视和管理骑手的重要端口。骑手还要明确 App 中一些对自身考核部分的实际运转流程，以避免在跑单过程中被惩罚。

“有事情找站里”：站点在“活地图”的形成过程中也发挥着重要的辅助作用[①]。首先在派单秩序上，站点可以在系统派单基础上对骑手手中的订单进行再次调配；其次，在遇到卡单时可以由站点出面和相应商家的负责经理沟通协商，尤其是时间比较紧急的单子可以在站点的推动下加速进程；再次，当骑手路上遇到一些事故时站点也会出面进行协助，帮助其摆平可能遇到的麻烦；最后，在生活中的协助方面更是种类丰富，例如骑手没钱的时候会想方设法找站里借钱。

“多去开口问呐”：在骑手所处的劳动空间内，他们所接触到的主体（这里面包括顾客、街头的居民）都是潜在支持的来源。同行支持、社会性支持也为“活地图”的成长提供了重要帮助。无论是站点还是骑手，都认同在配送过程中需要多去向他人询问请教相关的派送地点信息、派送技巧，并且在实践中即时性的询问对于配送过程顺利开展确实发挥着重要作用。顾客也是重要的社会支持来源。有时候顾客的理解，和其对骑手的耐心指导能够帮助骑手及时

① 站点和骑手的关系呈现出复杂的多面性，后文中笔者将继续详细讨论。由于在目标上的一致性，站点在骑手派送顺利这个维度上表现出显性的协助关系。

有效地解决问题。配送过程中遇到的居民、社区保安等也会热心地告诉骑手具体的方位。但这一切的前提是需要骑手主动去问。所以说，社会性的支持是弥散在各处的，但需要骑手自己去设法抓住。

3. "给骑手一点时间"

在得到"脚手架"的辅助之后，还需要一定的时间留给骑手。骑手在经过一段时间的沉淀后，将配送过程中的感觉内化，进而形成对配送辖区中的空间和配送实践的个人表象。可以说，外卖配送这种与"感觉"密切相关的行业，在时间上的积累方面非常重要。并且在这段成长的时间中也给骑手预留一定的"试错"空间。骑手在这个过程中也是在习得资方给劳动者设定的框架。在骑手积累了诸多围绕外卖配送中各种经验事实的表象后，这些表象以一种实践感式的条件反射驱动着配送实践。这种感觉是一种不假思索的，会被经验表象所触发。

三、"活地图"的限度

"活地图"的生产并不是一劳永逸的事情，其在配送实践中也会有着自身的局限性，同时劳动者的主观性也会引发劳动过程新的不确定性。笔者认为"活地图"的限度主要体现在两个方面：在自身层面上，骑手精力的有限性将会限制能力的发挥；在劳动空间层面上，实践知识的专有性和复杂性将限制骑手策略工具的调取。

外卖配送中很多劳动空间中的情境知识都带有专有性和复杂性的特点。外卖配送中的空间感受和实践知识的专用性主要体现在骑手积累的配送表象都是围绕特定劳动空间展开，当骑手离开自己熟悉的辖区进入另一个地方后就要开始重新积累。而复杂性则更容易理解，骑手每天应对的劳动空间并不是一成不变的，各种变化都将参与到对骑手配送实践的"干扰"中。

对于骑手而言，其在配送过程中能够探索出各种多拿单、拿好单的技巧，并不断更新技巧和策略以适应复杂的情境变化。每个人对于空间中知识的理解也是有差异的，这也就促使外卖配送中生产出来的活地图在形态上出现分化。在空间实践中，骑手也在生产与配送相关的表象和知识，并且还要引入骑手们之间的合作与信息共享，如果每个骑手都在独立探索辖区内的空间信息，这一工作量无疑是巨大的。总结一下，“活地图”是特定空间中的“活地图”，是在资本给定的生产逻辑框架中的“活地图”，是与其他“活地图”通力配合的“活地图”。脱离了上述条件，“活地图”的功用将难以被激活。

四、“活地图”与劳动过程

前三个小节中，笔者基于外卖配送中“活地图”展现出的经验事实，描绘了其特征、生产方式以及限度。在本章的总结部分，笔者将一方面对与活地图相关的知识进行归纳，另一方面回答劳动过程脉络中一个重要的理论问题，即资方和骑手为什么要花那么大的力气将骑手打造成一个个“活地图”，“活地图”对于资方逐利究竟意味着什么。如果是完成外卖配送过程，像工厂劳动那样将其规训成劳动步骤的执行者不行吗？

首先，笔者简单借助外卖配送中培养新人的代价这一事实来印证“去概念化”的劳动执行者在外卖配送行业中并不具备可行性。新人是外卖配送行业中最能体现有执行能力无“概念”的群体。平台中提供的关于配送的标准化流程只需要很短暂的时间就能学会，但是对于配送辖区各类空间表象习得需要主体长期的浸染才能完成。只有技能而未形成概念的劳动过程除了破坏自身和站点的跑单数据，还会直接破坏消费者的订餐体验、平台的口碑，以及影响骑手自身的收入。如果没有成为“活地图”，平台将要承受劳动不熟练所引发的连带后果，显然资方不会默许这种无“概念”劳动的长期存在。

那么"活地图"首先在事实层面上关联到的是哪些内容呢？正如本章中讨论到的，各方力量的协助努力促成骑手深谙配送辖区内劳动空间的各类知识，并能形成自己送餐过程中的表象，概括起来就是赋予骑手对于配送过程中各种概念的感知。这样做的目的是保持站点的良好数据，驱动骑手能够高效有序地完成资本赋予劳动任务，进而满足平台承诺的各种服务体验。笔者讨论的生产"活地图"过程中对主体"赋概念化"的社会事实①在配送劳动场景中是广泛存在的。那么，回到布雷弗曼，他讨论的劳动过程"去概念化"和笔者讨论的"赋概念化"，究竟在理论前提下发生了怎样的改变？

互联网时代，网络媒介将劳动场景进一步延伸，同时也将劳动中的不确定性放大，劳动密集型行业中的管理者对整个劳动生产流程的把控能力受到了严重制约。在外卖配送行业中，骑手借助社会空间开展配送实践，整个过程的目标非常明确——将餐品在规定时间内送到顾客手中。接单、取餐、送餐这些规定步骤也在劳动中被明确提出来。但是，具体怎么取、怎么送全靠骑手自己派送过程中积累的经验，以及借助既有从业者中形成的共识，去根据情况灵活变通。这就意味着整个派送过程在目标完成的方法上具有多样性。人为沟通所具有的灵活性，这是资本主导的抽象算法无法标准化的，也就意味着实践中的"活地图"往往有着丰富多样的形态。

首先，实践中的地方性知识与复杂情境是科学主义理性设计难以预料到的（斯科特，2012），理性的设计注定会在实践中遇到困

① 笔者认为，生产"活地图"本身也是一个复杂的社会过程，资本在客观地生产着"活地图"并不意味着在资本的眼中已经认定了这种方式对于外卖配送最有效。事实上，资方围绕拆解外卖配送的环节、试图将其标准化的努力一直都没有停止过（从资方对于算法的鼓吹中可见一斑），只是这种努力并没有实现其预想的目标罢了。如果哪一天资本真的能做到对于外卖配送全过程的标准化，那也将宣告笔者提出的理论观点已经过时了。

境。那么这种抽象知识与复杂情境中体验的张力也将在外卖配送行业的资方管理与骑手的自主性中更为淋漓尽致地体现出来。骑手往往应对的是实践中复杂的社会事实，并且需要面临实践的紧迫性，尽可能简化遇到的问题。一方面不能随心所欲，要在资本给定的框架中处理问题；另一方面也不能过于死板地遵循事先制定好的规则，而是要能够做到权宜变通，调动空间实践中的表意性和工具性策略灵活完成外卖配送。开展空间实践的过程中，劳动空间中的知识就透过主体体验和创造性实践生动地展现出来。

其次，因为外卖配送行业具有极为强烈的不稳定就业的性质，资本在培养劳动力过程中投入的专有资本极易伴随着劳动者的流失而损失掉。因此，资方更倾向于在自身能把握的板块上投入专有资本（例如外卖平台的建设），以确保长期有效地获得基于占有而带来的价值。在劳动者的具体技能形成方面，资本就会变得鼓励劳动者借助自身掌握的与劳动空间相关的知识“摸着石头过河”，并保障在其成长道路上既有劳动共识的传递。

“赋概念化”的讨论路径和布洛维（2008）讨论的霸权中的劳动认同都是在反对在研究中预设“聪明而又狡猾的资本家，能够运用强制的方式实现劳动者对其的依附”这一前提。不同的是，布洛维在构建分析框架时将认同建立在劳动者掌握既定技能之上，而没有关注到技能形成的过程也在脱离“资本强制”的理论预设。布雷弗曼（1978）理论框架中蕴含的技能主体性维度里，劳动技能和劳动认同是高度绑定的，是一种被迫的认同，只有劳动者放弃自己对劳动概念的掌握而变成一个依附于资本的工具时才能形成对劳动的认同。

“活地图”的生产不仅勾连整个外卖配送劳动中的资本增值环节，成为资本剥削剩余价值的一项重要前提，同时也勾连起骑手个人工作、生活与整个都市秩序之间的关系。骑手在配送实践中已经把配送辖区变成了一种自己熟悉的空间。这种配送过程中的空间实践给骑手们的“他者”身份中注入一种地方性，使其成为空间的驾驭者。骑手既要借助都市的空间栖身，又要借助空间劳动，运用自己出色的空间跨越能力来确保资本的价值创造，以保障自己获得可观的收入。在资本辅助骑手快速成长为“活地图”之后，骑手自身就成为一个流动的空间，送餐在他们这里成了简单的排列组合。

主体作为都市空间中的栖身者，其对于空间知识的感知和体验就像霍赫希尔德（1983）讨论的感情、情绪等那样，都是人自身特有的心理过程，它们本在私人领地中活动。从康德的先验感性论来讲，主体对于空间和时间的感受能力如同霍赫希尔德讨论的情感那样，作为人的一种本能（康德，2017）。在外卖配送劳动中，人对于空间感知和实践的本能也被纳入资本剥削的对象里面。外卖配送劳动的技能形成过程中，主体对于空间的感知和创造性运用对于餐品配送得以实现以及资本创造更多剩余价值发挥着无可替代的作用①。资本不断赋予劳动者对于空间的熟悉和感知能力，但这些能力最终还是要在资本搭建的框架中才能够创造价值。那么，资本要思考的便是如何将骑手打造成“赋概念”的“活地图”，以及如何做到对“活地图”的管理和激励，来驱动“活地图”创造更多的价值。

① 不同于霍赫希尔德讨论的情感劳动（劳动者的情感被从主体中抽离出来），跨越空间的外卖配送劳动过程中，平台管理方在使劳动者成为资本的剥削对象的同时也促使其成为空间实践的主体。在现有的社会共识中，外卖骑手被视为特别了解特定辖区内空间情况的一群人。这种了解也使得他们在生活中（多数人也是租住在配送的辖区之中）与所栖息的空间紧密交融在一起。

第六章　驱动“活地图”：劳动中的控制与自主性

资本购买的是劳动者的劳动力，这种劳动力只有在资本设定的框架中才能创造价值（马克思，2011）。资方在驱动劳动力进行价值生产的过程中往往会面临劳动过程中的不确定性，因此在实践中围绕消除劳动过程中的不确定性因素开展诸多努力，其中一项重要的举措就是“制造同意”（布若威，2008）。但是，冲突和同意不是原生条件，而是特定的工作组织的产物（布若威，2008）。在从福特主义向灵活积累转变的过程中，资本愈加灵活的流动突出了现代生活的新颖、转瞬即逝、短暂性和意外性，而不再是福特主义下树立起来的稳固价值观，个人主义的兴起在这个过程中也就顺其自然地发生了（哈维，2003），新的时空背景之中，资本面临更为复杂的劳动空间，也在持续改进其行使强制和霸权的策略。

在资本给定的劳动框架中存在着基于正式制度和基于关系的两套管理策略。两套策略在实践中视劳动情境的差异浮现的内容有所差别，但相互补充。骑手方面，在劳动过程中他们围绕自身开展空间实践形成的种种表象，参与到对自我身处历史的构建之中，他们不仅能感受到资本对自身的强制和霸权，同时实践中的种种体验也会建构起个人赋予劳动过程的意义。在跨越空间的过程中，与劳动空间紧密勾连的相关知识 / 主体也会不时跳出来成为劳动认同与主体危机的形塑要素。可以说劳动过程中的控制与认同不仅仅体现在劳资关系之中，更是建立在空间实践关系之上。

一、管理的“两本账”：数字治理与关系营造

劳动空间中的要素限制了资方的任意决断，同时也赋予了工

人权利和义务。在配送实践中，作为资本代理人的管理方将对骑手的强制和霸权蕴含在理性的数字治理与关系营造的人情管理之中，并在操作中灵活转换，以确保稳定剥削并掩盖骑手生产出的剩余价值。同时，因为外卖配送行业具有实践的紧张感和配送的时效性，站内对于骑手的管理不能占用宝贵的配送时间，管理在整体特征上呈现出滞后性特点，“秋后算账”的形式在对骑手的管理中十分常见。

1. 数字治理

笔者所讨论的外卖行业中的数字治理是在对陈龙（2019）提出同名概念批判性借鉴的基础上展开的。陈龙在其研究中所讨论的“数字治理”预设了一个超理性化的系统，资本借助系统实现对骑手的控制，其在进行论证的过程中带有很强的“监视资本”（Zuboff, 2015）色彩[①]。在笔者看来，陈龙混淆了“基于数字的治理”和“数字的治理”两个概念，显然他是在后者的意义上构建数字治理这个概念，但在分析中却偏向了前者。笔者则认为实践中的外卖配送行业是管理者“基于数字的治理”而非数字本身能够独立运转，实现对外卖劳动秩序的调配。

关于外卖配送行业的数字治理有两条线索，一条是直接治理骑手，将骑手的跑单数据、地理位置、考核情况等纳入埋性系统中进行非人格化数字治理；另一条线索是通过指标对站点进行考核，透过治理站点来治理骑手[②]。笔者将对两条数字治理的线索进行展开

① 陈龙（2019）提出的两个“转嫁”中，第一个转嫁是资方将对骑手的控制转嫁给抽象系统，系统根据跑单过程中产生的数字进行治理。这里预设了系统能够独立对收集到的与外卖相关的信息加以组织，进而实现对劳动者的控制。但他在分析的时候又回到了具体的人，强调关系、组织在外卖行业中的重要性。这种分析技巧与其主张的理论框架相互矛盾。并且陈龙在讨论外卖配送中的数字管理时模糊了数字治理中被管治的对象，在其论述中围绕数字产生的风险和后果都是由骑手来承担。同时他也抹去了消费者参与评价的倾向性，没有区分正式制度与实践逻辑之间的差别。

② 笔者认为，数字治理中作为作用对象的主体一定要有所区分，否则将会抹掉站点和骑手在实践过程中基于数字生产协作维度建立起来的微妙关系。

论述，并以“人造数字”作为数字治理在实践中的重要变异来讨论数字治理中正式制度的非正式逻辑。

对骑手的数字治理：在专送站点中，骑手会被编排到不同的班次之中，每个班次的考核规则有所差异，但是跑单的实质是相同的。骑手在跑单过程中会受到平台和站点的制度约束，每天需要完成相应的考核流程。同时，骑手也会定期接受站点的培训和签署一些协议。在对骑手的管理方面，体现在数字治理维度最为明显的是管理方会基于数据的结果[①]予以骑手报酬、奖励，或者是惩罚。

在骑手跑单的过程中，基于数字的管理就和抽象地图紧密地联系在一起。站点通过系统后台中的抽象地图注视着骑手手中的订单情况和所在方位，并对一些问题订单进行远程联系，予以解决。这个过程中还有另一个重要的目视抽象地图的群体——消费者。从制度设置上，消费者是被平台给予了监视及评价骑手的权力的。但是这种权力并不常被消费者启动，因为事实上消费者并不会特意对骑手做出评价。

对站点的数字治理：在外卖从业者的共识中，数字治理的结果和形式更加直接作用在站点身上，而不是骑手。围绕站点层面开展

① 在骑手的工作班次方面，西直门光宇站点中的骑手会被编排到早班、正常班和晚班，也有一些骑手是选择跑的时间比较长，自己在开早会之前就已经上号开始跑单。站点管理方在各个班次中成立小组，并设定小组长，组长也承担起对具体消息的通知工作。小组长自身也是骑手，类似骑手之中的一个自组织群体推举的代理人。他们也会向站里反映骑手的诉求。当小组内某个骑手出现问题时或者整个班次出现问题（例如前一段时间出现了晚班运力严重不足），站点会和小组长商议以何种方式来解决问题。

专送骑手的考核机制方面（这里以正常班为例）：骑手早上 9：30 按时到规定地点参加早会，早会要着工服、工帽，鞋子要着黑色鞋子；要求午高峰 10：30 ～ 13：30，晚高峰 17：00 ～ 20：00 必须在岗，每天需要有 8 小时及以上工时，至少跑 15 单，首末单之间至少间隔 5 小时，每天还要按时签到签退，早上签到时间是 6：00 ～ 11：00，签退时间是 20：00 ～次日 5：59，并且签到地点需要在站点配送区域之内；在配送过程中会出现微笑行动检测，骑手需要按照系统的要求穿工服、戴工帽，做出指定动作才能通过检查。如果微笑行动检测未通过，骑手将可能面临罚款 500 元、封号 1 天的惩罚。每个月需要在岗 28 天，特殊月份将有所更改。在岗达到规定天数之后才能记为有效出勤，拿到每单 9 元的单价，不满足满勤则每单只能拿到 8.5 元。

的数字治理不仅会影响到站点的星级，决定了承接美团公司外卖配送职能的劳务派遣公司、站点管理者的收入，甚至差的数据还会影响到劳务派遣公司和美团公司的持续合作关系。因此，站内管理者相比于骑手，更加重视数字考核的结果。

美团平台用来考核站点的数字很多又是来源于骑手方面，这就将站点和骑手紧密绑定在一起①。于是，便形成了透过对站点的数字治理来治理骑手的管理形式。这里简单描述一下对站点的数字考核都体现在哪些方面：每天早会站点需要记录早会情况、例行餐箱消毒、着装检查、安全口号宣读等；每天都要保证站点有人值班；要求站点每天晚上站长、助理都要分别在光宇管理群中上报自己负责的数字指标；定期也要上报站内数据；每天晚上8点站点值班结束后还要求站点管理者有一人在家中开着系统后台值班到晚上12点。

"人造数字"：数字治理的精髓在于管理的非人格化，依照各个正式指标体系对劳动者进行考核。但是在外卖配送行业的执行过程中又绕不开具体的人，因此便出现了数字治理在实践中存在诸多变异。"管理出数字，数字出管理"可谓是实践过程的生动体现。其中，人造数字便是配送过程中的治理变异呈现形式，体现出站点管理者与劳动者之间的合谋。在这里，笔者将透过一些事例来展现人造数字的丰富实践：师父在对新骑手的培训过程中会强调两个关键问题，一个是出现配送原因取消订单（包括骑手通知我无法配送、送太慢等太久），只要是这两个理由，都要求骑手先把"送达"点了，然后在原地联系站点；另一个是出现严重超时订单（超时30分钟及以上的订单）先不要点击送达，联系站里。这样做的目的都是为"造出好看的数据"预留极大的变通空间。

① 一些对于站点的数字考核也需要骑手来协助站点予以完成。

数字治理的局限性：数字治理有其有效性和高效性，但在劳动实践中也时常需要克服它的局限性，比如说车况、路况，骑手的身体状态通过既有的技术无法及时收集和反馈，无论实践怎么样，数据按照自己的算法按部就班地进行。这也就意味着，系统并没有能力基于骑手的状况进行实时地调配，很多适应性的策略还要透过人的管理来实现。

2. 关系营造

站点中管理者与骑手之间的关系营造始终伴随着整个外卖配送实践的开展。入职期间，站点会尽可能地保障骑手无后顾之忧，例如帮没有稳定住所的骑手找宿舍，帮没有车子的骑手租车子；骑手遇到配送中的问题予以热心解答。特定时间点也会给骑手准备一些福利，例如平安夜发苹果，冬天请骑手免费吃早餐；以及在非高峰期时间内和骑手一起娱乐。外卖配送劳动中的关系是双向的[①]，在关系的类型上体现为一方面是基于情感纽带建立的紧密关系，另一方面是基于日常生活中互惠的工具性关系。关系营造有利于提升团队中成员的凝聚力和认同感，同时，借助紧密关系也有利于推行很多硬性的管理要求。

站点管理者对骑手的管理在实践中多呈现出一种从关系进入到规则的特征。当骑手没有按照规定跑单，或者出现什么问题时，站点管理者首先用商量的语气让骑手按照制度规则去做。“帮个忙，坚持一下，麻烦一下”之类的表述在站点管理者讲话过程中很是常用。同时，关系营造也会使得骑手感受到站点对自己的照顾，有时候自己即使有些困难，也会尽可能克服，避免给站点添麻烦。例如当骑手生病时或者摔伤时本身有权利休病假，但是当站点请求自己

① 劳动过程中关系的双向性在研究中容易被忽略。在劳动过程中，管理方会调动关系来实现对劳动者更好的管理。与此同时，劳动者在关系中增进了对工作的认同，同时自己也会得到实质性的收益。在实践中，劳动者也会带着目的和管理者主动维系关系。

跑足基本单量时，骑手也会尽量克服困难，完成跑单任务。

3. 关系还是管理

概括而言，站点在骑手面前会表现出三副面孔：在需要骑手协助的情况下，站点很多时候就以"慈母"的形象出现在骑手面前，和骑手商量着请求完成配送任务；一旦骑手多次违规，给站里造成麻烦之后，站点作为"严父"的形象就浮现出来，运用正式制度约束骑手的配送实践；当骑手反映的诉求与绩效考核无关，甚至是超出外卖配送中给定的框架时，站点又会像一个冷漠的"路人"，搁置骑手的问题，让骑手自行解决。这种形象不是既定的，会根据公司的要求和骑手的跑单状况进行调整。关系还是管理，在站点与骑手相处的实践中持续进行着生产与再生产的进程。

二、外卖配送中的劳动认同

骑手在外卖配送中的认同主要透过两个路径体现出来，一个是配送过程中资方设计和骑手自发形成的跑单游戏；另一个是骑手自我驱使和关系营造后超越劳动过程的关系驱动。无论是劳动中的游戏化激励还是自我驱使，都要去创造出能够使得劳动者留在这里并努力付出的动力。在认同的基础上，骑手将自我物化为可以被量化的派送单量，进而参与到对自我的剥削之中。

1. 跑单游戏

骑手在跑单过程中有着多种游戏化的体现形式，包含跑单过程中的各种积分赛、奖励金，以及排名、称号这些极富游戏符号特性的元素。游戏的来源方面，一种是资方有意设定的来激励骑手跑单的各种制度，另一种是骑手在跑单实践中自发产生的一种带有群体文化色彩的游戏。前者包含"双彩金"、"连赢金"、积分奖励赛这些带有奖励性质的游戏，还有各种段位、勋章的跑单荣誉称号；后者则是涵盖了骑手在派送过程中产生的围绕跑单情况的集体表象，劳动者自身也加入对“跑单游戏”文化的生产中询问单量、吹捧“单王”① 都是十分常见的场景。

在跑单游戏的激励下，骑手自己工作得越卖力，跑单的数据越好，平台就会给其提供更加便利的工作条件。在熟练的骑手不断增加自己劳动时间的同时，资本能够更稳定地获得更多的绝对剩余价值。劳动的游戏化加强了劳动者对于劳动过程的认同，将他们卷入更为深层的自我剥削中。

骑手之间自发形成跑单游戏作为一种集体表象也裹挟着很多骑手。骑手在日常中的交往和讨论中也会包含着对跑单情况的询问和比较，这种实践形态汇聚在一起就形成了骑手群体中的特定文化，在实践中对骑手起着激励作用。“你跑了多少单了”这种询问在骑手群体中极为常见。并且这种询问中也会带有一定程度的压力，即其他骑手会不断“核查”你的跑单数目。只要骑手在公共场所呈现出一种闲暇的状态，都有可能面临来自同行的压力。

2. 自我驱使与关系营造的后果

挣钱是骑手自我驱动中的一个动机。骑手们以多种方式将挣钱的动机纳入对自己的自我激励之中，驱动着自己多跑单。当在跑单过程中遇到困难时，很多骑手也会不断回想自己成为骑手的初衷。相比专送骑手在团队中要接受各种管理，众包形式则更加灵活，省去了签到和工时的要求，在接单、抢单、配送距离上也有了更大的自由度，呈现出更典型的“自雇”特征。在没有站点组织管理约束的情况下，众包骑手能够更加灵活自由地决定自己的跑单时间。但这并没有使得他们自在地“磨洋工”，而是持续地投入跑单和刷单之中。甚至在一定程度上，众包骑手相对于专送骑手更加繁忙。

骑手对于劳动的认同一部分也归功于站点开展的关系营造。骑

① 单王是指一定时间内站点跑单最多的骑手。

手觉得在这个大家庭中待着十分暖心，有时候站里的要求也尽量满足，不给站里添麻烦。外卖骑手还承载着为顾客提供餐品的责任，这也会塑造骑手的使命感。尤其是当骑手的付出在得到正面反馈后，更加强化了其对劳动的认同。近期在新冠肺炎管治的背景下，骑手穿梭各个空间帮助市民运送生活必需物资。在官方叙事中外卖骑手被赋予了英雄的形象，骑手们也因为这种官方认可而体会到使命感。骑手在从业的过程中也能够结识一些朋友，这些关系性要素都会悄然进入对骑手劳动认同的塑造之中。

三、骑手主体危机：平复、退出与反抗

在劳动过程理论脉络的假定中，劳动过程是围绕着资方对劳动者的控制和劳动者自身的反抗展开的。资本家为了维持对于剩余价值的稳定剥削，势必要对工人进行管理和对其反抗的实践进行镇压。从劳动者方面看，在马克思的经典论述中，工人阶级一旦意识到自己被剥削的本质就将会联合起来，推翻资本家的支配。布洛维则在马克思的基础上进一步补充，资本主义发展数百年没有崩溃的原因，还在于资本在创造出对于劳动者控制的手段的同时，还在塑造劳动者对于资本的认同。延续劳动过程中经典的剥削与反抗问题，并将其放置于劳动空间来看，我们将会看到更为多元且具有一般性的劳动者主体危机来源。围绕劳动空间中各类主体的控制与抗争，在现实中循环上演着。

1. 骑手主体危机的来源

外卖配送劳动情境中造成骑手主体危机的因素有很多，在笔者看来可以将他们大致分为具体的主体和抽象的对象两大类。骑手将外卖配送想象成是一种围绕单价、时间和配送要求相关的任务。消费者更多看到的是抽象的地图，以及劳动完成后呈现的结果，配送

实践在消费者这里是被抹掉的[①]。劳动空间中的知识言说主体、主体基于体验开展实践的过程中，骑手接触到的具体的主体和抽象的知识都可能成为构成劳动者主体性危机的来源。

个人：多数骑手是空间中的“他者”，生产劳动技能的同时也是生产主体身份的过程。从骑手与都市生活这一角度来看，骑手本身还要处理个人在城市中的居住和生活问题。在劳动中他们可能会压抑自己对于享乐的追求，但是这种个人生活体验中的东西也会在跨越空间的配送实践中浮现出来。尤其是在与都市居民生活间的对比中，他们会对自身的处境产生失落感。另外，个人的体验维度还体现在等单过程中的焦虑状态之上。等单时间对于骑手而言并不是一个休闲放松的时间，骑手会感受到强烈的无单焦虑，尤其是在同事都接到订单开始跑单后。

顾客：在配送实践中，骑手会接触到不同类型的顾客。但是有些顾客过度强调自己的服务接受者角色，对骑手颐指气使，不能体谅骑手的难处。面对这样的顾客，骑手会感到强烈的不满，对这类顾客充满怨气。

商家：骑手和商家之间可谓是一对“欢喜冤家”，骑手要从商家中尽快拿到餐品，需要在一定程度上给商家中的工作人员留点好印象，而当商家中的工作人员对骑手爱搭不理，甚至是阴阳怪气的时候又会搞得骑手非常恼火。尤其是在高峰时期，商家出餐压力也是非常之大。这个时候围绕卡单产生的冲突和矛盾也是屡见不鲜。

空间的“守门人”：各个社会空间中都会有相应的管理人员来保障其空间规则的运行，空间的“守门人”就是泛指这样一群人。在一些排斥外卖骑手的空间中，空间“守门人”对空间规定的执行

① 笔者也是在实际参与到这个劳动之中后才意识到外卖配送劳动居然有如此多的生产隐秘之处，而在自己只是作为顾客消费骑手的劳动时，能够想象到其中一些难处，但那仅仅是冰山一角。

方式有可能会直接引起和骑手之间的冲突，尤其是一些空间“守门人”依仗自己的身份对骑手百般刁难之时。

站点管理者：有时候站内管理者出台的一些制度，或者对骑手管理过于严格时，也会引起骑手的不满。也有一些是骑手自身在不了解情况的前提下强扣给站点的“罪名”，比如有些骑手觉得站里在故意给自己派不好送的单子，刁难自己，觉得自己受到了不公正的对待，在这个行业中待得很委屈时，就产生了退出的念头。

来自抽象系统的危机：系统是骑手在配送实践中直接接触到的一个抽象知识对象。在实际执行中，系统并不能总是根据实地情况给出妥善方案，这会极大地干扰到骑手的配送状态，甚至是影响到骑手的情绪。派单系统予以骑手的压力在配送过程中也很容易转变为主体危机。制度作为一种抽象系统既包含围绕考核外卖骑手而建构起来的制度，也包含社会空间中其他知识具象化而成的制度。其中诸多微妙的变化，以及实践过程中的张力，都潜藏着触发劳动过程中主体危机的可能。

诸多危机来源也说明，在配送过程中的主体危机不仅仅来源于劳资之间，也可能由劳动中接触到的其他主体或抽象知识所塑造。这一切都是经由劳动所在的社会空间得以实现。

2. 应对主体危机的实践

伴随着骑手主体危机的产生，气愤、撕裂、逃避、无奈、麻木便成了外卖配送中几种常见的负面情绪表现。可以说大多数骑手每天在配送过程中都会遇到这样那样不如意的事情，很多时候骑手们都是在压抑着自己的负面情绪跑单，同时还要展现出良好的服务者形象。面对劳动配送过程中出现的主体危机，骑手通常是怎样应对呢？

平复：多数情况下骑手都是在自我平复中完成对主体危机的调整。并且，外卖配送具有实践的紧迫性，劳动强度对于抗争意向的抹平也起到了重要的作用。爆单的时候，骑手考虑最多的是怎么把后续订单送好，而不是之前自己遇到的不愉快经历。多数情况下，骑手选择让步，并接受相应结果。

退出：主体危机也会构成骑手退出当前工作形式的推动因素，这是骑手与当前主体危机进行划清界限的最极端实践形式。退出当前工作状态后，劳动者将转换身份投入到新的行业之中。

反抗：这种做法也是外卖配送实践中的常态，但是多数情况下都会表现为背后辱骂、挖苦、破坏等“弱者的武器”式的反抗。因为外卖配送中惩罚的延后性和购买方、出售方之间的信息隐匿性，很多时候无法直接地、正面地制造冲突，只能在背后以情绪化的方式呈现出来。骑手们聚集在一起骂系统、骂商家、骂顾客、骂门卫也是很常见的，有时候也会骂一骂站点出台的严苛管理规定。当然其中也存在以直接冲突形式进行的反抗，例如和令自己恼火的人发生肢体冲突。

四、劳动空间中超越劳资关系的认同与反抗

外卖配送中的认同有很多形式，例如认同能够挣得较多的钱、认同跑单的状态、认同和站点的关系、认同自己的使命感，等等；同样，感受到的控制与剥削也有很多维度，系统不管骑手配送压力、站点的过分要求、顾客的蛮横无理、空间守门人的有意刁难，等等。外卖配送过程中的劳动认同已经完全超出了简单的劳资关系，而是弥散在整个劳动空间之中——空间中的各种抽象知识、主体实践都可能参与形塑“活地图”劳动中的认同。并且，在劳动认同走向面对劳动空间的过程中，我们还能够看到资本家和劳动者并不一直是剥削与反抗的对抗者，也可能是应对劳动空间其他主体过程中的合作者。在处理危机的过程中，资方似乎又化作了一个庇护者的角色，为骑手在都市容身提供一个庇护的空间，使得他们更加心甘情愿地

投身到资方对自身的剥削和控制。

布洛维（2008）提出“制造同意”的过程，强调了劳资之间的协作关系，但是这一点在劳动过程后续的理论演变中被学者渐渐淡忘了。资方的代理人和骑手一起协作对抗社会中各种主体危机来源在外卖配送行业中是一个明确的社会事实。外卖配送实践既不是一种科学主义的事前设计和理性规划，也不是资本家放任劳动者进行自我创造，而是在劳动过程中资方与骑手之间既存在控制与反抗、霸权与认同也存在相互协作应对劳动空间中更为复杂危机的社会事实。

回顾既有的劳动过程研究，会发现诸多的劳动无法从技能上进行标准化，例如梁萌（2016）研究的互联网工程师群体。“放任”劳动者的自主性，不去对其进行“去概念化”不一定就会动摇资方主导的劳动过程对于价值增长的稳定贡献。资本给劳动者限定框架并在实践中保留对其纠偏的能力是后工业社会中劳动过程控制的一个重要体现。当更多的社会规则进入到对于外卖配送行业主体的约束之中，资方和劳动者可能会在实践中的某些方面形成合谋，共同应对来自空间中其他主体施加的压力。

第七章　“活地图”的诞生：总结、讨论与反思

外卖配送行业在劳动空间与劳动者主体性的生产 / 再生产中展开。这一过程中，资方试图将都市空间改造成适合资本逐利的空间，将劳动中的主体打造成帮助资本逐利的“活地图”，并通过驱使“活地图”来完成资本的稳定增值。外卖配送劳动中的空间就在知识和体验中浮现出来，“活地图”在劳动空间中围绕对劳动者主体性的治理框架中诞生。“活地图”的诞生指向劳动过程中主体性生产的

两个重要维度，一个是劳动技能，另一个是劳动认同。劳动技能确保生产方能够赢得剩余价值，而劳动认同能够确保剩余价值的稳定生产，并掩盖一部分剩余价值。

一、“活地图”的诞生：理论、实践与研究发现

本研究基于这样一个前提——外卖配送劳动是基于特定的劳动空间展开的。笔者提出的“知识—体验”空间分析框架首先是将作为社会过程的空间带回到对劳动过程的分析之中，揭示了空间何以透过劳动秩序和劳动者主体性形塑着整个劳动过程：对于作为知识的空间层面而言，劳动秩序则是作为抽象空间生产的具象化反映，知识的空间以超越个体的力量言说着主体；与此相对应的是在作为体验的空间中，主体基于自身通过内化空间知识所积累到的实践感开展的表意性/工具性实践构建起外卖配送的微观实践。

1.“空间”在体验和知识中浮现

社会学研究的空间论转向中，学者在研究议题上形成了这样一个共识——不仅把空间看作社会容器，还要将其视作社会过程。笔者延续刘少杰教授（2019a）提出的主客相统一的空间研究范式开展空间社会学研究，并试图基于空间实在论的立场实现对空间视角的操作化。

可以说，在“活地图”中，笔者找到了统一主客维度的空间载体。劳动空间中的“活地图”也就意味着主体接受着空间中弥散知识的形塑，在实践中为空间赋予各种感性意义，并能够在工具性的维度上将空间作为策略“工具箱”，借助其中的共识开展诸多有助于配送的策略。在作为知识的空间层面上，空间生产和劳动秩序的形成紧密结合，并呈现出一种“依靠空间（资本依靠社会空间）—消灭空间（资本改造社会空间）—成为空间（生产‘活地图’）—忽视空间（驱动‘活地图’）”的演进路线。在作为体验的空间层面上，

空间已经内化于主体，主体凭借围绕空间建立起的实践感来完成整个劳动过程，资方则是通过驱动“活地图”就可以保障价值的增值。

劳动者在空间实践中，接受着空间中知识的言说，并基于自身的主体性，逐渐将作为空间的知识内化，反映在劳动之中即是形成了各种配送实践的“感觉”。劳动者有能力根据自己的实践感能动地在表意层面和工具层面应对配送过程中的空间问题。实际上，在资本给定的框架中，劳动者已经成为空间。本研究中讨论的“活地图”正是这样一种“空间”的具象化体现。然而，一旦主体对空间的感知和空间知识对于外卖配送实践的言说在资本的叙事逻辑中逐渐被抹去，主体对于空间进行感知和策略性运用的本能也就最终滑向被资本异化的对象。

2.“活地图”在治理主体框架下诞生

从本质上讲，“活地图”是治理主体的产物——通过调动人具有空间感的本能和空间实践中的诸种关系性联结得以完成劳动目标。总的来说，社会发展中出现了越来越多的资本方驱动劳动者在资本方并不占有的社会空间中创造价值的劳动实践。空间作为劳动场景中的重要组成，对于劳动过程的形塑可以说是全方位的，这里以本研究关注的外卖配送行业为例，回应空间何以形塑劳动过程中的技能产生和劳动认同（控制与反抗）问题。

劳动空间中的技能形成：不同于布雷弗曼（1978）讨论的“劳动技能退化”，笔者认为，在开放的劳动空间中，资本面对不能被“统治”的复杂实践情境，是通过为劳动者提供框架，保留自身的纠偏能力，并协助劳动者实现“赋概念化”。在外卖配送劳动中，劳动者基于对空间的感知而形成的配送技能恰恰是这种不能被标准化的劳动技能。劳动空间的复杂性回答了为什么资方很多时候不再想方设法去除劳动者作为主体的创造力，而转为帮助其增进自身能力，并同时生产认同来维持对劳动者剩余价值的稳定剥削。资本退居台后，为骑手尽快习得所处空间中的知识助力，并努力做好对既有共识和规定的传递。

劳动空间中的认同与反抗：从空间视角审视这一主题时，将会看到认同与反抗的全面性，已经超出了劳资关系本身，勾连起劳动者在社会关系中的认同与反抗。并且，在面对劳动空间中其他主体引发的挑战 / 危机时，我们还能够看到资本家和劳动者的对抗关系并不是一成不变的，他们也可能是应对劳动空间其他主体过程中的合作者。在处理危机的过程中，资方似乎又化作了一个庇护者的角色，为骑手在都市容身提供一个庇护的空间，使得他们更加心甘情愿地投身到资方对自身的剥削和控制。

可以说，当劳动过程逐步走出资本家占有的空间之后，越来越多的要素开始走进劳动过程，作为社会过程的空间必将成为这一进程中的重要介质。在本研究中，行动者对空间的感知和策略性使用作为一种本能在外卖配送劳动中被试图打造成技能。劳动技能形成的过程通过一种赋予主体概念化能力的协助，而不是一种“去概念化”的强化执行能力。“赋概念化”生产出的是一个个对地理空间异常熟悉、能够灵活使用网络空间、对于社会空间交往能够进行巧妙变通的“活地图”。对劳动空间的感性认知又构成了“活地图”脑海中丰富的空间表象。

借助“活地图”这一极具空间色彩的概念审视后工业社会新生的诸多超越特定工厂空间的劳动实践时，将会看到劳动过程吸纳入更多的社会构件充当劳动技能抑或是劳动认同的组成要素的过程。劳动价值生产已经不再简单是资本家组织下的劳资关系互动，而是在空前广泛的时空背景下各种空间关系的互构。空间中的各种规则、知识将透过劳动主体和行业秩序，全方位地塑造着劳动样态。劳动者主体空间感性实践也彰显出了劳动过程中不仅仅存在管理者对于劳动各个环节、步骤的理性规划，也充满了将实践中各种感性策略图式吸纳到劳动秩序的进程。

二、研究议题与方法论的讨论

一个好的理论视角，需要意识到用它分析问题的优势与劣势，明确理论适用的边界。如果一个理论能够用来分析任何问题，首先说明它的抽象程度非常之高，但也可能就会陷入用自身作为概念的循环论证之中。最后，笔者从理论发展的角度简单讨论空间视角在何种意义上能够回答劳动过程中涉及的理论问题。

首先，空间对于所有的劳动都是十分重要吗？笔者的观点是否定的。古典劳动过程理论抹去空间是有合理之处的，在资本家占有的空间中，与空间有关的知识是有限的和相对静态的，这时倒不如分析其中更具有复杂性的要素与劳动过程之间的关系。

笔者在用空间的知识讲述外卖配送劳动过程故事的时候，将作为社会过程的空间设定为自变量，分析空间的既定性和生成性要素对于其他社会构件的影响，并希望引导读者意识到当下社会中作为知识的抽象空间与作为体验的实践空间在主体与结构互动之中紧密交融，空间对于主体的言说以及主体对于空间的建构维度不容忽视。但本研究中空间视角和其他理论范式之间联系的讨论不足仍是一个缺憾，有待继续完善。例如本研究中讨论的表象空间与文化之间的关系，尤其和亚历山大主张的强文化范式、布迪厄笔下的场域之间，在研究话语体系上共享怎样的认识论基础，以及在何种意义上能够将两者的差异区分出来，还有待于进一步讨论。

沿着波兰尼的思路，市场永恒嵌入于社会之中（波兰尼，2007），外卖配送行业的兴起不仅根源于资方的市场建构，更是整个社会过程的合力作品。从社会建构的角度思考劳动过程理论问题，空间将作为越来越难以忽视的维度——社会的逻辑也正是透过各种知识的空间作用于行动者的实践之中，行动者也透过自身的行动创造出新的表象，继而有机会进入到社会共识之中。无论何时，劳动秩序的社会建构都不应该被遗忘。

最后，回到“活地图”本身，其在资本框定的治理主体框架中诞生，但并不止于此，“活地图”还勾连起更为一般性的社会秩序，牵涉到主体在这个变迁时代中与社会结构之间紧密交融的复杂关系。

参考书目

[1] 皮埃尔·布迪厄. 实践感 [M]. 南京：译林出版社，2003.

[2] 皮埃尔·布迪厄，华康德. 实践与反思 [M]. 北京：中央编译出版社，1998.

[3] 哈里·布雷弗曼. 劳动与垄断资本二十世纪中劳动的退化 [M]. 北京：商务印书馆，1978.

[4] 卡尔·波兰尼. 大转型：我们时代的政治与经济起源 [M]. 冯钢，刘阳，译. 杭州：浙江人民出版社，2007.

[5] 麦克·布洛维. 公共社会学 [M]. 北京：社会科学文献出版社，2007.

[6] 迈克尔·布若威. 制造同意垄断资本主义劳动过程的变迁 [M]. 北京：商务印书馆，2008.

[7] 传化慈善基金会公益研究院“中国卡车司机调研课题组”. 中国卡车司机调查报告 No.1：卡车司机的群体特征与劳动过程 [M]. 北京：社会科学文献出版社，2018.

[8] 陈龙.“数字治理”下的劳动秩序：平台经济劳动过程与资本控制研究 [D]. 北京：北京大学博士学位论文，2019.

[9] 米歇尔·德·塞托. 日常生活实践 1. 实践的艺术 [M]. 南京：南京大学出版社，2015.

[10] 布赖恩·特纳. Blackwell 社会理论指南 [M]. 李康，译. 上海：上海人民出版社，2003.

[11] 米歇尔·福柯. 词与物：人文科学考古学 [M]. 上海：上海三联书店，2016a.

[12] 米歇尔・福柯．规训与惩罚 [M]. 北京：生活・读书・新知三联书店，2016b.
[13] 何雪松．社会理论的空间转向 [J]. 社会，2006(02):34-48+206.
[14] 大卫・哈维．跟大卫・哈维读《资本论》（第一卷）[M]. 刘英，译．上海：上海译文出版社，2014.
[15] 戴维・哈维．后现代的状况——对文化变迁之缘起的探究 [M]. 阎嘉，译．北京：商务印书馆，2003.
[16] 安东尼・吉登斯．社会的构成：结构化理论纲要 [M]. 李康，李猛，译．北京：中国人民大学出版社，2016.
[17] 安东尼・吉登斯．现代性的后果 [M]. 田禾，译．南京：译林出版社，2011.
[18] 康德．纯粹理性批判 [M]. 邓晓芒，译．北京：人民出版社，2017.
[19] 曼纽尔・卡斯特．网络社会的崛起 [M]. 夏铸九，王志弘，等译．北京：社会科学文献出版社，2001.
[20] 亨利・列斐伏尔．空间与政治 [M]. 李春，译．上海：上海人民出版社，2015.
[21] 李洁．重返生产的核心——基于劳动过程理论的发展脉络阅读《生产政治》[J]. 社会学研究，2005(05)：234-242+246.
[22] 梁萌．技术变迁视角下的劳动过程研究——以互联网虚拟团队为例 [J]. 社会学研究，2016，31(02)：82-101+243.
[23] 刘少杰．从物理学到现象学：空间社会学的知识基础转移 [J]. 社会科学战线，2019(09)：225-235.
[24] 刘少杰．以实践为基础的当代空间社会学 [J]. 社会科学辑刊，2019(01)：23-28+209.
[25] 刘少杰，程士强．西方空间社会学理论评析 [M]. 北京：中国人民大学出版社，2020.
[26] 刘少杰，王春锦．网络外卖的时空压缩与时空扩展 [J]. 学术界，2017(03)：73-80+324.
[27] 蓝佩嘉．跨国灰姑娘：当东南亚帮佣遇上台湾新富家庭 [M]. 长春：吉林出版集团有限责任公司，2011.

[28] 莫里斯·梅洛-庞蒂．知觉现象学 [M]. 姜志辉，译．北京：商务印书馆，2001.
[29] 卡尔·马克思．资本论（第一卷）[M]. 郭大力，王亚南，译．上海：上海三联书店，2011.
[30] 美团研究院，中国饭店协会．中国外卖产业调查研究报告（2019 年前三季度）[EB/OL].(2019-09-20).https://mri.meituan.com/institute.
[31] 阿什利·米尔斯．美丽的标价：模特行业的规则 [M]. 张皓，译．上海：华东师范大学出版社，2018.
[32] 任焰，潘毅．工人主体性的实践：重述中国近代工人阶级的形成 [J]. 开放时代，2006(03)：106-123.
[33] 任焰，潘毅．跨国劳动过程的空间政治：全球化时代的宿舍劳动体制 [J]. 社会学研究，2006(04)：21-33+242.
[34] 爱德华·W. 苏贾．后现代地理学——重申批判理论中的空间 [M]. 王文斌，译．北京：商务印书馆，2004.
[35] 吴飞．“空间实践”与诗意的抵抗——解读米歇尔·德塞图的日常生活实践理论 [J]. 社会学研究，2009，24(02)：177-199+245-246.
[36] 詹姆斯·C. 斯科特．国家的视角：那些试图改善人类状况的项目是如何失败的 [M]. 王晓毅，译．北京：社会科学文献出版社，2012.
[37] 王星．技术的政治经济学 基于马克思主义劳动过程理论的思考 [J]. 社会，2011，31(01)：200-222.
[38] 闻翔，周潇．西方劳动过程理论与中国经验：一个批判性的述评 [J]. 中国社会科学，2007(03)：29-39.
[39] 项飚．全球“猎身”：世界信息产业和印度的技术劳工 [M]. 王迪，译．北京：北京大学出版社，2012.
[40] 营立成．迈向什么样的空间社会学——空间作为社会学对象的四种路径与反思 [J]. 中国社会科学评价，2019(01)：50-63+142-143.
[41] 游正林．管理控制与工人抗争——资本主义劳动过程研究中的有关文献述评 [J]. 社会学研究，2006(04)：169-185+245.
[42] 张静．案例分析的目标：从故事到知识 [J]. 中国社会科学，2018(08)：126-142+207.

[43] 赵璐，刘能．超视距管理下的“男性责任”劳动——基于 020 技术影响的外卖行业用工模式研究 [J]. 社会学评论，2018，6(04)：26-37.

[44] 郑震．空间：一个社会学的概念 [J]. 社会学研究，2010，25(05)：167-191+245.

[45]M. 福柯，王喆法．另类空间 [J]. 世界哲学，2006(06):52-57.

[46]Micheal Burawoy. The Politics of Production:Factory Regimes Under Capitalism and Socialism[M]. London:Verso, 1985.

[47]Halpin B W ,Smith V. Recruitment:an undertheorized mechanism for workplace control[J]. Theory and Society, 2019, 48(5):709-732.

[48]Hochschild, Arlie Russell. The Managed Heart:Commercialization of Human Feeling[M]. University of California Press, 1983.

[49]Arne L. Kalleberg. Precarious Work, Insecure Workers:Employment Relations in Transition[J]. American Sociological Review, 2009, 74(1):1-22.

[50]Henri Lefebvre. The Production of Space[M]. Wiley-Blackwell, 1991.

[51] Mears A. Working for Free in the VIP:Relational Work and the Production of Consent[J]. American Sociological Review, 2015, 80(6):1099-1122.

[52]Wharton Amy S. The Sociology of Emotional Labor[J]. Annual Review of Sociology, 2009, 35:147-165.

[53]Zuboff, Shoshana. Big other:Surveillance Capitalism and the Prospects of an Information Civilization[J]. Journal of Information Technology, 2015, 30(1):75-89.

北京老城空间改造与社会重塑：杨梅竹街区有机更新研究

李岱璇　清华大学社会学系 2017 级
指导教师　王天夫

近年来，国内部分城市老城区的改造从大拆大建向小规模渐进式更新转变，改造目标与方式在原有经济、政治维度基础上，增加了社会与文化维度（李阿琳，包路芳，2015）。回顾该类有机更新实践，始于 2011 年并延续至今的“大栅栏更新计划”以其系统渐进性、跨界开放性和文化艺术性独具开创性和示范性。该计划中，街区改造从以往的政府决策推行转变为政府引导，市场、社会力量共同参与。市场、社会主体主要为规划师、建筑师、艺术家、设计师、文化业态经营者等文化创意人，他们在胡同公共空间和腾退出的零散空间进行空间设计改造。此类空间设计改造实践及其街区影响是本文关心的议题。

列斐伏尔的空间理论引导本文的问题意识。在这类空间生产实践中，面对被改造的城市空间，基于《空间的生产》关于“谁生产？”“生产什么？”“如何生产？”“为何以及为谁生产？”（Lefebvre，1991b：69）的提问，空间由谁改造，如何改造，改造成为何种面貌，为何以及为谁改造，构成本文所要考察的基本问题。在更具体的层面，按照列斐伏尔与苏贾的空间理论加以概括，文化创意人设计改造“物理空间”，构建“想象的空间”，也改变着使用者“体验的空间”（Lefebvre，1991b；Soja，1996），“三元空间”及其后的不平等权利关系如何？面对资本主义的异化和全球化的同质化，从独特“作品”沦为可复制“产品”的城市空间与被异化的个体日常生活（Lefebvre，1991b），是否像列斐伏尔所言，具有自我解放的可能（Lefebvre，1991a，1996）？这也成为本文的主要理论关怀。

在空间改造的具体情境中，本文带着上述问题意识，以大栅栏更新计划试点示范区域“杨梅竹斜街保护修缮试点项目”[①]的改造实践为考察对象，探究文化艺术介入式老城更新实践对街区的影响。具体而言，本文试图回答：杨梅竹有机更新引入了怎样的文化创意人？他们如何进行空间设计改造？为何改造？又为街区带来了怎样的影响？

第一章　理论梳理与文献回顾

一、士绅化与后现代消费文化

探讨老城区更新，绕不开士绅化（Gentrification）理论。士绅化过程中，较高社会经济地位人口代替原有土地使用者，建成环境也通过对固定资产的再投资发生变化，建筑景观、空间文化往往更为精致，且该过程多发生于大城市衰败中心区或老城区（Clark，

① 本文将该区域简称作“杨梅竹”，以区别于作为一条街的“杨梅竹斜街”。本文题目中的“杨梅竹街区”即指涉“杨梅竹斜街保护修缮试点项目”所构成的街区。

2005）。

虽然杨梅竹空间改造中的不少文化创意人反对士绅化，但从客观经验现象来看，街区呈现出士绅化早期特征。诚然，由于国家与市场关系、产权结构等情境差异，“士绅化”这一源于英国的概念在发展中国家的适用性备受争议，我也不主张将中国老城区空间变迁直接界定为士绅化，但士绅化反映出老城区空间变迁的共性机制（Lees，Shin and Lopez Morales，2016）。此外，士绅化恰恰反映出列斐伏尔“空间的生产”与“城市权利”的相关性，是社会阶层不同权利的空间表现（夏铸九，2007）。出于上述原因，有必要引入士绅化理论。

士绅化研究分为两大理论脉络：在经济维度下，其核心机制被认为是资本扩张，与资本主义和新自由主义下的城市企业主义与地租垄断相关（Harvey，1989；Smith，1996）；在文化维度下，士绅化与中产阶级消费品位对城市文化的控制有关（Ley，2003；Zukin，2004，2009）。佐金（2010）在《裸城：原真性城市场所的生与死》中整合二者，探讨以士绅化街区为代表的“原真性”想象与景观的生产机制。原真性空间的特点是独特性、社会性、多元性、中产审美和新老混杂。其生产由资本、政府、媒体和中产阶级协同实现：由新中产阶级消费品位与媒体形象构成的文化，联结国家权力和金融资本，前两者将权力技术植入个体渴望，培育消费者对原真性空间的渴求与品位。

佐金指出了老城区变迁中，品位对空间文化的重构。这种文化秩序最开始借由哪些行动者生产并实现空间化呢？梳理士绅化与后现代消费文化相关文献，可以发现在区位—消费文化—人群上，呈现出“衰败老城区—后现代消费—文化媒介人”特点的空间生产模式：集中于老城区，符号专家“文化媒介人”（在本文语境中，“文化创意人”更通俗准确）作为空间文化生产的个体行动者，在空间内扩散以“日常生活的审美化”为特点的后现代消费文化。其中，“日常生活审美化”是指消费品作为一种审美对象、承载符号，充斥于大众日常生活；“专长于符号商品的特定职业群体”与之密切相关，他们既是艺术家审美性生活方式的消费者，也是大众文化产品的生产者或传播者，因而承担起文化媒介人的角色，所在典型行业包括广告、文化媒体、设计等（Featherstone，1991）。部分士绅化研究发现并借用了这一概念，称进入老城区的艺术家等文化经营者是生产老城区空间消费文化符号的文化媒介人（Ley，2003），其文化生产与生活实践是街区变迁的重要动力，往往意味着区域士绅化的初始阶段（Simpson，1981；Jackson and Thrift，1995；Crewe and Beaverstock，1998）。

士绅化理论启示本研究关注老城空间文化生产中的主体力量（权力、资本、消费品位、媒体），并在微观层面关注文化创意人的符号生产实践。然而，无论是上述国外经验研究，还是国内相关研究（钟晓华，2016；田雪娟，2017；高慎林，2013；华茹茹，2015），往往将生产者化约为资本主义扩大生产的一个环节或空间改造中的一个主体力量，而较少深入个体文化生产者的日常生活，考察其文化生产实践如何重塑空间。在老城区空间变迁中，引入或者生产空间文化的个体生产者如何在具体实践中重塑空间面貌和社会秩序？作为符号专家的文化媒介人，在空间中生产出的意义系统究竟如何？已有研究对这些问题的回答不甚清晰，本文将予以补充。

此外，对于老城改造的影响，士绅化研究并不能完整地回应本文开篇所述的理论关切。老城更新改造弱化当地居民话语权，剥夺其所需资源，导致社区破裂，地方认同瓦解（吴娅丹，2015；Greenberg，2008；Zukin，2010；Hyra，2015），这构成学界对老城街区改造的主流观点和批判态度。诚然，由中产阶层主导进行的空间改造，借由空间再生产社会不平等。但在单一批判性视角下，许多基本经验事实可能被忽略。比如，多数研究假设士绅化参与者以纯经济动机进入街区，并将其原型化为掠食者和破坏者，而Brown-Saracino（2010）则揭示出士绅化参与者的内部分异，基于对原有社区的不同态度，其对街区面貌影响不同。

不难看出上述观点建立在将街区看作本地化社区的认知上，有些还带有保护社区共同体的理想。而面对类似的内城变迁，芝加哥学派的伯吉斯则将其看作是城市发展的正常而非病态过程（伯吉斯，1987），这背后是另一种街区认知方式。街区认知差异可能导致改造实践与研究发现上的差异，本文试图在理论和经验分析上予以厘清。

二、社区与区位

为了厘清这种街区认知差异，本节将回溯社区理论，找寻理论工具。

滕尼斯（1999）在《共同体与社会》中提出被英语世界译为“Community”的“Gemeinshaft”概念。共同体是一种在自然情感和文化意识基础上建立的社会联结，而社会则以个人主义和理性原则为基础关系类型。共同体是关系性概念，而非地域化概念，地缘共同体只是其三种基本形式之一；引入美国后，受芝加哥学派城市区位影响，才被赋予地域性含义，而情感因素被淡化（郑中玉，2016；黄杰，2019）。

国内外的主流社区概念界定受滕尼斯和芝加哥学派双重影响，同时具有共同体的关系属性和区位的地域性。对于20世纪30年代初被译为中文并沿用至今的“社区”概念，国内学界主流理解是“一定地域界限内的人群共同体”，居民、关系、空间和文化是其要素（沈原，2019）。英语世界对“Community”的界定也相似地包含互助关系、共同地域和团结性情感要素（Wellman and Leighton，1979）。

然而，这种地域和共同体的捆绑式认知不无问题，认识到二者的捆绑是厘清街区认识论差异的入口。威尔曼和雷顿主张“街区≠社区”（Wellman and Leighton，1979：366），分析了混淆二者带来的问题，如，以空间决定主义观点，预设街区作为空间组织力量能形成社会纽带，留存团结性情感和地域性凝聚力。在城市设计中，基于维护本地共同体的立场，“社区”也常成为设计者在道德制高点上“为社会而设计”的话语工具，但却忽略了真实社会的复杂性（Tonkiss，2017）。

针对“街区=社区”的认知方式，我试图将地域与共同体解绑，但关注对象和解绑方式与威尔曼和雷顿不同。他们从社区（作为一种社会关系）出发，关注社区是否存在及其存在形式，将社区从地域中抽离，构建网络社区理论。我从空间出发，固定地域，探讨本地共同体之外的其他社会关系，思考其他街区认知方式。如果说他们在寻找“去地域化共同体”，我则在寻找一种“去共同体的地域”理解方式。

芝加哥学派人类生态学理论及其“区位”（Position）概念，是认识街区的另一个入口。“区位”描述了某社区同其他社区的位置关系，以及个体和机构在该社区中的位置（McKenzie，1925：64）。人类生态学以区位为重要分析单位，关注区位在时空坐标中对人类制度和人类行为的影响。结合《城市》及相关理论研究（田耕，2016；何雨，2016），可总结出城市区位彼此密切关联的以下特征。第一，相对性和功能性。个体或机构的价值需在区位中得以体现；区位本身也在城市中与其他区位产生联系和依存的条件下得以存在。在依存关系中，区位便承担某种功能。第二，变动性或流动性。区位在城市中不断变化，社区内部结构不断更迭，是城市有机体新陈代谢的过程。“流动性不仅成为人口的特征，也成为社区变化的基本形态。”（田耕，2016：228）第三，开放性。“社会由在空间上分开、在地域上分布并独立移动的个体组成”（McKenzie，1925：64），区位由个体流动串联，因而具有开放性。

人类生态学将城市看作超有机体，以“共生”形容其间人际关系，维持这一社会秩序的核心机制是“竞争”（Park，1936）。而区位秩序以竞争为基础，区位变化动力来自竞争，以竞争—支配—承继过程呈现，区位特征也不断由竞争塑造：“人类形成这种空间关系是竞争与选择的结果，随着新因素的参与影响竞争关系或促进流动，这种空间关系处在不断变化之中。”（McKenzie，1925：64）且区位是最重要的稀缺资源，关系到能否接近其他资源，支配性地段是中心区（何雨，2016）。

对于一种“去共同体的地域”的街区认识，人类生态学理论启示我们，街区并非孤岛，而是承载着城市功能、区域间互动和人口流动，并在竞争动力下作为城市机体新陈代谢的一部分而不断变化。在现代性和全球化背景下，“社会关系从地方性的场景中‘挖出来’并使社会关系在无限的时空地带中‘再联结’”（吉登斯，1998：19），那么地域所承载的开放性社会关系甚至可能是全球的，而非长期在地的。

综上，我对街区认知的社区取向与城市取向加以概括。二者代表对街区认知的两种理想类型，用于后文分析，因而我将前文梳理出的对立性要素赋予这两种取向。二者的核心差异在于街区这一固定地域承载关系的开放性程度。社区取向从邻里团结或集体情感出发，关注本地街区自身，具有封闭性和固定性；在街区社会关系上，注重长期在地的社会关系，常常将这种在地社会关系视为一种共同体，具备地方情感认同和地域性凝聚力。城市取向从区位功能出发，将街区置于城市之中理解，具有开放性和变动性；在街区社会关系上，注重其作为功能性区位所承载的异地或飞地关系，具备流动性和短暂性。

我无意在二者中做选择，但在开放性与流动性更强的今天，首先应承认二者的并存，而非局限于社会学当前偏向于社区取向的单一理解。

第二章　研究方法与田野概况

一、研究方法

本研究采用民族志方法，以“杨梅竹斜街保护修缮试点项目”为老城更新研究案例，尽可能以全视角半局内人身份贴近经验世界。

我以多次实习为契机，进入街区接触改造不同主体，靠近各类人群的经验世界。我最早以清华大学社科学院信义社区营造实习生身份进入田野，于 2016 年 10 月至 2017 年 1 月居住于杨梅竹斜街附近，与街道、社区合作培育居民社区社会组织。该阶段中，我获得居住体验，深入了解常住人口日常生活，并以店主邻居和实习学生的身份，进入部分店主的社群。2017 年 5 月至 8 月，我进入“大栅栏更新计划”发起和执行团队（简称“大栅栏团队”）实习，在其位于杨梅竹斜街的办公室参与社区共建、在地文化挖掘、设计周筹备。我由此得以了解更新计划，并广泛接触文化创意人和参与更新计划的居民。2018 年 8 月至 10 月，我随原大栅栏团队，参与“法源寺街区更新计划”制订和设计周法源寺展区策展工作，侧面了解大栅栏更新计划的影响力和应用方式。

实习经历是我进入大栅栏街区内不同田野（非物理空间意义上的）和结识关键报道人的重要契机，也是集中收集一手资料的时期。在非实习阶段，我则以熟人或研究者身份，重返田野进行资料收集。

一手资料收集方法以参与式观察和聊天为主，以避免情境性与在场感的剥离。为保证资料深度，我对田野各类人群的关键报道人进行了补充深度访谈。二手资料主要包括大栅栏更新计划出版物和官方报道、媒体相关报道、店家社交平台和官网等。资料分析以一手资料（田野笔记与访谈文稿，共计约32万字）为主，二手资料为辅。

民族志不可能也不追求绝对客观性，但有必要将影响客观性的因素纳入考虑。必须说明的因素是我在田野工作中身份的多重性和多变性。多重性是指，我作为参与观察者，既是街区变迁观察者，也是多主体参与者。多变性是指，为保证资料可获取性与真实性，我倾向于在不同情境下因人而异地强调我的不同身份。多重多变的身份对研究工作有利有弊。一方面，局外人、（多重）局内人的身份和客位、（多重）主位的视角有助于加深研究深度和广度。以局内人身份获得的信任，对于材料的可接触性、真实性和深入性至关重要。作为局外人的研究者能基于多主体视角，识别虚假声称，力求客观全面。此外，多重身份转换时，不同行动者间的隐蔽关系也得以显露。另一方面，多重与多变的身份限制了资料收集的客观性。部分受访者面对具有多重身份的研究者，可能会由于街区原有主体、人群间关系，对研究者做出选择性表达。在某些情境中，我也成为影响街区社会关系与街区更新的行动者之一。

为弥补上述弊端，在后期资料收集和再分析过程中，我力求价值无涉，并遵循反思民族志方法论，将研究者行动及其对街区的影响纳入分析。但必须承认，本文的呈现离完整真实仍有距离。

二、更新计划与田野概况

大栅栏文保区北至前门西大街，东至珠宝市街、粮食店街，南至珠市口大街，西至南新华街，是北京老城中保留最完好、规模最大的历史文化保护区之一。大栅栏更新计划即对该街区进行有机更新。

1. 大栅栏更新计划

大栅栏不仅有明清民国的历史文化遗产，也由于中华人民共和国成立后不同时期的历史，形成了在北京老城区颇具代表性的街区特征：人口混杂密集，本地居民与外来人口混居，社会经济水平低；房屋产权复杂，空间功能杂糅，人均居住面积小，居住条件落后；产业层次基础。以上特征又进一步衍生出邻里小矛盾不断、本地居民与外来人口关系紧张等问题。

上述问题需要解决，而随着北京奥运会前，前门以东至鲜鱼口胡同区被推倒重建，社会对于胡同居民和街区整体保护的呼声越来越高，有机更新理念逐渐进入政策制定者和老城改造者的视野，北京市亟须探索新模式对历史文化街区进行保护式更新。在此背景下，大栅栏尚未启动改造的胡同区作为老城街区的民生问题解决与区域业态发展，同其作为文保区的区域保护共同构成了大栅栏更新计划的目标。

大栅栏更新计划于 2011 年启动，是在北京市文化历史保护区政策指导和西城区政府支持下，由西城区属国企大栅栏投资有限责任公司（简称“大投公司”）担任区域保护与复兴的实施主体，创新实践政府主导、市场化运作的基于微循环改造的旧城城市有机更新计划。

作为背景信息，我将该计划特点概括为“微循环有机更新”和“多元跨界参与”加以介绍。微循环有机更新，指的是摒弃“成片整体搬迁、重构新规划建设”的刚性方式，以灵活的节点式软性改造，对居民自愿腾退的空间进行功能置换，实现“试点示范—社区共建—全面发展”三阶段渐进式有机更新（贾蓉，2017）。多元跨界参与，指的是未沿袭“单一主体实施全部区域改造”的传统做法，而是通过成立“大栅栏跨界中心”作为政府与市场的对接平台，依托北京国际设计周和“大栅栏领航员”（邀请或招募社会主体，征集街区问题解决方案），引入规划师、建筑师、艺术家、设计师和文化业态经营者，实现“在地居民商家合作共建、社会资源共同参与”（贾蓉，2014）。

杨梅竹斜街位于大栅栏文保区内，东起煤市街，西至延寿街，连通着大栅栏商业街和琉璃厂东街。杨梅竹斜街的地理位置重要、商居混合、历史文化资源丰富，且其以北的炭儿、笤帚和茶儿三条胡同为典型的当地居民生活区。两个区域（当地居民生活区和以杨梅竹斜街为主的核心功能区）构成了北京内城胡同区的代表性样本，故被选为大栅栏更新计划“杨梅竹斜街保护修缮试点项目”范围（北起耀武胡同，南至大栅栏西街，西起延寿街、桐梓胡同，东至杨威胡同、煤市街）。作为试点项目，杨梅竹遵循大栅栏更新计划上述模式集中进行改造。

考虑到该区域在老城街区中的代表性，以及该试点项目在老城更新实践中的示范性，我以该项目区域范围作为田野地理范围。考虑到 2017 年底大栅栏团队人员变动，而更新模式、街区调性及其影响力积累由原团队完成，故田野工作考察的主要是原团队实践的更新计划及杨梅竹斜街保护修缮试点项目，及其直接间接引入的文化创意人。

2. 杨梅竹日常

周而复始的揽客广告语混杂着缓慢庞杂的人流，煤市街道路两边充斥着“老北京”招牌和义乌小商品。

煤市街西侧的一个岔路口，一块赭红底色的 LED 导视牌立于西北角，白色的“杨梅竹斜街”大字下方，是红白相间的胡同区地图，红色线描的立体房屋院落勾勒出胡同肌理，屋顶砖瓦的纹路清晰可见。这一古朴中国红的三维立体图由日本设计师原研哉设计，作为更新计划的统一导视系统，隐藏在街区许多地方。拐进杨梅竹斜街，突然远离喧嚣。整齐的铺砖，精致的导视，院门口的古迹介绍和聊天的居民，穿插其间的小资店铺地处二环内，这条胡同不同于普通的住家胡同，又迥异于南锣鼓巷等旅游商业街。其北三条胡同多为民居，更为安静，但也零星隐藏着几处设计风格不同于普通民居的建筑：小店、工作室、面向街区外使用者的共享空间和面向街区儿童的公共院落。

清晨，小店的卷帘门垂着。公厕门口的队伍时长时短。大爷提着糖油饼从社区商业聚集地延寿街逛回家，一位中年女性脚踩拖鞋把挤在屋里的猫笼鸟笼搬到门口，与花架上摆满的花草相映成趣。

中午，小资店铺陆续开门，艺廊、日料、咖啡馆、独立书店、古董店、皮具工作室……每家都有奇怪的名字和独特的设计。打扮靓丽的中外游人多起来，在街上穿梭，钻进一家家店铺。

下午，几位大爷按时赤膊坐在杨梅竹斜街边已被磨掉色的皮椅木椅上，放着收音机闲聊。不远处的甜品店里，因衣着打扮被胡同居民口耳相传误认作日本人的古董店店主、艺廊的外籍华人店员陆续到来，串门闲聊之余品尝一块新品慕斯。杨梅竹片区内几个空间改造点位又迎来了一批参访领导，几个平日里鲜为人知的改造点位也因此开了门。身着白色长衬衫、涂着小众香水、戴着墨镜的大栅栏团队工作人员出出进进隐匿在小院里的办公室，先后接待前来参观学习更新计划的外市领导、洽谈设计周参展项目的景观设计和大数据团队。

晚上，各家店铺陆续关门，没有路灯的杨梅竹斜街漆黑安静。Soloist 咖啡店的黑白电视断了电。延寿街卖了二十多年羊汤的山东大哥与父亲回到三井胡同的出租屋，开了十几年水果店的安徽大姐一家在店铺深处的卧室睡下。街区安静下来。

这是杨梅竹 2017 年夏季的一天。更新计划开始后的杨梅竹，本地居民、外来常住人口和文化业态经营者长期共存。虽然杨梅竹片区腾退了约 40% 的住户，但常住居民的社会人口结构并无实质性变化，仍然由平均年龄较高、平均收入较低的本地居民，以及在附近务工或自己做生意的外来人口构成，文化业态经营者基本不在胡同居住。空间功能仍以商居混合为主，同时较更新前增加了文化展览与社区公共活动空间。业态除原有社区生活服务业和旅游服务业，新增了文艺消费品与精品餐饮服务等文化创意业态。此外，杨梅竹还进行了市政设施改造、胡同立面修缮、景观改造和建筑分级分类改造、导视系统打造。

如今的杨梅竹不再像更新计划开始之前那样，是旧城“贫民窟”（北京市社会科学院，2005），而是名扬中外的胡同区。作为官方和城市生活类媒体宣传的对象，各地政府领导参观学习的样板，文化社群聚集地和消费者打卡目的地，杨梅竹不仅是街区生活空间，也被构建为在时空和人群上联结街区内外的历史文化空间与当代消费空间。

第三章　文化创意人的空间设计改造

> 自16世纪至今，对于我们的文明而言，船不仅是经济发展的重要工具，还是想象力最丰富的源泉。船是绝妙无比的异托邦。在没有船的文明里，梦想干涸，间谍取代冒险，警察代替海盗。
>
> ——Foucault（1986：27）

本章将呈现文化创意人的空间设计改造实践及其“想象的空间”，回答空间“谁生产？”“生产什么？”“如何生产？”的问题。

由于街区认知的社区与城市取向是我建构的理想类型，为保证经验分析的完整性，本章暂不纳入这两种视角，而基于所改造空间的三种主要功能划分本章结构。考虑到文化创意人[①]专长于符号产品的职业特点，我将同时呈现其改造实践和理念表达。

一、历史文化空间的呈现：叠加的彼时与此时

更新计划将藏匿在空间中的历史文化元素系统彰显出来。在历史文化空间层面的建筑、景观和空间功能设计上，文化创意人的核心理念涉及两个问题的思考：何为需要复兴的历史？呈现谁的历史？

1. 何为过去：多层并置的历史风貌

何为需要复兴的街区历史文化？大栅栏团队负责人贾蓉通过大栅栏历史研究，意识到“大栅栏就是一个小城市”，并逐渐清晰化对每条胡同和每个区域的认识与构想。对杨梅竹而言，多时期风貌的并置、多种空间功能的混杂和多元文化的杂糅互动，是团队认为需要复兴的美好，并希望从中传递新老融合促进街区发展的理念：

> 设计的初衷当时也是希望有一些历史的元素，又是用比较现代的设计手法传递给大家一个理念：我们会尊重历史和敬畏历史，但又有当代的独立态度，我们希望历史和当代有一个很好的融合。（大栅栏，2016a）

建筑改造和景观设计是街区历史风貌保护的主要方面，也是历史文化借由具体空间形态呈现的主要方式。考虑到杨梅竹斜街已有

① 在分析中，我将大栅栏团队的核心成员也纳入了文化创意人的范围中，原因有二。一是部分空间设计改造由大栅栏团队成员及其引入的设计师合作完成，且前者意见重要；二是由于杨梅竹项目作为试点具有较高的自由度与灵活性，尤其在杨梅竹模式探索阶段，团队核心成员个人往往成为改造模式的决定性因素。因而在分析中，进行空间设计改造的文化创意人，既包括大栅栏团队核心成员，也包括团队引入的设计师、建筑师、文化业态经营者等。

建筑风貌便是多时期并置、中西元素混杂，在进行整条胡同建筑改造时，设计团队进行建筑分级分类保护修缮，保护与纳入多层历史：原貌保护历史保护建筑；精细设计重要风貌节点；对其他建筑，给每户提供立面元素备选清单，或将腾退回来没有保护价值的房子进行灵活改造并融入当代设计元素。以下为大栅栏团队成员的讲解：

> 做保护的时候总是说要回到过去的风貌，哪个时代是它的过去？因为杨梅竹本来就是历史上各个年代的这种建筑风貌并制的，有明清四合院、民国小楼、工业化时期建筑。所以我们觉得要尊重当下的状况，而且不排除引入当代的元素，但是我们不鼓励当代审美在当地居民居住区铺开来。

与之类似，以软性方式保留多层次历史的主张，也见诸其他文化创意人的空间设计改造。例如，在景观设计上，无界景观工作室通过组合编织的手法，利用算法技术生成图案，用新材料做青云阁（清末民初北京四大商场之首）前的地面铺装，铺装正面是朱红色“青云阁”三字，倒过来是灰色建筑立面倒影，以期“提供一种可触摸的历史肌理”（谢晓英等，2015）。院落改造中，标准营造工作室建筑师张轲以“当代史也是历史”的改造理念，保留了院内的“违建”“加建”：

> 唐山大地震的时候，开始有更多避难棚、临建，但是地震之后大家也没有拆，浇筑成了这样。张轲老师管这些叫“未注册建筑”而不是“违建”“加建”。张轲老师的意思就是这一段历史也应该被保护下来。

在硬性建筑景观外，软性空间功能方面，大栅栏团队也坚持着复兴多元文化生活的理念。设计周期间，临时空间用以展览或举办各地艺术家、设计师的展览、临时店，以及本地手艺人再设计和工作坊。被引入的文化业态古今中西混杂，除了呈现北京本地历史的兔儿爷、彩瓷坊、收藏古籍的模范书局，还有工业风的咖啡馆、北欧风的艺廊等。

2. 谁的历史文化：在地生活的空间叙述

部分文化创意人反思已有（空间）历史叙述，主张挖掘、呈现和传递隐藏在“老北京”日常生活中的历史痕迹与文化要素。

北京非遗兔儿爷传承人张忠强（“兔儿爷张”）对杨梅竹更新整体方案颇为认同，在杨梅竹斜街东口开了他的第二家店。新店不怎么赢利，而坚持开店更多是守住并推广老北京文化元素：

> 这条街上这么多国际范儿的设计店，必须要有我们北京自己的东西。一个地方怎么能没有它自己的文化元素呢？

除了兔儿爷手工艺文化，狭窄店铺里堆满角落的手工木质榼子，以及墙上贴的洗净铺平的老字号义利果子明黄包装纸，都是“兔儿爷张”希望借空间设计呈现的本土生活记忆。

除本地商家外，还有一位丹麦青年Lars（自取中文名“吴三桂”）也以挖掘与传播北京历史文化为志业。Lars 2008年创办“北京卡片”工作室，并于2017年入驻杨梅竹斜街。工作室里屋方正，用于展览；外屋狭长，展览售卖由Lars多年来收集到的北京老照片及清朝民国京城地图制成的文创产品，并定期举办历史文化讲座。Lars希望通过“北京卡片”传递一些他认为时常被中国人忽视或想当然的历史或视角：平民史而非英雄史，丰富精细的历史而非泛化片面的历史（恰如他心中的“吴三桂”，并非只是被标签化的奸雄），历史过程而非历史结果等。杨梅竹为Lars团队提供了可供挖掘的历史文化空间，同时也被其注入更丰富的历史文化空间功能。从居民口中、从胡同里、从文本中挖掘和讲述本地历史，尤其是居民生活史，是 Lars 的长期工作。其主要形式有撰写当地居民口述史、展览居民生活与家族史和带外国使团参访三种形式。王回回传人与樱桃胡同毛笔手艺人在许多其他当地居民眼中平常无奇，但已成为 Lars 带团参访的固定点位。作为他者的 Lars，发现并放大了居民日常生活中的历史文化意义。

以上为杨梅竹空间改造后日常呈现的本地历史文化。在节事活动期间，杨梅竹作为本地历史文化集中呈现地，在策展方、设计师的编排引导下，引来游客观看。以 2017 年大栅栏生活节为例，大栅栏团队为突出居民参与，呈现本地文化，邀请本地居民和社区社会组织加入工作坊、演出与市集。青年 DJ 前，是身着白西装、大红裙和旗袍的胡同大爷大妈们在预热时的现场“蹦迪”，以及随后的单弦和歌曲演唱。茶儿胡同一处原工人宿舍里，每一个隔间内都有不同的市集摊位，途经手冲咖啡、欧洲古董、设计师品牌毛毡帽，深处隔间藏着大栅栏三个社区居民社会组织的串珠和布工作品，以及本地商家的二锅头和山楂糕。街区导览工作则由三井社区导览队的本地居民完成。

最早受邀进行景观设计且每年参展设计周的无界景观团队，在常年参与中意识到，“北京不应如某些城市那样将尚存的街巷仅仅作为镶嵌在现代城市中供游客玩赏的‘老街’，而应在现有的胡同中保存曾经有过的丰厚的文化意蕴与生活意境。”（艺术中国，2019）团队核心成员也很清楚，随着年轻人的外迁，杨梅竹留下的居民大多年过半百，几十年后，作为杨梅竹北京生活文化的最后一部分“活历史”也难以延续，所以“只要还存在的，我们就先呈现和保留着”，将居民生活融入胡同景观设计，使其得到呈现机会。2015 年，无界景观开始了杨梅竹斜街 66 ～ 76 号院夹道公共空间营造活动，联合二十多个在地居民的互动参与，呈现其花草种植日常，并在2016年威尼斯国际建筑双年展展览改造成果“安住·平民花园”艺术装置。2017和2018年设计周中，团队扩大了种植展的居民参与范围，在其与大栅栏团队和居民种植能人座谈会上，设计师这样向居民介绍他们的种植展想法：

2016年的时候，我们在这个院子做了第一次种植展，邀请了杨梅竹和周边有种植经验故事的叔叔阿姨来分享，算是比较成功(的)。但是我们觉得局限在这个院子里，影响力是不够的，因为能够走进院子里，参与到讨论生活方式的游人很少，而且很多人是奔着噱头来的，并不能理解我们展示的意义是什么。我们其实展示的意义就是在于告诉大家，胡同的生活就是这样的，胡同不仅有那些小资的东西，胡同最真实的本真的文化就是这样的。

今年我们希望把胡同的展览摆到街上去，所以现在走街串巷、收集信息，希望“十一”的时候展示到街上。可能绿植旁边或者门口给立个牌子，这就是我们的展览和生活方式，这就是居民如何通过自己的努力美化街道。就像叔叔阿姨说的，种植确实不是为了卖，是自己的业余爱好，是街坊的情谊。这就是我们设计周的想法，把日常生活变成一种符号，作为推广，希望大家把胡同文化带回家去生根发芽。钱不是最主要的，跟您种花似的不为钱。一到设计周，各种外国人、旅游的、搞艺术的，似乎跟咱没什么特别大关系。我们是希望您老住户也能参与进来，分享一些成果吧。

胡同两侧居民绿植旁边的图文说明、至今仍在墙上印有“胡同花草堂”图样的木板，都试图将胡同的“平民生活”在空间中突显。地面上印有参展2016年威尼斯双年展记录的木条，也是无界景观设计师将居民生活书写下来的新历史：

有梁诗正住这，鲁迅老来这，有王家原来狗皮膏药店四百年历史，我们又在这加了一层历史。

二、社区生活空间的改造：共生社区的构想与实践

城市化与现代化的红利鲜有惠及作为生活居住区的老城区，多年未改善的居住环境、缺失的公共空间、碎化隔离的社区都是突出问题。在长期本地深耕中，大栅栏团队对此有着深刻认识，2013年起，发起“大栅栏领航员”项目，邀请和征集社会主体解决区域发展中的公众难题。截至2017年，已面向建筑师、设计师、高校和科研机构征集了近百个项目，其中不乏对胡同共生理念的传递和问题解决方案的探索，如“谦虚旅社”借立面滑轨传达谦虚退让的邻里生活态度，“内盒院”通过屋内预制模块组装实现院内互相尊重基础上的房屋条件提升，“手工艺者之家”探索本地手艺人工作室与胡同共享空间一体的设计方案。但由于区域政策限制、相关主体多元、房屋产权破碎复杂、居民支付能力不足、腾退进度慢等原因，正如大栅栏团队成员所言，“这么多年近百个设计方案，当然其中以建筑‘设计改造’类最多，但能落地实施下来的不超过10个”，且落地项目也并非全部投入日常使用。

鉴于此，为形成对空间改造及其影响的完整讨论，本章选取街区生活改善类的一个空间改造案例进行分析：由著名建筑师张轲带领标准营造工作室受邀设计改造的两个院落“微杂院”和“微胡同”。选择原因为其长期落地性和较强影响力。在两处院落的改造与运营中，设计师及后续运营空间的艺术家，都传递与实践着构建共生社区的理想。

1. 院落设计：城市“共生式更新”的理念表达

张轲团队在胡同“微更新”理念下，对位于杨梅竹斜街和茶儿

胡同的两个院落进行设计改造，传递多元共生有机更新的理念。

微胡同项目作为居住功能建筑，是在35平方米内开展的胡同极小尺度居住实验，试图通过提供在胡同内居住的可能性，回应当前居住人口多、密度高，住房条件差，无法留住当地居民及其文化，也难以吸引新住民的问题（贾冬婷，2016）。院内有作为半公共空间的临街过渡空间、庭院和五个高低错落的小房间，内置卫生间、淋浴间和厨房，现代设计与胡同风格相对照。虽仅供两家居住，且空间使用以展览为主，但却提供了针对缺少厨卫和采光通风差等问题的一种解决办法。

微杂院则是保留了大杂院形态的社区公共服务和共生空间，回应街区公共空间和居民多元互动缺失的问题。改造手法是保留包括被视为居民创造物的加建在内的原有建筑，自此基础上修复改建。在空间功能上，改造后仍有两位居民居住；基于附近儿童众多的调研发现，其余腾退离开的居民房屋，被改造为社区儿童图书室及艺术中心。

共生式更新可谓两个院落的核心特征：在保留延续“旧”的基础上引入“新”，实现新旧共存与新陈代谢有机更新。这见诸建筑形体、空间功能，也体现在空间中的时间层次、不同院落使用者及其群体文化上。共生式更新也是张轲在胡同空间设计改造中想要传达的核心理念：

> 微尺度同时也是巨尺度。城市应该被视作一个有机体，每一个院落、每一个居住单元都是它的细胞。而有机体更新的最好方式，就是让它的每个细胞重新恢复活力，这个细胞里很重要的载体是当地居民。……当你把它们保留下来，有耐心一点点去做的时候，就从微尺度上开始改变了，实际上可以影响整个大环境。我在哈佛大学教的课程就叫“胡同的新陈代谢”，我觉得“新陈代谢”这个词

说得特别好。就像养金鱼要给金鱼换水，不能不换水，不换水金鱼会缺氧死掉。但是如果把原来的水全倒掉，直接换成自来水，鱼也会死。你得每次换30%的水，留70%，过两天再换，鱼才会活得很好。（贾冬婷，2016）

张轲意识到大尺度改造中，政府、市场主导下拆一建三和媚俗改造对胡同肌理与社会生态的破坏；也意识到伴随居民迁出胡同，原有社会文化结构的加速瓦解。院落改造不仅是对当地现实问题的回应，也是通过实体化空间传递张轲对城市改造及其背后的价值观念、权利关系等议题的思考，表达尊重“城市有机体复杂性”的主张。

2. 院落使用：多元共生与权利共享

共生式更新的理念不仅通过建筑设计设定，也通过空间使用与运营得以实现和生长。从空间实际功能看，微杂院作为社区儿童公共空间长期使用；微胡同作为居住实验的展览空间，日常并不开放，但偶用于儿童活动；两院落有时也作为其他店家及设计师、艺术家的展览或活动空间。下文围绕作为社区儿童服务空间的两院落展开分析。

张轲进行社区调研后，希望院落不仅为社区儿童提供公共空间，也为其提供免费优质教育资源。自2014年投入使用后，微杂院成为附近儿童重要的日常生活节点。最初几年，微杂院不定期组织过不少儿童艺术活动。自2016年起，标准营造聘用微杂院活动策划小杨，社区公益儿童图书馆及艺术中心项目得以常规化运行。社区儿童日常生活空间和儿童艺术活动中心构成了院落的两个常态化功能。

（1）儿童日常活动空间：多元共生的日常

推门而入，有三五个小朋友在院里追跑玩耍。看到我们，便先后跑来，其中两个小男孩嚷着“我来带你们参观”，“我是队长我来”。他们导引着介绍图书馆、舞蹈室和小厨房。天很阴冷，最活跃的小男孩跑到我跟前说，“我请你们喝水”，然后跑进小厨房烧起水来。等水开时，小朋友带我们认识了院里居民W大爷。七十多岁，山羊胡，几缕头发梳过头顶，衣衫上有几块油渍。我向大爷说明来意，他一听我是带日本教授来参观，接了一句“也是搞建筑的吧，这个我熟”，滔滔不绝讲起来，非要我翻译杂院历史、建筑设计拿过的奖、毛泽东的诗词。

这是我第一次进入微杂院时的田野笔记。自2014年微杂院初步建成图书室后，这幅图景渐成日常。图书馆每日早十晚六免费开放，课余时间，院落里总有附近儿童的身影。他们住在附近，超半数是外来人口子女，其父母大多就近从事小生意，比如在旁边延寿街卖米面肉食蔬果。未腾退离开的本地居民W大爷整日在院里，Q大哥则在下班后回来。家住附近的本地居民H大爷被张轲聘请为院落管理员，也被小杨亲切地称为“本地顾问”。微胡同偶尔作为活动空间时，小朋友们也会在活动前后微胡同开放时，进入错落有致的小房子玩耍。

（2）儿童艺术活动中心：多元共生与权利共享的实践

伴随着活动策划专员小杨及各国艺术家的加入，每周一次的社区儿童艺术活动逐渐常态化，“共生式更新”的理念被延续和扩展。

小杨是一位二十多岁的独立艺术家和摄影师，本科在美国读艺术，一直关注青少年教育与城市边缘地区发展。与张轲接触后，她认同其对抗士绅化的改造理念与公益精神，怀抱着对“缺乏教育平等机会”的关注，进入微杂院驻地工作，试图通过空间运营促进教育权利平等，增进居民互动：

> 张轲的微杂院真是太酷了。那么多建筑师都是为了权力和金钱做设计，就张轲不是。他跟我说，微杂院必须要做，而且是非营利的，然后雇了我。你看看这个地方，[①]人们很少交流交往。小朋友们的教育引导也存在一些问题。

为了促进教育平等和人群互动，小杨在微杂院与小朋友的日常接触中极为耐心，独当多面，将优质艺术教育活动固定下来。为了不影响居民休息，她将活动时间定在周末下午。活动地点主要为微杂院，偶尔用微胡同。所有面向社区儿童的活动均不收费，活动设计与组织多由小杨和各地艺术家合作完成。后者有公益组织或艺术组织成员、各国独立青年艺术家，也有被小杨称为“在地艺术家”的本地居民。

周末艺术教育活动丰富多元。以 2018 年 4 月和 5 月为例，许多活动都由国外艺术家策划，且不少涉及小众文化群体和当代艺术。4 月 5 日，隔壁胡同的生活室咖啡即将闭店离开，小朋友们举着自己亲手制作的大恐龙和其他奇形怪状的艺术装置，在小杨的带领下，从微杂院一路蹦跳到咖啡店做邻里告别。21 日，丹麦艺术家 Maj 和中国艺术家与微杂院合作，开展在地儿童眼中的大栅栏探索并拍摄成影片《大栅栏》。虽然那天下着大雨，但仍有几位小朋友热情地带艺术家走街串巷。28 日，《大栅栏》在白塔寺一处艺术空间展出。当天，近十位小朋友及其家长，同小杨等一起前去观赏。5 月 6 日，微杂院邀请到老北京养鸽邻居介绍养鸽传统。13 日，艺

---

① 特指居民生活、飞地业态。

术家Paul带大小伙伴把鸽哨戴在鸽群上，观看空中乐队表演。27日，为了在6月由澳大利亚实验音乐人Macro主持的“Marco & Micro小朋友实验音乐夜”展出小朋友设计的气膜，街头艺术家SHUO引导小朋友在微胡同进行绘画创作。

前来组织活动的艺术家均免费提供活动或课程，且大多与小杨一样，对现有秩序具有反思批判精神，试图通过社会艺术进行诸如促进居住权利、教育权利、城市表达权利平等的实践。以Maj和SHUO为例，他们的艺术作品和实践都在呼吁着某个维度的权利平等。Maj拍摄《大栅栏》，意在记录儿童视角下的城市，突出这些“来自城市贫困地区”时常相聚在微杂院的儿童，作为一个共同体的城市生活体验，及其与主流成人叙事的差别，她“非常高兴能够为来自他们的视角发声”。SHUO本打算组织小朋友共同画出一幅作品，由他做成气膜，在“六一”儿童节带回展出。但小朋友过于活跃，SHUO最终收集上来多幅画作。虽然工作量倍增，预估成本过万元，但他仍打算自己掏钱尽快做成气膜成品。对此，他向我解释道：

> 我平时有接别的商业项目，这个就相当于做公益了。我觉得就是需要有人这么做。因为不能总是追求一个系统内部认可的高级。需要有人打破它。就比如我先挣到了一笔钱，然后我把这笔钱当中的一部分去投给需要的人。比如做气膜，比如给更多普通人创造工作机会，这样才能有一个循环。

正如小杨对Maj表达的认同与感谢，“你让小朋友们认识到，自己的意识也是被尊重和重视的”，每周末由多元艺术家带来的艺术教育活动，在无形中实践着对社区儿童尤其是流动儿童的赋权。无论是蹦跳在胡同里的大恐龙，还是雨中指引摄像机在胡同奔跑的花雨衣，抑或是在微胡同完成的画作，都是在艺术家群体介入下，打破原有街区社会规范与冲击固化城市权利秩序的尝试。

三、当代消费空间的营造：后现代城市造梦场

大栅栏团队沿袭着复兴杨梅竹历史上繁荣业态的构想，希望将杨梅竹重新打造成像民国时期一样的城市文化消费中心，实现对大栅栏原有业态的升级。面对腾退空间零散破碎的现实和业态复兴的目标，大栅栏团队通过研究国内外旧城业态范例，识别出能在老城存活发展并激活老城复兴的业态特征：旧，可以很好地与旧城老建筑结合；独，不依赖于诸如西单或三里屯的商圈，可以独立存活于旧城深处；招，具有独特本领吸引和维护某种客群；引，能吸引其他商业；文，文化性强，有文化、艺术功能（大栅栏更新计划，2014）。按照贾蓉的说法，这些似插花般引入零散空间的是“酒香不怕巷子深”的业态。

招商借助了2012年国际设计周大栅栏展区对文化创意群体的吸引，同时“在乎邻居是谁”的文化业态经营者（区别于旅游服务业和社区服务业店家的“新店家”）也大多通过彼此牵线搭桥而先后进入。大栅栏团队非常注重新店家对更新计划价值观的自发认同。上述过程保证了新店家价值观念和创意能力的相似性，构成了本文将新店家视为一个人群加以分析的条件。

经由设计周“被惊艳”“一眼爱上这里”和熟人介绍的一批新店家最早进入并奠定了新业态的文化气质和人群特点。这些业态包括出版书店、艺廊、工作室、设计商店、手工艺、特色餐饮、精品咖啡等。大投公司基于业态特征对新店家的街区价值进行评级，给予不同力度的房租减免。随着这些业态名气渐起，更多文化创意人向大投公司租用腾退房屋，也有许多向未腾退的本地居民租赁房屋，多数店主店员仅在杨梅竹工作而不居住。在2016年10月至2019年10月经营（过）的杨梅竹新店家共四十余家。他们具有极强的

创意精神与能力，多为设计师、艺术家和手工艺人。除兔儿爷、ZJ皮具两家外，其余普遍为年轻人（八零后居多）。这些年轻店家经济条件较好，受教育程度较高，构成当代消费空间的营造主体。他们的空间中，个别为不对外开放的工作室，多数兼具商店和工作室功能，空间较大的店面还会定期策展。

正如大栅栏团队研究和要求的那样，新业态多具有文化艺术功能，目标客群小众，具有较高的经济基础和文化品位，不包括当地居民，也非一般游客。新店家内部亦有分层分类。相较于租用民居的店主，经由大投公司进入的店家设计艺术背景更专业，设计更具艺术性，且更了解认同更新计划。部分店家经营内容专业性较强，如吉他制作、皮具制作、古董收藏等，受众范围更局限于专业圈内人。文艺青年也会被吸引，但实际消费多发生在餐饮类和内容专业性较低的店。

相较于进行历史文化保护呈现和街区生活改造的文化创意人，新店家的个人主义更鲜明。前者多为建筑或景观设计师、社会或公共艺术家，传递的理念更紧密地同现实问题相结合。新店家虽面向市场，但更遵从自我。正如一位开店做服装设计的前建筑师所述："建筑师更像是政治家、社会活动家或者协调人。我觉得做建筑师很累，没有精力去做自己了。我不能掩盖自己更偏艺术家的性格。服装设计让我的天性能保持更舒服的状态。"（李涵，2015：81）

不难想象，店铺和工作室的主要空间功能包括消费、生产和公共生活。但在"开店"这一空间设计改造行为中，店或工作室在空间意义甚至空间功能上，首先极为个人化，个体化的理念表达十分突出。

1. 空间化的个体坚守与主体精神

从新店家与店或工作室的关系来看，开店是个人坚守空间化的行动，因而空间具备了承载或彰显个人信念与主体价值的功能，关乎店主的个人坚守和欲保有的完整自我。这与空间及空间内物品的生产方式有关。由于现代社会与资本主义高度专业化的劳动分工，生产者与产品相分离，主体与客体相割裂，既分化了生产者的完整性，实现对生产者的异化（Marx，1956），也使客体逐渐脱离“带有其意愿和感情的主体灵魂”（西美尔，2007：373），日益成为封闭自主的系统。然而，“只要产品是由单个生产者或者经过不太专门化的合作形式制造的，产品中被客观化的精神和力量的含量就不可能大幅度地超过所涉及的主体的精神力量的含量。”（西美尔，2007：377）店主的生产过程，相较于他们中不少人所离开的单位，恰恰生产规模小，劳动分工程度低，因而客体文化与主体精神更紧密。

从店主与店内物品的关系来看，那些由店家制作的物（皮具、陶瓷、插花、手冲咖啡）在其眼中是作品而非流水线产品。客体被赋予了突出的主体性，比如被刻印上的制作者姓名。同时，生产者也在生产过程中获得了完整的主体性，正如 Soloist Coffee 店主所言：“咖啡师这个职业是一个很美丽的职业，是把人所有的感官系统都调用起来的工作，做的是一个完整的事情，一个有控制力的事情。因此活得很有尊严。”（李涵，2015：112）

从店主与店铺空间的关系来看，空间本身是店主投入个人情感与意志的作品，有些甚至便是店主心中的自我。慕斯花店 YUAN’的店主说，这些店主是一类人：“有点梦想。比较单纯。有点自己想追求的东西。”无论是 2012 年第一批入驻的颇有冒险精神的店家，还是其后被吸引的店家，都知晓盈利风险，也有不少经历过数月亏损。但对于不屑成为商人的他们，盈利并非首要目标。内容丰富、设计别致的小空间，承载着店主个人兜兜转转但未被熄灭的热爱。有书又有各类设计品的“书的设计店”承载了店主全部的年少梦想，陈列着“稀奇古怪特别的东西的特别的店”是“深深”店主自小的幻想，古着古董店“拈掇”是店主期待人生不再留遗憾而“一直想拥有的一个小空间”。

YUAN’的例子更突出。开一个甜品花店是店主园公子 18 岁时的梦想，惋惜于学艺术的朋友放弃艺术之路，她毅然从金融行业辞职赴海外学习花艺与烘焙，筹备半年后，YUAN’开业。对于在店内随处可见的店名和设计过百版的近乎圆形的三角标志，她解释道：“圆而未满，不断追求，行于路上，打磨经历，这便是 YUAN’，YUAN’最希望成为的样子。”而 YUAN’不仅是园公子的梦想，更是其自我的空间书写。

> 坦白说，痛苦本身没有感同身受，我喜欢这样更轻松一些的你。可我也知道，如果你做了要去浪迹江湖的决定，那么我也便是你需要做的一场别离。
>
> 因为我是“YUAN”，是你内心深处某个时候的自己啊。
>
> 我很好，一如你打开围挡后的那个模样，看着冷清，却温和从容，一切运转顺当，完好无损。

这是 2019 年 YUAN’闭店前于微信公众号推送的告别信《老板，我们终究是要分手了啊……》。文中，“我”是 YUAN’，“你”是店主。这个空间指涉她内心曾最想成为的样子，也成为某个时刻的她自己。

这种个体性与主体性的空间彰显在杨梅竹小店中颇为普遍。作为空间的设计者，店主们与本章前两部分设计者们的不同之处在于，店主不仅在设计改造中生产空间，也作为空间首要使用者在日常生活中生产空间。同园公子一样，许多店主从原有单位“遁逃”，撕掉组织人的身份，逃离规训与控制，在杨梅竹的一方小空间里开启并坚持认同的生活，重构被异化与湮灭的主体价值。创意纹身店主霁明对此进行了颇为完整的阐述：

> 能在一个这么安静的地方有自己的一个地方，肯定会很开心啊。因为这个空间只属于你，由你来掌控，你可以布置里面的东西，你可以把你的世界呈现给别人。这个过程你能感受到自我的存在，而不是像做很多其他的事情，你要听从其他人。你在属于你的这个地方里，是可以坚守很多东西的，可以坚守你自己。别人可以过来欣赏，但是你不需要因为别人而去改变。

店主的自我、自主与自由在投入使用的空间中颇为明显，比如许多店铺时而任性的营业时间；为避免不识货者闯入而突然被贴在服装店玻璃门上的“不对外开放”；古董店会友时，客人推门而入，却被举着酒杯的店主无视，听闻其放声高歌后，仓皇闭门而去。

从物品制作、空间设计到日常使用，小店是多数店主的生产和日间生活场所，也是所有店主的生产对象。店主的独立性与个体性贯穿始终，其自我坚守与主体精神构成了每个空间的首要功能和内涵。

2. 空间意义的分享传递：基于体验的符号性消费

从新店家所希望营造的消费者与空间的关系来看，作为消费对象的空间及其中的物都被赋予了极为丰富的象征意义，由个体生产者借由空间消费和空间中的消费传递给消费者。

后现代消费社会中，功能性消费转向符号性消费。在“日常生活审美化”视觉呈现下，杨梅竹的消费空间充斥着丰富的符号与意义，成为后现代消费的集中发生地。物品所承载的意义，街区消费空间内流动着的意义系统，连同其所带来的感性体验，构成了目标消费者的核心消费需求，这一形式上相似的本质需求通过不同的空间内容（细分业态类型）和气质得到满足。当代首饰错落有致的白净艺廊、销售“每一件衣服都是一味良药”概念的买手店、营造出与世隔绝效果的暗黑系古董店、主打将情感带入异时空的星光餐厅……不同的理念、氛围、审美满足了消费者的差异化体验需求，使消费者在对比和切换不同体验时，又获取了差异与转换带来的新体验。一位常客说，她第一次去杨梅竹是慕名去铃木食堂吃饭，结果发现了模范书局，又爱上了 YUAN’，由此及彼不断发现的体验是杨梅竹对她的吸引力。作为消费空间的杨梅竹所蕴含的一整套（伴随店铺周转而变动着的）意义系统搭建起空间与消费者的关系，不同消费者从意义系统中获取自己所需的某个局部。这一套空间意义系统由每家店的子意义系统构成，后者具有极强的个人主义色彩，多源于店主的主动赋予而非被动生成。

这种意义与体验的主动赋予及其向外“分享”“传递”构成了多数店主所期待的空间功能。店主将希望表达与传递的意义进行“编码”，借由空间及其中的人事物等媒介，传递给作为解码者的消费者。分享的内容是被编码的意义，因编码者强烈的个人色彩而丰富。分享的对象多限于有能力的解码者，他们是深谙这套意义系统的目标客群，或是足够尊重店主并在其点拨下略懂一二的潜在客群。

分享的内容，或言，注入空间中的意义是什么？其所关联到的话题十分丰富，但无外乎理念和感受。理念以某种反思为主，涉及自我、作品、审美、生活、社会、城市，甚至时代；感受是依靠感官系统或直觉获得的某种体验，及其激发出的某种情绪和欲望，如新店家们提及的“感动”“震撼”“愉悦”“享受”“内心的宁静”，等等。

例如，当代首饰艺廊 Ubi Gallery 在空间中突出物品与自我之间的理性与感性关联：店名意为“哪里”，其荷兰店主认为，艺术是关于提问的，同时，当代首饰是个人情绪表达的途径。选品时，她相信自己的直觉感受，但也注重艺术家在作品中的质疑与发问。

再如，Soloist Coffee 店主希望店铺能将自己第一次喝精品咖啡时感受到的“细腻情感体验”传递给更多人，同时借由与胡同和当代形成反差的工业风设计，从感觉上触发客人对生活与时代的反思。

又如，书的设计店推广小众独立出版物，触动人的城市反思。来自台湾曾修读建筑的店主，曾在许多非售卖场合推介过杜克大学社会学及艺术专业毕业的美国人 Zandie 策展主编的《八家》。以下摘自一次分享会上店主的介绍：

> 主编她非常关心我们所处的城市，因为空间影响着文化。我看了特别感动……但是《八家》里有艺术项目去采访这些来北京打工的人怎么看待这个城市，怎么去看待他们在这个城市里的生活。

由此，关乎生活哲学、审美方式的价值理念与情感体验，经由新店家的创意，被赋予空间本身，被埋藏在空间的角落里，构成店家希望借由空间讲述给消费者的意义系统。

四、小结：“想象的空间”与异托邦建造

本章按照历史文化空间、街区生活空间和当代消费空间的空间功能分类，呈现出文化创意人空间设计改造的理念与实践，以及他们“想象的空间”，主要回答了街区空间由谁改造以及如何改造的问题。

进行设计改造的具体行动者主要包含大栅栏团队、建筑设计师、景观设计师、空间运营艺术家和新店家等文化创意人。虽然他们在改造过程中的具体角色有所不同，但无论是通过空间形态和功能设计，还是通过后续空间使用，都获得了改造原有空间的机会。对于改造者而言，空间予以他们传递、实验和展示其创意

的条件。对于杨梅竹而言，由其设计改造累积建构起的“想象的空间”得到彰显。

他们设计实践的“想象的空间”不仅关涉实用性需求的满足，更多基于其街区想象和城市理想的理念表达，是其有意识的开放式提问与讨论：街区过去、当下与未来的关系应如何处理？街区内的“我们”与“他们”如何生活？“我”在城市里如何展开自己的生活？

借由空间进行的讨论不仅在形式上具有设计与实践的创新性，在内容上也表现出反思性，甚至在主观意愿或客观结果上构成了对原有秩序的质疑和挑战：由政治权力和精英权力建构的历史，流动人口失语的街区生活，被异化的个体生活世界等。在此意义上，空间设计改造使杨梅竹成为一个原有状态与新生想象共存之处，打造了具有实验想象中新秩序之意义的异托邦（Foucault，1986），“质疑被看作自然和合法空间的所有不证自明的样式，质疑这些自然和合法空间之权力和权威的所有不证自明的样式。”（布洛萨，汤明洁，2016：161）

第四章　空间设计改造的街区影响

改造后的街区将呈现出怎样的社会空间？其中的社会关系如何？人与空间的关系如何？本章将聚焦呈现空间改造所生产出的“体验的空间”。

实际体验与生活的社会空间从来都不是设计者“想象的空间”的直接对应。前者因人而异，恰如后者因对“为谁设计”“为何改造”之回答的不同而可能大相径庭。潜藏其中的一个思维差异在于，街区是什么？或言，街区属于谁？为进一步厘清改造目标与改造影响的关系，本章引入街区认知的两种取向：社区取向将街区视为一个有共同情感的本地社区，城市取向将街区视为一个开放性的城市区位。

这两种取向不仅仅是我的分析工具，也是各类行动者在街区改造中实际存在的两种认知取向。空间设计改造者几乎全部都具有城市取向。此外，大栅栏团队、标准营造和无界景观团队等还具备明确的社区取向。其中，大栅栏团队由于“搭台子”的组织性角色，而对街区的认知最复杂多元，“城市区位”涵盖政治、经济、历史文化、居住、示范项目等多重理解，“社区”涵盖的地域与人群范围也最广。无论是改造者之间，还是同一改造者自身，两种观念的并置、竞争和交织不可避免，共同造就空间改造实践和被改造社会空间的复杂性。

对于作为这两种理想类型的杨梅竹，我将分别对文化创意人改造认知、街区基础和改造对街区生活与社会关系的影响展开分析。最后，结合第三、第四章内容，将两种取向结合，总结分析改造影响及其原因。

一、作为本地社区的杨梅竹：共生的希望与失落的社区

> 建筑师、规划师、社会学家、经济学家、哲学家或政治家不能从无到有地创造新的形式和关系。更准确地说，建筑师和社会学家都不是奇迹工作者。尽管在某些有利条件下，他们助推趋势形成，但都无法创造社会关系。
>
> ——Lefebvre（1996：150 ~ 151）

社区取向将街区视为有共同情感的本地社区。对于作为社区的杨梅竹，空间改造后呈现出怎样的社会空间？本部分首先交代改造前（逻辑上而非时间上）的社区概况，然后分析空间改造的社区影响。

1. 社区基础

如何界定作为社区的杨梅竹？哪些人构成了共同体意义上的社区？相较于以商品房小区为代表的现代城市住区，本地居民更具集体意识与共同情感。但大爷口中“打他爷爷辈儿就没进过北京城”的本地户籍人口其实是本地居民的大多数，这些人在祖上自明清就居住于此的本地居民眼中，曾经或一直是外来人口。那如今前来经商务工的流动人口又是否构成杨梅竹社区呢？抛开居民异质性结构不谈，即便是以户籍为分类依据的同类群体，是否构成了滕尼斯意义上的共同体？

我难以也无权界定谁属于或构成社区。诚然，此处的“社区”是理想类型。但它也是许多研究者和改造者的理想，甚至是其所幻想的存在。当他们认为需要为社区设计改造时，如何划定社区边界呢？出于分析需要，我在社区与城市取向之理想类型下，结合文化创意人对作为社区的杨梅竹的共性理解，将社区划定为大栅栏街区范围内居住者的社会系统。在设计改造过程中，在不同程度上具有明确社区取向的改造者包括大栅栏团队，以标准营造团队、无界景观团队为代表的设计师。他们对作为社区的杨梅竹的理解，有以下特征：在时空范围上的此时此地；在人群范围上，涵盖此时此地的所有居民，包括本地居民与外来人口；在社区特点上，具备基于空间居住生活功能而形成的社会性与文化性；在改造目标上，颇具共同体意味的，以多元共生为目标。

在此社区界定下，分析层面与事实层面，最明显的社区人口分类是本地居民与外来人口。受本文篇幅所限，我以社会关系与人地关系为重点，直接将本部分对两类人群及其关系的研究发现总结如下。

文化创意人所理解的社区，整体而言是区隔碎化的、衰落的社区。

以共同情感意识和地方认同归属为特点的社区感主要源于本地居民。北京本地老街坊有较丰富的公共生活，主要表现为在公共空间聊天、日常互助以及以社区组织为单位开展社区活动。但在现代化、城市化背景下，由于居住条件远低于城市平均水平、本地居民流出、外来人口进入、区域腾退改造等原因，这种社区感虽仍有延续但已日渐衰亡。与之相伴，本地认同感减弱，相对剥夺感则有所增强。

外来人口在制度政策限制下做好了短暂栖居的准备，且多有在京同乡亲属满足社交需求、提供社会支持、获得身份认同，因而对于主动深度融入本地社区，主观上感到并不需要，客观上也难以实现。虽然长期生活在杨梅竹的外来人口形成了一定的地方情感认同，但由于制度限制、人口流动、群体差异和社会排斥，这种基于此地的共同体意识较弱，且伴随近几年北京疏非控人政策而愈趋脆弱。

相较于城市小区而言，杨梅竹与充满理性厌倦淡漠的都市精神面貌和社会关系截然不同，呈现出人情社会特征。但本地居民与外来人口之间的区隔明显而长久，部分北京本地居民对外来人口有明显的歧视和排斥情绪，两人群间兼有少量矛盾冲突。虽然有基于商居共生和儿童触媒而形成的友好邻里关系，但社区整体仍是割裂的。

这样的社区基础条件，构成我们理解空间改造社区影响的前提。

2. 多元共生的希望

随着 20 世纪末流动人口的进入和近年来更新计划的展开，社区异质性增强，日益转变为开放多元的街区。在此背景下，部分空间设计改造及其使用方式成了激发社区开放式共生的触媒。这种对社区关系的促进作用，多见诸细微点状的联结与改变。其方式主要包括固定化的社区公共空间使用（以微杂院、微胡同为主）和新老群体合作的文化生产两类。

（1）公共空间儿童活动触发的社区共生

公共空间和儿童群体都是杨梅竹街区里社会互动与社会交往的重要触发条件。微杂院和微胡同提供了稀缺的开放式公共空间，创造了社会性活动（盖尔，2002）发生的空间条件。面向儿童的空间功能则提供了社区融合与人群沟通的桥梁。以 2018 年在微胡同举办的一次社区宴会为例，可以看到这种以社区儿童为核心的开放式活动，对共生关系构建的触媒作用。以下摘自当日田野笔记：

下午四点多，很多人陆续前来筹备：小杨、许多外国朋友、负责微胡同日常看护的对门居民 W 阿姨、小朋友家长。我同大家一起摆完桌椅、碗盘、刀叉，跟一位意大利艺术家一边聊胡同治理一边去安徽张叔在铁树斜街开的包子铺买回 25 个包子。

六点半，参加 Potluck 的人陆续到达。小朋友 20 个左右，基本每位小朋友的妈妈都在。现场过于热闹，待小朋友们基本吃饱离开餐桌，跑去院里小屋和院门口玩耍，我同身旁的几位家长才得空边吃边聊。她们分别住在大栅栏培智、茶儿和三井胡同，都不是本地口音；还有一位住在陶然亭某高端社区，北京人，是张轲爱人的朋友，这里的周末活动她和孩子也常过来。她们彼此聊天，递给对方食物，推荐哪种更好吃。虽然聊天内容主要限于味道奇怪的牛油果应该怎么做或者奶酪为什么这么臭，但是这种不同阶层、地域、职业人群一起在同一张饭桌上交谈，实在是令人感动。一位家住附近胡同的阿姨说，一开始女儿不愿意来，认生。但现在每周都要来，特别喜欢小杨老师。她觉得这些活动使女儿性格有所改变。另一位阿姨觉得微杂院活动确实能给小朋友开开眼界，毕竟请来的都是各国的艺术家。

气氛很欢乐，很多小朋友和家长还热情地邀请一头雾水的过路游客一起用餐。晚些时候，W 阿姨开始一趟一趟进来给大家送烤串，

> 她家叔叔支起烤架坐在家门口胡同边现烤的。几位家长很自觉地帮着收扦子。院外胡同没有路灯，但是W阿姨一家围坐在搬出来的小桌旁，翻烤着串儿，小火苗照着一旁围成一个圈玩“抢椅子”的小朋友，很柔和。

院落作为儿童日常公共活动空间和艺术活动中心，建立或强化了许多维度的共生关系。

街区内儿童间，在“北京孩子和外地孩子在一起玩，没多大差别”的原有互动规律下，两个院落进一步扩大了街区内儿童的朋友圈子。

儿童与街区间的联系也更为紧密丰富。一方面，小朋友们跟随小杨日常走街串巷，参加周末艺术活动，常常会获得认识邻里和习得社会规范的机会。另一方面，无论是在院落日常使用中主动介绍院落，自觉维护院落卫生，还是创作本地艺术作品，邀请游客加入，都是强化其社区认同感和归属感的过程或体现。

儿童家长也借此机会实现原先没有的互动。家长并不像市场化教育机构中那样具有相似的社会背景。相反，他们呈现出多元的社会结构：有外来人口，也有北京居民；有大栅栏居民，也有少数其他住区居民；有的在附近菜市场、小餐馆做买卖，有的是单位管理或技术人员。

作为一个不同人群共生的场所，两个院落在日常使用与运营中也在一定程度上满足了本地居民社会交往或自我价值认同的需要。与院落直接相关的本地居民主要有院内住户和院落管护人员两类。微杂院为院内住户W大爷创造了更多社会交往与自我展示机会。老街坊告诉我，W大爷一直单身，“他那脑子还处在几十年前，融入不进社会，现在什么都不懂”。其实，W大爷有着极强的表达欲，常常主动与进入微杂院的人交谈，谈他心中的历史、文学和建筑。院落管护是负责两院落看护卫生的H大爷和W阿姨。二人均已退休，考虑到离家近，工作量不算大，于是分别在清真寺的推荐和标准营造的邀请下承担相关工作。标准营造每月为其发放数额不高的工资，二人并不是特别在乎钱的多少，更多是希望通过工作获得自我价值认同。正如 W 阿姨所说：

> 我现在五十几了，人家说你应该玩儿了，我说我得干到六十岁，说明我能动。而且我也喜欢跟你们年轻人在一起，觉得自己也年轻。

（2）文化生产中的新老人群互动与居民地位彰显

虽然文化创意人在挖掘、回收和呈现本地历史文化的过程中，较少与本地居民产生实质性互动，但对于部分具有历史文化保护自觉与传承资源的居民而言，他们仍然有机会与文化创意人产生良性互动，甚至建立长期互利共生关系。济安斋是明朝“京都济安堂王回回狗皮膏药铺”王回回及后人的住处、自主改建后的咖啡书吧与家庭博物馆。王家人经常向我感慨：

> 这条街各个角落都有故事。没有这个保存历史的意识特别可惜。前两年，之前谁说要保存街道居民的故事，结果刚说没几天，那边的八十多岁的俩老爷子就死了。真是说没就没了。他们这不就把故事都带到坟墓里边了吗？

令王家人欣慰的是，Lars 一直同其保持合作关系。一方面，Lars 充分尊重王家人的居民生活，注意平衡参访次数。另一方面，居民珍视的历史通过 Lars 策划的展览和日常参访得以彰显，基于杨梅竹本地居民身份认同的自我价值得到进一步实现：

> 大使馆的都到我们这来，即使不消费，我们也接纳他们，给他

们讲这条街的历史，他们也很感谢我。反正我们的目的就是宣传这条老街的文化，不然很多历史文化都没人知道了。

在文化创意人邀请下参与到空间文化活动中来的居民，其社区主体地位也在节事活动中得到彰显，社区发展意见被文化群体倾听甚至部分采纳。当然，这类居民占比不多，主要局限于两类。一类是历史文化传承人，如老字号传承人或手工艺人；另一类是大栅栏街道内热衷于文体活动和公共环境美化的社区社会组织和个人。对于“兔儿爷张”和木工手艺人段大爷而言，在节事活动期间，分别借兔儿爷店铺和临时活动空间展示手工艺品和举办工作坊一直是他们十分珍惜的机会。正如心痛于木工手艺无人问津的段大爷所言：

我还是真怀念搞设计周这帮年轻人的，他们是搞得有声有色，把区里的、市里的领导都招来看看，还有那年轻人也都能来开开眼。就应该把我们这胡同老艺人都挖出来，传承下去。

而那些看似没有独特传统特色的居民日常文化生活，也能吸引找寻胡同原真性的游客驻足观看。参与大栅栏生活节的大爷大妈们虽然作为观看者，对于内容的过分年轻化不甚满意，但作为内容呈现者，好似经营了一场文化推介会，加入了本地节日欢庆，同时也为大栅栏更新计划主导的文化生产提供了本地化意见。

由空间设计改造所带来的社区共生与居民赋权在范围上颇为有限，但在区隔关系固化的社区，这种微小改变的意义不容忽视。

3. 失落区隔的社区

绝大多数居民认为设计改造后的空间与自己关系不大，甚至因此放大了原有的相对剥夺感和人地剥离感。相应的，与己无关的空间中，新人群也与社区居民形成了整体区隔、偶有矛盾的社会关系。

（1）被放大的相对剥夺感

对于空间设计改造，本地认同感本就不强的外来人口并不在意，“不关心这个，日子过得去就行。”而在社区感日渐衰落的大背景下，空间设计改造成为本地居民原有相对剥夺感的放大器之一。

> 他们整成这样，我们什么好处都没有！你说说我们在这儿住了这么多年了，房子还这么破这么小。……还有那个设计周，你给我们带来点实际效益也行啊。吵得要死什么好处都没有。

对此，L 大爷道出了关键：实际改造悬浮于居民需求。

对于空间改造，居民感受最直观的变化包括：门脸重整，建筑修缮，院落改造，更文艺的新店。但在他们眼中，硬件改造和胡同美化只是给外人看的。改造的院落有许多常年闲置（有的由于政策限制，有的由于后期运营人员或经费不足），且在客观条件下无法惠及多数居民；文化创意人隐藏在地面铺展、导视设计和老建筑新空间中的理念深奥隐晦，使居民无处获取也难以理解；当代消费更是与自己毫无关系；设计周期间，还要忍受吵闹的人流，以及自己日常生活的舞台化。

“老北京要的是什么？要实惠。”最首要的，居民希望改善其院落内的生活条件。也有部分居民提到，把老北京四合院建回来，留住社区居民，延续或复兴邻里互助的社区生活。然而，在当前社会变迁和政府政策下，更新计划没有权力、责任或能力满足这些需求。于是，这些居民“看不懂、用不上”的设计改造，是其眼中不顾百姓的“面子工程”，放大了相对剥夺感，加深了其对大投公司和更新计划的不满。

（2）新增的区隔与共生的困境

在社区原有关系日趋破裂的杨梅竹，空间设计改造一定程度上放大了居民之间的猜忌和嫉妒。比如，内盒院等社区改善类院落改造中，试点院落的居民，在政府与大投公司的支持下得到了内盒安插和房屋修缮。其他院落居民（有的自1966年起便与其形成了对立关系）便产生嫉妒心理，甚至在邻里间强化“死人才住在盒子里”的话语。

不少新人群与新活动在杨梅竹展开，而社区区隔与共生困境也随之而来。长期的新人群和新活动有两类：一是街区内新店主及其店铺经营，二是微杂院被赋予公共空间功能后，儿童活动的开展与各类人群的进入与流动。不同于设计周等短期节事活动，这些新人群分别被大栅栏团队和标准营造寄予了长期与本地社区共生的希望。然而事实上，前者为社区带来了新一重内部区隔，后者也遇到了共生困境。

新店家与居民关系的普遍形式是形同陌路。悬殊的社会阶层在新店家与居民之间建立起难以消解的区隔。经济收入、文化水平、生活习惯和价值观念的巨大差异，使得双方的生活世界基本断裂。

在消费层面，前者为符号消费，后者为功能消费。胡同居民无法以传统消费者的身份与新店家发生互动。面对这些“中不中，洋不洋”的新店，居民很早便为其商品贴上了“买不起”“看不懂”“用不上”“都是赔钱货”的标签。作为邻居，多数居民谈及这些安静优雅的店时，都表示他们没有为自己带来困扰或好处。但对于临近餐饮类店铺的居民，小烦扰不可避免：店面空调机带来的噪声、餐饮业可能带来的环境卫生污染、店面门口公共空间的争夺等。而一些蛮不讲理的居民也多次恶意干扰店家正常经营。比如对于安静的Ubi艺廊，附近一户居民自其建成起便十分不满，曾在设计周期间进门破口大骂，艺廊店员对此也颇为无奈。

正如有些老居民看不懂打扮怪异的年轻店家，不能理解他们明明开店却总时不时闭门谢客的逻辑一样，有的新店家也不能理解甚至看不惯居民的生活方式与文化观念。虽然前文也能看到新店家与居民的共生关系，但总体来说，空间功能和群体极化导致的区隔很难消解。

微杂院也遭遇了巨大的共生困境。微杂院的艺术家们与居民在价值观念上存在着巨大差异，艺术活动在有些居民眼中只是“瞎胡闹”；带着外国艺术家爬上屋顶看星空的小杨，是部分老居民眼中不懂规矩的“二青子”。但最大的困境当数多重空间功能下微杂院内的邻里冲突。虽然小杨多次与居民协商调整活动时间，耐心引导小朋友和参观者主动向居民问好道谢，但公共活动不可避免地会对院内居民生活造成困扰。2018 年的一天，长期共生困境以一次冲突凸显。

周六白天，居民 W 大爷、Q 大哥、做院落管护的附近居民 H 大爷、小杨、三位小朋友在院里。平日里 W 大爷就喜欢在院里铺摆旧物，小杨曾将其称为院里的“Chef curator”（主策展人）。这日，W 大爷又将一块旧纸板放在自家隔壁儿童图书馆的门口，被小杨扔掉。

W 大爷发现后怒喊：“别动我东西！你们都来我院儿里捣乱！”

小杨转身时，不承想 W 大爷拿起一块小板子砸了小杨。小杨并未受伤，但吓得不轻，下意识举起身边板凳，回归理智放下板凳后，脱口而出：“你是不是有病！”W 大爷便抄起手边一个木板要戳小杨。

H 大爷上前劝道：“老 W，人家一小姑娘，别跟她计较。”

Q 大哥随声附和：“不要跟小孩一般见识，您何必呢是吧。”

小杨一手拿笤帚另一手拿簸箕自我保护着说：“不能把东西放在图书馆门口，这里有活动。”

W 大爷：“这是我的院子。你侵害我财产。”

小杨：“那我去找居委会调解，看图书馆门口到底是属于谁。”

在小杨去居委会的路上，几个小朋友还拿着手机在院里录像。画面里，Q 大哥指责 W 大爷：“你怎么这么尿！”

两位警察随小杨进院，高喊：“W大爷！”大爷还没来得及放下不知何时拿在手中的菜刀，开朗地应和：“来啦！”这一日W大爷还在门口摆了横横竖竖的瓶瓶罐罐，警察要求其他人离开院子后，跳房子一般蹦到W大爷面前。没过多久，警察蹦离大爷家，对小杨说：“反正你也没受伤，已经安抚好了。以后你尊老他爱幼，这事儿结束了。”

小杨对此并不满意，事后又去找居委会。得到的答复是，报警后居委会不再接手，并且很早便已鉴定过W大爷有精神疾病，有过激行为也不会追究其法律责任。小杨事后向我感慨：

> 其实像他俩留下来，不是那种健康的家庭组成。外来务工人员虽然可能经济条件差点，但是各有各的事，社会连接是正常的。W大爷这三年来，有过一两次拿着棍子吓唬轰小孩。我之前想好好相处，就没报过警，而且W大爷这一阵一阵的，我总想着他过两天就又正常了。他们就是特别想找事，我永远说对不起，我就当一种修行。我这三年永远让着，改时间，改活动。他们已经找不出来什么事了，那天就这么个事儿发泄了。

经历过此事的小杨，为避免与W大爷接触，将活动场所转移到微胡同，将其临时用于儿童活动。坚持了四个月后离职。

小杨表述的居民人口特征在委屈愤怒情绪下，略有夸张，但也不无道理。田野工作中，我确实接触过一些低保户、精神疾病患者、非法生意经营者和刑满释放人员。即便是没有被贴上这些标签的多数居民，也与文化创意人之间在社会文化观念上差异巨大，加之公共空间的权属争夺、高密度空间内多重功能的矛盾、自愿腾退政策下的空间与人群碎化，这些杨梅竹普遍存在的问题在这一事件中得到放大。

虽然微杂院也带来了撬动固化社区结构的希望，但在本地复杂条件下，距离构建共生社区的理想有着难以跨越的鸿沟。

二、作为城市区位的杨梅竹：复兴的文化场所与被扩大的城市想象

> 退化地区基本上是腐朽、没落、人口渐趋减少的地区，但它同时又是一个新生的地区，那里出现了新的教区、居住区、艺术家聚集的地方，同时成为激进思想的中心——这一切都意味着在努力憧憬一个新的、更美好的世界。
>
> ——伯吉斯（1987：55～56）

将杨梅竹看作城市区位，应看到其在城市中的区位功能，及其所承载的居民之外的社会关系。本部分首先概要性梳理杨梅竹的城市区位功能和特征。基于此，考察空间设计改造在作为区位的杨梅竹中，形成了怎样的社会关系；借由杨梅竹这个城市区位，为城市注入了什么。

1. 区位功能与特征

基于街区时空位置，区位功能由政府决定，并由更新计划填充实现。六百多年的历史和中心地理位置，使杨梅竹被纳入历史文化保护区和首都功能核心区。作为文保区，大栅栏参照“重点保护区的保护规划原则”，历史真实性保护、微循环改造、居民生活质量提升均为重要原则，成为区位功能。处于首都功能核心区，街区需要突出政治、文化、对外交往中心功能，这些也构成了更新计划的重要目标。街区还被赋予“建设历史文化名城保护示范区”的目标，承担“创新破解旧城保护发展难题、树立旧城保护与发展试点”的功能（大栅栏更新计划，2014）。因而，大栅栏团队对街区的理解首先是需要实现历史保护、文化复兴、民生改善、首都形象树立的

区位，而“社区”只是区位功能之一。除了居民生活改善，更需要他们思考的是：“能否重塑大栅栏在北京的重要商业地位？又或者，能否在大栅栏和北京其他区域之间培养出一种当代的文化、空间、经济互惠互动关系？”大栅栏团队也以杨梅竹历史上城市文化商业中心的区位功能和多种业态人群共生的区位内在结构，来具体规划当前区位功能。比如，独具吸引力、“高端而不奢侈”的文化业态区，延续传统风貌又体现城市开放性的中心历史城区，设计周国际艺术设计与老城改造展览区，多方参与有机更新探索区。

在此基础上，对于进行建筑改造、景观设计的设计师而言，杨梅竹是极富挑战的设计需求池，也是其展示个人创意的实验场。

对于新店家而言，正如“衰败老城区—后现代消费—文化媒介人”亲和性规律揭示的那样，新店家及其业态与杨梅竹实现了双向匹配。

一方面，活化退化街区需要安静有创意的文化业态，正如贾蓉提及 2012 年设计周和业态引入时所述：

> 有的人认为它毫无保留价值，这些艺术家就把一个特别老的房子，三五天用软性的布置，让普通人看到了老房子的美。另外，其实在老房子里的时候，他们会想到很多，就是因为这个老街区丰富的看不见摸不着的所谓文化历史底蕴，给了这些设计师很多很好的灵感，所以当我们问到这些艺术家你是否愿意长期留下来的时候，他们几乎都是给了肯定的答案，非常愿意。

作为街区顶层设计者，大栅栏团队基于全球案例研究和实践探索，客观上识别并制定了基于这一亲和性规律的业态定位。

另一方面，对于注重艺术追求、文化品位和个人理想的店主而言，杨梅竹是创业经营的绝佳区位。从理性角度看，杨梅竹提供了远离闹市、不同于南锣鼓巷和五道营的“非商业化环境”，便于筛选小众目标客群和新店家邻居；大投公司的租金补贴和尚可接受的老城民居租金，降低了创业成本；杨梅竹由政府支持的整体性区域规划提供相对确定性，试点自由度又提供多种可能性。从感性角度看，杨梅竹作为清朝民国文人墨客云集地的时空位置——例如模范书局店家心中的“民国的三里屯”——带来了如上文贾蓉所提及的“文化历史底蕴”，这与“居民的生活气息”、大栅栏历史上“横跨皇家和平民两种截然不同的生活方式”一同，赋予街区以新店家所看重的城市“原真性”。

现代社会和城市生活中，人们面临着生产自我和保有自主权的重要任务。游人找寻“原真”景点，实为对原真空间、原真社会生活和原真自我的渴求，是逃离现代性异化的努力（Cohen，2004；Knudsen，Rickly，Vidon，2016；Rickly-Boyd，2012；Wang，1999）。

想要逃离枯燥冷漠机械城市生活的新店家，面对自己曾经工作了几年的国贸或金融街，不禁发出“这就是北京吗”的疑问。而他们喜爱的城市面貌，则激发了部分店家“赋予城市新的意义”，“将本来属于杨梅竹的东西归还这里”或者“反思城市发展速度，成为绿色生态的示范”的城市理想。杨梅竹是他们逃离现代城市实现自我生产和主动加入城市空间生产的机会。空间原真性元素也构成其生产资料。

相似的，对于游客、消费者等其他现代城市人而言，由新店家和老胡同共同营造出的新老共存、本地全球元素并置的“原真性”和多元性景观，也使得杨梅竹成为独特的旅游消费目的地。

2. 开放式共同体的形成

设计师和建筑师多是短时段内与街区互动，但依托大栅栏跨界中心，这些长期关注城市的人构建了一个可被识别的关系网络，不断扩展并嵌入到不同地域及其老城更新实践中。而在杨梅竹街区内部，逐渐形成着以新店家为核心的开放式共同体，这是本部分呈现的内容。

（1）新店家共同体

大栅栏团队招商时注重店家对其理念的认同，也希望构建新店家社群作为街区复兴的核心力量。这为新店家共同体的形成奠定了基础。

新店家强烈的个人主义并未阻碍他们彼此互动，反倒成为共同体形成的重要条件。霁明认为，新店家有着与她所喜爱的杨梅竹相似的品格：

> 大家都在坚持某些东西，放弃了其他的一些角落。如果不去坚持，别人说什么就变成什么样，那我觉得这条街就太软了。你不觉得棋牌社也在坚持吗？他们店门口就写着拒绝拍照，因为其实有很多人，尤其是像我这种，很喜欢他们烟火气的年轻人，拍照可能就打扰到他们打麻将了。他们也是在坚持某种东西，不想被外界干扰破坏。

价值追求和社会阶层的相似性，以及经营内容的异质性，构造了文化品位与价值理念相似的新店家组成的共同体。除五六家店外（或是文化调性过于小众，或是为人处世特立独行），其余新店家基本都处于某个互利共生的共同体中。比较明显的有两个圈子：圈一主要由大栅栏团队引入，与其关系较紧密，进驻早，且多有更专业的艺术设计背景，2016年起，大栅栏团队将其称为“杨梅竹新社群”宣传推广；圈二主要由进驻较晚或自行租用民居进驻的新店家组成。

关系紧密的圈子内部，串门聚会频繁；圈外，大多新店家也彼此相识。像拈掇店主马里奥便可以成功将大半新店家串联到一起，甚至还能交到居民朋友。一个下午，马里奥在店内与喜爱手作的八零后杨梅竹居民朋友边饮酒，边商量店铺装修方案。居民朋友留下刚买的水果离开后，马里奥开始日常逛街活动：从杨梅竹斜街西头到东头，再逛回西头回到拈掇。一路上，先去 Ubi 偷吃饼干，买了三个文件袋；出门遇到关心马里奥露脚踝冷不冷的胡同阿姨，马里奥露出乖巧笑容；转而去素园、深深、YUAN’打招呼，送出两个文件袋，在 YUAN’预订一束花，细心记下店员一周后的生日；进白布创意纹身店，赞美店员刚染绿的头发，聊起当天在朋友圈看到的白布四单文身图样，讨论各自从日本淘回的古着；出门，在模范书局驻足和店员寒暄。

跨年之夜，不少新店家齐聚拈掇，在银白色星阵地毯上跳舞，零食与酒瓶堆满桌面。闭店后的一个普通傍晚，米念工作室又邀新店家聚餐，长桌尽头悬着一匹藏蓝色的布，上书白字“杨梅竹客厅”。

共同体关系，不仅是单纯的情感联结，也是互利共生的彼此依赖。在杨梅竹内部，物品与人的流动从未停歇，新店家成为彼此重要的固定消费者。开店创业困难重重，没有合伙人的新店家更懂得合作互助：新店家之间线上线下的互相推广，联名设计，合作策展，创业讨论。

不定期地，“杨梅竹新社群”还会向大栅栏团队申请闲置空间，进行集体创作，如“杨梅竹循环市集”和“食物剧场”。循环市集由七八家店主从各自家中带来吃喝与旧物，做海报，画菜单，轮流在临时店值班。食物剧场的灵感萌生于新社群日常聚餐，并先后借微胡同和微杂院完成创作。对于食物剧场，组织者米念店主提道：

> 我一直特别喜欢的一个部分就是有很多人的参与，邻居的参与。比如说海报实际上是手工皮具工作室偲偲的作品。有时候大家会做很多的融合，所以你会看到可能这个是老朱的锅，那个是老易的布，或者说那个是李扩的书。有很多部分放到这个细节里面，也许这个东西我们

没有办法解释给大家听，但它就变成是一个打包“套餐”，我们每次在改变套餐，所以套餐在我看来是很有意思的部分。[大栅栏，(2016b)]

爱好、品位与价值观念相似的新店家，来自彼此互补的异质性多元业态。他们互相消费与宣传，交换信息和情感，交流思想合作互助，让原本孤独艰难的创业生活丰富美好起来，形成了互利共生的有机共同体。霁明说，杨梅竹有与她一样“表面收敛，内心火热”的“最重要的朋友”。书的设计店的店主说，社群氛围让他获得到一种美好的“共感”。新店家，以半匿名的身份与真实可感的其他店家开展在场交往，为原子化城市人带来了身份认同和独特的日常生活体验。在此意义上，杨梅竹日渐失落的社区感在街区另一维空间重建。

（2）开放式共同体

前文可以看出新店家的人群特征：注重个体性，富于想象力和艺术品位，反规训，爱自由，不以营利为首要目标。至此，有条件也有必要引入坎贝尔提出的“浪漫伦理”概念。他认为，现代消费主义的动力机制是以自主想象为核心的现代享乐主义，其核心内容同爱情相似，是“白日梦—求新的欲望—消费—幻灭—再生的欲望”的循环，主要特点是个体独立自主性。虽然他用这一机制解释消费行为，但这一机制的来源“浪漫伦理”在新店家空间生产实践中也颇为明显。浪漫伦理将创造力视为来源于个体（而非上帝等外部力量）的神性，将想象力和感受力视为重要能力，“这种神学将艺术和艺术家置于生活中心，用美学代替功利主义价值观，浪漫世界观可以被描绘为一种可以推演为生活哲学的艺术理论”，而“品位将审美和道德相连，将二者等同”（Campbell，1987：183），构成消费实践的伦理力量。新店家以开店为业，更多是出于浪漫伦理而非资本积累，以期在个体创造中获得主体性确认，同时传播其创造的生活哲学和艺术理论。在新店家与其他人的互动中，基于浪漫伦理的规范建立并扩散。

新店家，相较于常见商家，主体意识更强而服务精神较弱，会基于消费者对新店家品味的感受能力和认可程度，建立正式和非正式规范，筛选和规训消费者。比如，Soloist Coffee 将坚决不提供奶和糖的正式规范印在玻璃门和小票上，并严格执行。通过穿衣打扮、提问方式和观看反应，新店家往往能够判断哪些消费者“不懂行”“素质不高”“那么土”“自己不喜欢”。对待这些消费者，马里奥不予理会，清闲的“洋务派”（皮具设计制作）店主会甩一句“我没空”。

店铺内，处于被支配地位的消费者意识到新店家所确立的消费行为标准，以及自己的行为品味偏差。不认可其态度、产品或服务，不理解或无法感知其理念的消费者被区隔和排斥；而向往其消费体验、尊重其创意的消费者被规训或吸引。这种对消费者的塑造力量，并不单纯来源于谋求社会地位的模仿机制（Veblen，1994），更多直接来自在想象力、感受力或反思力上对新店家的认可共鸣或自愧不如。那些成为常客进而成为店主朋友的消费者，许多始于类似“这是我见过的排版最有设计感的书”或者“手冲好有层次”的认可共鸣。像我这样被规训的消费者，则可能始于自惭形秽。比如，听闻YUAN’的店员真诚谈及她如何留意着进门处“代表生命”的花并因其变化心情起落时，惭愧于我也是她口中直奔甜品而无视生命的“粗俗”顾客之一。

基于特定审美品位的浪漫伦理，也在大栅栏团队和新店家的互构中，在街区中得到强化。团队内部日常工作中，浪漫伦理便不断强化。大栅栏团队在新店家的引入筛选上并没有统一的硬性标准，而更多强调与团队核心成员一致的审美品位。对于那些未经团队认可便入驻的新店家，团队大多“不喜欢他们的调性”，不愿为其宣传推广。团队品位也被其引入的店家不断塑造，比如书的设计店贩售的Freitag品牌背包和LI+U Workshop的手工皮具，慢慢从一两人购买变成了团队标配；团队成员也常常成为新社群活动的参与者。这样的互构强化了杨梅竹最具主导地位的品位。

在上述方式下，构成共同体的新店家赋予街区几类主导品位，成为街区社会文化规范的标准制定者。被区分的消费者中，不乏受到哲学审美启迪的“圈外人”，构建文化认同，成为定期在杨梅竹出现的“圈内人”：除了店主的旧友、设计艺术圈的同学同行、原本在圈外而如今成为常客的消费者，还有不断入驻的新店家。许多成为共同体新成员的新店家在入驻开店前，便早已与一小半新店家成为朋友。

有店主进驻，也有店主离开。闭店原因主要有三。一是北京对其他胡同开墙打洞进行正规化治理，让许多杨梅竹店家感到担忧。二是未能在“艺术家是不想妥协的”和“商人是不想冒风险的”的文化业态内在矛盾中找到平衡，在拒绝商业化的同时，未能寻得或拓宽需要依托的小众市场，长期入不敷出终究无法支撑浪漫。三是注重个性与自由的新店家，不惮于流动冒险：“人生就是要有趣，换个领域做设计。”而且正如园公子闭店告别信中所言，“我终究无法跟上你去探索内心的步伐，所以我主动地提出离开你”。个体化的空间只是个体某阶段的投射，杨梅竹也只是其多个城市造梦场之一。

对于离开，多数店主潇洒平静，“只是换一个地方，大家还是可以在一起喝酒一起玩啊”。杨梅竹对他们而言是城市的一个地方，而城市是流动的。某一个横剖面上的杨梅竹好似共同体关系消亡。2018年，LI+U Workshop从皮具转行做女装设计并落脚杭州，生活室咖啡将店铺开在他处，马里奥到朝阳开店，书的设计店店主托尼回其家乡继续做独立出版而将一半店铺转给新来的眼镜店。但即便如此，LI+U 依旧在杭州与杨梅竹伙伴们合作联名设计品，回到北京一下车便直奔杨梅竹探望老朋友；生活室咖啡筹备了两年的樱桃咖啡节宣传卡片依然出现在了书的设计店进门处；马里奥依旧每周出现在杨梅竹的一家家店里；托尼说会怀念但不可惜，他留下了他的痕迹，店员受其影响辞职开始艺术设计创业，而新来的眼镜店店主就是五年前的托尼。

“消费意义重大是因为它提供了一座连接群体与个体的桥梁，而且，城市再现了这一过程最鲜明、最坦诚的表情。”（迈尔斯，2013）虽然街区文化品质不断沉降，但个体获得身份认同，群体关系得到建立，杨梅竹形成了一个不断扩大的开放式共同体。它基于杨梅竹而生成，但又不嵌于此地，流动在城市各地和各地城市。

3. 城市想象的扩散

文化创意人通过各自的理念传递，完成了一份并不刻意的集体创作。借由媒体，杨梅竹在消费者和政府中重构并扩散了多种城市想象。

（1）城市人的城市想象：原真城市面貌与理想城市生活

从当前区位功能来看，杨梅竹已由 2012 至 2014 年的艺术设计群体聚集场所，转变为国内外小有名气的文化消费目的地。而对于许多消费者与游客而言，杨梅竹不仅是城市中的一个功能区位，也是他们获得触动后拾取的理想城市的想象。北京功能区划较为分明，城市景观较为整齐，全国各地越来越多街区在资本入侵下日益同质化。杨梅竹给人的触动源于新老并置、商居混合、本地与全球元素并置的独特性，以及作为怀旧场所的历史感和生活感。一位二十多岁的女性坐在 YUAN’纵深的店铺，透过玻璃门望向对面青砖红瓦的民居，向我阐述为何杨梅竹是她心中真正的北京：

我去伦敦的时候，伦敦桥旁边就是特别现代的建筑。这样给人一种巨大的冲击，有冲击才好啊。像我本来是为了看胡同来的，结果看到了现代的东西，然后我也其实很接受。至少这边的建筑没有完全变成现代建筑，还保留了原貌。有的人可能单纯为了过来感受这些现代的东西，结果又看到了传统的胡同。一个点能让你发现另一个点，我觉得这样挺好的呀。这才是真正的北京啊！

这样的街区感受，在杨梅竹的消费者与游客中非常有代表性。“安静”“神秘”“惊喜”“新意”“原汁原味”“烟火气”“有趣”“没有商业化”，是消费者和游客常提及的字眼，也是诸如马蜂窝、大众点评等UGC平台的常见评价。

当然，“四不像”“店太少”“不是真实的老北京”“徒有虚名”的话语也能被听到。然而，基于前述消费者的体验，媒体和意见领袖强化了杨梅竹作为理想城市的话语建构。以微信“搜一搜”中阅读量2万以上的探店推文为例，杨梅竹被描写为“保留着老北京街坊居民的生活气息和那股从古到今都未曾消逝的文艺劲儿”（24 HOURS，2018），“充满了市井气的，充满了历史感的，充满了人文气息的。它是活着的，有生命力的，能够感受得到的”“最有北京味儿的胡同”（北京TOP生活，2019）。在新中产消费者和媒体的合力下，主流话语中的杨梅竹便被建构为能够重拾生活感、获取新鲜感的“原真性”（Zukin，2010）地方，成为消费者逃离“现代城市”后的暂留地。

具体到消费文化，杨梅竹也借此对城市文化与城市生活产生了影响。文化业态结构好似一个金字塔，自下向上看，文化成分增加，艺术偏向和独特性增强，受众减少，市场缩小。正如艺术品丧失代表真实性与独特性的灵韵而成为文化工业产品（本雅明，1993），金字塔自上而下的文化扩散往往意味着大众化和商业化。伴随着仍非市场主流的浪漫消费文化的扩散，一种更具灵韵的城市生活好似也得到扩散。如，某城市生活周刊在报道 Soloist Coffee 继杨梅竹分店后新开金融街分店时，使用了这样的标题：“大栅栏的咖啡名店将精品咖啡的完美带到没有灵魂的金融街”（Soloist Coffee，2016）。主打生活方式、新美学等概念的后起商业空间也多少受到杨梅竹文化业态的向下辐射。伴随着知名度的增加，杨梅竹经历着文化沉降，而离开的店家，不少也带着“反其道而行之”的骄傲，携此处生长起的文化到其他城角落市。

（2）政府的城市想象：被学习与复制的城市更新模式

对于政策制定者而言，杨梅竹是老城更新试点。其城市生活样态和街区改造模式，都在一定程度上为更多政府带去新的城市理解。

2014年，大栅栏更新计划作为参展项目受邀参加威尼斯双年展，参展主体为西城区政府。以大栅栏变迁为内容的“穿越中国——从北京出发”被国际媒体 Wallpaper 评为双年展中最值得参观的展览之一。自此，以杨梅竹为代表的大栅栏更新计划真正得到了政府的认可。

随着杨梅竹空间改造与业态引入基本稳定，街区生态建立，杨梅竹成为新华社、人民日报等媒体报道的历史街区保护发展的标杆示范项目，被视为“保护传承历史文化名城‘金名片’”的积极探索。杨梅竹斜街 2017 年成为北京市委书记蔡奇口中“惊艳北京的一条街”，2019 年入选北京市最美街巷。无论是作为历史文化街区保护更新项目，还是作为城市街巷，杨梅竹都在官方话语中被认可，也得到了更多城市改造者的关注。在北京老城范围内，便引得白塔寺、天桥、什刹海、史家胡同、法源寺等街区效仿其跨界更新模式（贾蓉，2019）。各地市领导也频繁造访大栅栏参观学习。

政府认可并推广的城市想象是什么？一是保留原有居民，不再拆迁的生活区样态。二是基础设施改造和景观改造后的视觉美观。三是街区的文化调性。新店家告诉我，蔡奇视察时称赞的文化调性，便如他登上的模范书局二楼会员专区所带来的文化体验，那里有着古籍茶座，可以俯瞰胡同风貌。四是能获得国际关注的宣传展示窗口。

而这些希望被推广的区位功能或街区想象，终归又离不开居民自愿腾退基础上，进行空间设计改造的文化创意人。而在保有试点自由度的政策支持下，空间改造便仍有继续创造和丰富城市想象的可能。

三、小结：作为本地社区与城市区位的杨梅竹

现实中的杨梅竹是社区与城市的结合体，社区与区位是改造实践中客观存在的两种街区认知方式，也是街区的两种属性。作为分析视角，将二者剥离与结合分别展开分析，便于全面认识街区空间生产。

1. 为谁改造与改造目标

结合两种认知与第三章，可以对改造理想或目标做如下总结。

社区取向下，①邻里互助共生，保护再生本地社区与文化。典型实践：标准营造改造运营微杂院，服务社区儿童，打造共生公共空间；无界景观组织居民进行花草种植，改善邻里关系，展现老北京生活方式；大栅栏团队在文化活动中，邀请社区历史文化传承人参与，为其推广并引入合作资源；Lars 策划居民生活展，撰写居民口述史。

城市取向下，②呈现过去与当代多层并置的历史风貌，复兴历史上的城市商业文化生活中心。典型实践：大栅栏团队引入文化业态，复原或改造建筑景观，个别了解历史的新店家复兴区位文化特征。③基于杨梅竹“非商业化”和原真性特点，实现个人生活理想，向特定受众传递个人生活理念。这类空间改造者与新店家基本重合。

其中，理想①和②带有明显权力色彩，以改造街区为目标。或是想保护或构建社区共同体，或是基于区位特点，对缺乏历史特色和当代文化生活的街区进行改造。理想③则不同，自我创造的成分多于改造他人，以实现个人梦想、改造个人日常生活为首要目标，同时希望借此传递某种理念。由此，改造者“为谁或为何改造”实际可以分为“为杨梅竹改造”和“为自己与城市创造”。前者又可被归于社区与城市两种街区认知下，体现出不同的改造目标、对象和方式。

2. 双重街区认知下的改造影响

为便于论述“生产出怎样的空间”及其原因，下面结合表 3-1 进行总结。

表 3-1　不同街区认知下的改造目标和改造影响

改造目标 改造影响	本地社区： ①邻里互助社区共生，社区历史文化保护	城市区位： ②历史文化复兴与文化业态引入 ③个人追梦与城市造梦（新店家）
本地社区： 共生的希望 失落的社区	共生希望与居民价值确认 社区共生困境 （1，1）	放大相对剥夺感、人地剥离感 新增社区区隔与邻里冲突 （1，2）
城市区位： 开放共同体 城市想象扩散	为城市想象提供 a. “原真性”生产资料 b. 改造模式宣传内容 （2，1）	扩散城市人、政府的城市想象 a. 理想城市目的地、样貌和生活 b. 首都“金名片”和改造示范点 形成以新店家为基础的开放式共同体 （2，2）

首先，将两种认知或属性剥离进行分析。对于作为社区的杨梅竹，空间设计改造带来了共生的希望，也放大了失落的社区；对于作为城市区位的杨梅竹，带来了开放式共同体，也扩散了基于城市

的想象。

表 3-1（1，1）：将街区看作本地社区并为社区改造的实践，对杨梅竹社区而言，有成有败。一方面，许多维度的共生关系得到建立或强化，部分居民强化了地方认同感和自我价值确认。另一方面，由于原有社区空间和人口特征，本地社区多元共生也遇到阻碍。建筑师、规划师和社会学家都无法从无到有创造社会关系（Lefebvre，1996），上述社区理想或成于有效的关系触媒，或败于破碎的社区关系，实现社区理想离不开社区基础。

表 3-1（2，2）：将街区看作城市区位的空间改造，对作为城市区位的杨梅竹而言，具有一定生产性。首先，历史文化保护营造的原真性，和空间改造带来的混杂独特性，扩散了某种城市想象：更多人开始将杨梅竹视为独特的城市文化消费目的地、理想的城市面貌和“有灵魂的”的消费文化与城市生活承载地；历史文化复兴和文化业态是历史文化名城“金名片”的重要构成，杨梅竹进而成为更多政府学习的改造模式。新店家出于个人创造和理念传播的理想而开店，是上述想象形成的条件，也促使开放式共同体和街区新规范形成。

其次，将社区与城市两种视角或属性结合进行分析，既可以看到居民被动成为空间生产资料，也可以看到区位功能与社区生活的内在张力，以及全球与在地的纠缠。

表 3-1（2，1）：被改造、保护或突显的社区，构成了被扩散的城市想象的形成要素或生产资料。社区共建构成大栅栏团队获得大栅栏街道支持的条件之一、地方政府认可与宣传杨梅竹模式的重要内容和国际媒体对大栅栏改造关注的重要原因。对于观者而言，本地居民与文化元素构成现代城市人渴求的生活感与“原真性”。社区居民与本地文化，成为“原真性”生产资料和维持改造模式的运作环境，在地性亦成为国家化和全球化空间生产必

须依托但又不断侵蚀的生产资料。

表 3-1（1，2）：将街区看作城市区位的改造实践，为本地社区带来了负外部性。在原本区隔衰落的社区中，城市取向的改造实践一方面悬浮于居民生活世界，放大了本地居民原有的相对剥夺感和人地剥离感；另一方面放大了部分原本对立的邻里关系，新增了新人群与居民的区隔与摩擦。

第五章　结论与讨论

一、谁生产与如何生产

项飙（2018）面对消失的“浙江村”，分析了正规化如何将萌生中的“新社会空间”还原为“物理空间”。他指出，前者的主体是人，由错综复杂的社会关系构成，政府要谈判、妥协，与之共存；后者的主体是地，由行政框架下单一化市场规划主导，处理手段是拆、迁、卖。

相较于原有老城改造中像前门大街这样的“物理空间”，杨梅竹是“社会空间”。大栅栏更新计划以多元跨界参与和微循环有机更新为特点，具有自由度和开放性。这一改造模式源于非正规化和政府放权。政府放权则源于旧城拆迁重建模式下，政府面对激烈社会争论，认识到城市是社会空间而非物理空间，需要谈判、妥协和共存。

老城街区中，历史积淀下来错综复杂的社会和空间背景。面对政府放权的需要与老城街区的现实条件，正如贾蓉所言，节点式开发和微循环有机更新是迫不得已的办法。伴随着从政府到大投公司再到文化创意人的层层权力下放，“如何与居民谈判、妥协和共存”

这一难题经过层层抛出，交由多元跨界主体，由其将各自的答案在空间生产过程中书写到街区细碎的空间中。

在高自由度的试点中，大栅栏团队核心成员对街区整体改造方式的选择往往是决定性力量。由其引入的规划师、建筑师、艺术家、设计师、文化业态经营者等文化创意人，则对其改造的某个空间有改造权力。

大栅栏团队的改造目标最复杂。基于大栅栏历史文保区、老城改造试点区、城市中心区、居民生活区等多重区位功能，大栅栏团队需要承担街区历史文化保护与复兴、生活改善、业态提升的任务。这构成了街区内被改造的三种主要空间功能。在改造理念上，大栅栏团队主张新老并存共生的有机更新，并且在其他文化创意人引入时也注重价值理念的一致性。这维持了街区改造理念的整体统一性。

个体行动者的具体改造通过设计和使用两种方式实现。设计是对空间形态和空间功能的构想与规定，涉及这些专长于符号产品的“文化媒介人”（Featherstone，1991），对空间符号与意义的生产。空间使用则使其空间内容和社会关系得到实际填充。

街区居民参与更新计划的方式，主要是在大栅栏团队或其他文化创意人的邀请下，参与空间使用。相较于大栅栏团队和文化创意人，参与改造项目的街区居民在权利关系中处于弱势地位。

综上所述，改造街区的主体主要来自政府、市场与社会。大栅栏团队是政府与市场社会主体的中介；文化创意人和街区居民是作为市场与社会主体被引入的具体行动者；大栅栏团队成员和文化创意人作为具体行动者，具有空间设计改造权。改造方式上，包括空间设计和空间使用，街区层面体现出多元跨界参与和微循环有机更新的特点。

空间生产的力量有哪些？不同于资本与权力主导的多数土地开发，杨梅竹空间生产的力量主要是改造权力和“浪漫伦理”（Campbell，

1987）。伴随着自政府逐级传导下放的权力，权力之外的力量被引入，其中最突出的便是集中体现在消费空间中的浪漫伦理。新店家依托市场，出于浪漫伦理，传播其创造的生活哲学和艺术理论。基于此，他们在社会互动中建立起新的街区社会规范。

二、生产什么和生产出什么

空间设计改造的街区影响（生产出什么），与改造目标及其背后的街区认知方式（生产什么）密不可分。

为避免社会学界将街区等同于社区的单一认知倾向所带来的问题，我通过社区经典理论，以芝加哥学派“城市区位”为概念工具，基于区位相对性、功能性、变动性、流动性、开放性的特点，找寻一种“去共同体的地域”的街区认知方式。基于地域承载关系的开放性程度，我构建出一对街区认知方式的理想类型：街区认知的社区取向与城市取向。社区取向将街区视为一个有共同情感的本地社区，城市取向将街区视为一个开放性城市区位。这是分析工具，是空间改造中的两种认知方式，也是构成街区内在张力的两种属性。

总的来看，文化创意人在改造中有着历史文化复兴、社区共融共生和传递城市生活理念的理想。借助这两种视角分析，既能理解张力与割裂的原因，也能看到单一社区取向下看不到的空间生产价值。

1. 张力与割裂

在分析改造影响时，若仅将杨梅竹看作本地社区，提问便是“改造为社区带来了什么？”在这种提问下，我们看到的是改造理想与现实之间的落差与张力，以及杨梅竹内部的割裂。即便改造带来了些许共生希望，但更多是社区的失落，区隔的加深，冲突的增加，相对剥夺感和人地剥离感的放大；并且空间设计和新店家生活，都悬浮于社区。

理解张力与割裂的后果，需要认识到街区作为社区和城市的两种属性。无论是由历史积淀形成，还是由政府权力决定，杨梅竹是一个具有多重功能的城市区位。文化创意人对街区的认知，既有社区取向，也有城市取向。他们基于这种理解，进而为空间赋予意义和新功能。

正如大栅栏团队成员所说，“我们觉得大栅栏是一个容器，不是一个苹果也不是一个梨子，这么多年的历史，各个不同层级的人都在里面待过”，文化创意人大多首先将街区看作城市区位，而非封闭社区。但同一空间内，文化创意人与居民呈现出社会文化极化，在日常生活中不可避免地形成了普遍性区隔；观看、怀旧和消费的空间功能，客观上并非面向居民；而居民日常生活舞台化，被动成为“原真性”生产资料。居民利益诉求的落差，和上述空间功能与居住功能之间的固有冲突，体现出街区改造带给社区的负外部性。对于现代化和城市化下已日渐消亡失落的社区，负外部性加剧了社区割裂和社区感衰亡。

改造实践中，亦有文化创意人看到作为社区的街区。在社区居民实际亲历体验的空间中，除了共生的希望，更多是共生的困境。究其原因，一方面，杨梅竹对于居民与改造者的意义不同。多数本地居民将街区视为合适的生活场所，“合适”在于区位优势，如医疗、就学或通勤便利。有的本地居民将街区视为一种可以获利的区位资源，在腾退补偿款上曾经或始终有所期待而没有离开。外来人口因街区的地理位置与低廉房租而从各地进入。街区对居民而言，或许是过去的社区，但更多只是当前过日子的地方。在共同体趋于消失的杨梅竹，鲜有居民抱有或认同社区共生的愿望。另一方面，由于邻里关系淡漠，群体长期区隔，公共空间权属不清，多重空间功能存在内在冲突，原有居民邻里互助和共生共融的理想缺乏空间基础和社会基础。

2. 空间改造价值与日常生活力量

如果将街区看作城市区位，看作是承载城市文化生活的一个地方，便可以发现新的价值。在社区视角下被认为是悬浮的空间设计和新店家生活，其实也是城市中踏实存在且具有生产性的事物。

历史文化保护营造出的“原真性”，建筑改造中历史与当代的并置，文化业态带来的本地与全球、商居功能的混合，连同新店家的消费空间，生产出基于城市中产感知和媒体建构的街区“原真性”，扩散了城市人“这才是真正的北京”和政府老城改造示范点的城市想象。

其中，新店家将创造力和自主性注入个体在杨梅竹的日常生活之中，出于个人创造和生活理念传播的理想而开店，这一空间改造实践最具生产性。①在新店家个人层面，他们不认可被规训和异化的现代生活，来到杨梅竹进行基于个体创造的生产生活。相较于被现代性割裂的主体与客体，新店家的主体性与空间及其中产品的客体性密不可分；相较于被现代性分割的个体与日常生活，他们在一定程度上恢复了人和生活的整体性。②在街区社会关系层面，相似的个体主义价值追求和审美品位，以及异质互补的业态类型，构成了新店家共同体形成的基础。这种共同体关系不同于同质化的传统“共同体”，也不同于理性功利的现代“社会”，更像是基于“社会”而形成的“共同体”，且在社会性日常生活中激发着新的创造灵感和生产行为。基于浪漫伦理，生成于杨梅竹但不嵌于此地的开放式共同体进而形成，影响更多人逃离异化。③在城市生活层面，开放共生街区与城市生活的生长，是更具灵韵的集体作品，而非全球资本主义下机械复制的同质化产品。即便新店家个人离开，但这种城市生活想象已留下痕迹或得到扩散。这种自我生产、共同体生产和空间生产，或许是重启新社会想象的“生产生活的生活”（Lefebvre，1991a：60）的体现，通过创造性、日常生活化（有阶层分异的）

和集体性空间生产，一定程度上逃离了现代工业社会和工具理性的宰制与异化，彰显出列斐伏尔在日常生活和空间中发现的解放力量（Lefebvre，1971）。

基于上述分析，我也希望更明确地指出，恰如不同街区认知方式下的改造实践会产生不同的改造影响，不同街区认知方式下的研究分析也会带来不同的研究发现。对于研究者而言，这种差异可能贯穿问题提出、研究设计、资料收集和资料分析的全过程。而在现代化与城市化背景下，社会学社区研究传统中的“社区”，尤其是当代城市中的“社区”，在很大程度上或许只是研究者想象中的共同体。在社区研究和城市研究中，相较于深受共同体与地域性捆绑式理解影响的“社区”这一概念，“空间”或“街区”或许是更有效的概念工具。

三、为谁生产：空间正义与城市更新

“浪漫主义的冲动，逃避家庭和地方社区里沉闷的日常秩序的渴望，驱使我们旅游海外、寻求冒险。……这种不安定性和冒险的渴望，在极大程度上是无聊和虚幻的，因为它缺乏创造性。我们不是返回这个沉闷的世界去改变它，却在企图逃避它。”（帕克，1987：113）

文化创意人获得政府下放的空间改造权力，带着各种创意和理想改变街区。但改变的是谁的生活世界呢？

首先要认识到一个重要前提，区位是城市中最重要的稀缺资源，中心城区的区位资源则尤为稀缺（何雨，2016）。无论是改造过程中文化创意人改造观念的博弈，还是空间使用中，街区内外新老人群在空间和空间主体地位上的争夺，都不难看出对区位资源的竞争。

从“为谁生产”的问题看，文化创意人的改造实践可以分为“为杨梅竹改造”和“为自己与城市创造”。虽然两者都带有对主流秩序的批判或反思，但前者试图改造他人的世界，后者创造自己的生活。

从街区变迁过程和结果来看，街区作为城市文化符号、文化生活场所和老城改造样板的功能日益突显，街区社会文化规范也发生着更迭，新的人群来来去去，逐渐将全球与现代的元素带进街区实现再地方化。这种街区变迁，既是权力的设定改造，也是生态演进的过程。

“为杨梅竹改造者”或是想保护或构建共生社区，或是认为街区应该成为某种时空区位中的面貌，而将权力施加于街区。从形式上看，有机更新较拆迁重建而言，对街区原有使用者更为尊重和友好。文化创意人的改造理想也不乏对强制性权力和资本运作的批判与抵抗。但从本质上看，这依然是外来权力对空间的设定化改造。一方面，确实有改造实践把握住社区基础中的重要触媒和条件，借助权力赋予部分居民以空间权利；另一方面，无论是在消失共同体中“创造共生”的乌托邦式实验，还是在有限区位资源中突显历史文化和商业功能，抑或是社区成为“原真性”空间的生产资料，都让居民感受到权利剥夺。大栅栏团队成员也很清楚，居民“反对的是一个剥夺其资源的形象”。获得改造权力的文化创意人，难免被看作资源剥夺者的化身。

“为自己与城市创造者”虽然不可避免地成为权力改造街区的工具，但其所借助的街区变迁动力是人类生态学上的竞争、侵入与承继。这一类人与新店家基本重合，他们大多并不认为街区本身需要被改造，更多是以现代性宰制下找寻原真性的心态，看重街区时空区位和原真氛围，借助获得的小空间追求个人梦想并为城市造梦。基于日常生活的力量，接近于作品而非产品的城市生活得以萌发。在一个原有人口老化外流的街区，新店家带来的人群和土地功能的更替，如若能在解组后实现再组织，便是芝加哥学派理论中城市有机更新的自然过程。如果说“老北京”居民所怀念的共同体生活与街区面貌，是伴随现代性侵入和传统社区消亡，而令人怀念的过去，那么新店家展开的城市生活，或许是现代人逃离现代性异化，而去找寻的未来。

如此看来，借用列斐伏尔的三元空间概念（Lefebvre，1991b）加以论述，杨梅竹街区改造中，张力与割裂大概源于不平等的权力关系之下，设计者构想的“空间表象”对原有空间使用者的支配。而空间生产的价值，则源于城市新陈代谢过程中，新店家对零散空间的“挪用”（Lefebvre，1996），对亲历体验的、富有个体想象力的“表征性空间”的生产与创造，从而为街区注入了开放性、差异性和可能性。

或许，正如扎实的共生关系无法被创造而只能自发形成一样，美好的城市从来都难以被设计改造出来，而只能生长于日常生活。

在街区认知的社区取向与城市取向下分别分析杨梅竹空间生产的影响，会得到完全不同的答案：张力割裂和生产性价值。鲍曼（2012）指出全球流动性在精英和非精英阶层上的巨大差异：前者享受流动，脱离地方义务；后者则依赖地方社区提供的确定性。在这一意义上，两种街区认知取向均不容忽视。而在张力割裂和生产性价值背后，空间正义与城市更新的矛盾或许将永远存在。

本文关注的杨梅竹作为试点项目，在改造方式上存在一定特殊性。其他同类街区改造实践中，社会基础有所差异，政府、市场与社会的参与程度与主体关系也不尽相同。基于扩展个案法比较分析，能进一步理解当前中国老城改造共性机制。就案例本身而言，限于经验材料的可获取性，权力与资本对街区改造整体的作用机制仍需探究。未来，对这些问题的研究或将有助于增进对中国情景下城市空间生产的理论认识。

参考文献

[1] 齐格蒙特·鲍曼．流动的时代 [M]. 谷蕾，武媛媛，译．南京：江苏人民出版社，2012.

[2] 伯吉斯．城市发展：一项研究计划的导言 [J]. 载于帕克等主编《城市社会学：芝加哥学派城市研究文集》. 宋俊岭，吴建华，等译．北京：华夏出版社，1987.

[3] 阿兰·布洛萨，汤明洁．福柯的异托邦哲学及其问题 [J]. 清华大学学报（哲学社会科学版），2016，31(05)：155-162+197.

[4] 北京市社会科学院．北京城区角落调查 [M]. 北京：社会科学文献出版社，2005.

[5] 北京 TOP 生活．“北京最美街巷”杨梅竹斜街，给你想要的京味儿胡同 [EB/OL]. (2019-08-04). https://mp.weixin.qq.com/s/s4VkvW7WWT08zUSFBliOqg.

[6] 大栅栏．活动回顾 ｜ 杨梅竹社群分享会（一）不忘初心·杨梅竹的昨日与今天 [EB/OL]. https://mp.weixin.qq.com/s/8SADs-ib3K2X6qlx0tlmOw.

[7] 大栅栏．活动回顾 ｜ 杨梅竹社群分享会（三）米粒大小的念想 [EB/OL]. https://mp.weixin.qq.com/s/_hm4wQxBKiOBBfGwbfOo4w.

[8] 大栅栏更新计划．穿越中国从北京出发：大栅栏更新计划 [M]. 2014.

[9] 扬·盖尔．交往与空间 [M]. 北京：中国建筑工业出版社，2002.

[10] 高慎林．消费视角下城市综合体的空间建构研究 [D]. 南京：南京大学硕士论文，2013.

[11] 何雨．社会学芝加哥学派 [M]. 北京：社会科学文献出版社，2016.

[12] 24HOURS. 杨梅竹斜街 | 跳脱隐巷，市井光芒 [EB/OL]. https://mp.weixin.qq.com/s/wWT5HBSo6Tl_IxSzp4zGXA.

[13] 华茹茹．怀旧：历史街区文化构建与空间消费 [D]. 南京：南京大学硕士论文，2015.

[14] 黄杰．“共同体”，还是“社区”？——对“Gemeinschaft”语词历程的文本解读 [J]. 学海，2019(05)：10-15.

[15] 安东尼·吉登斯．现代性与自我认同 [M]. 北京：生活·读书·新知三联书店，1998.

[16] 贾冬婷．胡同里的微型城市化 [J]. 新城乡，2016(12)：52-53.
[17] 贾蓉．大栅栏更新计划：城市核心区有机更新模式 [J]. 北京规划建设，2014(06)：98-104.
[18] 贾蓉．基于城市策展视角的历史街区跨界复兴——以大栅栏更新计划为例 [J]. 装饰，2017(05)：38-44.
[19] 贾蓉．老城复杂系统的集合影响力保护更新实践——以北京西城大栅栏更新计划为例 [J]. 北京规划建设，2019(S2)：81-90.
[20] 李阿琳，包路芳．北京市老旧平房街区改造与更新的调查研究——以大栅栏街道为例 [R]// 北京社会发展报告（2014～2015）. 北京：社会科学文献出版社，2015.
[21] 李涵，胡妍．一点儿北京·大栅栏 [M]. 上海：同济大学出版社，2015.
[22] 斯蒂芬·迈尔斯．消费空间 [M]. 孙民乐，译．南京：江苏教育出版社，2013.
[23] 沈原．老旧街区的社区建设 [J]. 国际社会科学杂志（中文版），2019，36(01)：14-26+5+9.
[24] 帕克．社区组织和浪漫情绪 [C]// 城市社会学：芝加哥学派城市研究文集．北京：华夏出版社，1987.
[25]Soloistcoffee. 大栅栏的咖啡名店将精品咖啡的完美带到没有灵魂的金融街 [EB/OL].https://weibo.com/p/1001603978416851437803.
[26] 斐迪南·滕尼斯．共同体与社会 [M]. 林荣远，译．北京：商务印书馆，1999.
[27] 田耕．人文、生态与社区——重温帕克《城市》[J]. 社会发展研究，2016，3(03)：220-231.
[28] 田雪娟．旧城历史街区更新中的社会空间结构变迁 [D]. 南京：南京大学硕士论文，2017.
[29]W. 本雅明．机械复制时代的艺术作品 [M]. 王才勇，译．杭州：浙江摄影出版社，1993.
[30] 吴娅丹．对中国城市更新的困境与挑战的再解读——以时空为视角 [J]. 华中科技大学学报（社会科学版），2016，30(02)：116-121.
[31] 西美尔．货币哲学 [M]. 陈戎女，耿开君，等译．北京：华夏出版社，

2007.

[32] 夏铸九．作为社会动力的社区与城市：全球化下对社区营造的一点理论上的思考 [J]．台湾社会研究季刊，2007(65)：227－247.

[33] 项飙．跨越边界的社区：北京“浙江村”的生活史 [M]．北京：生活·读书·新知三联书店，2018.

[34] 谢晓英，张琦，等．北京大栅栏片区杨梅竹斜街环境与立面整治 [J]．住区，2015(03).

[35] 艺术中国．北京老城如何更新？以杨梅竹斜街改造为例 [EB/OL]．http://art.china.cn/zixun/2019-04/29/content_40736547.htm.

[36] 郑中玉．社区性质与发展趋势的争议：从本质主义转向实践视角 [J]．河北学刊，2016(6).

[37] 钟晓华．田子坊是如何形成的 [M]．上海：复旦大学出版社，2016.

[38] Brown-Saracino J.A Neighborhood That Never Changes:Gentrification,Social Preservation,and the Search for Authenticity[M].Chicago:University of Chicago Press ,2010.

[39] Campbell C.The Romantic Ethic and the Spirit of Modern Consumerism[M].Blackwell,1987.

[40] Clark E.The Order and Simplicity of Gentrification:A Political Challenge[C].London:Routledge,2005.

[41] Cohen E.Authenticity and Commoditization in Tourism[J].in Contemporary Tourism:Diversity and Change ,2004.

[42] Crewe L,J Beaverstock.Fashioning the City:Cultures of Consumption in Contemporary Urban Spaces[J].Geoforum ,1998(3).

[43] Featherstone M.Consumer Culture and Postmodernism[M].Sage,1991.

[44] Foucault M.Of Other Spaces[J].Diacritics,1986,16(1):22 － 27.

[45] Harvey D.From Managerialism to Entrepreneurialism:The Transformation in Urban Governance in Late Capitalism[J].Geografiska Annaler B,1989,71(1).

[46] Hyra D.The Back-to-the-City Movement:Neighbourhood Redevelopment and Processes of Political and Cultural Displacement[J].Urban

Studies, 2015, 52(10).

[47]Jackson P, N Thrift. “Geographies of Consumption.” in Acknowledging Consumption:A Review of New Studies[M]. London:Routledge, 1995.

[48]Knudsen D C, J M Rickly, et al. The Fantasy of Authenticity:Touring with Lacan[J]. Annals of Tourism Research, 2016, 58.

[49]Lees L, B S Hyun, et al. Planetary Gentrification[M]. Polity Press, 2016.

[50]Lefebvre H. Everyday Life in the Modern World[M]. The Penguin, 1971.

[51]Lefebvre H. Critique of Everyday Life[M]. Verso, 1991a.

[52]Lefebvre H. The Production of Space[M]. Blackwell, 1991b.

[53]Lefebvre H. Writings on Cities[M]. Blackwell, 1996.

[54]David Ley. Artists, Aestheticisation and the Field of Gentrification[J]. Urban Studies, 2003, 40(12):2527-2544.

[55]Marx K. “The Economic and Philosophical Manuscripts.” in Karl Marx:Early Writings[M]. McGraw-Hill, 1963.

[56]Mckenzie R D. “The Ecological Approach to the Study of the Human Community” in R. E. Park, E. W. Burgess, and R. D. McKenzie(eds.)The City[M]. University of Chicago Press, 1925.

[57]Park R E. Human Ecology[J]. American Journal of Sociology, 1936(42).

[58]Rickly-Boyd J M. Authenticity & Aura:A Benjaminian Approach to Tourism[J]. Annals of Tourism Research, 2012, 39(1).

[59]Simpson C R. SoHo, the Artist in the City[M]. University of Chicago Press, 1981.

[60]Smith N. The New Urban Frontier:Gentrification and the Revanchist City[M]. London:Routledge, 1996.

[61]Soja E. Third Space:Journey to Los Angeles and Other Real-and-Imagined Places[M]. Blackwell, 1996.

[62]Tonkiss F. Socialising design? From consumption to production[J]. City, 2017(21).

[63]Veblen T. The Theory of the Leisure Class[M]. Penguin, 1994.

[64]Wang N.Rethinking Authenticity in Tourism Experience[J].Annals of Tourism Research,1999,26(2).

[65]Wellman B,et al.Networks,Neighborhoods,and Communities:Approaches to the Study of the Community Question[J].Urban Affairs Review,1979,14(3).

[66]Zukin S.Bourdieu Off-Broadway:Managing Distinction on a Shopping Block in the East Village[J].City & Community,2004,3(2).

[67]Zukin S.New Retail Capital and Neighborhood Change:Boutiques and Gentrification in New York City[J].City & Community,2009,8(1).

[68]Zukin S.Naked City:The Death and Life of Authentic Urban Places[M].Oxford University Press,2010.

家庭工业与社会关系
——许村家纺产业发展的社会学考察

任春旭　北京大学社会学系2018级
指导教师　周飞舟

第一章　导言

一、背景和问题的提出

1949年以来，中国的乡村工业经历了从社队企业到乡镇企业再到私营企业的历史变迁。20世纪90年代中期以后，由于财税关系的变化，地方政府投资乡镇企业的热情降低（周飞舟，2012），乡镇企业逐渐走向衰落，纷纷转制。但乡镇企业的消亡并不意味着我国乡村工业化的停滞，相反，素以民营经济为主要发展动力的浙江省逐步演化出以家庭工业为依托、各个生产环节高度分化的新型乡村工业化模式。费孝通早在1986年深入浙江调查时就发现，温州农村经济发展的基本特点是以商代工的“小商品，大市场”模式（费孝通，1986）。而浙江乡村工业的特点也得到了延续，逐步形成了一家一户为基本生产单位，相关生产配套的上下游企业、相关服务业高度聚集的产业集聚模式（刘世锦，2003）。可以发现，浙江产业发展的突出特征是：中小企业作为经营主体，以灵活复杂的生产网络来实现专业化分工生产，学界将这种发展模式总结为“浙江模式”（刘吉瑞，1996；金祥伟、朱希伟，2002）。

本文的田野地点海宁市许村镇就是“浙江模式”的典型代表。一方面，许村地区经过几十年的发展，形成了以生产窗帘、墙布为主的家纺工业。整个许村地区的工业都是围绕着“一块布”进行，并演化出了高度细化、专业分工的产业集聚模式，在这一集群模式下，家庭织户、包买商、小微企业、中型企业、大型企业以及各类经销商围绕着专业市场整合了织布、印染、后道整理、包装、销售等多个生产环节，形成了一条完整的家纺工业产业链条（付伟，2016）。这一产业链条上存在多个生产环节，每个生产环节上又有不同的经营主体，不同生产环节上的经营主体之间如何协调配合，同一生产环节上的经营主体之间又是如何竞争合作，不同经营主体之间形成了怎样的关系，这个社会关系又对窗帘产业链条产生了怎样的影响？对许村家纺产业组织形态的考察是本文关注的主要问题。

另一方面，由于许村镇位于海宁市西南侧，毗邻杭州市，是杭海新区建设的中心地带，在城镇化扩张和环境污染整治的双重压力下，许村镇从 2013 年开始全面推行“腾笼换鸟”，加快工业产业转型升级的专项行动。所谓“腾笼换鸟”，就是倒逼传统落后产业转型，淘汰高污染工厂、村庄作坊等违章建筑，并鼓励发展高新技术产业，促进合规企业整体搬迁工业园区（付伟，2016）。在这一政策背景下，许村家纺产业旧有的生产组织模式会面对怎样的挑战，“腾笼换鸟”政策会对原有生产组织模式造成怎样的影响？本文在明晰许村家纺产业的生产组织形态的特点之后，会用一章的篇幅来对许村的“腾笼换鸟”政策做一个简短的讨论。

二、文献综述

本文的研究问题聚焦在许村家纺产业的具体生产组织形态以及

产业转型政策对这一生产组织形态的影响，因此文献梳理部分也将聚焦在以上两点；一方面，梳理学界对产业生产组织形态已有的讨论，主要是西方经济学与社会学围绕“纵向一体化”问题展开的讨论，以及国内对包买制这一生产组织形式的研究；另一方面，阐述当前中国乡村工业化的发展现状以及当前乡村工业化中“来料加工”模式的已有研究，结合当下浙江“腾笼换鸟”产业转型政策的背景，梳理关于产业转移、企业园区化等政策的讨论。

1. 纵向一体化与包买制研究

新制度主义经济学关注的重点是从交易成本的角度来切入产业组织形态的研究。科斯最早提出交易费用这一概念，从市场和企业两种不同的生产组织形态来探讨企业的性质。科斯指出，市场中交易成本的存在使得即便在产权完全界定的前提下，资源的配置也往往不能完全由市场来引导，当市场机制的交易成本比较高时，就应该由企业内部交易来替代市场，由企业的权威来决定资源配置（Coase，1937）。威廉姆森继承并发展了科斯的理论，他从节约交易成本的角度，开创性地引入了“资产专用性、交易频率和不确定性”三个分类维度，借以更好区分不同的生产组织形态。威廉姆森认为，由于人的有限理性和机会主义倾向，交易双方难以高效妥当地完成交易。正因为经济交易存在着这种不确定性，必须依赖不同的组织形态（企业交易、市场交易和介于两者之间的混合交易）来促使交易的达成。资产专用性是区分这不同组织形态的最主要特征是指在不牺牲生产价值条件下，资产可用于不同用途的和由不同使用者利用的程度，并可进一步细化为三种资本：特殊实物资本，特殊人力资本和有特殊地点的资本（Williamson，1980）。特殊实物资本指的是只可由一家或几家买主使用的建筑和机器；特殊人力资本指的是产品的生产需要经过特殊培训的工人来进行；特殊地点的资本是处在相邻位置上的生产连续阶段的资本（李元旭，

2000）。对于资产专用性高的交易，一旦做出，若再改变其他用途就难以通过市场手段进行补救，可能会导致全部或部分原有价值的丧失，这时企业就将市场激励弱、潜在不确定性大的交易纳入企业内部进行，从而减低交易费用，实现纵向一体化。而对于资产专用性不高的交易，依托市场自由竞争的高激励优势就可以实现交易的达成。

格兰诺维特并不赞同新制度主义经济学从交易成本角度对经济行为的研究，他指出，新制度经济学的主要问题在于没有在制度分析中加入社会学、历史学和法学等角度的讨论，而是把经济制度（如企业组织）作为解决经济问题的最有效方案。这种认识以及它所暗含的功能主义限制了它对社会结构做更为深入细致的剖析，而受到限制的这一方面对理解现存制度和组织的存续又是极为重要的（Granovetter，1985）。格兰诺维特提出以嵌入性理论和社会网络理论作为替代视角进行对经济行为的研究，防止交易中机会主义盛行和交易失败的发生不能诉诸企业、市场这样的制度安排，也不能寄希望于外部工具性设计来避免，而是要注重考察人们之间的社会关系在促进交易达成中发挥的作用，将经济行为嵌入社会关系网络之中。将这一理论逻辑应用于企业组织纵向一体化问题时，格兰诺维特指出，假如其他条件不变，当交易的企业间缺少社会网络或关系网络带来的是冲突、失序、机会主义或欺诈时，交易就有压力要纵向一体化；相反，若存在一个稳定的网络来处理复杂的交易并由此能固化为企业间的行为模式，纵向一体化的压力就能消除（孙涛，2013）。

中国本土对于产业组织形态的讨论主要集中在包买制研究。包买制的最早出现可追溯到清末民初时期，是一种农户从包买商手里领取生产原料，经过家庭加工，然后售卖给包买商并领取加工费的生产组织模式。国内学界对包买制的讨论同西方对产业组织形态的讨论方向一致，主要关注为什么乡村出现了“农户＋包买商”的包买制模式而不是工厂加工模式。对此有两种主流解释，一种是强调农村劳动力和棉纺织业的低利润率导致的过密化生产（赵冈、陈钟毅，1997）；另一种是认为包买制这一制度具有灵活生产、小额资产和低负债率等优势，因此非常适合当时不稳定的经济环境（周飞舟，2006）。但这两种解释各自存有局限，都属于从外部条件入手对包买制做出解释，无法有效解释今天已摆脱“过密化”以及经济环境稳定的中国乡村为何仍维续着包买制的传统。

2. 乡村工业化现状与产业转移政策的讨论

我国的乡村工业化并没有因乡镇企业的衰落而停滞，以浙江为代表的东部沿海农村以私营企业的形式延续了乡村工业的生命，并形成了家庭工业生产、产业高度聚集的新型乡村工业化模式。费孝通在对浙江温州进行实地调研后，指出温州的经验一是在生产领域发展了家庭工业，二是在流通领域开辟了专业市场（费孝通，1986）。洪银兴也注意到了温州以家庭工业和专业市场发展非农产业的发展模式，他认为温州模式同时采取了“离乡”和“不离乡”两种方式：发展家庭工业是“离土不离乡”甚至“离土不离家”，而“千军万马走出去”和遍布全国的以温州人为先驱和主体的“浙江村”，是温州人“离土又离乡”就业的生动体现（洪银兴，2001）。这种“小商品、大市场”温州模式的成功，使浙江省其他地方纷纷效仿，在浙江迅速崛起了一大批以产业集群为特征的专业品镇（钱平凡，2003）。所谓的产业集群，就是在适当大的区域范围内，生产某种产品的若干个同类企业，为这些企业配套的上下游企业，以及相关的服务业，高密度地聚集在一起。区域性的产业集群往往以一家一户为基本生产单位，几十家、几百家乃至更多家这样的生产单位集中在不大的区域内，即所谓的“一乡一品”“一镇一品”（刘世锦，2003）。

浙江当前的产业聚集发展模式与中国传统的包买制有许多相似之处，在生产组织环节依然采用工序分包、由包买商组织农户在家中进行生产的来料加工模式，这种模式与乡村社区联系密切，是包买制在当今社会的变形。同时，学界对于来料加工模式的研究也从外围视角开始转向对这一模式的内部社会关系作用的考察。符裕对河北省白沟地区箱包业的来料加工模式进行了研究，他指出：在白沟的来料加工中，老板与雇员之间往往建立起一种浓厚的人际关系，而二者之间的经济活动高度嵌入在这套人际关系之中，老板通过关心员工提升员工在经济活动中的作用。他认为，基于人际信任构建起来的关系网络使得买卖双方在长期合作后互相依赖，降低了在完全竞争的市场中面临的风险，降低了交易成本。与此同时，基于人际信任构建起来的关系网络是一个富有弹性的网络，这套关系网络不仅可以帮助工厂之间实现互相派单，还可以使工厂与工人之间形成稳固的纽带，从而不会因淡季或经济形势不好而终止合作（符裕，2008）。王田一和徐宗阳对浙江省来料加工的生产组织形式进行研究，主要的发现有两点：首先，经纪人（包买商）组织来料加工的过程依托的正是其社会关系网络，经纪人依托这套社会关系网络来招募散户，最初的散户是经纪人最亲近的人，其次是本村熟人，再是周边陌生人。这形成了经纪人的“能力圈”（王田一，2013）。其次，经纪人管理质量与工期的方式是一种差异化的人格化的管理方式，经纪人并不是通过奖惩的措施来管理散户，而是依托社会关系，通过讲道理、明责任、摆难处等人格化的方式来确保质量与工期，这种人情管理模式在乡土社会是富有成效的（徐宗阳，2013）。

符裕的研究强调了社会关系在经济活动中的作用，但却没有深入到具体生产运作环节中考察其具体机制，我们只知道社会关系起到了作用，但社会关系网络解决了生产环节中哪些具体问题，如何依托这套关系网络组织生产等具体内容我们却不得而知。王田一、徐宗阳对于社会关系的考察更进了一步，强调了社会关系在生产组织与劳动管理中的作用，但却没有回答为何包买制比工厂制更有效率。

另外，在城镇化扩张和环境污染整治的双重压力下，许村镇从2014年开始全面推行“腾笼换鸟”，加快工业产业转型升级的专项行动。付伟在许村调研时发现，家纺企业进入园区可以减少企业逃税行为、增加政府税收，也可以倒逼企业合并，增加规上企业数量，这是海宁政府推进“腾空换鸟”政策的主要动力（付伟，2016）。在这样的背景下，许村经过三十多年发展成型的家庭生产、产业集聚的发展模式不得不面临转型，但付伟没有继续关注“腾笼换鸟”产业升级转型政策对许村家纺生产组织形态产生的影响：企业搬进园区后会面临哪些新的问题？原有生产组织形态不可维系后，新的生产组织形态如何建立，又会出现怎样的问题？各个经营主体会有怎样的反应？这些都是值得继续讨论的问题。

目前学界关于“腾笼换鸟”专项政策的讨论相对较少，主要讨论内容集中在产业转移、企业园区化等政策的评估。近年来，不少学者发现产业转移、企业园区化政策实施出现了一系列问题，集中表现在：第一，入园企业核心竞争力不足，创新能力弱，园区内企业低水平同质化竞争问题突出；第二，园区基础设施投入建设不足，配套功能差，地方政府对于园区企业的财税支持不足；第三，地方政府缺乏园区规划设计，对引进园区企业考察指标片面，过于关注招商引资数量、产值等问题，而忽略了对可持续发展能力、创新能力等软指标的考察（刘群，2011）。为了解决企业园区化带来的问题，大量相关研究给出了高度同质的建议，可概括为以下三点：第一，明确地方政府职责，构建服务型政府。地方政府应积极为园区配套各类资源，并在税收、土地等方面予以企业充分支持，积极吸引人才，为企业发展注入活力。第二，打造区域品牌形象。政府与行业协会引导园区企业加强行业自律，共同制定地区质量标准、服务标准，维护区域品牌的市场形象。第三，重视园区长远规划，构建可持续发展的生态园区建设。这要求当地政府在考虑入园企业时要适当摒弃唯产值、唯税收的思路，鼓励健康型、创新型企业入驻园区，并做好园区的长远规划，保证园区企业形成产业集聚效应的同时避免同质性竞争（吴波，肖迪，2011；刘群，2011；周耀根，2006）。

以上针对产业转移、企业园区化发展的政策讨论主要关注了这些政策实施中出现的问题，并从地方政府的角度提出了一系列的解决方案，但遗憾的是，此类研究依旧只关注了园区企业发展不利的外部条件，并没有深入企业内部，从企业内部经营的角度来寻找企业发展不利的答案。这种外围解释存在两个显而易见的问题：首先，为什么企业搬进园区前发展正常，而搬进园区后就发展不利？或，为什么尚未搬进园区的企业依旧发展顺利？这恐怕不是简单从税收、同质竞争等角度就可以解释的。其次，为什么当地政府在积极支持园区发展、各类配套设施都齐全的情况下，这些园区企业依然时常抱怨挣不到钱？显然，要回答以上两个问题，需要我们从企业内部入手，具体地对其生产链条进行仔细考察，从微观机理上来探析企业园区化后出现了哪些问题，以对宏观外部解释机制做出相应的补充。

3. 文献评议

既有的文献存在三个方面的问题：

首先，既有的关于“纵向一体化”的研究主要从交易费用和社会关系网络两个角度来探讨了企业生产组织形态的问题，但缺少相应的经验事实材料，更多的是提供了一种研究的理论视角。而对于包买制的研究也是从历史背景或制度层面对这一现象进行外围解释，缺少对生产组织形态的内部运行机制的讨论。

其次，对于当前我国乡村工业化出现的“来料加工”研究，虽然注重了从社会关系入手来考察生产组织形态，但大多数研究只是强调了社会关系网络在产业聚集模式中发挥了很大的作用，而社会关系在具体的生产环节上究竟发挥了什么样的功能？以社会关系为特点的生产组织形态是否符合利益最大化的原则？这些问题尚不明晰。同时，一个高度分工、环环相扣的产业链涉及多个生产环节，不同生产环节上包罗了不同的经营主体。不同经营主体之间如何竞争合作，他们又形成了怎样的关系？这一方面的研究也值得继续深入，只有搞清以上这些问题，对“浙江模式”的研究才能摆脱描述性的分析，更好地把握其组织生产模式背后的具体运作机制。

最后，目前浙江省“腾笼换鸟”专项政策已实施长达 5 年，但学界对于这一产业转移、企业园区化发展的政策关注不足，大多研究还集中在公共管理、产业经济学、人文地理等学科，从社会学角度来讨论这一政策的研究极其有限，这也正是本文的意义所在。

三、研究问题的进一步阐明

本文田野地点海宁市许村镇位于东部沿海发达的乡村地区，同时，许村家纺产业又正处于城镇化和环境整治双重压力下的转型时期，在这一背景下，本文希望研究的问题为：许村家纺产业的具体生产组织形态及其得以运行通畅的原因。具体而言，本文以外贸窗帘产业为代表，来探析家纺产业的具体生产组织形态。许村外贸窗帘产业可划分为初加工、深加工、销售三个阶段，主要涉及织机户、包买商、成品厂三类经营主体，他们之间如何协调合作？形成了怎样的关系？又共同形塑了怎样的生产组织模式？这样的生产组织形态为何能够运行通畅？家庭工业和社会关系在具体组织生产中发挥了怎样的作用？另一方面，许村镇政府推行的“腾笼换鸟”产业转型升级行动对许村家纺产业产生了怎样的影响？是否会破坏原有的生产组织形态？都是本文要探讨的具体问题。

四、材料获取与分析视角

2019 年 7 月下旬，本人跟随周飞舟老师、付伟等一行人前往浙江省嘉兴市许村镇，开展了为期 7 天的调研。本文的田野资料和访谈案例均来自本次调研，以下是关于田野地点和访谈案例的介绍。

许村镇位于海宁市最西端，西接杭州市余杭区、北靠桐乡市、南邻杭州市江干区。镇区东离上海 180 千米，西距杭州 27 千米，离市区 35 千米。总面积 91.1 平方千米，户籍人口 11.6 万人。许村民营经济活跃，家纺产业是全镇的支柱产业。经过三十多年的发展，许村家纺产品国内市场占有率高达 35% 以上，是浙江省家纺出口基地、全国重要的家纺产业集群之一，更是全球最大的大提花面料生产基地，并被中国纺织工业联合会命名为“中国布艺名镇”。[①]

本文以许村镇外贸窗帘加工的产业链条为考察对象，采用实地观察和半结构化访谈的方法，主要访谈对象是家庭织机户、包买商、成品厂的员工、老板以及基层政府工作人员（见表 4-1）。其中，笔者按照生产环节分类，对不同的生产环节上多个经营主体进行访谈，并采用了滚雪球抽样的方式联系同一生产链条中的上下游，把对社会关系的考察放置到具体的生产链条中去。访谈内容主要集中在日常生产安排、如何与产业链条上的其他经营主体互动，以及产业转型升级政策出台后对他们生产生活的影响。

---

① 海宁市政府信息公开 [EB/OL]. (2019-06-04) [2020-03-05]. http://www.haining.gov.cn/art/2019/6/4/art_1689607_121656.html.

表 4-1　主要访谈对象信息表

属性	访谈对象	基本情况
家庭织机户	织机户王姐	女，39 岁，做家庭织布已有 19 年，家里共 6 台机器，全年在家中从事布料初加工生意。家中宅基地面积符合许村标准，因此未被拆违
	织机户刘叔	男，50 岁，做织布超过 20 年，家里共 4 台机器。家中宅基地面积符合许村标准，因此未被拆违
包买商	沈成	男，48 岁，20 世纪 90 年代进入家纺行业，先后做过车间工人、家纺公司业务员等工作。2010 年从原家纺企业辞职，开始做包买商，花费 100 多万元购置了验布机 3 台，并租赁 500 平方米厂房用以放置机器和原材料
成品厂老板	吴伟	男，55 岁，20 世纪八九十年代从事皮革生意，2000 年与朋友合伙成立窗帘加工厂，2006 年自己开办英标窗帘公司，主要向英国等国家商超出口成品窗帘

第二章　许村外贸窗帘的生产组织形态

本章需要对许村镇家纺产业的生产组织形态做出一般性的描述。许村家纺起步于 20 世纪 80 年代，在改革开放初期，许村就出现了家庭联户创办民营企业的先例。而后，嘉兴市召开的三次“海宁会议”和三次“许村会议”进一步解放思想，破除发展障碍，推动“四个轮子一起转”，乡镇企业、个私经济、专业市场、园区建设蓬勃发展。许村家庭工业逐年呈几何倍数增长，许村被面装饰布市场不断壮大，形成了“家家户户织机响，千军万马闯市场”的生动局面。据不完全统计，截至 2017 年底，许村镇共有各类公司制企业 1100 余家，各类个体工商户 8800 余户，形成了近万家市场主体的规模，许村家纺形成了从原料加工、生产织造到后整理加工、成品加工、市场采购等一条龙产业链，集聚了年产值 250 亿元的产业集群。①

许村家纺产业生产组织形态最大的特点是：以家庭工业为基础，各生产环节高度分工。以家庭工业为基础是指布料的初加工依托的是农村家庭织机户，由织机户在家中完成布料的初加工生产；各生产环节高度分工是指各生产环节依托高度的市场化分工，并衍化出了不同的经营主体，各经营主体围绕"一块布"开展配套加工为主的经营业务，并联动产业上下游完成家纺成品的生产。

本文以许村外贸窗帘产业链为例来细致考察这一生产组织形态。相较于内销窗帘产业，外贸窗帘产业链条加工程序相对简单、各环节分工清晰，更便于分析。许村的外贸窗帘产业链可大致分为三个环节（见图 4-1）：初加工环节、深加工环节和外贸销售环节。外贸销售环节是由专业的外贸公司负责，并不在许村本地进行。许村作为外贸窗帘的生产基地，主要负责的是窗帘的初加工与深加工两个环节。

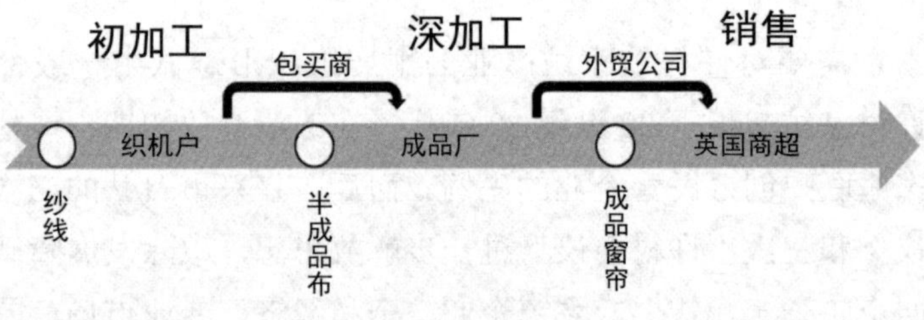

图 4-1　许村外贸窗帘产业链示意

首先，我们来界定外贸窗帘加产业链上涉及的三类经营主体：织机户、包买商和成品厂。初加工环节上的织机户是指在自家住宅中以织布机完成布料初加工来赚取加工费的农户群体。传统家纺产

① 嘉兴经济和信息化局 [EB/OL]. jxj. jiaxing. gov. cn.

业技术含量低、准入门槛低，所以在许村出现了大批以此为生的织机户群体，几乎农村每家每户都在从事这一工作。织机户群体最大的特点就是家庭工业生产，典型的模式为夫妻二人配 2 ～ 6 台织布机，在家中将纱线按照订单要求加工成各类不同的半成品布，然后交给包买商以赚取加工费。

许村的包买商与传统意义上的包买商角色略有差别，传统的包买商是指向手工业者贷给或供给原材料以及工具，并给予一定酬金或工钱，然后收取成品转向市场销售的商人，是介于生产者与消费者之间的中介人（南洋，邓宏图，雷鸣，2016）。但许村包买商的不同之处在于：他们并不是将织机户生产的半成品布在市场上直接销售，而是把半成品布供给指定的成品厂来赚取中介费用。许村包买商的最大特点是以一种中介人的身份，联结起了初加工与深加工两个环节。

成品厂是指负责窗帘深加工环节的厂商。成品厂通过竞标从外贸公司处获得窗帘订单，然后进行成品窗帘的生产。窗帘的深加工包括印染、整理、包装等多个环节，因此需要不同的专业设备以及专业的工人，这是家庭织机户所无法替代的。同时，成品厂还负责外接窗帘订单，成品厂想要获得外贸公司的订单，首先需要进行打样[①]，然后通过竞标的方式来获取订单。

其次，我们需要明确外贸窗帘组织生产的两大步骤：一为派单，二为生产。派单是指成品厂通过竞标，拿到来自外贸公司的窗帘订单，然后联系包买商，再由包买商联系家庭织机户，以此完成层层派单的工作（见图 4-2）。生产是指接到订单的织机户从包买商处领取纱线，在家中将纱线加工成半成品布，完成窗帘的初加工工作。然后包买商收走加工好的半成品布，并支付给织机户加工费，再将

① 打样是指成品厂根据外贸订单的要求先制作一些样品寄给外贸公司，再由外贸公司和订购者一同决定是否采购该成品厂制造的产品。

半成品布交给成品厂，由成品厂负责后续加工和包装等工作，完成窗帘的深加工环节。

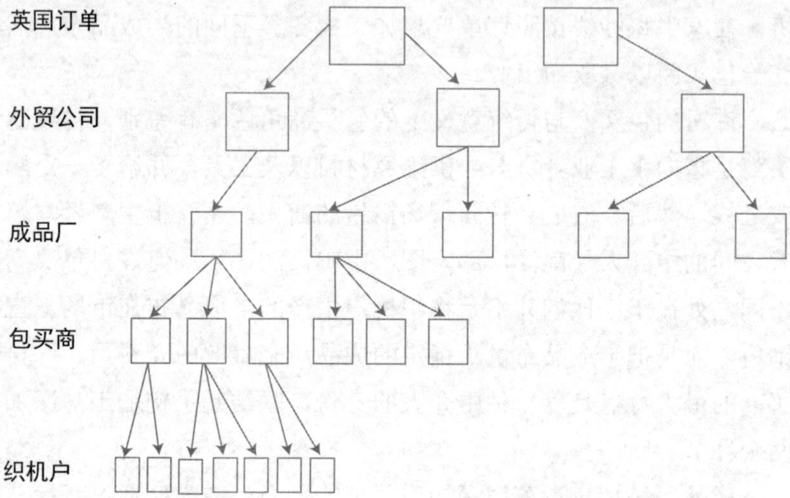

图 4-2 外贸窗帘产业链派单流程图

明确了许村家纺的生产组织形态是以家庭工业为基础、各生产环节高度分工为特点后，我们很自然地会想到两个方面的问题：许村家纺产业为何形成了这样的生产组织形态？这样的生产组织模式为何能够运行通畅？第一个问题，其实就是回应科斯的“纵向一体化”和中国学者关注的“包买制”问题，即为什么许村家纺产业在发展中选择了“市场制[①]”而不是“企业制”？这种“市场制”为何沿袭了传统“包买制”的特点并保留了包买商这一角色？第二个问题回应的是许村家纺产业的生产组织模式运作面临的具体困难。从理论上讲，这套高度分化的生产组织模式存在着显而易见的三点问题：第一，家庭织机户如何应对市场化风险？第二，包买商如何

① 因为有包买商作为中介的存在，所以许村的这种市场制并不是严格意义上的市场制。

对家庭生产进行有效监督与管理？第三，不同经营主体之前如何保证互动通畅？

要回答以上这些问题我们必须重新回到许村外贸窗帘产业链上去，细致考察初加工、深加工环节上不同经营主体之间的互动，从他们日常的生产组织安排中去寻找上述问题的答案。

第三章　初加工环节：家庭工业与社会关系

本章关注的是许村外贸窗帘初加工环节的具体运作过程，要回答两个方面的问题：一是，许村家纺产业为什么可以依托家庭工业进行初加工生产，家庭工业生产具有哪些特点？二是，面对家庭生产可能带来的市场风险与监督困难，许村的经营主体是如何应对的？

一、家庭工业的“小农特性”

我们首先来大致了解许村家庭织机户的日常生活安排，我们以某家庭织机户的实际案例来说明。织机户王姐在许村做家庭织布已有近 20 年的时间，2000 年她嫁到许村来，与丈夫一起做家庭织布生意。王姐家里共有 6 台剑杆机[①]，她每天的生活也是围绕着这 6 台剑杆机展开的，我们通过表 4-2 来考察她和她丈夫的一天的作息安排。

① 剑杆机是一种应用广泛的无梭织机，具有高度自动化、高速生产、高效能的特点。目前许村的家庭织机户均采用剑杆机来将纱线加工成布料。

表 4-2　织机户王姐家庭作息安排表

时间	工作
6：00 ～ 12：00	王姐起床，开始上午的织机工作。丈夫补觉
12：00 ～ 13：00	王姐做午饭，丈夫起床，一家人一起吃午饭。机器保持运转
13：00 ～ 18：00	王姐继续下午的织机工作。丈夫外出给包买商送半成品布、联系新订单、领取下一批生产原料
18：00 ～ 19：00	王姐做晚饭，一家人一起吃晚饭。机器保持运转
19：00 ～ 22：00	王姐监督孩子做功课并打扫家务，22：00 左右结束一天工作并休息。丈夫继续织布工作
22：00 ～ 4：00	丈夫继续织布工作，凌晨 4：00 左右回房间休息
4：00 ～ 6：00	部分机器继续生产，部分机器停工

通过表 4-2 可以发现，织机户一天的生产安排具有两个特点。

首先是生产生活两兼顾。王姐主要负责白天的生产工作以及家庭劳务，而丈夫负责晚上的生产工作以及搬运、外出送货、联系订单等工作。与工厂打工相比，这种家庭工业生产依靠夫妻分工较好地兼顾了生产与生活，妻子在家中既可以生产织布，又可以带孩子、做家务，而丈夫外出联系业务时也无须操心家中的生产。这使得表面看起来生产时间自由且相对松散的家庭工业，通过夫妻二人的搭配，恰恰能够以灵活动态的方式保证整个家庭日常生活有条不紊地进行。

其次是 24 小时不间断生产。家庭工业要做到 24 小时不间断生产必须满足两个条件。

第一，织布机自动化水平高，可以在无人看管情况下自动生产。王姐家的 6 台织布剑杆机并不是同一年购入的，最早的一台是 2000 年购置的，现在仍在使用。最新的则是几年前购入的，也是目前所有剑杆机中自动化水平最高、织布精细化程度最高、价格最贵的。织布剑杆机经过多年的发展，其自动化水平、工作效率、织布质量均有了显著提升，最早的剑杆机不能做到全自动化生产，并且故障率较高，所加工的花型和布料非常单一，因此生产的布匹质量也较差。而现在的剑杆机自动化水平高、故障率大幅下降，可用于加工复杂的花型和高端精细的面料。不同档次的织布机也在悄然影响着家庭工业的生产安排，剑杆机档次的不同决定了其生产效率、生产质量的不同，而这又影响着接单的情况。以织机户王姐为例，王姐家的6台剑杆机所生产的布料档次高低不一，高端的布料和花型只能由先进的机器加工，这就决定了王姐丈夫在接单时必须依据自家机器的实际情况选择合适的订单，而这也正是家庭不间断生产的另一前提。

第二，充足且合适的订单。一份初加工订单通常会规定两方面要求——交货期限、花型和布料方面的具体标准。我们通过简单计算来说明：假设某包买商手中有一个1000米A花样的高档订单，他需要织机户在10天内完成加工，而王姐家中恰好有两台闲置的高档织布机符合加工要求，并且每台织布机每天可以加工500米纱线，那么王姐可以用10天时间完成加工，因此她就可以接下这一订单。但是交货期限、花型和布料这两方面的要求若有一者不能满足，王姐和丈夫就不会接单。这在笔者与王姐的访谈中得到了佐证。

笔者：您在接单的时候会主要考虑什么？

王姐：产品好、能看得过来，而且我能加工得过来。产品好看的那种，你就能看得过来。

笔者：您说的这个产品好看是什么意思？

王姐：有些老板，给他们加工的那些原料好做，像这么一大个（原料）你放在那里，有时候一个早上都用不完。它（织布机）就在那里自己开着也没事，如果产品不好，你就要经常换衬子。你们来的时候我一直在忙，一直在那里转来转去忙，就是在换这个。然后我全部忙好之后，现在就有空了。

笔者：你刚才是在具体忙什么？

王姐：调机器啊！那个纱不是开完了嘛，又要把新的换上去。这些纱来的时候小，你就要不停地换，这样花型才能符合要求。来的原料大，那你就放在那里也没事。像我们有三台机器的原料比较大，可以开七个小时，不用换。别的原料，半个小时就要换一个。我们现在这个产品好做，以前那个产品十几分钟你得换一次，十几分钟你就得换一次，所以你就待在这个机器这，哪都不用去，来回跑着给它换纱。

笔者：所以加工复杂花型的单子就会很忙？

王姐：对，就忙不过来了。像单子好开的、机器也好开的（订单），七八个小时不用管，那开个二十台也没事。我现在有三台机器就稍微好开一点，我就开高档一点的（订单）。剩下三台机器容易出毛病，所以不敢开太高档的。当时那三台机器坏的时候，两个人整整花了差不多一个星期才修好。不然它老是要出次品，要断头断尾。因为断一根头要么自己手工补，要么扣钱。就像你们衣服上脱线一样的。

笔者：所以产品好看跟花型、面料、机器都有关系？

王姐：都有关系。有些老板他们想多赚点钱，面料什么就不用好的，用差的。所以我们加工户就辛苦了，差的面料很容易断的！有些老板他们要求高档的，他们的面料就会好。

从王姐的上述表述中，我们可以发现，接单的关键在于一个“内外配合”的过程，“外”是指具体订单的要求，花型和面料二者共同决定了这一批订单好不好做。“内”是指织机户家中织布机的具体运转情况：家里织布机是否符合订单标准、是否处于闲置状态、是否能在规定日期内交货，这三点决定了这一批订单能不能做。既然花型和面料如此关键，那对于织机户而言，不同类型订单的利润又有什么差别呢？

笔者：对您来讲，做这种面料差一点的、花型简单的中低档产品利润高呢，还是做那种高档点的利润高？

王姐：高档的利润高。

笔者：既然高档的面料又好，又省事儿，利润又高，那织机户肯定都愿意去接那种高档的单吧？

王姐：可是高档的也不好做。因为稍微一点次品都不行，还得看你的机器档次能不能做。像我们有三台（织布机）是属于高档的，就敢做高档的单子。我们不是一批布有七十米，他们（包买商）不是有一个检验吗？他找得很仔细的，稍微一点次品都不行，有时候有一个针脚也不行。并且这个还因人而异的，我身体好，我开七台、八台机器都没关系，像我大嫂，她身体不好，她今天起来上班的时候都十一点了，今天身体不好，还不想干活，她做那种高档订单做不来的。其实我在许村属于不大不小的年纪，年纪大的眼神不好，做出来的东西质量没法保证。然后年纪轻的谁愿意干这个？你们今天来还好，如果是昨天来的话，你们到我们后面厂房里去，打死你们都不会再来了，那是真的热得不行。所以我嫂子说："真是的，我都快累垮了。"

对于织机户而言，高档的订单虽然利润高，但相应的质量要求也更为严苛，这不仅需要高档次的家庭织布机来生产，而且还隐含着对织机户自身劳动力质量的高要求。这提醒我们，对于家庭织机户的日常生产安排的分析还必须纳入对"家庭劳动力质量"的考量，如此一来，我们对于家庭工业生产"内外配合"过程的认识也扩展到三个维度，即从"订单的具体要求—当前家庭织机的配置—家庭劳动力情况"三个方面来具体分析家庭工业生产。家庭工业的顺当生产，也一定是在这三方面达至了动态平衡。

结合前文的两段对话，通过类比家庭农业生产，我们来对家庭工业生产的特点做出说明。农户进行农业生产时，会根据自家土地肥力、种植作物品种、劳动力情况来合理地安排农业生产。肥力高的土地往往种植收益最高的经济作物，更为勤劳壮实的农户也会承担更多的农业劳动。另外，家庭的农业生产安排还会以家庭分工的形式来兼顾家庭生活，并且农户也常常不惜体力，最大限度地将劳动力投入到农业生产中，以尽可能多地获取收益。在许村的家庭工业生产上，我们依旧看到了类似的情景，家庭工业生产具有同农业生产相似的“小农特性”。假如我们把织布机的档次类比作土地肥力程度，把订单类比作作物品种，把务农的农民类比作家庭织机户，可以发现，家庭工业的生产安排实际是围绕着“订单—机器—人力”三方面开展的。在具体生产环节，每一家织户都会根据自家的机器配置、劳动力配置情况来有选择性地接受订单，灵活协调这三方面要素，以达到自家生产活动的平衡。同时，家庭工业生产模式又可以“生产生活两兼顾”和以“24 小时不间断生产”来最大化收益，而这正是许村家庭工业生产模式最大的特点和优势。

二、家庭工业的市场风险

通过本章第一部分的分析，我们可以发现家庭工业生产依然具有明显的“小农特性”，这种“小农特性”一方面保证了家庭工业生产的自主性和灵活性，但另一方面，脱离了企业和工厂，完全暴露在市场竞争中的织机户也具有其天然的脆弱性，那么织机户会面临哪些具体的市场风险？这是本部分关注的问题。

家庭织机户面临的市场风险主要体现为三点。

第一，订单的不稳定性风险。织机户想要组织生产的前提是能接到充足且恰当的订单，但我们通过调研了解到，家纺行业的订单并不稳定，外贸订单尤其如此，一份外贸窗帘的订单通常是由外国商超联系某外贸公司，再通过外贸公司联系到成品厂和包买商，然后再经由包买商才最后派单到家庭织机户，整个过程涉及多个经营主体，且又是在激烈的市场竞争下进行的，所以每一环节的派单都会涉及多家竞争，织机户想要获得充足的订单并不是一件容易的事情。笔者与王姐的访谈中，她也谈及了这一点。

笔者：对你们来说，接内销订单和外贸订单有什么不同吗？

王姐：那些外贸订单，一定要单子来了（我们才做），比方说今天要10万米，我们给他开10万米。如果他没有单子来，我们就得停在那里。

笔者：那像那种内销的窗帘，是不讲单子的吗？

王姐：内销它是讲销量，主要看他们当时的门市部里能不能卖得好。卖得好，我们也就多做；卖得不好，我们也得停。我现在做的一单，它这个是雪尼纱的，属于外贸，这个讲单子，他（包买商）来单子了——1万米，我就开1万米，开完之后，要等他下个单子来才做。

第二，织机户更换包买商的风险。既然订单具有不稳定性，那闲置的织机户是否可以主动去联系其他包买商，来随时获得新订单呢？答案是否定的。原因有两点：首先，换老板（包买商）意味着需要更换全新的花型和面料，但每次更换花型与面料的过程特别的烦琐，并且成本高昂。

我们换老板就要换花型、换面料。换花型有人力、物力，还有财力的耗费，因为要把花型换过来就得找人帮忙，要付人家钱，换花型你就得付钱，至少三四百块。除此之外还有换原料的问题，总的来说换一个花型的话要七八百块，我们自己承担这七八百。所以基本上最好是不换。但有时候真的实在没办法，你说停了一个月、两个月了，持续这样停下去，我也不可能（等得起），肯定要换老板，但比方说停个几天、停个三四天，我们等一下就等一下。（王姐）

其次，每个包买商都有其相对固定的织机户群体，包买商接到新的订单，他会优先让自己熟悉的织机户来加工。只有在单子的量特别大，且自己熟悉的织机户的机器无法加工或正在替他人加工时，包买商才会选择去“招新”。

我换了新老板，我跟那些老板也不熟，我是刚进去的，他们还不一定信任我，所以也不一定会要我。基本上他们都是做熟人的，不会做生人的（生意）。……每个老板都有固定的织机户，并且我们分订单还要看关系的，关系好的就让你多开一点。比方说，我是老客户，那我肯定要多开一点，新来的肯定要多停，其实这个道理大家都懂。所以说，如果我是新进去的织机户，我风险大！他如果单子不好，买卖不好的话，我不得老停啊？（王姐）

第三，织机户工钱结算的风险。织机户的加工费并非是现款现结，而是由包买商在年底统一结算，这样的结算方式实际上暗含了包买商拖欠工钱和跑路的风险。

上述三方面的市场风险，归结来看都是由订单市场的不稳定性所导致的，如果订单量小，会导致织机户不得不经常停工，导致包买商难以获得可观的收入，因而增加了拖欠工钱的风险。同时，订单又是与包买商这一群体紧密地绑定在一起，织机户的加工订单均来自包买商，因此对于织机户而言，选择可靠的包买商就是选择订单，就是选择未来一段时间内家庭收入的来源。如果织机户合作的是一个讲信用、生意好、订单稳定的包买商，那他自然就可以最大限度地规避上述风险，因此，对于家庭织机户而言，选择与可靠的包买商合作就成了最为重要的事情。那么织机户如何筛选包买商？又是如何与包买商在日常生产活动中互动呢？下一部分内容将会具体呈现织机户与包买商之间的互动过程。

三、织机户与包买商的互动

按照科斯关于“纵向一体化”问题的讨论，在充分竞争的市场下，依靠市场机制进行交易的成本比较低，此时可以凭借市场力量来达成交易。许村的布料初加工市场上有成千上万的家庭织机户，依据科斯的假定，在这样一个充分竞争的市场下，许村的布料初加工环节上的交易双方完全有条件以市场机制来达成交易。但根据笔者的观察，许村的包买商与织机户之间并不是单纯的市场关系，而是以一种有“人情意味”的社会关系相连接。格兰诺维特对科斯的批评也是集中在后者忽视了交易过程中对社会关系网络的考察。那么，社会关系究竟在外贸窗帘的初加工环节上发挥了什么样的作用？

1.“熟人关系”与“我们的圈子”

我们已经了解到家庭织机户面临着三方面市场风险，且这些风险都直接与包买商这一角色相关联。以下我们首先需要考察织机户与包买商建立合作的过程。

织机户如何与包买商建立合作？织机户给出了两种回答，第一个回答是“熟人关系”。许村绝大多数家庭织机户入行都是因为有亲戚或朋友从事家纺生意，在这些人的带领下，自家也开始从事家庭织机工作。某织机户为我们介绍了他入行的经历。

> 织机户：我们家一开始是做被面的，那时候是自己做了再拿到市场上去卖，就是到七号桥的那个被面市场。后来许村就有了窗帘，就有人开始做窗帘，我那个老板就是做窗帘的，他可能那时候也赚钱了，他就想多引进机器。那时候我们没钱，他就给我们买机器，

他说反正钱归他出，机器放你们这你们做，到时候钱够了再还给他。2000年那是第一台机器放到家里，那第一年产的3万块钱的布就只给他，我们不要加工费，就是相当于我赚了个机器钱，我们后面都一直跟他干，十几年都是这样的一个模式，都是给他做。……我们和老板是怎么认识的？他就是本村的，跟我婆婆他们比较熟一点，也属于是邻居了，他家就在那边，反正大家走来走去都看得到，就都认识。他叫别人做还不如叫熟人做，对吧？

根据上述这一案例，可以发现，织机户与包买商之间往往是一种熟人关系，并且两者在进行市场交易之前就有一定的“交情”，社会关系是先于市场关系建立起来的，织机户可以依靠这种“熟人关系”来获得订单、获取报酬。这种依靠“熟人关系”来获取订单的回答虽然富有解释力，但这显然并不能概括许村全部织机户的情况。毕竟在许村的织机户有千千万万，不可能每一家织机户都依靠从事家纺生意的亲戚或朋友来派发订单；许村作为一个高度发达的家纺市场，也不可能单纯依靠个人社会关系的力量就会发展成为一个百亿产值的行业。因此，我们需要对包买商与织机户之间的互动进行更深入的分析。先来假设两种情形：一是某织机户完全没有从事家纺行业工作的亲戚或朋友，二是某织机户一直合作的包买商因经营不善而破产，在这两种情况下，织机户又该如何接单呢？

对此，王姐又给出了第二个回答：靠自己联系。在与织机户王姐的访谈中，我们了解到，织机户不可能只给熟人关系加工，同时，熟人关系的订单也不可能总是稳定的，因此织机户难免会遇到自家机器闲置，需要自行外出找订单的情况。这时，织机户通常依靠两种途径来联系订单：第一种途径是找其他织机户帮忙联系新订单。

王姐：我有时候没活干了，像有些老板也不招机器，但是他的加工户跟我老公很要好，我老公就打电话让加工户帮忙问问看还要不要机器，有时候就叫他帮忙加一个进去，加一台，让加工户帮忙讲。

笔者：也就是说，比如说我是加工户，我跟一个老板合作，可能老板还需要更多的加工户，我也会推荐我周围的加工户给他做？

王姐：对的。有时候老板还会给我老公说，你帮我找几台机器呗？我们都是资源共享的。

如果第一种方式行不通，即依靠朋友关系也没能介绍到新的订单，这时候织机户就需要采用第二种办法：依靠招工市场联系新订单。

笔者：您丈夫外出联系订单都是从哪儿获取招工信息啊？

王姐：他们老板的厂门口都挂着一个小黑板，写上招机信息，贴广告纸的也有，我老公他还有一个群。

笔者：是加工户的群还是老板们的群？

王姐：加工户的群，平时群里大家分享一下信息。然后招工关键得看我们合不合适，是不是满足厂家的要求。这个都是我老公联系，看见了招工信息就联系老板。反正招工信息就在那里，如果正好适合我们，然后他就去问。这个得问仔细了，因为有的老板把价钱压得比较低。然后还要看看面料，看看好不好做。觉得合适了，就跟他长期合作了。

笔者：按之前您说的，老板是很关键的，他要给我派单，他给我结算工钱，中间我要是没钱了，还得找他提前预支工钱，那您跟我讲讲，您怎么才能避免选到不好的老板？

王姐：看他人怎么样。比方说，有的老板他们爱赌钱，对吧？你说到时候钱都被他赌完了，你找他拿什么去？

笔者：所以你们去招工之前，先需要去打听一下老板吧？

王姐：不用，都不用你打听，周围的人都知道！我们比方说要给这个老板加工，他不可能只有我一个人，他加工户有好多。反正随便找一个加工户就知道啦，因为我们开机器的差不多都认识，对吧？他们老板有老板的圈子，我们加工户有加工户的圈子！

从织机户的回答中，我们可以看出，在织机户自行联系订单时，社会关系依然发挥了重要的作用。织机户选择与哪个包买商合作是关乎未来家庭经济收入的大事。因此，不论是依托朋友介绍认识新的包买商，还是依靠“加工户圈子”打听包买商的“为人”，织机户都是在利用社会关系的力量，尽可能地降低潜在的市场风险。结合上述案例，我们从织机户的视角出发，考察了织机户与包买商建立合作的过程，发现织机户在应对外部市场风险时，社会关系发挥了隐匿却重要的作用，现在，我们的研究视角从织机户群体上跳出来，落脚到包买商这一群体，从包买商的视角来继续考察织机户与包买商二者的互动。

2. 包买商的管理实践

“质”和“量”是包买商面对家庭工业生产的两个核心问题。因为外贸订单具有时效性和高质量要求，如何组织家庭织机户在规定的时间内完成订单加工，如何保证订单的加工质量，就成了包买商最关心的问题。

包买商主要通过两种方式来实现对家庭生产监督与管理。第一种方式是控制发纱与验货。织机户进行家庭生产需要从包买商处领取纱线，为了保证家庭织机户不浪费纱线，包买商每次发纱都是一包一包地发给织机户，每一包纱线大概可供织机户加工3～4天，等这包纱线快用完了，织机户会带着加工好的半成品布来交货并领取新的纱线。这时，包买商会先对加工好的半成品布进行验货，主要是核对花型、尺寸，检查有无次品。如果某织机户一个星期都没来送货，包买商就会打电话询问织机户的情况。包买商通过把控发纱与验货两个环节，可以做到对织机户生产质量和速度的控制。第二种方式是与织机户“搞好关系”。由于织机户与包买商之间并非雇佣关系，所以包买商难以靠规章制度来约束织机户的行为，也不可能做到随时随地的监督，因此难免会出现织机户“调皮捣蛋”的现象。先来看某织机户的描述：

> 织布的时候只要断一根头，就像衣服上少了一根丝一样，后面的布都没法要了。所以要么你人工补上去，要么就是拿去验货的时候稍微调皮捣蛋一下，不让老板看到。其实他也不可能知道是谁的次品，所有织机户的布都混在一起了。

显然，包买商想要杜绝这类现象的发生，单靠控制发纱与验货是难以实现的，为此包买商还需要与织机户“搞好关系”，这主要表现为一种人格化管理。这种管理方式在生产上的体现是：包买商面对织机户加工出现的瑕疵，通常会选择让其返工，而不是直接扣钱，这一点在徐宗阳对浙江省丽水市“来料加工”模式的研究中多有提及（徐宗阳，2013）。另外，这样的人格化管理方式也渗透到了日常生活之中。根据包买商的描述，逢年过节，包买商都会为熟识的织机户准备礼品，甚至在年三十晚上，还会组织织机户们聚到一起吃年夜饭，久而久之，原本因生意结识的织机户与包买商逐步变成了一种私人朋友关系，为“朋友”做加工的织机户在日常生产上就会变得尤为的认真负责。包买商利用社会关系的力量，来对织机户的管理做出了有力补充。

至此，我们分别从织机户、包买商两个角度入手，考察了他们在初加工环节上的具体互动。尽管织机户与包买商是初加工环节上的两类经营主体，但二者之间互动的展开并不是完全市场化的，或者说，在二者市场交易行为的背后，还有社会关系的作用，甚至可以说是社会关系在支撑着这套机制。对于织机户而言，社会关系可以降低织机户家庭生产面临的市场风险，选择与更为可靠的包买商合作；对于包买商而言，利用社会关系可以有效避免家庭生产带来的监督与管理困难。

四、小结

本章第一部分首先从考察家庭织机户的日常作息安排出发，发现家庭工业生产具有明显的“小农特性”，这具体体现在：一方面，家庭工业是围绕“订单—机器—人力”三方面的配合灵活开展的，这样的生产安排方式富有弹性，可以较好地兼顾生产与生活。另一方面，家庭织机户也会不惜体力地投入到家庭工业生产中，以最大化家庭收益。这种灵活多变、富有弹性、家庭利益最大化的生产模式是许村家庭工业的最大特点和优势。第二部分论述了家庭工业生产面临的三方面市场风险，分别是：家庭织机户面临的订单不稳定性风险、织机户更换包买商的风险、家庭织机户工钱结算方面的风险，通过分析发现，家庭织机户面对的这三方面市场风险都与包买商这一群体紧密相关，因此，对家庭工业如何应对市场风险答案的探寻应继续深入到织机户与包买商的互动中去。第三部分着重分析了织机户与包买商的具体互动过程，分别从织机户、包买商两个不同的视角出发，分析了织机户如何与包买商建立合作，以及包买商如何监督管理织机户的生产。本部分的发现是，织机户与包买商之间的互动并不是单纯的市场行为，在其背后隐藏着“社会关系”的补充作用。社会关系在织机户筛选包买商、包买商监督织机户生产等方面都发挥了重要作用，社会关系是窗帘的初加工环节得以互动通畅的一个关键性因素。

第四章　深加工环节：相互派单与企业联盟

我们继续沿着外贸窗帘产业链条，来考察外贸窗帘产业链的深加工环节。本章关注的问题是深加工环节的特点，以及在该环节上不同经营主体之间的互动。

一、深加工环节的特点

深加工环节是指成品厂将由包买商提供的半成品布进行后续加工并最终做成成品窗帘的过程。外贸窗帘的深加工环节具有两大特点：第一，工序复杂，设备繁多。深加工环节工序复杂，涉及多道加工程序，并且根据订单的不同要求，后续加工的环节多有不同。我们以表 4-3 来看深加工环节都存在哪些具体加工工序。

表 4-3　外贸窗帘成品工厂深加工环节工序

具体工序	植入里布	复合	烫金	阻燃	裁剪	贴标	包装
加工要求	视订单要求而定	必做环节	视订单要求而定	必做环节	必做环节	必做环节	必做环节

从表 4-3 可以看出，外贸窗帘的深加工环节上涉及植入里布、复合、烫金、阻燃、裁剪、贴标、包装共 7 道加工程序，加工工序的复杂性就决定了需要多样化的机器设备，这不仅需要高成本的投入，而且还对车间厂房的生产空间提出了要求。

第二，生产的及时性和标准化要求。外贸订单的交货期限通常限定为 60 天，这就要求成品厂必须在两个月内完成从纱线到窗帘的生产，而织机户进行初加工环节的生产大概需要 45 天，因此成品厂必须在 15 天的时间内完成窗帘的所有后续加工工作。同时，外贸窗帘订单还具有标准化的要求，每一套窗帘的尺寸、颜色、花型、面料都高度统一，所以成品厂还要保证生产的每一套成品窗帘都要符合标准化要求。

深加工环节的两方面特点就决定了该环节不可能由家庭工业所替代。工序复杂烦琐、机器设备众多、高资本投入、生产的及时性和标准化要求，以上这些条件都是家庭工业难以满足的。因此，深加工环节的完成必须由成品厂采用企业制生产，雇用工人进行加工。

二、深加工环节的市场风险

为了便于分析市场风险，我们以成品厂老板吴伟为例来加以说明：吴伟是许村当地成品窗帘加工厂的老板，在许村有多年的做布经验，2006 年他自行创办了英标窗帘公司，主营外贸窗帘加工业务，经过多年的发展，英标公司现已成为许村当地小有名气的明星企业。但吴伟的创业经历并非一帆风顺，2008 年，他的成品厂遭遇了一次危机：

> 我前几年一直跟宁波的维科外贸公司合作，一直在跟他做，他每年的订单量都很充足，这个量蛮大的。但是有一年，他有一个英国的客人，就是在英国超市里卖他的窗帘的，这个英国客人的窗帘抄了别人的花型，好像是土耳其的一个品牌，他用了人家的花型。他拿来让我给他做加工，但是我又不知道，我就帮他做了。做了以后，我把这个货发到英国，他在英国卖。结果一卖，被人家投诉了，说，你抄了别人的花型，你侵犯了他们的版权了。这家公司就倒闭了。倒闭了以后，宁波外贸公司这个钱，应该有五六百万的人民币，他收不回来了，

他收不到这个钱，意味着我也拿不到了，当时总共有140多万拿不到了。但最要命的是那一年等于我这边一下子没活儿了，外贸公司没订单，我也没活儿干，我本来那个时候我们做的大概是在200多万一年，结果那一年到下半年基本上没活儿了。（吴伟）

通过吴伟的讲述，我们来对成品厂面临的市场风险加以说明。国外的订购商倒闭破产，进而影响到国内外贸公司和成品厂的收款，这意味着外贸交易存在着结算风险。但吴伟告诉我们，其实他的货物都是“上了保险的”，如果一旦面临货款难以按时结算的情况，保险公司会给予相应的赔偿。因此，成品厂最担心的并不是货款结算的问题，而是“最要命的是那一年等于我这边一下子没活儿了”。根据调研发现，真正威胁到成品厂存活的其实是接单方面的风险。成品厂想要正常运转，就需要有充足的订单保证生产，而工厂一旦停工，工人就会马上离职，许村绝大多数成品厂倒闭的原因也是因为订单不足，难以养活工人。因此，如何接到充足的订单、如何保证工厂的正常运转就成了决定成品厂存亡的关键。

三、相互派单与企业结盟

既然吴伟的工厂在2008年遭遇了没有订单可做的困境，那么他是如何解决这一危机的呢？有趣的是，在与吴伟的访谈中，我们发现一个略显反常的现象。

笔者：那您那一年基本没生意，最后工厂怎么活下去的？

吴伟：我只能跟别人要活来做啊，跟周围的成品厂要加工活来做。我钱是肯定赚不到钱，我就只能发工人工资了。

笔者：您的意思是其他成品厂会把自己的订单分给你来做？

吴伟：对，但那时候还不是订单，订单还是他们的，只不过加工由我们来做，我们来赚个加工费。

笔者：这很有意思！别的成品厂其实完全可以自己加工，但是你的企业有困难了，他们反而会让你来做加工，还付给你加工费来帮你渡过难关。可是你们之间不是竞争关系吗?

吴伟：因为那些成品厂之前也找过我帮忙，以前他们来不及交货的时候我也帮他们做一些。比如说之前有一次，临平有一家工厂，出货来不及了。你知道做外贸加工活都有期限的，你的交付期只有三天，你三天以内一定要把窗帘加工好了发出去。他自己根本来不及做，他就找我帮他做，那我只能停掉所有的生产线（来帮他）。他那时候给我1万的加工费，但是我成本就要一万二三，但是我还是给他做了，事后他说要补给我这个钱，我就不要这个钱，我就这么个人，人家都愿意接受我这个人，所以人家也愿意帮助我。许村其他的小成品工厂，附近这一带的小成品工厂，都认识我，没有活儿都会过来找我的。我就愿意帮他介绍活儿。我知道做小厂很难的，别人做加工活，肯定是来不及做的才来找你，不然不会让你做的。

根据与吴伟的访谈，他的成品厂能够渡过难关是多亏了其他成品厂的相助。这不禁引起了笔者的兴趣，因为按照市场竞争的原则，其他成品厂与吴伟的工厂之间是明显的竞争关系，吴伟工厂的存在无疑会抢占其他工厂的订单、压缩其他成品工厂的生存空间。但奇怪的是，这些工厂在吴伟深陷危机的时候，反而以出让自我利益的方式来帮助他渡过难关，这显然是违背市场常识的事情。当然，按照吴伟给出的解释，这是因为之前他也曾帮助过这些工厂，因此在自己遭遇困境时，别人自然会伸出援手来报答当年的恩情，吴伟借助自己的社会关系力量最终化险为夷。但如果我们就此认为社会关系在深加工环节发挥了重要作用，这无疑是草率的。因为吴伟的个例仅能说明他凭借个人的社会关系摆脱了困境，但我们不能就此推断在整个许村外贸窗帘的深加工环节上社会关系都发挥了重要作用。那么许村的各个成品厂之间究竟是什么关系呢？成品厂之间是否普遍存在相互派单、相互结盟的互动模式？带着对以上问题的疑惑，我们继续追问吴伟。

笔者：您说的这个相互派单、企业联盟的事情在许村很普遍吗？

吴伟：许村是这样的。我们许村做窗帘不一样，我们去很多别的地方参观他们的工厂，人家说：你们来了，我们是朋友，我们吃饭可以，但是你想看我的花型，那不行！他们担心你抄了他的花型出去接单子，这不抢了他的生意了？所以他们的花型都是封闭的。但是他这种模式放在许村，他肯定死掉了。在许村做外贸，要不你撑死，要不你饿死！单子大了，你加工不过来还得违约，单子小了，你工人工资都发不出来。所以我联合了临平那边二十几个工厂，我们一起拿单子一起分，单子大了，大家一起把它吃掉，单子不够了，大家一起出去接单，这样才能生存的。在许村，你做布料初加工，你一个大单子，10个织机户不够，你找20个，你可以伸缩自如，你可以做的。但是我们成品厂不可以的，你临时开厂子都开不起来的。所以我们成品厂都是抱团，要联合在一起。所以这个成品工厂做得好，不是我个人有多大本事，就是因为我愿意和别人合作。

通过这段访谈，我们发现，对于在许村从事外贸窗帘加工业的成品厂而言，相互派单与“江湖救急”并不仅是出于私人关系的考虑，也是对于市场特点的适应。如前所述，许村外贸窗帘加工市场的命脉就在于订单和生产，而深加工环节上的成品厂又具有重资本、雇工多的特点，难以像初加工环节上的织机户一般灵活调整自己的生产，为了适应“小批量、多批次、多品类”的行业特点，成品厂必须以抱团合作、企业结盟的方式，来共同组成一张动态的、“能伸能缩”的生产网络。这种富有弹性的生产网络，是一种“准横向一体化”的整合，实现了类似“横向一体化”的作用，但又显著区别于真正的横向一体化。按照学界的界定，横向一体化是指把与本企业处在生产链上同一个阶段具有不同资源优势的企业单位联合起来形成一个经济体，其实现途径包括收购、兼并、基于契约关系的分包经营和许可证及特许权经营、基于产权关系的合资经营等（高斌，2013）。我们说许村外贸窗帘的深加工环节实现了“准横向一体化”，是因为许村大大小小的成品厂都选择了以抱团结盟的形式来共同接单和共同生产，在该环节上达成了企业联合。但这种“准横向一体化”又并非真正的横向一体化，因为这些工厂并没有实质性地合并，各成品厂依旧为独立经营，同时成品厂之间的结盟也并不是基于契约或产权关系的联合，而是以社会性协作的方式联合。

深加工环节以“准横向一体化”整合的优势显而易见：如果成品厂接到订单大，自我难以消化，那么随时可以联合其他的成品厂共同生产；如果接到的订单小或者没有接到订单，成品厂可以寻求其他工厂帮忙派单，靠赚取加工费来维系生存。不可忽视的是，一方面，这张生产网络的编织靠的正是社会关系的穿针引线，工厂与工厂之间以社会关系的纽带相联结，社会关系赋予了这张生产网络以弹性。吴伟在谈及他的成品厂联盟时，多次强调他们的结盟都是“口头协定”，从而没有签订什么正式的合同，甚至有时寻求其他成品厂的帮助就是靠“打个招呼”，这更反映了成品厂结盟这一市场行为的背后，其实真正发挥作用的是社会关系的力量。另一方面，这种动态的生产网络因为缺少了相应的规则限制，所以也更为依赖社会关系的协调作用。通过上述吴伟的案例，可以发现，像吴伟这样讲义气的老板，甘愿自己少挣钱，甚至赔钱的方式也要帮助朋友，这种关系本身就已经超出了一般的市场关系。我们此处借用王田一

“能力圈”的概念来分析（王田一，2013），可以说，一个成品厂其生产网络的伸缩性以及抗风险能力的强弱，很大程度上取决于老板的社会关系网络，是社会关系而不是契约关系赋予了这张生产网络极强的韧性。

四、小结

本章考察了许村外贸窗帘产业链的深加工环节，第一部分，我们首先明确了深加工环节的特点，即“加工工艺复杂，机器设备繁多”和“生产的及时性和标准化要求”。深加工环节的这两个特点决定了该环节只能由成品厂采用雇工生产的企业制模式，而无法以家庭工业相替代。第二部分以成品厂老板吴伟一次生意亏损的案例，说明了深加工环节上成品厂面临的主要困难是订单的不稳定性。而该案例还表明吴伟的工厂得以幸免于倒闭，是因为他凭借其社会关系网络得到了其他成品厂的帮助。第三部分，我们带着对许村成品厂之间互动模式的疑问，继续对外贸窗帘的深加工环节加以考察，发现许村的成品厂以抱团协作、企业结盟的方式，形成了一张富有弹性的生产网络，以对抗订单市场不稳定性的风险。而社会关系的真正作用，也是在维系着这张网的运转，一个成品厂老板的社会关系网络越大，他的生产网络也就越大，抗风险能力也越强。

结合对外贸窗帘初加工环节的考察以及本章对于深加工环节的考察，我们来对本章提出的第二个大问题“许村的生产组织模式为何能够运行通畅？”作出回答：许村“以家庭工业为基础，各生产环节高度分工”的生产组织模式能够运行通畅，得益于两点。第一，家庭工业生产完美契合了织机户的日常生活安排，依托家庭工业生产具有极强的灵活性和韧性，可以巧妙应对窗帘加工市场的不稳定性。第二，社会关系在这套生产组织模式的运行中发挥了关键性的作用，不论是织机户凭借社会关系作用规避市场风险，还是包买商利用社会关系力量监督家庭工业生产，以及成品厂之间依靠社会关系互相结盟，这都说明社会关系在降低互动成本、规避市场风险和扩大生意范围等方面发挥了重要作用。正因为社会关系的纽带作用，许村高度分化的产业链才能够联结起千千万万的经营主体，打通了各生产环节之间互动的通道。

第五章　包买商与纵向一体化

前面的两章内容，我们分别从生产特点、市场风险和经营主体之间互动这三个角度入手，考察了许村外贸窗帘产业的初加工和深加工两个生产环节，明确了许村“以家庭工业为基础，各生产环节高度分工”为特点的生产组织模式运行通畅的原因。但对于第二章章末提出的第一方面的问题，即为什么许村家纺产业在发展中选择了“市场制”而不是“企业制”？这种“市场制”为何沿袭了传统“包买制”的特点并保留了包买商这一角色？我们尚未给出正面回应。本章，我们以对包买商这一角色的分析入手，来尝试解决上述问题。

一、包买商的特点

首先，我们需要对包买商群体有一个更为充分的认识，了解包买商这一角色具有哪些特点，以及他们在产业链条上发挥了什么作用。

沈成是许村典型的包买商，他从 20 世纪 90 年代便开始从事布料相关的工作，起先是在其表哥的窗帘门市部打工，做一些发纱验货的工作，后来又分别在印染厂和成品厂工作了几年。这几年打工的经历让沈成迅速熟悉了布料加工的各个环节，并且结识了一批从事布料加工生意的朋友。2011 年，沈成放弃了原公司生产经理的职务，开始独立从事包买商业务。他的日常工作流程很简单，总结起来无非就是接单和生产两个环节：接单是指从成品厂处接到加工订单，但想要拿到订单，他还需要协助成品厂进行打样工作；生产是指组织家庭织机户进行初加工生产，他需要在该环节上对织机户进行监督与管理，再将织机户做好的半成品布交由成品厂进行后续加工。

以沈成为代表的包买商其实际作用是联结起了深加工与初加工两个生产环节，但作为两个生产环节上的中介，包买商的存在无疑会增加成品厂的生产成本，并且还可能因为多了这一中介环节，导致初加工与深加工环节互动效率的下降。但许村家纺产业经过近 40 年的发展，至今仍保留着包买商这一群体。为何成品工厂没有选择取缔包买商？甚至兼并家庭织机户来实现纵向一体化？

二、包买商与纵向一体化的关系

与沈成的访谈有助于对包买商与纵向一体化的关系做出更深一步的了解。

> 笔者：我这有个问题。在这个外贸窗帘的产业链上，按道理应该是环节越少，越能挣钱。中间环节越多，大家不就把利润都分走了？所以对于成品厂来讲，他接到单子后，他直接出去找织机户来帮他组织生产更省钱，就不需要通过你了，他为什么不这样做呢？
>
> 沈成：他这样是有问题的。他不懂面料对不对？去给织机户验货要招两三个我这样懂面料的人吧？这也要付费用的；然后组织生产又要找个五六个人，要不要？就算一共招五个人干这些活吧，五万块一个人，一年二三十万块钱又要了。那么你搞一个几百平方米仓库放货，四五百平方米总要吧，放放验货机，放放纱线，放放

坯布啊，再弄个小的办公室，这都是成本啊，这就每年要多个好几十万的成本的。这还只算验布的，还有要打样，你接到订单你去竞标的话你得先打样，要找懂这个的人的，老外大致跟你说一下，你要动脑筋，要懂面料啊，经线用什么、纬线用什么、做几梭，能做到这种需要人才，相当于我讲人才算是自己把自己评高了，但我做过生产主管，当过业务经理，我懂这个，我也算这里的人才！

通过这段访谈，我们能够发现，如果企业取代包买商直接与织机户进行对接，依然会面临较高的成本，成本主要来自两方面，一是雇工的成本，二是购置生产资料的成本。而许村的包买商有丰富的做布经验和广阔的人脉，并且具备自行购置机器和租赁厂房的资本。因此，包买商不仅可以取代工厂工人进行打样、验布等方面的工作，还可以为企业省下购置设备和仓库的费用。在许村，包买商经过在家纺行业多年摸爬滚打，已经演化成了一种带有人力资本专用性的职业。相较于自行对接织机户，成品厂依托包买商与织机户进行对接是更为划算的。

但这里隐含着一个潜在的问题，从理论上讲，依托包买商联系织机户生产存在一个效用边界的问题，即在某种规模下采用这种“市场制”的形式进行生产，交易费用更为低廉，然而一旦超出这一规模，企业采用雇工和购置生产资料的“企业制”生产反而是更为划算。因此，我们不禁有这样的疑问：如果许村出现一个“巨无霸”似的外贸窗帘成品厂，是否它就可以跨过包买商直接与家庭织机户对接？甚至可以兼并家庭织机户，进而实现从初加工到深加工的纵向一体化生产？我们继续以沈成的访谈来看。

笔者：那您看，如果一家公司生意量特别大，是不是就可以跨过您这一环节直接去联系织机户？或者甚至把织机户也兼并了，自已做初加工生产?

沈成：你说的这种模式在许村也不可能，他的订单有时候吃了上顿，没下顿的。他就算雇我，我这个人坐在他办公室，他是不是要发我工资啊，那么我天天喝喝茶，没事干是你的事情，你订单不够，你这个公司怎么发展？关键是成品厂他没有这么多订单让这五个人天天有事情做。所以还不如让我们（包买商）赚一点。你说的这个想法是对的，跳过我这一级，从经济逻辑来讲的话，他跳过我10%的成本是可以省得出来的。

笔者：所以他找您这种人的好处是：您是灵活的，他没有订单了也不用养您。

沈成：对啊，我相当于作为一个单独的主体出来了。他这边有活儿，他找我干，他这边没活儿了，我再去接别人的活儿，就是这样，他不养我。比方说这里有四个成品厂，吴总、张总、李总、王总四个老总，吴总没活儿了，我还可以给其他人干，他来活儿了，也可以找其他人给他干。

我们可以将沈成的回答概括为两点：首先，许村外贸窗帘产业链难以实现“纵向一体化”生产，这背后的原因在于外贸窗帘订单具有“小批量、多批次、多品类”的特点，订单的非标准化决定了以车间标准化生产为主的“企业制”模式难以适应产品的多样性特点。同时，外贸窗帘订单具有不稳定性，许村的成品厂不可能垄断外贸订单市场。我们了解到，在许村之外，江苏南通甚至东南亚的某些国家都已经有了相对成熟的家纺加工产业，许村家纺面临着外部竞争对手的冲击。因此，订单的不稳定性就决定了如果成品厂实现“纵向一体化”生产，在面临行业淡季、订单萎缩等困境时，因兼并而扩大的生产线反而会拖累企业的发展，极大增加了企业的运行成本。

其次，成品厂、包买商、织机户之间的互动并非是自上而下、一对一式的联系，而是一种网状式的、多对多式的联系。虽然从表面上看，外贸窗帘订单的派单是一种自上而下的派单过程，但结合第三、第四章的论述以及沈成的访谈，我们可以发现，在自上而下的派单之外，各经营主体之间的互动远比我们想象的复杂。成品厂与包买商之间的互动实际上是一种“多对多”的网状关系，即一个成品厂与多个包买商对接，而一个包买商也与多家成品厂对接，二者之间的互动会跟随市场订单的变化而保持一种动态平衡。例如，假如英标公司今天接到了一个外贸窗帘的订单，吴伟首先需要联系包买商来生产半成品布，通常他会联系沈成等与自己熟识的包买商，但假若此时的沈成正在替他人做加工，吴伟还可以再联系其他的包买商来替代，并最终根据订单份额的大小来决定参与此次生产的包买商数量。而对于包买商来说，他们也不只是固定地为几家成品厂做加工，假若某加工厂最近没有订单，那么他们就会去联系其他成品厂进行接单。由此，成品厂与包买商之间你来我往的互动就编织出了一张“形散而实不散”的生产关系网（见图 4-3）。这张生产关系网以市场订单为基础，联结了上下游的经营主体，在时间与空间上达至了一种动态平衡。同理，包买商与织机户之间也存在着一张这样动态平衡的生产关系网。

结合第三章的论述，我们已经知道成品厂之间以抱团协作、企业结盟的方式，形成了一张富有弹性的生产网络。因此可以发现，在许村外贸窗帘的产业链上，不论是初加工与深加工两个生产环节，还是织机户、包买商、成品厂这些不同的经营主体之间，处处存在着一张灵活、富有弹性的生产网络。正是因为这个生产网络的存在，许村家纺产业才能以高度市场化分工的形式来实现组织生产。

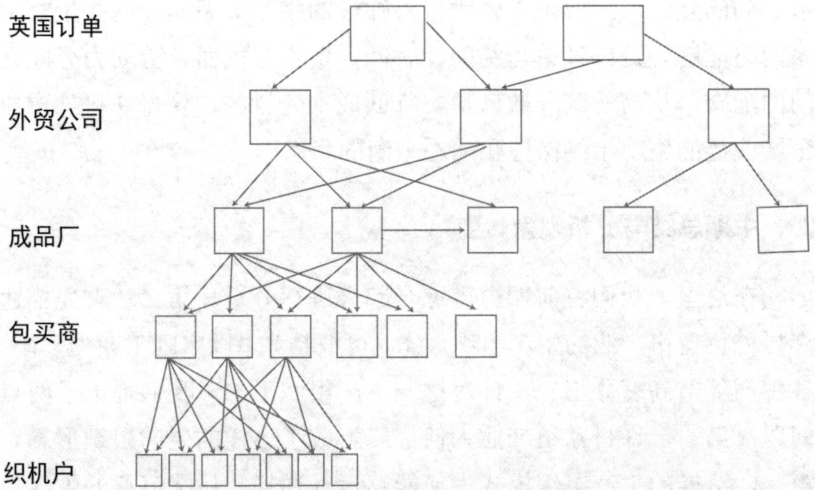

图 4-3　外贸窗帘产业链的生产关系网

三、小结

本章以许村的包买商沈成为案例，首先论述了许村包买商这一职业群体的特点：他们是织机户与成品厂之间互动的中介，串联起了外贸窗帘的初加工与深加工两个生产环节。包买商的存在看似是增加了外贸窗帘产业的生产成本，并打断了上下游经营主体之间的直接互动，对于许村的窗帘加工企业而言，似乎可以通过兼并包买商，甚至兼并家庭织机户从而实现成本和效率更优的纵向一体化生产。但我们通过分析得出了两点结论：第一，许村难以实现“纵向一体化”生产。其原因在于一方面包买商是一种具有人力资本专用性的职业，它的存在可以减少企业雇工和购买生产资料方面的成本；另一方面，外贸窗帘订单具有高度的不稳定性，因此在没有充足订单的前提下，实现纵向一体化生产反而会提高企业的成本和风险。第二，许村现行的“以家庭工业为基础，各生产环节高度分工”的产业模式是当下最优的选择。原因在于，各经营主体、不同生产环节之间的互动编织成了一张张富有弹性的生产关系网，这些生产关系网络能够协调好订单与空间、时间、资本、机器、劳动力分配之间的配合，从而达到分散风险、降低成本的目的，使得许村外贸窗帘产业链的生产始终保持在动态平衡的状态。

四、中期总结与分析视角转变

在这里，我们将前期内容综合起来进行分析。第二章首先描述许村外贸窗帘产业的生产组织形态，可概括为“以家庭工业为基础，各生产环节高度分工”，针对这一生产组织形态，我们提出了两点问题：第一，许村家纺产业为何最终形成了这样的生产组织形态？第二，这样的生产组织模式为何能够运行通畅？后续三章的内容，我们围绕着这两个基本问题展开了更为详细的讨论。第三章主要考察了许村外贸窗帘的初加工环节，得出的主要结论是家庭工业生产具有小农特性，可以较好地契合家庭织机户的日常生活安排。此外，社会关系对初加工环节也起到了重要影响，因为社会关系的作用，织机户与包买商的互动才得以顺利进行。第四章主要考察了许村外贸窗帘的深加工环节，发现成品厂之间的互动主要表现为抱团合作、企业结盟的形式，这样的互动组成了一张动态的、“能伸能缩”的生产网络，实现了“准横向一体化”生产，而社会关系在深加工环节的作用是决定了这张生产网络的辐射范围以及抗风险的能力。结合第三、第四章的内容，我们可以回答第二章提出“为何许村的生产组织模式能够运行通畅？”的问题，答案有两点：一，家庭工业生产契合了农村织机户的生活安排；二，社会关系是各经营主体得以互动通畅的关键性因素。

第五章考察了包买商群体在许村外贸窗帘产业链上的作用，得出的结论是：一，包买商是一种带有人力资本专用性的职业，其存在可以降低企业的运行成本；二，因为外贸窗帘产业的订单不稳定特性，所以外贸窗帘产业难以实现纵向一体化生产；三，许村外贸窗帘产业的各个生产环节以及各经营主体之间都形成了一张联系紧密、动态平衡的生产网。结合第三、第四、第五章的分析，我们可以回答第二章提出的“为何许村家纺产业形成了现有的生产组织形态？”这一问题，其原因在于：家纺行业的“小批量、多批次、多品类”的特点导致了订单的不稳定性和非标准化特性，而不论纵向一体化还是横向一体化，这两种生产方式均不适用于家纺行业；另一方面，许村当下“以家庭工业为基础，各生产环节高度分工”的生产组织形态却可以完美适应家纺行业的特性。各经营主体之间通过灵活互动形成了一张张富有弹性的生产关系网，进而保证了许村家纺产业具有一定的市场自适应能力，实现了动态平衡的柔性生产。

第六章　产业转型升级：腾笼换鸟还是鸟覆危巢?

本章将研究的视角转移到许村近年来的产业转型升级政策上，以希望从生产组织形态的角度，来对许村产业转型升级政策文本进行评估。

在“经济新常态”的背景下，浙江省从 2013 年开始实施“腾笼换鸟”工业产业转型升级专项行动，以对原有的产业结构进行调整升级，解决原有产业结构单一、产能过剩等问题。正是在这样的背景下，海宁市政府和许村镇政府也开始了对许村家纺产业的整顿与管理，并相继出台了多项有关家纺产业转型升级的政策文件。但这些旨在促进家纺产业发展的政策文本是否达到了合理引导产业转型升级的目的？这些政策文本的设计是否考虑到了家纺行业产业模式的特点？

一、“腾笼换鸟”的原因

严格来说，独立的“腾笼换鸟”政策并不存在，本文讨论的“腾笼换鸟”政策其实是浙江省推动的产业转型升级专项行动，当地官员习惯将这一系列产业整促行动统称为“腾笼换鸟”。该政策实施的背景非常复杂，一方面，许村家纺行业历经近 40 年的发展，分散的产业组织形态确实暴露了一系列问题，尤其是家庭工业、低散乱企业普遍不符合安全生产标准，而印染、烫金等化工厂也对许村的自然环境造成了破坏；另一方面，许村镇由于毗邻杭州市，是杭海新区建设的中心地带，在浙江省政府的统一规划下，杭海新区作为对接杭州钱江新城的关键板块，担负起了承接杭州外溢资源、推动杭州城镇化发展的任务。

受制于篇幅限制，本文无法讨论许村镇政府实施“腾笼换鸟”政策背后复杂的动机考虑，但依据当地官员的会议汇报，我们依旧可以简单归纳许村镇政府对于许村家纺产业发展现状的看法。在许村镇政府看来，许村家纺产业主要面临四个方面的问题。

一是发展理念的僵化。许村地区个私经济起步早、起点低，以家庭工业为代表的“低散乱”市场主体成为家纺产业藏富于民的重要途径和媒介，并且延续至今。这种粗放式创业的成功经验长期作用于企业经营者的头脑当中，久而久之形成了“小富即安”“小成即满”的思想禁锢。不少小微创业者时常以传统产业为由，安于现状，得过且过，一定程度上造成整个产业创新活力不足，生产组织固化，发展理念僵化。

二是对产业生态的破坏。“低散乱”市场主体长期游走于法律法规的边缘，生产环境简陋、生产设备落后、产品档次低下，存在偷税漏税、偷排漏排、无证无照、非法用工、盗版侵权等突出问题，安全生产风险、社会治理风险、环境保护风险等险象环生。同时“低散乱”特征背后的低质低价，扰乱了正常的市场秩序，造成了劣币驱逐良币的恶性竞争，挫伤了整个行业在品牌培育、研发投入、技术创新等领域的积极性，对产业生态造成了巨大破坏。

三是对生产资源要素的浪费。“低散乱”的特征决定了这类市场主体往往处于产业链的低端环节，普遍存在“高能耗、高污染、低产出”等显著特点。“低散乱”市场主体在技术改造、装备提升等方面往往“先天不足”“后天不补”“只重眼前”“不顾长远”，导致在装备、技术和管理方面都处于落后水平，部分设备和工艺已处于准淘汰序列。在土地指标、用能指标、排污指标等要素资源区域总量平衡的背景下，“低散乱”挤占了有限的要素资源，严重制约了新项目落户和建设。

四是对社会治理的加压。“工伤欠薪、环境污染、消防火灾”是当前“低散乱”作用于社会治理的三个主要压力面。“低散乱”市场主体往往存在生产场所简陋、环境保护意识淡薄、消防安全不过关、劳动用工不规范、生产过程缺乏必要的安全防护和技能培训，导致相关问题的纠纷、投诉、举报、信访、维权等事件高频发生，“低散乱”市场主体把本该由自身承担的责任和成本简单粗暴地推向了社会，给社会治理造成了较大的压力。

综上来看，以上四点是许村镇政府对于家纺产业发展现状的基本认识，为解决这些问题，许村政府自2013年起，分别采取了“拆违”“鼓励企业园区化”“机器换人”三类举措来促进许村家纺产业的转型升级，以下我们将会梳理这三类举措的相关政策文本，来对许村的“腾笼换鸟”政策进行政策文本的分析。

二、“腾笼换鸟”相关政策文本梳理

1. 家庭工业的拆违

许村“腾笼换鸟”政策的第一个目标瞄准了存在违章生产和违

章用地问题的许村家庭工业。为整治家庭工业，海宁市政府先后颁布了《海宁市“三改一拆”行动违法建筑处理实施细则》（海政办发〔2013〕234 号）和《“无违建村（社区）”创建违法建筑处置补充意见》（海拆改领〔2014〕6 号），许村镇政府在海宁市政府的领导下，也开始开展“三改一拆”[①]违法建筑处理行动。

根据相关政策文本，我们发现许村的“三改一拆”行动对于家庭工业的整顿主要集中在拆除家庭织机户违章搭建的生产厂房和仓储用房：

> 本次集中拆违涉及家庭作坊和个体私营企业用房（仅指房前屋后厂房）整治目标为全部辅房加上生产厂房、仓储用房的建筑占地不超过200 平方米同时连同主房（住房）的建筑占地不超过 330 平方米。
>
> ——《许村镇人民政府关于开展集中拆违大会战专项行动的通知》（许政〔2014〕52 号）

同时，根据该政策文本，我们还可以看到当地政府对于此次拆违行动的坚决态度：

> 坚持新违建“零发生”“零容忍”。对群众举报、信访反映、巡查发现以及卫星遥感监测发现的新建违法建筑，按照“早发现、早拆除”的快速处置要求，做到发现一处、查处一处、拆除一处，坚决遏制新发“两违”的产生……集中拆违大会战必须克服观望、等待和畏难情绪，摒弃好人主义，必须敢于动真碰硬，敢于同违法建设作坚决斗争，集中人力、物力和精力，强势有序推进拆违，拆

① “三改一拆”行动，是指浙江省政府自 2013 年至 2015 年在全省深入开展旧住宅区、旧厂区、城中村改造和拆除违法建筑（简称“三改一拆”）三年行动。

出环境、拆出空间、拆出声势。

——《许村镇人民政府关于开展集中拆违大会战专项行动的通知》（许政〔2014〕52号）

根据上述政策文本，可以发现，许村镇政府对于家庭工业用以生产的违章建筑用地采取了“零容忍”的态度，势在拆除所有的违章厂房和仓库，但根据第三章的分析，我们已经明确家庭工业承担着家纺产业初加工生产的任务，是家纺产业链条上不可或缺的一环，那么，没有生产用地的家庭工业被取代之后，初加工环节的生产该如何进行？许村镇政府显然也考虑到了这一问题，为此，镇政府给出了两种解决路径，一是规定家庭工业生产用地的上限为200平方米，即超出200平方米以上的生产违章用地才予以拆除。按照剑杆织布机的平均体积，200平方米的厂房可以放置下5台剑杆机，如果是生产厂房与住房连通的织机户，在牺牲居住空间的前提下，家中甚至可以放下8台剑杆机。因此，对于一般家庭织机户而言，拆违之后虽然损失了一定的生产空间，但依旧可以继续从事家庭织布工作。二是鼓励家庭工业搬迁至工业园区，许多起步早、规模大的家庭织机户，他们经过多年的发展已经演化成为家庭作坊式的企业，他们一般拥有十几台以上的织布机来专门从事家纺初加工工作，此类家庭工业正是许村大力整治的“低散乱”企业的代表，显然，此类家庭工业经过拆违之后，已经不具备在农村宅基地内继续加工生产的条件，为了解决此类家庭工业的出路，并规范家纺企业的发展和运作，许村镇政府又颁布了鼓励家庭工业搬迁园区的有关政策。

2. 鼓励企业入园

2015年3月，许村镇政府颁布了《许村镇人民政府印发关于鼓励引导小微企业和家庭工业进驻“两创”园区发展扶持措施的通知》，明确鼓励家庭工业和小微企业入驻企业园区，并规定对入驻园区企业给予八项扶持政策支持：

一、进区缓拆。凡有意进驻“两创”园区的小微企业和家庭工业户，在和相关投资开发公司签订入园协议并交付定金后，经镇无违建创建办公室审核同意并签订到期拆除承诺书的，允许其暂时保留属“两违”的家庭工业生产用房，待“两创”园区交付厂房进驻使用，同时按市定标准自行拆除违建的企业或家庭工业厂房。

二、购置优惠。凡有意进驻海宁家纺城科技产业园有限公司所属“两创”园区的企业在与相关投资开发公司签订购置协议时须缴付定金不少于土地厂房总价的20%，如购置企业一次性全额缴清款项的，则价格优惠人民币200元/平方米；如一次性缴付总价的50%的，则价格优惠人民币100元/平方米。

三、租赁条件。凡有意进驻海宁家纺城科技产业园有限公司所属“两创”园区的企业在与相关投资开发公司签订租赁协议时须按暂定租赁价预缴三年租金作为定金。

四、发展奖励。家庭工业户进驻“两创”园区的企业自投产起三年内按发展速度和贡献大小进行考核和奖励，单个企业奖励金额最高不超过人民币100000元。

五、成长奖励。家庭工业户进驻在“两创”园区时必须完成“个转企”。鼓励进驻“两创”园区的企业“小升规”，投产后第一年首次进入规模以上企业的，在享受市奖励基础上，镇再奖励企业法人代表人民币30000元；第二年首次进规的，在享受市奖励基础上，镇再奖励企业法人代表10000元。

六、效益缓评。凡进驻“两创”园区购置厂房、增加先进设备、加大技术改造力度的企业投产后两年内暂不列入市镇两级“亩产效益”评价体系。

七、参展优先。凡进驻“两创”园区的企业，政府、协会和会展公司等在组织国内外各类展会及分配展位时，比其他同类企业作优先考虑。

八、租购转换。凡进驻海宁家纺城科技产业园有限公司所属“两创”园区的租赁企业，如三年内有意向重新购置该园区出售区块内尚空置的土地厂房，同时腾出原租赁厂房的，购置前所交付的租金可转抵作购置款。

——《鼓励引导小微企业和家庭工业进驻“两创”园区》（许政〔2015〕65号）

通过列举“进区缓拆”“发展奖励”“效益缓评”这几条扶持政策，我们可以发现，许村镇政府鼓励“企业入园”有承接拆违后家庭工业发展的意图，政府在有意引导家庭工业入驻园区以完成转型升级；与此同时，“成长奖励”这一条又表明入园后的家庭工业可以通过“个转企”实现企业化、规范化，这也便于政府进行统一的管理并进行合法征税。但我们调研发现，许村镇政府鼓励“企业入园”不仅出于以上两点考虑，还希望通过企业的园区化发展培育出具有行业代表性、具有良好纳税能力的龙头企业。根据前文的描述，我们已经了解到许村家纺具有“大产业、小企业”的特点，但作为全球最大的提花家纺生产中心，许村年销售额过亿元的企业只有十几家，因此对于许村镇政府而言，此次腾笼换鸟产业转型升级还承担着培育龙头企业、促进企业合并的作用。为此当地政府又颁布了鼓励企业做大做强以及鼓励企业兼并合并的相关政策：

鼓励企业做大做强。对当年度销售收入首次达到1亿元、3亿元、5亿元以上的企业，且当年度亩均销售收入和亩均税收收入高于我镇企业平均、能耗低于全镇同行业平均的，分别给予企业法人20万元、30万元、40万元的奖励。支持企业延长产业链。

——《推动家纺产业实施品质智造暂行办法》(许委〔2019〕12号)

壮大龙头企业梯度培育队伍。支持有条件企业开展兼并重组，通过资产、股权、债务分离和重组，引入战略投资者，收购市外资源、优质资产、优势品牌和营销网络等多种途径，加快转型发展和做大做强。专门针对租赁企业，探索资源整合，抱团发展的模式，引导同厂区内同行业的小规模租赁企业，统一组建公司，集中反映产出，发挥规模效应。创新推进家纺企业“小升规”，确保规模以上企业达到250家。……三年累计完成工业投入50亿元以上；培育上市企业1家，完成股改企业3家；培育主营业务收入超5亿元龙头企业5家，超亿元企业60家，规模以上企业超250家；培育科技成长型企业超30家。

——《振兴实体经济提升发展家纺产业实施方案》(海政办发)

我们通过前文分析已知，家纺行业具有“小批量、多批次、多品类”的特点，而这导致了家纺订单的不稳定性。为了应对这种不稳定性，许村的家纺企业往往采用外包初加工环节、企业结盟等方式来控制企业规模，而这些家纺企业自身也只负责家纺产业链上的少数几个生产环节，其余环节的生产全部依靠社会性分工协作来完成，这也决定了许村难以出现大体量、高产能的家纺龙头企业。而地方政府想要鼓励企业做大做强，首先要做的就是促进企业拓展业务链条，将更多的生产环节纳入企业经营中来，而这也正是许村镇政府推行“机器换人”政策的深层原因。

3.“机器换人”

“机器换人”政策是指鼓励企业购买先进的数码剑杆机来替代家庭织机，将布料的初加工环节纳入企业的一体化经营。许村镇政府推行的“机器换人”政策主要方向是对购买数码剑杆机的企业给予一定补贴：

> 推动家纺行业“中国制造2025”，对“机器换人”示范项目、智能制造项目，企业购置《经编、家纺产业“智能制造”重点设备鼓励目录》中重点支持类设备，一般给予企业实际投资额的10%以内的奖励。对于实施智能化改造项目，软件投资额在15万元以上的，给予项目软件投资额20%以内的奖励。
>
> ——《推动家纺产业实施品质智造暂行办法》(许委〔2019〕12号)

付伟2016年在许村的调研时就已发现“机器换人”政策其实际效果是“机器换不了人”，其原因在于有两点，一方面，数码剑杆机造价昂贵，企业购置意愿不强。看似可以替代家庭工业生产、实现全自动化生产的数码剑杆机却售价昂贵，一台进口数码剑杆机动辄上百万元，这让大多数的家纺企业望而却步。另一方面，对于家纺企业而言，织布环节的利润在整个家纺产业链条中只占到较低比重，因此兼并织布环节是一件极不划算又徒增风险的事情（付伟，2016）。至此，我们稍作总结，许村镇政府为实现“腾笼换鸟”产业转型升级的目标，打出了政策“组合拳”，通过“拆违”“企业入园”“机器换人”等一系列举措来保证产业转型升级的顺利进行，这些举措一方面相应了上级政府的工作安排，另一方面也确实表现了许村镇政府在引导产业转型工作上的努力，但这些承前启后、环环相扣的政策是否可以顺利引导许村家纺企业完成转型升级？我们结合前文对许村家纺产业生产组织形态的认识，来做一个简单的政策思考。

三、“腾笼换鸟”还是“鸟覆危巢”？

本章第一部分论述了许村镇政府针对家纺产业采取“腾笼换鸟”产业转型升级政策的原因，原有产业组织模式暴露出的问题可被归结为四点：发展理念僵化、对产业生态的破坏、对生产资源的浪费、对社会治理的加压。在这样的背景下，许村镇政府开始了对家纺产业的整顿，希望对原有产业组织模式进行转型升级。第二部分对“腾笼换鸟”相关政策的文本进行了梳理，将许村的产业转型升级政策概括为三大方面工作：一是“家庭工业的拆违”，主要拆违对象是农村违章生产建筑，特别是家庭织机户为家庭工业生产所违法搭建的厂房、仓库等；二是“鼓励企业入园”，推动许村家庭工业和“低小散”家纺企业统一搬迁园区，并鼓励入园企业通过兼并合并等手段来“做大做强”；三是“机器换人”，鼓励企业购买数码剑杆机，将布料初加工环节纳入企业的经营。

由此看来，许村的产业转型升级政策是对原有“以家庭工业为基础，各生产环节高度分工”的产业组织模式的重新洗牌：拆违之后，家庭工业必然衰落，而企业的园区化、一体化发展也必然使得依靠社会关系联结的生产模式解体，以家庭工业生产和社会关系为立命基础的原有模式会被新的产业组织模式所取代。根据前文论述，我们已知家纺产业具有订单不稳定的特性，这是行业发展面临的最大的外部性风险。许村家纺产业经过近 40 年发展形成的产业组织模式通过家庭工业生产以及社会性协作编织了一张富有弹性的生产网络，这张生产网络可以较好适应家纺行业订单不稳定的特性，并联结起产业链的不同生产环节和各类市场主体，保证了许村家纺产业能够分散风险、降低成本，进而使得许村家纺产业保持良好的市场竞争力，这是市场自然发展所演化出的适应力。而许村的“腾笼换鸟”政策则是通过政府的设计，人为干预引导产业转型，其与许村历经 40 年发展自然形成的产业组织模式之间存在着明显的张力。

许村家纺产业发展至今天，我们不能无视其所暴露的环境污染、偷税漏税、不规范生产等方面的问题，这也是许村家纺产业亟待转型的原因，但也需要看到，任何一套成熟的生产组织形态都有其合理性和独到的优势。如果政府忽视了原有生产组织形态的优势，忽视了家纺产业的行业特性，仅仅通过外部政策手段来取缔家庭工业、推动企业一体化发展，这样的政策思路显然暗藏着“鸟覆危巢”的危险。

第七章 结论与展望

本文的研究问题是许村家纺产业的具体生产组织形态及其得以运行通畅的原因。为此，首先需要明确许村家纺产业生产组织形态的特点，第二章笔者通过考察许村外贸窗帘产业链条，论述了许村家纺产业的生产组织形态“以家庭工业为基础，各生产环节高度分工”的特点。之后本文继续回答这一生产组织形态得以运行通畅的原因，沿着外贸窗帘产业链的生产链条，分别考察了初加工生产环节、深加工生产环节，以及包买商这一群体的作用。

第三章、第四章对外贸窗帘两大加工生产环节进行了考察。第三章是对初加工环节的考察。一方面，在家庭工业生产的初加工环节上，家庭织机户通过统筹家庭生产机器配置、家庭劳动力要素和外在的订单具体要求，灵活地开展家庭工业生产，从而达到“生产生活两兼顾”和“24小时不间断生产”，因此，家庭工业具有明显的“小农特性”，这样富有弹性的家庭生产组织方式有较好的抗风险能力。另一方面，初加工环节上还包含着包买商与织机户之间的互动，分析发现，二者的互动凭借社会关系的作用，巧妙地化解了家庭工业面临的市场风险和包买商面临的监督与管理风险。家庭工业生产与社会关系是初加工环节得以顺畅运行的内在原因。

第四章考察窗帘生产的深加工环节。首先分析了深加工环节的生产特点：“加工工艺复杂、机器设备繁多”和“生产的及时性和标准化要求”，这两大特点决定了深加工环节不可能依赖家庭工业进行生产，而必须采用企业制统一生产，这也是许村家纺产业形成分工协作的一方面原因。英标窗帘公司的案例揭示了深加工环节上的成品工厂面临着的主要困难——订单市场的不稳定性。为此，许村的成品工厂以“相互派单”与“企业联盟”的方式结成了一张动态灵活的生产网络，通过社会性协作来应对订单市场的不稳定性。这张生产网络的联结是依靠社会关系的力量，社会关系决定了这张动态平衡的生产网络的辐射范围和韧性强弱。

第五章关注的是作为初加工与深加工环节之间连接中介的包买商群体，回答：为何看似增加了生产成本，并打断了上下游直接互动的包买商并没有被成品工厂所兼并？即，许村家纺企业为何不实现纵向一体化生产？我们有两点发现：第一，包买商是一种具有人力资本专用性的职业，它的存在可以减少企业雇工和购买生产资料方面的成本；第二，窗帘订单的不稳定特性决定了实现纵向一体化生产反而会提高企业的成本和风险。因此，相较于纵向一体化生产的大企业制模式，依靠灵活分工、社会性协作的分散生产模式反而是更适合许村家纺产业的生产组织形态。

第六章简单讨论了许村“腾笼换鸟”产业转型升级政策。首先从政府层面出发，分析了许村家纺产业发展暴露的四大问题：发展理念僵化、对产业生态的破坏、对生产资源的浪费、对社会治理的加压，这构成了许村镇政府实施“腾笼换鸟”产业转型升级政策的背景。然后，我们对“腾笼换鸟”相关政策文本进行了梳理，将产业转型升级归纳为三大方面的行动，分别是:“家庭工业的拆违”“鼓励企业园区化发展”“鼓励机器换人”。这三类整治行动作用的对象正是“以家庭工业为基础，各生产环节高度分工”的产业组织模式，可以预料，“腾笼换鸟”政策实施之后，原有以家庭工业生产和社会关系为特点的产业组织模式会走向终结。而根据前五章分析所得出的结论，取缔家庭工业生产、不再依托社会关系联结的生产网络进行生产，这些举措都可能导致许村家纺产业发展难以适应行业特性，进而隐含了“鸟覆危巢”的危险。

由此，本文可以得出这样的结论：许村家纺产业的生产组织形态的特点是“以家庭工业为基础，各生产环节高度分工”。这样的生产组织形态因为家庭工业和社会关系的作用，才得以在各个生产环节上、各类经营主体间形成了一张张无形但富有弹性的灵活生产网络，从而较好地适应了家纺行业“小批量、多批次、多品类”的特点，并且降低了生产的风险和成本。另外，许村镇政府推行的“腾笼换鸟”产业转型升级政策虽然势在必行，但通过对政策文本的梳理可以发现，“腾笼换鸟”政策会破坏掉许村原有的生产组织形态，进而可能导致许村家纺产业难以应对外部的市场风险，因此“腾笼换鸟”政策的设计应重视许村产业组织形态的合理性，对产业转型升级的引导不能忽视生产组织形态运作的内在机理。

作为对以许村家纺为代表的现代乡村工业化发展的研究，本文仍有许多问题未能解答。正如导言和第六章所言，中国的乡村工业化进程发展至今，已经暴露出了各类发展问题，而中国的城镇化发展和环境整治行动又构成了乡村工业化新一轮变迁的背景。在这样激荡变化的时代，带有乡土色彩和中国特色的乡村工业化模式会不会走向历史的终结，抑或是迸发出新的发展魔力？曾经依托家庭工业和社会关系野蛮生长的乡村工业化如何应对新的挑战？以上问题，现阶段都难以作出回答，但这也正激励着我们继续保持研究的热情，继续保持对乡村工业化问题的关注。世界上唯一不变的就是改变，对当代乡村工业化的研究才刚刚进步，未来的乡村工业化会是什么模样，让我们拭目以待。

参考文献：

[1] 费孝通．小商品 大市场［J］. 浙江学刊，1986(03)：6-15.

[2] 符裕．网络经济的运作逻辑以河北白沟箱包业为例 [J]. 青年研究，2008(12)：35-45.
[3] 付伟．许村家纺：工业化的乡土逻辑 [D]. 北京：北京大学社会学博士论文，2016.
[4] 高斌．快递服务概论 [M]. 北京：人民邮电出版社，2013.
[5] 洪银兴．苏南模式的新发展兼与温州模式比较 [J]. 江南论坛，2001(08)：13- 15.
[6] 李元旭．资产专用性与纵向一体化 [J]. 经济科学，2000(5)：64-69.
[7] 刘群．我国工业园区发展现状及建议 [J]. 中国国情国力，2011(5)：19-21.
[8] 刘世锦．产业集聚及其对经济发展的意义 [J]. 浙江经济，2003(13)：44-46.
[9] 南洋，邓宏图，雷鸣．近代手工业中包买商制度的再分析基于交易成本理论与委托代理理论的视角 [J]. 江苏社会科学，2016(03)：79-88.
[10] 钱平凡．我国产业集群的发展状况、特点与问题 [J]. 经济理论与经济管理，2003(12)：26-31.
[11] 孙涛．当奥利弗·威廉姆森遇到马克·格兰诺维特论经济学和社会学在企业组织理论上的对视和沟通 [J]. 制度经济学研究，2013(2)：234-248.
[12] 王田一．能力圈：来料加工的生产组织形式 [D]. 北京：北京大学社会学硕士论文，2013.
[13] 吴波、肖迪．集群企业迁移理论述评兼对区域政府“腾笼换鸟”政策的反思 [J]. 科学学研究，2011，29(1)：84-90.
[14] 徐宗阳．“曲尽人情”：效率的另一种可能以浙江省缙云县来料加工为例 [D]. 北京：北京大学硕士论文，2013.
[15] 徐宗阳．“内外有别”：资本下乡的社会基础 [D]. 北京：北京大学博士论文，2013.
[16] 周飞舟．制度变迁和农村工业化包买制在清末民初手工业发展中的历史角色 [M]. 北京：中国社会科学出版社，2006.
[17] 周飞舟．以利为利 [M]. 上海：上海三联书店，2012.
[18] 周飞舟．回归乡土与现实：乡镇企业研究路径的反思 [J]. 社会，2013(03)：

39-50.
[19]Coase R H.The Nature of the Firm[J].Economica ns,1937,4(16):386-405.
[20]Granovetter,M.Economic Action and Social Structure:The Problem of Embeddedness[J].American Journal of Sociology ,1985,91(3):481-510.
[21]Williamson,O.The Organization of Work:A Comparative Institutiona Assessment[J].Journal of Economic Behavior and Organization,1980(1):5-38.

以游戏为业
——游戏策划与能者统治的再生产

舒辉　中国人民大学社会学系 2018 级
指导教师　李丁

作为一种大众消费文化，高度产业化的电子游戏文化如何影响其消费者，又带来何种社会影响？这是游戏文化研究经久不衰的话题。在国内，有学者深入乡村田野，研究留守儿童的游戏沉迷问题：他们如何被游戏“捕获”，又为何沉迷其中？也有学者亲历游戏，对电子游戏当中的文本进行修辞批评：游戏产品内容何以成为一种可分析的文本，游戏文本呈现何种特质，游戏如何通过这些文本影响其消费者？在消费者一端，这些研究有力证明了电子游戏会给其消费者带来深刻的震荡，也将对社会造成广泛的影响：最为极端的乡村留守儿童沉迷游戏现象，既证明了游戏影响所及范围之大，也证明了游戏影响所及程度之深。

但是在另一方面，国内的研究鲜有直接关注到游戏的生产环节，而对游戏的生产环节进行考察和分析恰恰是对游戏文化进行反思的关键一环，若仅仅止步于对游戏文化影响结果的考察分析——甚至很大程度上仅仅止步于对其极端影响结果的考察分析——无疑将会极大地限制对这种影响的理解。毋庸置疑，没有哪种文化是凭空生成的，也没有哪种文化是仅有消费者而无生产者的，考察一种文化如何产生、一种文本如何被生产，是获得对其全面理解所不可或缺的一部分；同时，某种文化必然产生于特定社会的背景文本当中，同时也在其中发挥作用、产生影响。具体到高度产业化的游戏文化，则需要更加全面地理解游戏文化的影响，要在游戏产业的生产侧考察游戏文化如何被创造、游戏文本如何被生产。

事实上，作为一种文化产品形式，电子游戏自 20 世纪中叶发轫于欧美，70 年代起便成为一种大众流行文化盛行于西方发达国家，同小说、影视等流行文化一道对其社会产生着深刻影响。而在中国内地市场，电子游戏在 80 年代同样随着改革开放大潮进入中国，并且迅速流行开来。但在此之后，由于国内市场缺乏市场监管和版权保护的特殊环境，国内游戏厂商自主生产的游戏产品形态与欧美游戏产品产生了极大差异，加上特殊的网络环境，国内游戏市场一定程度上与国外脱轨。

国外有不少研究关注到了欧美游戏文化的生产过程，如其中存在的游戏生产者之自我再生产问题：欧美主流游戏的生产者们总是千篇一律的中产白人男性，他们中的大多数都来源于主流游戏玩家，其所生产的游戏也全部是符合主流玩家审美的游戏，写入游戏当中的意识形态因此也是同质的——能者统治意识形态在游戏文化当中盛行，这种意识形态又加剧了这种僵化的再生产，造成分层与区隔。

在与欧美呈现出极大差异的国内游戏行业当中，游戏文化产生着何种影响？游戏文化、游戏消费者、游戏生产者是否进行着相似的再生产和区隔？游戏文化中是否存在着类似的能者统治意识形态？在对电子游戏的游玩中长大，笔者本身即是游戏的爱好者，也准备在今后进入游戏行业从事游戏内容的生产工作。在诸如求职、实习等为进入游戏生产进行准备的过程当中，我结识了不少就职于各个公司的游戏生产者，也亲身参与过游戏内容的生产。这段经历使我萌生以游戏生产者为对象来对上述问题进行研究的想法。

第一章　文献综述

本文的研究出发点为对游戏文化影响的探析，落脚点则在于游戏文化所造成的分层与区隔——游戏文化所造成的分层与区隔体现在游戏的生产者、玩家群体当中。本研究认为，游戏文化当中的能者统治意识形态和这种分层与区隔的形成密不可分——分层与区隔造成了能者统治意识形态的盛行，它是合理化当前秩序的辩护，能者统治意识形态也由此强化了这种分层与区隔；而能者统治意识形态正是依托于游戏文本，对生产者和玩家产生影响，因此本研究同样包含对于游戏文本的直接分析。

简而言之，本研究在讨论游戏文化影响问题时，着眼于其所造成的分层与区隔，认为这种分层与区隔很大程度上来源于游戏文本中的能者统治意识形态，而对这种意识形态的分析则需要进行游戏文本的修辞批评。

因此，涉及的文献及理论大概分为三个部分：游戏文化消费与分层、能者统治、游戏文本的修辞批评。

在游戏文化消费与分层部分，本文重点关切了布迪厄的再生产理论。再生产的视角将在两个方面被使用：游戏文化消费趣味的再生产，游戏策划职业的再生产。布迪厄的再生产理论发端于其对教育再生产的分析批判，却又不仅仅止于教育，事实上，在《区分》一书中，布迪厄对于再生产的论述已经直接涉及了文化消费习惯生成和职业进入。

在能者统治部分，本研究将梳理这一概念作为社会制度和意识形态的发展过程，以及学术界对能者统治的讨论。能者统治明显是对立于再生产图景的理想。再生产是造成阶层与区分的过程，它所强调的是行动者原初所处阶级给其带来的文化资本（如已经身体化的惯习）将极大影响其之后所能达到的社会位置；而能者统治却强调对个体非先赋属性的客观衡量，期望对社会位置的公平竞争和开放流动。但部分对于欧美游戏文化的研究却认为能者统治的盛行是区隔与分层的后果，也在一定程度上加剧了社会分层与区隔，本文同样持此种观点。

在游戏文本修辞批评部分，本研究较为详细地介绍了一例对欧美游戏文化圈中能者统治意识形态进行分析的研究。该研究对本文产生了很大的启发作用，在对游戏文本的修辞批评上和对能者统治意识形态的批判分析上，本文对其有较多的学习和借鉴。

由此，游戏文化消费与分层是本研究的主题，而再生产和区隔理论、能者统治是本文重要的理论工具，文本修辞批评则是本文重要的分析方法。

一、游戏文化消费与分层

游戏文化消费与分层是本研究的主题。

正如在其他文化消费当中相同，游戏文化消费当中同样存在着分层与区隔现象。游戏的消费本身便是一种符号消费，通过游戏，玩家本身便在“交流社会意义、展示社会区别、明示社会等级”（刘少杰，2018），以游戏消费为核心建立起的游戏文化当中必然包含着分层与区隔；而另一端，在游戏的生产侧，游戏生产者必然要将分层与区隔编码进游戏内容当中——这一方面当然是出于经济目的，而另一个可能的原因却是，沉浸于游戏文化当中，游戏生产者本身已经认同了其中的分层和区隔，从而不自觉地将其编码进游戏当中。

1. 文化消费分层

在鲍德里亚看来，在消费社会当中，人们对物的需求已经发生了错位，进行消费是为了购买符号，而购买符号则是为了构建身份的差异，这意味着，在消费社会当中，消费者进行消费就是为了达到分层与区隔的状态（鲍德里亚，2008）。

而关于消费所显示和造成的社会分层或区隔，有两个重要的理论视角：韦伯主义的视角和布迪厄的视角。

韦伯主义的视角将阶级（Class）和地位（Status）视为相对互为独立的社会分层形式，注重经济的、特别是职业市场和劳动对社会分层的生成和反映作用，这种视角通常以职业的市场地位（阶级）和生产中的劳动关系（地位）来测量个人在社会分层结构当中所处的位置。

布迪厄的视角建立在韦伯社会分层思想之上，它注意到韦伯思想当中阶级和地位的断裂，并且试图将二者统一起来；因此，他以极大程度上被早期生活决定的惯习／习性（Habitus）联系起阶级和地位——个人在早期生活中所处的阶级状况（Class Conditions）获得的性情（Disposition）造就了其习性（“可移植的、普遍的性情”），并且表现在文化符号层面的社会分层——地位——当中，因此地位本身不能直接还原为一种经济关系；这种联系也必然使得布迪厄的视角更加关注再生产——个人的家庭背景对文化分层的影响（Chan & Goldthorpe，2007；布迪厄，2017）。

布迪厄的文化分层视角集中体现在《区分》一书当中，通过对当时法国社会的实证研究，提出了文化趣味的分层与社会阶级分层紧密相关联的观点。并且认为，个人原生家庭的阶级地位极大程度上影响到个人文化趣味，家庭也倾向于进行文化趣味的再生产。因此，社会分层和文化消费分层的结构一致而同源。这种观点之后被称为文化趣味分层的同源假设（Homology Hypothesis），同源假设遭到了许多针对当下社会的经验理论分析和实证研究的反驳。

当下社会文化趣味和消费分层的研究，结论主要分为两类，形成两种理论假设：杂食—专食假设（The Omnivore - univore Hypothesis）和个人化假设（The Individualisation Hypothesis）。

杂食—专食假设认为，在当下社会，特别是经济文化较为发达的社会，在社会分层中处于优势地位，从事市场地位较高职业、生产关系中处于优势、受到较好教育的阶层可能更倾向于同时消费大众文化和高雅文化，形成一种杂食文化趣味；而相对的，处于劣势地位的阶层则倾向于仅消费大众文化，拥有的则是单一专食性的文化趣味。杂食—专食假设认为社会分层与文化消费分层的关联产生了变化，社会分层的模式并不严格对应文化消费分层；而更为激进的个人化假设则认为文化消费分层和社会阶级分层完全不再相关。吉登斯和贝克认为，当下的发达社会文化消费分层存在着一定的聚集，但是以年龄、性别和种族为中心的聚集，是与传统社会分层结构当中主要分层属性无关的分层，这是相对而言的弱个人化假设；鲍曼的观点则更为激进，他认为这些社会中文化消费层级已经不复存在，文化趣味完全由是个人化因素影响产生。

20 世纪 90 年代以后，针对北美、欧洲和澳大利亚进行的定量实证研究有大量结果支持杂食—专食假设观点（Peterson，2005）。国内学者关于中国社会文化趣味和消费分层的研究，同样有不少支持这两种假设观点，并且对于为什么在中国社会会形成不同于同源假设观点的文化分层模式有一定的分析。这些分析主要集中在三点：首先是大众传媒的发展，导致大量文化产品的接触和占有成本降低，使其失去了区分功能；其次是国内社会阶层流动相对频繁，个人原子化现象较为突出，阶层轨迹的断裂使文化再生产难以维系；最后是国内社会经历着剧烈的现代化转型，普遍对高雅文化认知较为模糊，对于文化区分和再生产的意识较弱（郭星华，2017；朱迪，2017）。进一步地，有人提出了针对国内的个人化分层情况形成机制，认为以朋辈、媒体为基础形成了一种横向分享型扩散机制，文化趣味在一代人中进行自由的横向扩散（王宁，2017）。

2. 游戏文化中的区隔与分层

在 *The Toxic Meritocracy of Video Games: Why Gaming Culture is the Worst* 一书中，作者 Christopher A. Paul 关注到了游戏文化当中的区隔现象——欧美核心游戏文化圈会排斥某些属性的群体，阻止他们进入游戏文化圈成为受到认可的玩家或者游戏制作者。虽则游戏文化圈排斥这些群体的理由是其不具备游戏所需的能力，并且这些能力是看似后天习得，可以通过个人努力获致的，但这些能力背后却隐藏着结构性的力量，是否能够接触到电子游戏、接触到什么样的游戏、通过什么方式玩游戏都和个人在社会结构当中所处的位置有关，而这些又直接影响到所谓的游戏能力（Paul，2018）。因此，个人的社会位置直接影响到其在游戏文化中的分层。

而 Robin S. Johnson 则聚焦于游戏生产者当中的分层。以布迪厄的惯习和场域概念为工具，Johnson 分析了一个美国中型游戏工作室内部的社交边界（Social Boundaries），发现对于游戏设计者而言，个人出身和社会位置带来的游戏经历以及对于游戏的热爱程度是最为核心的惯习要素，以此为界限，女性往往被排斥在游戏生产场域之外（Johnson，2013）。

此外，对欧美游戏文化分层的研究，均发现欧美游戏产业当中游戏存在着自我再生产（Self-reproduce）现象。这些研究发现，欧美游戏产业生产出的游戏产品往往是缺乏多样性的，游戏生产处于不断自我复制和再生产过程当中。

游戏产业中的自我再生产来源于游戏产业的独特生产模式。

首先，游戏生产者的来源、生产者和游戏玩家间形成的共同生产关系造成了游戏的自我再生产。通过线上游戏社区和官方玩家反馈渠道，游戏产品从制作开发阶段到上线调整阶段，玩家都能充分地参与其中，而核心玩家甚至可以通过这些渠道成为游戏生产者。玩家们往往是现有游戏产品的核心消费者，被这些产品的生产商吸纳进入生产过程当中，自然倾向于再生产他们从已有产品接受的内容。由此，欧美游戏行业的游戏生产如同处于回音厅（Echo Hall）当中，一群高度相似的人不断重复着之前发出的声音，不断再生产与之前高度相似的游戏产品（Banks & Humphreys，2008；Coleman & Dyer-Witheford，2007）。

其次，资本倾向于进行保守的再生产而非创新。游戏是关乎复杂体验的文化产品，相对于其他形式的产品，游戏是否能够取得市场成功更加难以被预测，也因此，游戏生产整体呈现出渐进创新（Incremental Innovation）特征，游戏的投资者更倾向于促使游戏生产者制作基于现有市场上热门品类和成功产品的游戏，IP 化下的整体移植和微创新成为游戏生产的主要策略。在这种鼓励相似性的市场环境下，资本青睐于被证明市场成功的游戏类型，不仅相似的游戏被大量再生产，由此而来的游戏玩家和游戏生产者也被再生产着（Tschang，2007）。

3. 小结：再生产与区隔

首先，区隔与分层在游戏文化当中广泛而深刻的存在，布迪厄在文化消费分层当中的同源假设和文化再生产理论对于这种区隔和分层仍然具有相当的解释力。在游戏文化的区隔与分层当中，参与者的位置与其背后的结构性因素紧密相关，与个人社会经济地位紧密联系的收入、性别、种族等因素都深刻地影响着个人在游戏文化当中的位置。

其次，欧美游戏文化圈当中的区隔和分层与游戏产业的自我再生产模式和游戏符号当中的能者统治意识形态紧密关联。游戏产业当中的自我再生产模式使得游戏行业始终是特定群体（如Straight White Man）的圈子，游戏产品和游戏参与者（设计者、玩家）不断进行着自我复制，生产出缺乏多样性的同质化内容。

而游戏中的区隔和分层符号则造成了流行于游戏文化当中的能者统治意识形态，加强了这种区隔与再生产。能者统治盛行于游戏文化当中，以游戏能力作为衡量个人价值的唯一尺度，使得游戏文化本身对不具备这些能力的个体进行排斥，并且使得处于游戏文化当中的玩家和设计者忽视结构性要素对个人的影响，合理化游戏文化当中的区隔与分层。

二、能者统治

能者统治是本文分析游戏文化影响的重要理论工具。

能者统治是一种关于社会等级秩序和资源分配的方式，换言之，是进行社会分层的一种标准，而围绕这种方式或标准，为其提供思想基础的，是能者统治意识形态。概括而言，广义的能者统治是相对于贵族制（Aristocracy）而言的，它意味着社会的分层和资源分配将以个人获致而非先赋属性的竞争为基础，竞争的公平和流动的开放是它的重要实现基础。

能者统治作为一种意识形态和被实践的社会制度存在已久。前工业社会中，在西方，有柏拉图所设想的由哲人王所统治的理想国，在中国，儒家强调“贤者在位，能者在职”，中国的科举与官僚制度更是在前工业社会进行能者统治实践的典型案例。在踏入工业社会以来，以“美国梦”为典型的能者统治理想更是风靡世界，欧美政治家们无数次向社会许诺能者统治的“不断实现”——英国前首相特蕾莎·梅曾在演讲中直接使用“能者统治”一词：

> 我想要使英国成为世界上最好的能者统治典范，使英国成为每个人都能公平和不受限制地依靠自己的才能和努力得获其位的国家。

学术研究当中，Alan Fox（1956）和 Michael Young（1958）被公认是首先使用“能者统治”一词的两个学者，前者在研究英国现代性的文章中涉及能者统治，后者则专注于能者统治，不过并非是以科幻小说而非学术研究的形式。值得注意的是，Alan Fox 是一位社会主义者，在其研究当中，能者统治本身便是一种被批判的对象，在能者统治被施行的社会当中，能者因其天赋而获取大部分资源，这本身便是一种不公平：

> 那些有天赋的、聪慧的、精力充沛的、有野心的、无情的人在社会中被精心筛选出来，被送上其注定的统治地位——在这里，他们不仅将要享受对施展其天赋的回报，还将获得社会为了保证这种筛选有效性所投入的巨大奖励。

一方面，在 Michael Young 的 *The Rise of the Meritocracy* 一书中，能者统治则并不仅仅作为被批判的对象出现。作者在书中以虚构的未来视角回望英国能者统治的兴起，描绘了英国打破裙带主义造成的阶级固化后，走向被公式化为“I+E=M”——即智力（Intelligence）加上努力（Effort）便是能力（Merit）——的能者统治社会，一个既是乌托邦更是异托邦的社会。

而另一方面，Michael Young 的朋友丹尼尔·贝尔则在之后提出了一种新的能者统治秩序——后工业社会中“公正的能者统治”。在《后工业社会的来临》一书当中，作者分析阐释了后工业社会的特征以及能者统治的必要性。贝尔认为，后工业社会的重要特征是知识技术成为了社会的轴心，因而社会资源的分配需要更多地以个体的知识和技能为标准来进行，而这种标准便是一种“公正的能者统治”。在这种能治统治下，知识和专业水平成了社会衡量个人价值的标准，由此，个人获致社会地位的最重要手段便是通过教育，而这一切都发生在一种公平的社会竞争中。贝尔还强调，后工业社会当中公正的能者统治所实现的是一种机会平等，而非是一种结果平等，而对结果平等的追求则是一种不现实的幻想（贝尔，2018）。

由上可见，能者统治这一概念被提出时便是一个“靶子”，贝尔也只能用公正的能者统治来撇清自己与Alan Fox和Michael Young所批评的能者统治的关系，但即使如此，对于贝尔所提出的能者统治，仍然有大量的批评。

Jo Littler是能者统治较为著名的批评者，在*Against Meritocracy: Culture, Power and Myths of Mobility*（2018）一书中，她详尽阐述了能者统治作为社会制度和意识形态的发展历程，并对其进行了较为全面的批评。总体而言，她从三个方面对能者统治提出了挑战：首先，能者统治下所衡量的诸如智力、才能等个体能力是不是非先赋而获致的？其次，这些能力是否被置于一种可比较的、线性的、层级式评判体系之下？最后，这种评判体系所需要的客观性和专业性在多大程度上能够实现？

其中，能力是先赋还是获致的问题涉及了能者统治的前提假设——个体的能力是完全由自身决定的，这意味着强调对个体价值的衡量，而忽视社会语境和结构对个体的作用：

> （能者统治）被很多人视为理想的公平准则，因为在考虑分配资源这一产出时，只有相关的输入（智力、才能）被考虑进去，而其他无关的因素（如种族、性别）则被忽视。因此，能者统治是没有偏见的，也由此被视为创造了社会的流动性。

这一点所导致的后果，也就是使得能者统治秩序的信仰者将会以之合理化社会分层结构，忽视表层“公平竞争”下的社会结构性要素，从而加剧社会分层与区隔。

能者统治作为一种社会制度和意识形态存在已久，也对社会产生着深远而广泛的影响。但是，能者统治同样广受批评，特别是当它成为一种难以实现的理想，却被用来为当前的社会分层与区隔进行着辩护之时。在广义的标准下，能者统治固然是一种意识形态；而当其被用来为当前分层秩序进行辩护和修饰时，更在一定程度上成了马克思主义理论脉络下所谓的意识形态。

应该注意到，不管是作为一种社会制度还是一种意识形态，能者统治这一概念指向着的集群是处于不同历史社会环境当中的，其内涵也各有不同，如Jo Littler将能者统治意识形态分为传统的、社会主义的、新自由主义的、社会民主主义等形态，而本文所讨论的是国内游戏产业中的能者统治，因而也将会涉及对国内游戏产业现状及所处环境的分析，这将有利于我们理解这种能者统治意识的特点。

三、游戏文本的修辞批评研究

1. 修辞批评

修辞批评是本文在分析游戏文本时重要的分析方法。

修辞批评（Rhetorical Criticism）一直是文化批评领域重要的研究工具，其是话语分析研究的重要内容，“研究和分析人们如何调动各种修辞资源，通过演讲古典意义上的和话语象征当代意义上的去影响和建构人的观念、行为乃至现实的，以便达到传播交际的目的的”（胡春阳，2005）。

起源于亚里士多德，修辞学原指语言学中对各种修辞格以及对言语者如何进行逻辑论证的研究，但在20世纪八九十年代之后有了进一步发展，被扩展到所有运用话语和象征等符号系统以达到某种目的的范畴。后现代意识形态的修辞批评出现，“修辞与调动语言和其他象征手段以达到任何实际或功利目的几乎是同义的”（刘亚猛，2004）。其关注的核心在于修辞者、听读者和话语的关系，旨在理解我们感知到的现实和我们用以描述它的符号系统间的关系：我们所拥有的符号系统——言词和表达——塑造了我们看待世界的方式，我们看待世界的方式又塑造着符号系统。

经过长年的发展，之前的电子游戏产品本身成为一种传统和标准，之后的游戏按照之前的传统和标准被制造，循环往复。由此，众多游戏内容形成了一套自己的符号体系，这套符号体系定义了游戏的样貌，同时也定义了玩家的样貌。

2. 游戏文化当中的修辞批评

具体到游戏文化当中，修辞批评即是对游戏文化当中的游戏制作者、玩家和游戏内容关系的关注，关注我们所感知的现实如何被游戏内容所描述，而游戏内容又如何影响我们看待现实的方式。修辞批评能够帮助我们理解和游戏相关的话语——被设计进游戏内容当中的、游戏玩家社区当中的、玩家在游玩过程中的——如何作为符号影响玩家。

Robert Cassar对不同国家社会背景下生产出的游戏进行修辞批评，揭示出游戏作为一种流行大众文化，可以作为承载特定意识形态的工具而存在。他所分析的游戏虽然大多数为非政府官方的玩家制作，但其中所包含的意识形态却能够达到政治宣传的目的，这也揭示了游戏非娱乐性的一面。

最近在国内玩家群体中受到热议的*The Downward Spiral: Postmodern Consciousness as Buddhist Metaphysics in the Dark Souls Video Game Series*则是对游戏文本更加全面、细致的修辞解读：通过对某个系列游戏全流程的文本分析，揭示了日本社会背后的后现代意识矛盾和佛教哲学对游戏生产者的影响（Menuez，2017）。

上文所提到的 Christopher A.Paul 同样是通过修辞批评对游戏文化符号系统当中的能者统治（Meritocracy）意识形态符号进行分析。作者分析了典型欧美游戏产品的游戏设计和社区文化符号，发现电子游戏成为能者统治意识形态在各种形式符号系统当中的最佳栖息地。电子游戏为玩家提供了其他媒体产品不能够提供的交互性，在游戏当中，玩家需要通过游戏交互中的技巧、努力在游戏设定的规则当中达成目标，获得成就。同时又因其以电脑程序为载体，一种对玩家交互完全客观的衡量得以实现。

进一步，在欧美主流游戏内容规则上，玩家被承诺以机会上的平等，玩家只需要依靠技巧和努力就能够在游戏体验中获得诸如胜利、成就、声望的正向反馈；而在游戏叙事中，玩家接触的是以围绕主角成长的故事，强调原本位于底端的个体通过各种方式向上跃升、获得能力的叙述。这些符号在玩家的游戏体验中不断重复，不断暗示性地向玩家强调了能者统治意识形态：在游戏当中，唯一判断人价值的尺度就是游戏成就，而游戏成就依靠玩家的技巧和努力这些看似非结构性的、个体化的能力（Merit）。

由此，在游戏文化圈当中，玩家们崇尚游戏中的公平竞争、实力至上；游戏设计者们自玩家而来，加以出于经济考虑，为了迎合玩家，倾向于设计符合典型玩家们需求的游戏，一种崇尚能者统治、能力至上的意识形态在欧美游戏文化圈中不断被重复强化、循环生产。

在这种充斥着能者统治意识形态的符号体系作用下，游戏文化成了一种“糟糕的毒性文化”。能者统治的意识形态使得玩家们下意识地忽略了与游戏成就相关的结构性要素，在游戏社区中排斥、歧视甚至骚扰诸如女性、黑人等非典型玩家成了一种可接受的“合理现象”，欧美游戏文化圈当中充斥着骚扰、谩骂、攻击他人的“游戏混蛋”（Game Jerks），游戏文化一度成为能者统治意识形态最为猖獗、负面作用最为明显的场域；电子游戏也成了能者统治意识形态传播、扩散和强化的重要载体。

国内同样有学者对游戏进行修辞批评，但并未如上述研究般深入游戏文本，而是偏向于框架式的分析。如董明来（2011）尚在分析游戏何以成为一种文本，而游玩何以成为一种阅读；杨洋（2019）稍进一步，对强调叙事的“故事性电子游戏”进行了解读，探讨了游戏文本的类型和分类框架。

游戏文化当中包含着复杂的符号系统，这些符号既反映着游戏文化所处的社会环境，也对身处其中的个体产生着深刻的影响，从而作用于社会。直接对游戏产品当中所包含的文本进行分析，即对于游戏文化的修辞批评能够揭示出这种关系：哪些意识形态被如何编码进了游戏符号当中，这些符号如何作用于接受者，对接受者们产生何种影响。这对于我们理解游戏文化的生产和游戏文化造成的影响具有重要意义。

四、文献总结：两个面向

文化如何影响人？这事实上是本研究的母题。

媒介社会学学者 Michael Schudson（1989）指出了文化研究中看待文化影响的两个基本面向：第一是强调文化对个体约束作用的“文化模具”（Culture-as-social-mold）面向——以意识形态理论和文化霸权理论为典型，这一面向强调的是个体单方面地受到由强大社会群体出于利益所造就文化符号强大影响；第二是强调文化作为一种“工具箱”可被塑造的“文化资源”（Culture-as-resource）面向——这一面向强调个体面对各类文化符号时的能动性，个体的选择和理解对于文化所实质产生的影响具有关键的作用。

分析游戏文化所产生的影响时，以上两个面向无疑仍然是本研究进行思考的两个最基本方向，但本文也试图能够尽量在这两个面向之间寻找平衡点。在游戏文化造成的分层与区隔当中，诸如新韦伯主义的杂食—专食假设无疑更偏向于文化资源面向，而布迪厄的文化再生产与区隔理论则明显偏向于文化模具面向。在这个层面的理论选择上，本研究选择了布迪厄，也就偏向了文化模具面向。

但对于本文而言，另外的一个面向选择其实也发生于田野选择以及对游戏文本进行修辞批评时。因为很明显的是，目前的游戏文化研究——特别是国内的相关研究——大多数是站在了文化模具面向一侧，而究其原因，很大程度上是因为这些研究仅仅将目光放在了消费者、玩家的一端，从游戏文化所造成的影响来进行追溯式的研究，游戏生产侧则成了一个不见实际生产者的整体，游戏厂商们被理解为刻板的“文化霸权”施加者。这个面向的研究有重要的意义，但仅仅停留在这个面向，无疑又会使研究成为一种局部地、静止地、无语境地对游戏文化所进行的简笔画：只关注到消费者和玩家，就难以看到游戏文化生产—消费—再生产的动态循环，也难以同时看到游戏文化被生产和消费着的内部、外部语境。

因而，本文将研究田野转向了游戏文化的生产侧，关注游戏策划是如何由玩家成为策划的、关注游戏文本是如何被生产的、关注游戏文本是如何对玩家产生影响的，这将使本研究在一定程度上成为整体的、动态的、关注语境的分析，无疑也将本研究引向了文化资源面向。

第二章　研究设计

承接欧美游戏文化的研究，本文希望以类似视角和方法展开对国内游戏文化的研究。进一步地，希望聚焦于游戏的生产环节，以游戏生产者为研究对象，从游戏文本的生产过程中进一步探析这些问题：国内游戏行业当中游戏生产者群体是否表现为在某些方面同质化的群体？他们所生产的游戏文本当中是否包含某些同质的意识形态？这些游戏文本当中的意识形态又会产生什么影响？

这三个问题实际上对应着本文关注的三个主体：游戏生产者、游戏文本、游戏消费者。本研究将围绕这三个问题和主体，展开以下方面的论述。

首先，游戏策划的再生产。游戏策划职业若是依据某种条件进行的再生产，那么这个群体无疑是有着高度同质性的群体，这个职业群体本身便是一种分层和区隔后果，而作为文化内容的生产者，这个职业群体所生产的文本也将反映和扩大这种分层和区隔。

其次，游戏文本的生产和其中的能者统治意识形态。游戏策划生产游戏文本时，是如何将能者统治编写进其中的？又是抱着何种目的将其写入其中的？这两个问题直接关系到能者统治意识形态如何对同时作为消费者的游戏策划产生影响，以及能者统治意识形态如何继续在其消费者群体产生其影响。

最后，本文将讨论在游戏生产场域的区隔。在游戏生产场域当中，能者统治意识形态占据何种位置？它和游戏生产场域当中存在的社交和分工区隔是否存在关联？游戏策划在这种区隔中发挥着何种作用？虽然仍局限于游戏生产场域，但通过这三个问题，本文实际上在讨论游戏策划进行游戏文本生产所处的社会语境，也是在讨论游戏文本当中的能者统治通过影响其玩家的观念和行为、继而造成的社会影响。

一、研究对象：游戏策划——游戏文本的核心生产者

游戏策划是游戏文本的核心和直接生产者。

首先，在游戏产业链条当中，游戏策划位于生产游戏的研发商环节。游戏产业的核心链条从研发商起步，到触及用户结束，其中最为核心的两个环节为研发和发行：掌握着游戏策划、美术和程序资源的研发商负责直接生产游戏；拥有渠道、运营和服务器资源的发行商负责游戏的宣发和实际运营工作；拥有渠道平台的服务商最终帮助游戏直接触及用户，提供分发服务。正是这三者直接从玩家对游戏产品的付费当中获取直接的收益，而游戏研发商无疑是这一链条中最核心的内容提供者，游戏策划便处于研发商当中。

其次，在游戏研发公司当中，游戏策划直接生产游戏。在一个有着自主研发项目组的典型游戏公司中，围绕游戏产品存在着各类职能部门，而其中负责直接生产游戏产品的即是策划所在的游戏研发项目组。研发项目组并非能够任意创造游戏：做什么游戏的自主权是受限的，项目组发起游戏立项需要经过层层评估，管理层在确定项目可行性和预期收益情况的条件下，才会批准项目立项；游戏具体内容生产的自主权同样是受限的，直接面向市场和玩家的市场部门会经常性地输入游戏实时运营状况和玩家反馈需求，要求策划对游戏内容进行修改，在某些情况下，市场运营部门对游戏内容的话语权甚至高于策划。当然，策划团队也保留着一定程度的自主性，这主要得益于电子游戏产品的游戏属性。电子游戏是极度复杂的文化商品，关乎玩家极其主观的整体体验和感受，如何“捕获”玩家并非如综述某些研究中总结的一般容易；对电子游戏的内容难以进行量化拆解、分析，市场难以评估和预测，也因此，游戏项目组的策划在项目方向、内容上依然有着相当的自主权，大多数情况下，市场部门只能提出建议以供其参考。

最后，在游戏生产过程中，游戏策划是游戏的核心生产者。在直接的游戏研发团队中，大致存在四类分工：策划、美术音效、程序和测试（QA），在其中，游戏策划直接生产了作为游戏的电子游戏：

策划设立游戏的玩法规则、关卡结构、世界和剧情架构，然后交由程序和美术进行具体实现——“有的游戏没有程序和美术，但是不存在没有策划的游戏”；游戏策划也直接生产了作为商品的电子游戏：与吸引玩家相关的玩家留存、付费率均是进行策划时需要重点考量的内容，而游戏内的付费机制、可购商品同样由策划直接架构。

二、研究方法

本研究主要采用质性研究方法，希望得到游戏策划作为游戏玩家和游戏生产者两个身份时分别进行游戏和游戏生产时相关的一手资料，以及游戏策划对于相关问题的观点。其中，参与式观察、深度访谈和文献法是本研究主要的资料收集方法。

1. 参与式观察

如前所述，本研究的主要田野在于游戏的生产侧，旨在能够更加全面和深入地理解游戏文化所造成的区隔与分层，因而，为了防止脱离语境的研究，本文采取参与式观察的方法，不仅以研究者的身份实际深入游戏生产侧当中，还以游戏生产者的身份参与到了游戏生产。也只有这样，才能够理解游戏文本是在何种情形、何种语境下被生产出来的。

以国内游戏研发公司 C 公司为主要田野，我作为游戏策划实习生进入其中一个游戏项目组——FF 手游项目组。2019 年 11 月至 2020 年 1 月，我直接参与 FF 游戏制作过程，对该项目组的游戏生产过程进行了为期 3 个月的参与式观察。C 公司是国内知名的出海游戏厂商，既有大量包括欧美玩家在内的海外用户，也有国内用户，但其研发团队则以中国人为主。也因此，C 公司作为田野，有助于本研究进一步理解中国和欧美游戏市场的差异——包括游戏市场产品形态、用户、生产者差异。但同时值得注意的是，C 公司的游戏研发团队基本是中国人，其所生产的游戏产品类型在运营付费模式上是在国内市场占据主流的类型，因此，C 公司的生产者及其生产的游戏同时又在国内环境当中具备典型性。

此外，由于本文涉及游戏策划职业的再生产问题，而笔者又恰好参加了众多国内游戏公司 2019 年游戏策划岗位的秋季招聘，因此研究也涉及笔者在面试过程中的参与式观察。

2. 深度访谈

在参与式观察的基础上，深度访谈依然是不可或缺的。区别于工作环境当中的参与和观察，为了更深入地挖掘研究对象对于游戏文化相关的态度、观点，回溯游戏策划们进入职业的过程，本研究对 C 公司田野当中的典型对象——FF 项目组当中全部的 6 位策划进行了深度访谈。深度访谈的时间节点基本都在参与式观察过程中，第一次访谈发生在 2019 年 11 月，即进入田野的一周后，最后一次访谈发生在 2020 年 2 月，访谈最终整理共计 11 次；主要的访谈形式为一对一面访，一次为 3 人非正式座谈形式；访谈主要发生在公司工作休息时间段及假日，每次访谈时长在 30 分钟至 2 小时之间；2 月后的部分补充访谈形式为电话和线上语音。

本研究深度访谈发生的地点基本仍然在公司中，和参与式观察地点相同，这一点实际上一定程度地限制了深度访谈和参与式观察能获取的资料的差异性。

3. 文献法

本研究的参与式观察和深度访谈基本围绕着 C 公司这一田野展开，虽则 C 公司具有一定程度上的典型性，但单一田野未免会有损研究结论的可推广性。在前两种研究方法的基础上，本研究还采取了文献法，对国内外其他游戏公司及其中的生产者的看法、观点进行了收集和分析。

游戏产业当中，游戏媒体是传播、生产、再创造游戏文化过程中相当重要的一环，游戏媒体不仅生产和传播着游戏文化，也不乏对一些游戏案例从制作到成为成功商品和作品的深度挖掘，由此成文的分析、访谈同样是本研究重要的资料来源。此外，游戏产业作为有一定规模量级的产业，包括中国音像与数字出版协会、市场咨询公司在内的协会和企业对其进行的一些行业研究报告当中包含了较为全面和准确的资料，本研究使用了这些资料中关于国内游戏行业的发展趋势、案例洞察，以期对国内游戏行业和游戏文化有更为全面的理解。

三、研究田野及访谈对象概述

1. 田野概况

我实习所在的C公司是一家集研发、运营和发行为一体的手机游戏厂商。C公司在组织上又隶属于F集团。F集团是国内知名的出海游戏研发商和发行商，其研发和发行、运营的游戏基本主要都是面向海外市场，集团旗下游戏的玩家大部分是非中国玩家。作为F集团的子公司，C公司在集团中的定位主要是进行模拟经营品类游戏的研发和运营，当然，其所研发的游戏同样主要是面向海外市场和海外玩家。

我实习所在的项目组所研发和运营的游戏产品为FF，是自2014年开发上线并持续运营至今的一款移动端线上模拟经营类游戏，产品主要面向欧美英语区玩家市场。

2. 访谈对象概述

我主要对策划组的全部6个策划进行了深度访谈，同时也观察记录了程序组后端程序员ZBM和人事组人事GHF在项目组当中的相关行为和言论。

全部相关对象的具体信息如表5-1所示。

表 5-1　相关对象的具体信息

具体组别	编码	Title 及具体分工
策划组	PPF	Leader/ 主策划：统筹 FF 项目组整体工作
	YPF	策划：负责 F 项目海外运营管理、游戏活动策划
	APM	策划：负责 F 游戏数据挖掘及市场部门对接；负责游戏内一部分功能的维护与更新
	LPM	策划：负责 F 游戏线上更新与版本发布统筹；负责游戏新内容的策划；负责游戏内一部分功能的维护与更新
	CPM	策划：数值策划，负责 F 游戏内数值系统的维护与更新；负责游戏新内容的策划
	YPM	策划：负责 F 国内玩家社区运营与海外运营对接
程序组	ZBM	后端：负责 F 游戏后端程序的搭建、维护
人事组	GHF	HR：负责 F 项目组、运营部门人事工作

第三章　谁能成为策划：游戏策划的再生产

要进入游戏公司从事策划职业，无疑需要经过在职策划的层层筛选与身份确认，在这一过程当中，策划们挑选谁进入游戏行业成为游戏策划，挑选的标准是什么，直接反映了策划的再生产过程。

一方面，毋庸置疑的是，从从业者个体角度看，对于电子游戏的兴趣和相关游戏的经验是决定个人能否成为游戏策划的重要因素。几乎所有的游戏公司在招收游戏策划时，从职位描述到简历和面试筛选，都要反复确认应聘者的游戏兴趣和游戏经验。但是，兴趣和经验是相当宽泛的概念，如果说“对游戏有兴趣”“有游戏经验”便可以称作所谓的“游戏玩家”，那么具体是怎样的游戏玩家可以成为游戏策划，他们应当对游戏抱有怎样的兴趣和何等的经验？

另一方面，资本永远青睐稳健而高回报的产品，这一点在游戏行业中更甚。如前所述，在游戏行业当中，渐进式创新是普遍的游戏生产模式，这意味着游戏厂商更专注于生产当前市场上占据主流的品类游戏。而厂商们如果希望生产这类主流产品，有更多主流产品消费经验、对它们更感兴趣的生产者无疑是最为合适的选择。

因而，要清楚谁更被市场欢迎，更容易进入游戏行业成为策划，我们应该首先审视在国内游戏市场当中，什么样的游戏占据着主流位置：国内的主流游戏是什么？它们具备什么特征？

一、中国游戏市场的主流：F2P 手游

特定游戏市场当中必然存在主流的和非主流的游戏：若干品类的游戏占据着市场的大部分份额，吸纳着市场当中的大多数玩家，从而成为这一市场当中的主流游戏；而必定又有一些游戏被挤压在市场边缘，仅仅拥有相对少数的玩家，成为非主流的游戏。在当前的中国市场，占据主流的游戏可以用三个关键词概括：F2P、P2W、移动端。

1. 付费模式：F2P 免费游戏

F2P 是“Free to Play”的缩写，即玩家免费游玩，它是一种游戏付费模式：玩家无须预先付费即可进入游戏进行游玩，但游戏内往往设置玩家需付费购买的内容或服务，并以此使厂商获得收益。F2P 是一种在国内市场异军突起的游戏付费模式，在国内游戏行业语境当中，F2P 往往更具体地指向“免费网络游戏”，这些有若干玩家同时在线的游戏往往侧重 PVP（Player Versus Player）内容，鼓励玩家对抗，并往往赋予付费玩家在对抗中的极大优势，以此刺激玩家在游戏当中进行消费。

与 F2P 模式相对的付费模式是买断制。买断制是玩家一次性付费的模式，玩家只需要在进行游玩前进行付费，购买游戏本身，之后便无须付费。买断制付费模式的历史要长于 F2P，其发端和盛行于欧美游戏市场，更多地被单机游戏所采用，而在国内市场占比

极低。

一方面，F2P 模式游戏在国内的兴起与国内较为落后的游戏市场环境紧密相关，这种市场环境的诸多特征为 F2P 模式提供了土壤。

国内游戏行业发展相对于欧美市场最重要的三个特点：起步晚、版权保护缺乏、人均付费能力低下。买断制要求市场有完善的版权保护体系和较强付费能力的玩家，而游戏产业本就发轫于欧美市场，发展健全的知识产权体系规范和付费能力较强的消费者造就了以买断制模式为主体的游戏主机和个人电脑时代。买断制游戏需要玩家在进入游戏前即进行一次性的较高付费，消费门槛较高，游戏给厂商带来的直接收入也几乎完全来自玩家的一次性购买；也正因此，玩家对于厂商的价值只有 0 和 1，一旦购买游戏，该玩家对于厂商的价值在某种程度上就已经完全实现，每个玩家所能给厂商带来的价值是平均而有限的。在买断制下，盗版的存在会对游戏厂商带来毁灭性的打击，无力支付买断费用的玩家对于厂商也毫无价值。

而国内游戏行业起步较晚，电子软件版权保护体系长期缺乏，迄今仍没有对游戏知识产权的充分保护，而国内玩家人均付费能力又相对低下，欧美流行的买断制在国内难以生存。在此情形下，买断制游戏基本以盗版形式存在于中国互联网，欧美游戏厂商的游戏产品很难在国内盈利，也就鲜有欧美厂商有大举进入中国市场的尝试，这使得中国游戏行业在很长一段时间里与欧美游戏行业脱轨。

此外，国内游戏行业在游戏开发技术和研发经验层面相对落后，难以生产比肩欧美的游戏内容，但在买断制难以生存的环境中，国内游戏厂商另辟蹊径，广泛采取 F2P 模式，在 PC 端游时代就生产出大量的免费网络游戏，以出售游戏内付费内容为主要盈利方式。F2P 模式本质上是向玩家提供线上服务，玩家只有在登录官方服务器的情况下才能够购买内容、享用内容，这也就避开了盗版对游戏厂商带来的损害：游戏产品的内容本身不再独立地拥有价值，游戏内容需配合厂商提供的在线服务才具备价值。

另一方面，F2P 游戏几乎零门槛的特征相当符合国内游戏市场中玩家低付费能力的状况。国内的 F2P 网游保证了玩家们不会被一次性购买的价格墙挡在门外，玩家可以几乎无条件地得到游戏产品，从而进入游戏进行游玩。但是，玩家虽然无须付费便可以进行游玩，却同样也可以在游戏当中进行几乎无上限的消费。此外，如前所述，F2P 游戏往往是网络游戏，强调 PVP 人人对抗，在此情形下，即使是低付费或零付费玩家，只要其存在于游戏中，便对于游戏具有提升活跃、提升高付费玩家体验的价值。这意味着在 F2P 游戏当中，所有玩家都可以为游戏厂商提供具有差异化的价值。

国内游戏市场的这些特点决定了主要生产 F2P 网游的国内游戏行业相较买断制流行的欧美游戏行业更为强烈的两大需求：吸纳玩家的需求和留存玩家的需求。

首先，国内游戏行业拥有更为强烈的吸纳玩家的需求。诚然，所有游戏厂商都希望尽可能地使得更多的消费者成为其游戏的玩家，为之消费，但是在买断制下，游戏玩家对其价值为 0 和 1 的二分——购买游戏或不购买游戏，每个玩家都必须付费，且因其流行于欧美，玩家的付费能力较强，游戏定价因之较高，其玩家的平均价值要远高于国内 F2P 游戏的玩家。在这种情况下，厂商本身的获客需求并不那么大，加之欧美市场获客成本较高，其主要的营收策略便是主要针对特定的消费者生产游戏内容，在市场中的横向竞争策略也主要是内容竞争。

而在国内的 F2P 模式网游中，情况则截然相反，F2P 本身的低门槛特征加上国内玩家较低的付费能力，游戏当中不付费或低付费的玩家占比惊人，人均付费水平难以与买断制游戏相比。但是国内游戏市场玩家数量优势明显，获客成本远低于欧美。加上 F2P 游戏当中所有玩家对于厂商均有不同的价值，在这种情况下，厂商最有效的营收和竞争策略便是尽可能地吸纳玩家，扩大自身游戏当中的玩家基数。

其次是国内游戏行业更为强烈的留存玩家的需求。这一点主要是 F2P 游戏模式本身的特点带来的。买断制是一次性付费制，玩家的后续长期留存并不直接影响到游戏的收入，而对于 F2P 游戏而言，玩家往往需要在游戏中进行一定时间游玩之后才会进行付费，而玩家在游戏当中付费后，游戏黏性越强，后续付费意愿越高。总体而言，玩家在游戏当中留存时间越长，付费越高，因此 F2P 游戏毫无疑问地对于玩家留存有着更强烈的需求。

2. 分层策略：P2W 付费制胜

国内游戏厂商们通过哪些方式满足吸纳玩家和留存玩家这两个需求呢？最重要的方式之一便是利用分层的策略：在游戏当中设计一种分层体系，它可以使得玩家按照某种标准在这一体系中处于不同的位置。

国内一位游戏行业从业者和研究者“邪让多杰”将国内游戏当中流行的各种社交系统总结为“制造人与人间的博弈”，并认为其目的就是增加游戏的留存，实际上，这正是游戏当中典型的分层设计：

> （社交系统）设计目的是让玩家社交，通过社交来增加游戏的留存……社交的存在目的就是在一些相对简单的价值上，制造人与人之间的博弈，让玩家通过与其他玩家社交，产生更好的反馈。[①]

具体而言，游戏内容生产者们往往在游戏当中设计可以将玩家区分开来的各种有意义的指标，并且促使玩家追求这些指标，以

① 邪让多杰．关于社交系统，99% 的策划都做错了 [EB/OL]．（2018-05-03）[2020-01-02]．https:gameinstitute.qq.com/community/detail/124389.

实现一种玩家间的区分；游戏分层设计就是在游戏当中设立一套价值评价体系，并将玩家置于其中。Christopher A.Paul 在书中所描述的欧美游戏文化圈中的能者统治意识形态的流行，直接来源便是欧美游戏设计当中流行的“公平竞技”“能力制胜”设计：游戏当中为玩家设立了衡量其游戏成就的指标，玩家可以通过游玩积累游戏技巧，在这些指标上取得更高分数，并与其他玩家进行比较，获得游戏内的资源奖励或单纯的心理满足；而国内有类似设计的游戏则同样可以使得其玩家群体内部生成一种“声望排序”，使得玩家为获取更高声望而沉迷其中（张明皓，2019）。在此，同样需要注意到国内游戏行业主流的游戏分层设计与欧美主流市场的差异：P2W 与公平竞技。

P2W 即 Pay to Win 的缩写，即付费制胜。在 P2W 游戏中，玩家们在游戏当中付费，购买相应物品即可获得在游戏评价体系当中的优势，简而言之便是付费即可取胜；而与之相对的则是所谓“公平竞技”的概念，即玩家无法通过付费获得游戏主要分层设计中的优势，游戏评价体系衡量的是更为“公平”、更加“纯粹”的玩家属性，如对游戏的操作熟练度。

同时需要注意的是，P2W 设计并不意味着只有付费才能在游戏内的价值评价体系中取得优势，事实上，也不可能存在完全以付费为分层标准的游戏，因为这将使游戏失去乐趣。在当今市场上绝大多数的 P2W 游戏中，玩家依然可以通过时间积累、游戏技能等方式获得优势，并且若没有对游戏玩法机制的掌握，具备足够的游戏技能、单纯的金钱投入往往也难以使得玩家在游戏评价体系中获得完全的优势。可以说，P2W 模式是在公平竞技模式的评价体系中引入了另外一个维度：对玩家金钱投入的衡量。

P2W 的分层设计盛行于国内游戏市场，而公平竞技分层设计流行于欧美游戏市场，究其原因便与 F2P 流行于国内市场而买断制流行于欧美市场紧密相关。

在欧美市场，公平竞技是常态，这很大程度上得益于在其中盛行的买断制游戏天然是与 P2W 设计难以兼容的。买断制游戏以单机个人体验为主，特别是在发展早期，主要为PVE（Player Versus Environment）人机对抗内容，在这类游戏当中玩家间并不存在直接的线上接触，因而主要可以显示区分的即玩家 PVE 相关的指标，如人物分数、通关时间，等等，这些指标一般指向玩家自身对于游戏操作熟练度的衡量；而另一方面，买断制游戏强调的一次付费也难以再次加入付费内容。因此，买断制模式的流行导致了欧美游戏市场及其中生成的游戏文化圈崇尚公平竞技设计，在欧美游戏市场，即使是 F2P 模式的游戏，付费设计也基本放在与主要分层设计无关的方面，如不影响分层指标数值的人物外观和各类装饰类物品。

而在国内，P2W 是更流行的分层设计，这很大程度上也是由于国内的 F2P 模式本质上是与 P2W 分层设计紧密关联的。

F2P 需要大量玩家，也能够吸引大量玩家，P2W 是能够最大限度从玩家获取收入的模式。如前所述，F2P 模式中游戏的玩家价值差异相当大，普通玩家付费能力低下甚至于不付费，在此种情形下，游戏必须依靠少数的中高付费玩家获取收入。要保证玩家不断付费，只有依靠 P2W 模式：使得玩家付费越多，获取的优势越多。因此，国内 F2P 游戏往往强调多人在线的 PVP 体验，采取的分层设计往往是能够更加刺激玩家的直接游戏内对比：使得玩家通过购买服务、道具等内容获得更多游戏内资源，直接将付费转化为游戏内的优势。

P2W 分层设计导致国内 F2P 游戏中出现了诸多分层奇观，这由玩家付费差异便可窥得一二：

> 中国玩家中那些大额付费用户的付费水平与一般用户的平均付费水平之间的差距非常大。在美国，这二者之间的差距大概在100

倍左右；在中国，这个差距差不多有1万倍。[①]

在此种情形下，小部分玩家成了游戏的主要收入来源，“28原则”甚至“19原则”是国内网游营收的常态，即游戏内20%或10%的玩家贡献了游戏80%甚至90%的收入。

二、媒介：手机

当前国内主流游戏另一个关键特征则是以手机为主要载体，自智能手机和移动网络在国内普及以来，手游所占据的市场份额逐渐扩大，并在2010年开始超越电脑和主机端游戏，手机游戏、移动端游戏成为当下国内最为主流的游戏品类。

比起电脑和主机端而言，手机端最大的优势便是普及与便携。

普及，意味着游戏可以覆盖更大数量的人群。事实上，移动端智能设备在国内的普及所带来的市场下沉直接造就了国内游戏行业在2010年之后的快速扩张，国内游戏产业用户规模由2010年的不到8000万人增长到2019年的6.4亿人，其中移动端用户规模6.2亿人[②]，国内移动游戏整体营收也由2010年的9.1亿元急速增长到2019年的1513亿元[③]。

便携，意味着游戏可以更加不受时空限制地被游玩，可以更无孔不入地占据玩家的时间。相对于端游依托于通常不可移动的游戏主机和个人电脑，手游依托于人们随身携带的手机和其他智能设备，这使得游戏的场景不再被限制在诸如家庭客厅、卧室、网吧等固定

① Kabam CEO周凯文专访[EB/OL].（2015-08-20）[2020-01-02].http://www.sohu.com/a/28466814_195364.

② 中国音像协与数字出版协会.2019中国游戏产业报告[EB/OL].（2019-12-20）[2020-01-04].www.gamelook.com.cn/2019/12/377802.

③ 伽马数据.2019中国游戏产业年度报告[EB/OL].（2020-01-03）[2020-01-04].http://www.joynews.cn/jiaodianpic/202001/0332402.html.

区域，游玩也不再被限制在能够处于这些区域的时间。游戏可以随时随地地唤醒和召回玩家。

移动端与倚重 F2P 游戏的国内行业无疑是“天作之合”：移动端的普及能够带来更多的玩家，其便携性则能够更轻松地让玩家留存。事实上，在目前国内游戏市场中，F2P 手游也因此是绝对的主流，在 2019 年，手游收入规模占据国内游戏市场 70% 的份额，而在国内手游收入前 100 排名中，几乎没有买断制游戏的身影。[①]

三、再生产：由玩家向策划

由此，受到国内游戏行业欢迎的生产者呼之欲出：有国内 F2P 游戏兴趣和经验的玩家，他们需要熟悉 F2P 模式，要知道如何满足国内游戏行业的两大需求——游戏如何能够吸纳更多的玩家，游戏如何能够使玩家更长时间地留存。这种生产者的最佳候选人无疑是有着丰富国内主流游戏经验的玩家。

在国内游戏行业，各大游戏厂商们每年都会通过校园招聘招收无正式策划经验的大学生进入策划职业，这是国内的游戏玩家们向策划的大规模转化途径之一。作为学生的玩家们被以何种标准挑选而成为策划的过程，能够很大程度上反映游戏策划是如何被再生产的。以国内游戏厂商在校园招聘当中的各种标准为例，我们可以看出策划再生产的标准和过程。

主流游戏经验无疑是最基本的标准。刚刚通过校招进入 C 公司的同事 CPM 便曾经因为并非“主流”的游戏经历而在求职时遇到过挫折。CPM 是一位“3A 游戏”爱好者，3A 泛指高投入、大制作的电子游戏，毫无疑问的是，这类游戏主要产自欧美市场，且主要是买断制，在国内的市场份额几乎可以忽略不计。他希望成为一名策

① 艾瑞咨询.2019年中国移动游戏行业研究报告[EB/OL].(2019-07-05)[2020-01-04].https://www.iresearch.com.cn/Detail/report?id=3405&isfree=0.

划，在大学阶段选择了游戏设计专业，也因此，他对于国内主流的游戏接触甚少：

这些类型的游戏接触得多，应该是我想做游戏的原动力了……就是好的游戏，3A 游戏，不，也不能说单纯的 3A，就是那些用心做的，能打动玩家的游戏……所以其实我本身还是想做这种游戏的。之后我本身在香港学游戏设计，在游戏设计上，国内的游戏基本还都是排不上号的，而且我知道中传的同学，学游戏设计的，专业里面一说到案例也还是国外的游戏。所以说，不管是我自己玩，感兴趣的，还是在学校里面学的，其实都还是3A为主，加上各种独立游戏。（CPM）

这种游戏经历和爱好给他在国内寻求游戏策划职业带来了不小的困难：

当时找暑期实习，面试了几个公司，就一开始问题必定是：最近玩过什么游戏？我一说就全是单机，然后他说：网游呢？我说老滚 OL、Warframe（均为欧美市场的网络游戏）。他又问：国内的没怎么玩是吧？我说是的，国内游戏玩得比较少。然后就是：那手游呢？手游国内的应该玩过吧……特别是网易，当时开场直接问题就是说分析下最近玩的手机游戏。我基本就是一开始在游戏经历相关的时候就很吃亏，被直接 pass 掉的概率很大。很多次面试官都是直接跟我建议说，在国内想做游戏还是得多玩玩（国内）自己的手游。所以当时找实习之后我就开始拼命地补手游，做这些游戏的分析也好拆解也好。（CPM）

与之同年校招入职的 YPM 在旁补充自己的看法，他认为游戏经历的最大作用是与面试官有同样的话题：

说实话，策划面试就是聊天……就是你和面试官有话题，问你最近在玩啥，欸，刚好有个游戏他也了解，就可以开始问你，然后一直聊下去了，没有话题就完了。（YPM）

进一步地，国内的厂商们往往依照以下两个标准挑选游戏策划：高消费、高成就的玩家。

首先，现任策划们对于高消费玩家往往有着强烈的偏好：自己有过游戏消费的玩家无疑更能够理解在游戏中付费的乐趣何在。在我亲历的游戏策划岗位面试中，大多数面试官都会问及游戏付费经历，以及对于游戏收费模式设计的看法，其中令我印象最为深刻的一次是面对一位国内颇为知名的策划。在面试中他首先抛出了自己的经历：

我开始做游戏的时候，以为都是像我一样的无产阶级，结果进公司一看，策划们一个比一个有钱，都是还没做策划花了几万几十万氪金的富二代。我很惊讶，但是同事都说："这有什么好惊讶的，没钱不充钱，怎么做策划。"（YPM）

紧接着他抛出了面试的问题：所以你怎么看这个问题——没在游戏里充过钱的人成不了策划？

在面试最后，他也给出了很直接的答案：

没充过钱肯定是当不了策划的，不充钱你根本没法理解玩家为什么要充钱，也没办法搞清楚游戏的付费机制……而且我们也担心招进来不认同流行付费策略的策划。（YPM）

这位策划实际上是制作买断制单机游戏出身，并且曾经参与过在国内颇负盛名的单机游戏开发，但在国内，买断制显然难以生存。他也因此于2016年加入国内某游戏公司制作该单机游戏的手游版，当然，仍然是 F2P 模式的手游。而他最后提出的担忧还点明了一种对认同的筛选——是否认同 P2W 付费模式。

其次，是对高成就玩家的偏好。高成就玩家是指在游戏评价体系当中取得优异的成绩、在游戏内部分层体系当中位居上层的玩家，这类玩家同样被厂商所偏好，以若干公司在招聘策划时的职位要求为例：

> 在游戏内排行、各类竞赛、专业领域中取得过出类拔萃的成就，或有一定网络游戏制作经验者优先。①
>
> 满足以下条件者优先：在某款 MMO（大型多人在线游戏）中获得过服务器前列的排名或声名显赫的地位。
>
> 热爱游戏，王者荣耀、英雄联盟、刺激战场等游戏高端玩家优先考虑。②

与单纯的高消费相比，在游戏当中的高成就还需要玩家具备一定的游戏技能——如前所述，即使是在 P2W 游戏当中，单纯的付费也并不保证玩家就能在游戏当中获取高成就。而游戏技能则与玩家对游戏整体机制的熟悉与理解程度有关，在策划们看来，这是能够成为策划、自己进行游戏机制设计的重要潜质。此外，高成就同时意味着候选人本身作为玩家在游戏中有着一种强烈和持续的“好胜心”，因而也更能理解什么能够激发玩家在游戏当中追求更高的成就、在游戏中的分层获得更高的位置。

---

① 网易互娱 2019 年校园招聘，游戏设计师（即游戏策划）校招候选人要求。
② 雷火游戏 2019 年校园招聘，虚拟世界架构师（即游戏策划）校招候选人要求。

游戏当中的高成就同时还意味着在游戏当中的高时间投入：与游戏技能相似，在付费的基础上，玩家只有投入足够时间，才有可能在游戏当中取得高成就。时间投入同样作为策划们看重的标准，它反映了更深层次的问题：游戏对于候选者而言的“意义”：

> 很多人玩游戏，但是就是玩而已，走走停停，随时可以不玩了，游戏的意义就是一个消遣而已。他们还没有到游戏的语境里面来，我们不一样，我们每天都花时间在上面。（LPM）

候选者是将游戏作为闲暇时间的消遣，还是将游戏作为生活当中的一部分来看待？消遣可以随时被搁置，而作为生活的一部分，游戏对候选者而言就变得难以真正脱离，它意味着候选者更深地被游戏所包含的“语境”所感染，它意味着候选者真正愿意以游戏为业。

四、策划：以文化趣味和资本为标准的自我再生产

由此，国内游戏厂商具体偏好什么样的游戏兴趣和经历，以及为何偏好此类游戏兴趣和经历的问题在这一部分被厘清：拥有国内F2P游戏经历，并且在其中高消费、高成就的玩家更被厂商所偏好；在这些游戏当中的高消费、高成就意味着对F2P游戏机制的理解以及对这种模式本身的认同，这些玩家更能够满足国内游戏对于吸纳和留存玩家的需求。

在这里，游戏兴趣和经历明显指向文化趣味和文化资本的范畴，而文化趣味和文化资本无疑又在根源上指向一种社会分层。因为正如布迪厄将职业作为社会地位空间图景中指示分层位置的重要坐标，游戏策划职业所需要的文化趣味和文化资本同样能够反映进入这一职业的行动者在社会分层中所处的位置。

1. 游戏兴趣和经历：作为特定的文化趣味和文化资本

对游戏的兴趣是一种特定的文化趣味。在电子游戏内部，尚未有一定数量的作品得以进入中等品味趣味和合法趣味的范畴，因而它所指向的文化产品形式——电子游戏——本身仍然是作为一种大众趣味处于社会整体文化趣味分层中。

而游戏的经历同时也是一种文化资本。游戏经历在众多场域中并不构成一种文化资本，如在学校等文化教育场域，行动者所拥有的游戏经历不仅不能作为一种有利可图的、能够转化为经济和社会资本的文化资本，反而还可能招致其他行动者认为其不务正业的鄙夷；但是在游戏生产场域，对于策划职业而言，如上所述，游戏的经历无疑是一种文化资本，只有拥有一定量的这种文化资本，行动者才能够真正进入这一场域，这种文化资本也能在游戏生产场域被转化为社会和经济资本。事实上，作为一种文化资本，有志于在该场域占据一定位置的行动者已经在对其进行有意识的追求，如前文CPM求职时去大量游玩国内手游以补充游戏经历。

更具体而言，国内游戏生产场域当中，策划职业所需要的文化趣味是对F2P手游的爱好，所需要的文化资本是关于F2P手游的经历，评判这种趣味和资本价值高低的标准则是游戏消费水平与游戏成就。如前所述，在游戏当中的高消费和高成就反映了玩家对于F2P游戏的热爱和对模式的认同，这是对于游戏文化趣味的再筛选；高消费和高成就也反映了玩家的游戏技能以及对游戏机制的掌握程度，这是对于文化资本的再评判。

获致策划职业所需的文化趣味和文化资本是需要前提条件的，这些前提条件与社会分层是紧密关联的。在职策划们通过这些条件进行挑选，即挑选和自己在社会分层中相近的行动者，这便是进行一种再生产。

2. 为之消费：相近文化消费分层人群的再生产

文化趣味和文化资本是关于文化消费分层的理论，在布迪厄看来，文化趣味的养成、文化资本的获致很大程度上来源于行动者在社会分层当中原初所处位置，这一位置决定了行动者所能够接触和消费到的文化产品，惯习便部分地由此产生。也因此，文化消费分层与社会分层是同源的。

事实上，策划职业所需的游戏相关文化趣味与文化资本很大程度上的确与社会分层紧密相关。

首先，高游戏消费毫无疑问地直接与社会分层有关。正如上文我所亲历面试当中那位策划所述，策划当中确实有相当一部分成员本身家境较好，拥有较多经济资本。游戏策划岗位的高游戏消费要求实际上排除了相当一部分难以进行高游戏付费的玩家。

其次，高游戏成就也与社会分层有关。高游戏成就本身与游戏消费有关，这点无须再行赘述；而高游戏成就所需的游戏技能实际上也与玩家本身所处的社会分层位置有关。

游戏技能指向对游戏机制的熟悉程度和理解深度，而这种熟悉和理解很大程度上是与玩家本身的背景相关的，这一点 Christopher A.Paul 有较为详细的论述：电子游戏的玩法机制和模式并不多，多数游戏的核心玩法机制之间都具有极大的相似性，因而玩家之前游戏的经验能够为其在之后的游戏表现带来极大的优势，在这个层面，玩家的游戏技能很大程度上是可在不同游戏之间迁移的，而玩家接触某一游戏类型的起始时间很大程度上决定了其对该类游戏机制的熟悉和掌握程度，也就决定了其作为玩家的整体游戏技能水平；而玩家接触游戏的起始时间，很大程度上与其家庭物质条件、性别乃至种族和族群有关，而这些都直接或间接地关乎个人在社会分层中的位置。

由此，拥有这种文化趣味和文化资本的个体自然是在文化消费分层当中相近的行动者，根据高消费、高成就标准筛选出来的策划也就是在文化消费分层当中位置相近，甚至在社会分层中位置相近的玩家。

3. 为之生活：相近意识形态认同人群的再生产

文化产品当中必然携带着文本，而文本必然包含着特定的意识形态；特定的文化趣味和文化资本又指向特定文化产品的消费，也就是成为某些特定意识形态的听读者，这也就必然导向对特定意识形态的认同。

厂商们在筛选策划时所强调的高消费、高成就本身就是在筛选一种认同。如前所述，在游戏中的高消费和高成就意味着玩家本身在游戏所制造的分层中追求高位的强烈意愿，只有愿意参与到这种被游戏创造出来的分层的竞争中，被这种分层竞争所激励，玩家才会在游戏当中投入时间——这意味着对这种分层的强烈认同。

进一步地，与高消费和高成就互为因果的高时间投入意味着玩家更长时间地浸淫在对这种分层竞争的语境当中，被之刺激、为之追逐；至于要将游戏作为生活一部分的策划们，这种语境将更深刻地对其产生影响——不仅仅是将分层机制作为游戏机制的一部分进行认同，而是对社会整体分层中类似机制的一种认同。

由此，根据文化趣味和文化资本进行的游戏策划筛选实际上就是在进行一种相似意识形态认同人群的再生产。

游戏当中制造的分层具体而言包含的是怎样的一种意识形态？其中最为突出的便是能者统治意识形态。能者统治的意识形态固然显著于欧美公平竞技原则下的游戏当中：公平竞技本身便意味着所有玩家在进入游戏时保持着机会的平等，玩家需要通过努力获得对游戏机制的掌握，一步步提升游戏技能或获取游戏内资源，以在游戏分层当中获取更高的地位。

但值得注意的是，在国内 F2P 游戏当中，即使普遍采取了 P2W

模式，个人财富被直接纳入为分层体系中位置获得的重要途径，这种意识形态并没有受到多大的损害，只不过是作为更加虚伪的能者统治而存在：正如前所述，P2W 模式并不与公平竞技不兼容。首先，在游戏当中，通过个人努力获致权力的途径并没有被切断；其次，财富在表面上不能直接被转化为权力，这种转化需要财富结合技能才能够实现。

第四章　再生产的意识形态：分层与能者统治

游戏策划是游戏产品的生产者、游戏文本的修辞者，同时，游戏策划也是游戏产品的消费者、游戏文本的听读者。在游戏产业中，策划职业是游戏文化再生产的关键链条：以游戏相关的文化趣味和文化资本为界限，游戏玩家向职业游戏策划转变，消费者成为生产者，听读者成为修辞者，也因此，游戏文化成了被不断再生产着的文化，其中所包含着的意识形态同样被不断再生产。

经过筛选的策划们如何生产游戏？在这个过程中，策划们通过游戏获得的哪些意识形态又被写入其所生产的游戏内容当中？策划们如何生产游戏内容将反映出他们既作为已有游戏文本的听读者如何受到其中意识形态的影响，又作为创造游戏文本的修辞者如何将某些意识形态写入新文本当中。以所在项目组为例，我将在本章具体阐述以上内容。

一、FF 游戏模式：F2P 模拟经营手游

项目组研发和运营着的是一款多人在线的免费手游，简称 FF。游戏的核心玩法为模拟经营，游戏的核心内容是玩家进行生产—获取资源—扩大生产的过程：在游戏中，玩家扮演一位农场

主，通过种植、收集、加工作物，生产各类产品；将之出售或完成系统任务及订单，便可获取游戏资源；花费这些资源，便可扩大生产规模，产出更多数量的产品，也可扩展新的生产线，产出更多样的产品。游戏中的生产活动均需要时间：如作物被玩家种植后，需等待 5 分钟至 12 小时，才会成为可收集和被加工的成熟作物。

1. 非主流的玩家与主流的策划

FF 在全球市场同时发行运营，玩家处于三个不互相联通的服务器中，其中两个为海外服务器，其对应的玩家主要处于欧美英语语言区；一个为中国服务器，国内玩家基本全部处于中国服务器中。

FF 在国内外的玩家群体差异非常大，总体而言，欧美市场的玩家群体更加“主流”，而国内玩家则非常“非主流”：FF 游戏海外玩家人均年龄在 25 岁左右，男性女性玩家比例基本持平；而在国内，玩家年龄偏大，且女性玩家占比高达 65%，国内玩家典型画像是 32 岁左右的女性——这类玩家显然不属于国内市场的主流游戏玩家。为何 FF 在国内吸引的是非主流的玩家？对此，项目组策划有自己的解释：FF 本身的模拟经营玩法是偏休闲定位，欧美作为成熟的市场，玩家主要的精力被花在拥有更高品质游戏的主机和 PC 上，手机游戏多作为这些游戏的补充，所以欧美玩家倾向于在手机上消费不那么花费精力的休闲游戏；而国内则相反，主流玩家的时间同样被手机重度游戏占据，休闲游戏所吸引的自然是非主流的玩家：

> 欧美手机游戏市场和中国（市场）最大的区别就是它是一个更成熟的市场……最大的特点就是头部的产品、主要的市场份额是被休闲游戏占据的。因为欧美市场是主机、PC 先行的市场，玩家基本都经过主机和 PC 游戏文化教育后，再接触手机游戏，所以说他们的玩家本来就对手机游戏不那么感冒，手机游戏对他们玩家来说基本就是用来打发零碎时间的工具，所以就是休闲游戏（流行）。国

内的话就不一样，很多的玩家是没怎么接触过好的游戏，PC 端的也好、主机的也好，甚至有很多是通过手机第一次接触游戏的，这些玩家就很吃那些（手机）重度游戏了。（PPF）

但是与此同时，设计游戏的项目组策划们却并非是非主流的玩家。非主流的玩家本身被游戏厂商认为难以成为策划，正如项目组 HR 所说：

主要休闲模拟经营还是太小众，我怕这种人合适的比较少，总不可能招过来个像我们中国区里的“大妈”，玩休闲模拟经营的估计不会太想做策划。（GHF）

因此，在策划们看来，FF 游戏的玩家，特别是国内的玩家并非“好的玩家”，策划对于游戏玩家的职责之一便是引导其成为像自己一般的好玩家：

我们 CN（中国区）的玩家也是不舍得花钱的玩家……所以说国内的玩家对我们来说的话重要性是没有那么大的，流失高、付费转化低，会比较糟糕。……（FF）在国内吸引的就是中年玩家，然后因为模拟经营，女玩家也多，中年的女性，怎么想其实都是低价值用户，所以我们很多时间就要学会去引导他们去付费，把他们养成为……怎么说呢……好的玩家。（PPF）

2. FF 中的分层设计：P2W 设计

FF 所采用的分层模式是非常典型的 P2W 模式：玩家通过游戏付费可以直接取得分层中的优势，具体而言，在 FF 当中购买付费道具，可以加快游戏内资源获取速度，甚至直接兑换资源，而这些资源的多少很大程度上便是游戏中众多价值评价体系中的唯一标准。

在游戏中，最主要的两大资源是金币和钻石：金币是游戏当中的基础货币，是进行生产、扩大生产必需的资源，购买作物种子、开拓田地、购买加工作物的机器都需要金币，金币也主要来自产品出售、完成系统任务和订单。钻石则是高级货币，其主要来源便是玩家付费购买，而其在游戏当中的作用则是几乎无限的：某些稀有的高回报作物及相关生产线的加工机器只能通过钻石购买；钻石也能缩短加工所需时间，使拥有钻石的玩家瞬间取得本需等待成熟的作物、等待加工的产品；钻石更能直接被兑换为游戏的基础货币——金币。钻石虽然主要来自付费购买，但是在游戏中玩家依然可以通过完成游戏内任务等方式获得少量钻石，不付费的玩家通过长时间的游戏积累同样可以获得足够钻石购买稀有物品；且游戏中并未设置付费卡点——比如玩家成长到特定阶段时必须付费才能够进入下一阶段或继续获取资源。在这种情况下，项目组策划们认为FF是一款较为公平的游戏：

> 我们游戏是比较公平的游戏，玩家花钱可以玩得更轻松，更舒服一点，但是不花钱也没有问题，大不了就多花 点精力和时间。（YPF）

3. 两个系统中的价值评价体系

在FF游戏中，一套针对玩家的价值评价体系被精心地设计与建立起来。游戏中的两个系统及其评价体系最具典型性：其一为贯穿在游戏中的等级系统，等级系统和游戏各个部分都有关联，它本身则又是对玩家游戏成就的总体概括；其二为游戏当中的风景装饰系统，它是游戏中若干玩法内容的一个部分，针对这一部分内容，游戏同样需要评估玩家在其中的表现。在游戏中，这两个系统及其评价系统又表现为三个层次：数据指标、视觉内容、社交比较。

（1）指标式的评价体系

游戏的基础是代码语言，游戏本身对玩家进行的评价只能以各种客观数据为基础，游戏最基本的评价体系就是各种直观的数据指标；因此，等级系统和风景装饰系统当中的评价体系最先便呈现为两个数据指标。

玩家在游戏中的角色等级的设定几乎是所有 F2P 网游绕不开的设计，因为游戏总是需要一项指标，使得它能最简单粗暴地对玩家的游戏成就进行总结，以便为玩家确立一个最明了、最直接的游戏目标，玩家能够以之进行最基本的区分。FF 中，等级的设定同样被采纳：每个玩家在游戏当中的农场都有等级，玩家在进行各种有资源产出的游戏行为时都可以获得经验值，达到一定经验值后便可获得等级提升。可见，FF 中的等级衡量着玩家在游戏当中几乎所有的资源产出，等级同样作为玩家游戏成就的整体性集中归纳。等级很明显地与付费相关，因为大多数产出资源的游戏行为本身都需要一定基础资源，通过付费道具钻石可以直接购买这些资源，而生产所需时间也可以通过钻石加速，跳过等待直接完成生产，获取经验值。

在等级这个笼统的指标之外，游戏当然还要设计各种更为细化的指标，对玩家在游戏当中各个玩法内容系统中的成就进行评估，在 FF 当中，“风景点数”是对风景装饰系统这一玩法中玩家成就的指标式归纳。风景装饰系统是指玩家在游戏当中，可以购买装饰道具装饰农场的玩法，玩家通过金币购买各种装饰物放置在农场中，这些装饰物在一定条件下便可转化为风景点数。值得注意的是，游戏中风景点数的转化方式在此为玩家保留了较大的策略深度：每个装饰物都有特定的占地面积，而玩家的农场本身有空间限制，如何在有限的空间中放置最多的装饰物、以获得最大的风景点数本身就具有策略空间；而农场空间当中还存在特殊位置，不同装饰物摆放在特殊位置会使得其本身带有的基本风景点数增益或减损，某些装饰物之间的相对位置也会影响风景点数的转化率。

为何要在风景点数的转化上设定复杂的玩法？我曾向策划 PPF 提出过这种疑问，让点数转化变得更加简单似乎能够更加突出充值的作用，PPF 则是这样回应的：

> 这么想就太简单了，策划千万不能这么想，觉得游戏设计成充钱变强，玩家就会乖乖地付费。玩家又不傻，游戏还是要（有）游戏性的，你要让付费的玩家不觉得自己是靠付费变强的，他是因为自己游戏玩得好才这么强的，付费只是锦上添花。

（2）视觉化的评价体系

但是，游戏不会仅仅只给玩家展示数字，这些数据指标往往又和各种可视化的游戏内容相关，即游戏中的视觉元素，以之进一步刺激玩家参与到游戏设定的评价体系之中。在角色扮演类游戏中，视觉要素往往集中在玩家所扮演的角色身上，数据往往转化为角色的外观；而在如 FF 这样的模拟经营游戏中，最重要的视觉要素便是农场本身的面积大小和其中的布置，玩家等级和风景点数又体现在这些视觉要素当中。

①等级：农场规模和机器建筑。在 FF 当中，农场土地是玩家进行生产、转化资源的主要区域，而游戏呈现给玩家的主要视觉元素也是农场土地及其上的机器建筑。在游戏中，玩家农场达到一定等级便可解锁农场更多的地块，对农场进行扩张，而特定的生产机器和建筑同样需要一定的等级才能购买并进行放置，因而在游戏中，不同等级玩家的农场一眼可见差异：低等级玩家的农场小而逼仄，

也只有寥寥的机器建筑；高等级玩家的农场则大而宽广，机器建筑丰富多样。

②风景装饰：农场布置和装饰物。除了农场大小和机器建筑等功能性物品外，玩家还可以在 FF 中购买纯粹的装饰物品。装饰物品本身不能像机器和建筑一样生产资源，但是在外观上要比机器建筑设计得更加抓人眼球，玩家将其按照特定规律布置在农场土地上便可获取风景点数。

（3）评价体系的落实：社交

通过指标式和视觉化的评价体系，玩家们已然被打上分数，定义在重重层级之中。但对于 FF 这种网络游戏而言，游戏还可以进一步地让玩家们充分意识到分层的存在，意识到自己在分层当中所处的位置，赋予分层更多的价值和意义。其实现方式便是社交：让玩家在线上互相接触，并依据这些评价体系中的指标进行对比、竞争与对抗。

①等级：邻居系统和社区系统。社交系统是 FF 当中重要的模块。实际上，项目组策划们往往将 FF 定义为“社交游戏”，其中最重要的两个部分是邻居系统和社区系统。游戏当中，每个玩家都可以将若干玩家添加为自己的邻居，或者创建和加入社区。邻居和社区系统为玩家创造了接触的机会：一旦成为邻居或加入同一社区，玩家便可以通过邻居和社区成员列表查看各自的信息，甚至拜访特定玩家的农场；玩家也可以和邻居进行聊天，社区则会提供社区群聊功能。在邻居和社区系统中，双方玩家的等级无时无刻不被展示着：在邻居和社区成员列表中，玩家均以等级为排序进行展示；在邻居和社区成员聊天中，等级则紧邻在玩家 ID 之后。这些是刺激玩家进行等级对比的重要手段，一次游戏活动策划会议讨论到如何刺激高等级玩家继续追求更高等级的问题，策划们就提到了玩家间的等级攀比是促使玩家进行游戏的重要动力：

等级这个东西还是要让玩家在乎起来，特别是高等级的玩家，下面的东西都解锁了，可能对等级这个东西都没追求了，所以我们开活动就是要让玩家重新重视起这个东西来，让大家在等级这上面再下个功夫，刺激一波消费。（LPM）

我觉得高级玩家也应该自己就有动力啊，等级不还是玩家玩游戏的一个原动力，即使后面没（可）解锁的东西了，升级本身也有奖励，而且高级玩家本身也是重度玩家了，他们在社区里面不也要互相比等级？（YPM）

邻居和社区系统中还包含需要玩家合作的玩法内容。一旦玩家之间成为邻居，他们之间的交易功能便被解锁，玩家可以向邻居请求所需物品，并以金币向其购买。通过与邻居合理的配合，玩家可以在完成游戏中各种高回报但高要求的任务时节约下大量的时间，与邻居进行交易是玩家快速获取资源、提升等级非常必要的手段。玩家还可以创建或者加入社区，可以进行多人群聊，也可以参与到需要社区成员共同贡献特定资源的任务，这些任务被完成后即会给参与成员一定的资源奖励。

这些合作内容更直接地促使玩家按照等级结成社交关系，主动进行分层。如前所述，等级是对玩家游戏成就的总体衡量，每个玩家都倾向于拥有和自己等级相近的邻居，社区也希望尽可能招收高等级的玩家，因为低等级玩家拥有的资源种类和数量远远少于高等级玩家，只有相似等级的玩家能够互相提供各自所需的物品，高等级玩家也能在社区任务当中贡献更多资源。在玩家社群中，经常会有玩家征求邻居、社区招募成员，而其中必然会包含对于等级的要求；在官方玩家群中，成员群聊名称也被要求附上自己的游戏等级，以方便玩家找到合适等级段的玩家进行社交。

②风景装饰：选美竞赛。各种促使玩家进行直接竞争的活动是

游戏社交内容的补充，选美竞赛便是游戏内针对风景装饰这一内容促使玩家进行竞争的活动：FF 会不时开放为期一周的选美活动，风景点数达到特定值的玩家均可参与其中；在选美活动中，系统会自动根据参赛玩家拥有的风景点数及各类装饰物的拥有情况给予票数；每个参赛玩家每天也拥有一定数量的可投选票，系统向给每位玩家随机抽取成对参赛玩家，展示双方农场，玩家需二选一进行投票；最终，系统票数和玩家票数加总为参赛玩家总得分，选美活动结束时，生成所有参赛玩家的分数排行榜，并依据排名给予每位参赛玩家一定的资源奖励。

选美竞赛每次向玩家开放，都会有将近 60% 的活跃玩家参与率，而其他没有玩家竞争机制的活动参与率往往仅在 50% 左右，也因此，这一活动成了项目组刺激玩家活跃度、增加收入屡试不爽的方法。项目组策划在反思选美活动为何对玩家有如此高的吸引力时，强调了玩家间的竞争对提升玩家活跃、刺激其消费的作用：

> 玩家把时间和钱投到游戏当中，得给他一个直观的体现，不然就没那么大的成就感，最直观的就是和人去比去斗。像 RPG（角色扮演游戏），我花的钱直接体现为我打得过人家，PK 时候厉害，玩家就有花钱的动力；我们游戏里面这种内容就是选美嘛。（APM）

二、更加虚伪的能者统治

通过前文，我描述了 FF 游戏中两个和分层设计相关系统的样貌和设计逻辑；在这两个系统中，能者统治的意识形态逻辑依然存在，并且是以一种更为虚伪的样态而存在。

首先，在这两个系统当中，虽然通过个人努力在分层中上升的速度要显著慢于通过财富，但依靠个人努力的路径尚未被切断。如前所述，两个系统中均没有强制的付费卡点，玩家可以选择不付费，而通过更多的时间和精力投入达到付费最终转化获得的资源。

其次，财富向分层优势的转化需要结合个人的游戏技能才能够实现。在游戏的等级系统当中，P2W 的逻辑更加直接地显露出来，付费可以直接地转化为游戏等级，玩家的财富也可以直接被转化为在游戏分层当中的优势；但是在风景装饰系统当中，P2W 的逻辑则被部分隐藏起来——需要玩家对装饰物进行经过精心计算的排序摆放，可以直接通过付费购买的装饰物则需要通过游戏玩法策略才能够被充分地转化为风景点数。由此，在风景装饰系统中，财富向分层优势的转化被套上了个人技能的伪装，这种伪装让付费玩家自己都认为游戏成就并非是完全由财富转化而来，而是依靠自己的个人技能。

即使在游戏当中通过个人努力获取分层优势的速度和财富直接转化的速度难以比较，个人努力的途径依然被保留下来，而财富向分层优势的转化又往往被套上个人技能的伪装，游戏分层的设计者便有理由将此称为“公平”。

能者统治本身便是虚妄的诺言，丹尼尔贝尔所描述的图景——社会权力根据专业技能进行分配——似乎本身就包含着不平等的基因：专业技能的测量本身就包含着难题，是否能够对所有类型的专业技能进行客观的衡量与排序？谁又有资格进行专业技能的测量？而专业技能的来源同样意味着不平等：专业技能来源于教育，而教育在布迪厄看来似乎正是阶层再生产当中的重要途径，上层阶级的后代必然能够获得更具有价值的教育，他们通过教育所获得的文化资本才是通往上层的钥匙。此外，处于社会分层优势地位的阶级必然要保证优势的传承，他们必然要打破纯粹的能者统治，在社会权力分配标准当中掺入更多具有继承性要素的指标，从而使自己的后代得以保持现有位置，实现顶层的固化。

在这种情况下，能者统治的存在更多地成为一种对社会分层的合理化解释：人们似乎仍然被置于同一起点，后天的个人努力让人们各自处于不同的阶层位置；它掩盖了社会分层背后的结构性要素，具有某些先赋属性的个体在一开始就已经处于其他个体通过后天努力能够达到的终点。公平竞技游戏当中的能者统治便是如此发挥着作用，本身便具有先赋优势的玩家们——如年轻的男性中产者——以之为理由排斥“后进”的玩家，堂而皇之地对少数群体玩家进行排斥和攻击。

FF 这类 P2W 游戏当中的能者统治则是更加虚伪的版本。P2W 大胆地将个人财富直接纳入游戏当中玩家分层的标准，但它似乎并没有使得玩家更加意识到这种分层的不公平，反而是继续以能者统治的伪装将分层包装起来。尚未被完全切断的个人努力的途径、财富向成就转化的技能伪装都让 P2W 同样表现为一种能者统治。

三、意识形态的再生产：认同与传播

FF 项目组的策划们无疑是这种能者统治的认同者。他们是由玩家经过厂商挑选而来的策划，本身有着丰富的 F2P 游戏经历，并且往往在其中有过高消费、高成就的经历，是饱含着能者统治意识形态的游戏文本的听读者，是浸淫于虚伪能者统治意识形态当中的认同者和支持者。

进一步地，作为游戏文本的修辞者，策划们又将这种意识形态编码进游戏，以游戏为载体直接进行对这种意识形态本文进行再生产，并进一步地将对这种意识形态的认同传播给玩家。他们歧视不愿意在游戏当中花钱的玩家，不仅仅是因为他们难以给项目组贡献收入，恐怕更是因为他们没有体会到策划所精心设计的分层系统的精妙，没有受到能者统治意识形态的强烈感召。因此，策划更以塑造“好玩家”为己任，成为这种意识形态的布道者。

第五章　游戏生产场域的区隔

任何意识形态的影响都不会仅仅停留在文本当中，经由文本，它还将深刻影响和建构听读者的观念和行为。游戏策划们作为能者统治意识形态的听读者和认同者，不仅在游戏文本中继续再生产着这种意识形态，更加在现实生活当中展现着这种认同。游戏策划们在游戏生产场域当中进行的区隔便是其中一个例子。

本章，我将以FF项目组当中策划进行的区隔为例，讨论游戏意识形态对于策划现实行为的影响。

一、策划的社交区隔：以两个吃饭圈子的形成为例

在C公司中，聚餐是公司同事间社交最主要的环节，也是一个个圈子建立的证明。游戏项目组充实紧张的工作节奏使得每天的午餐休息成为员工重要的社交时间；整个项目组每月一次的团建活动也基本都是聚餐活动；新人加入、成员离开、发布版本等重要的组内事件也通常以聚餐庆祝。

最频繁发生的社交便是每天中午的午餐聚餐。公司实行弹性工作制，上班和下班不设固定时间，仅计算上班总时长，上下班满9小时即视为一日出勤，大多数员工选择在9～11点之间到公司，在晚7～12点之间离开。因此，主要的工作时段是在午餐时间之后，正常晚饭时间恰恰是工作高峰期，公司员工们因此通常选择在午餐时间聚餐。在午餐时间与谁一起吃饭、确定和邀约聚餐人员，便成为公司当中社交圈子重要的划定标志。我所在的项目组每天中午聚餐大致形成两个圈子：策划PPF与YPF、人事GHF组成的女性圈子；策划LPM、APM与程序ZBM为核心，包括策划YPM、CPM在内的大圈子。其余的员工则不参与这两个圈子，独自吃饭或与外组老同事个

别聚餐。

第一个圈子是以女策划为核心的小圈子。PPF 与 YPF 是现在组里资历最老的两个策划，而且都是女性。YPF 是由 PPF 直接调入组内的，很大程度上调入的原因便是因为性别：此前组内只有 PPF 一个女策划。

> YPF 是我从 OPS 调过来的，她当时是负责荷兰语版本的玩家社区运营。因为当时和她的工作接触比较多嘛，发现她还不错，就让她过来做 PM 试试，现在做得也还行……其实当时也是组内 PM 都是男的，想调和一下性别比例（笑），不然我还是很……一起吃饭的人也没有。（PPF）

这个圈子很明显地以性别为界限，女人事 GHF 在今年加入项目组后，便也自然地被接纳进来。

第二个圈子则是由 LPM 和 APM 发起的，他们作为同年入职的男策划，在一开始就成了“饭友”，这个圈子随后不断扩张，新加入的策划不断被吸纳。但这个圈子并非是单纯的策划圈子：LPM 和 APM 和后端 ZBM 有比较紧密的工作来往，在一段共同项目期后，三人便组成了比较固定的吃饭圈子。

兴趣的界限和纽带作用在这个圈子里更加明显：

> （吃饭）主要就还是我们自己的人，像 PM 一起，聊得来的人，就容易凑到一起约起来，然后也会有话题，不会尴尬。（LPM）

“有话题”“聊得来”，在游戏公司当中，特别是对于策划而言，毫无疑问地通常指向电子游戏，是否玩游戏，是否熟悉游戏文化的语境，便是判定是否存在共同语言的标准。ZBM 是两个圈子当中唯一的一个非策划，这很大程度上得益于他本身重度玩家的身份，APM 在解释为何吃饭圈子当中有这样一个程序时，便将其与其他程序对比，认为他是“真的玩家”：

> 程序其实本身也都游戏玩得不多……他们（其他程序）就不像ZBM，他本身也年轻，然后玩的游戏也多，什么都玩，算是真的玩家了，也和我们聊得到一起去。（APM）

这种社交区隔其实并不完全地局限在游戏公司内部，LPM 便提到自己与处在其他行业的同学之间的“代沟”：

> 像我现在和很多以前的同学就聊不到一起去，在北京的同学现在也只有一个在字节的还有一些话题，还算都是互联网的，字节也在做游戏，他本身也还玩游戏；像那些在传统行业的，真的就是聊不到一起去，开始我还去过一次同学会，后来就不去了，也没和他们约饭什么的了。（LPM）

这两个圈子中，第一个以性别为界限的圈子实际上反映出了在游戏行业和游戏文化当中的一个重要现象，即女性的缺失和被边缘化，而这一定程度上便是游戏文化的自我再生产造成的，这正是第二个圈子反映出的问题：以兴趣为界限，只有熟悉已有游戏产品、沉浸在当前游戏文化语境当中的玩家才有可能被策划们所接纳，进入策划的社交圈子。

二、项目分工的区隔：游戏文本修辞权力的角逐

另一方面，上述社交圈子的形成，很大程度上也是策划的职业本身的特性造成的：策划职业本身便是一个部分以游戏相关的文化

趣味和文化资本为基础的职业划分。因此，游戏文本生产当中策划的位置能够更加直接地反映策划为何以及如何进行区隔。

1. 为何区隔：策划何以专业？

在较为成熟的游戏项目组中，游戏内容的生产流程和各职业的分工大致如下：策划负责构想游戏的玩法、机制、剧情等与游戏可玩性相关的内容，向程序、美术提出游戏内容需求，程序与美术根据需求产出游戏内容，再向策划确认；策划确认实现的内容与所提需求一致后，提交 QA 进行技术性测试。可见，在整个游戏内容生产流程中，策划掌握着对游戏内容的主导：策划们往往不直接通过代码、美术工具创作、修改游戏内容，而是通过向程序和美术提出自己对游戏内容的构想，监督其生产游戏内容。

策划不掌握直接生产游戏内容的生产工具，但主导着游戏的内容，甚至主导着项目组其他人的劳动。

> 和程序包括美术沟通的时候，我们一般就是在提需求，让他们去做什么什么……我们的程序自己的能动性不是很强，游戏说到底还是我们产品负责的。（PPF）

然而事实上，策划在工作当中往往难以真正达到所谓的主导位置，常会经受程序和美术等技术性工种的各种质疑：

> 公司开工资，没有听说过哪个厂策划的工资是比程序高的，这就给人感觉是，程序比策划金贵……游戏没程序可以吗？没美术可以吗？都不行，不管什么游戏，没听说过真的就没有程序美术的，但是没策划就好像可以……像独立游戏，好多作者本身都是程序出身，自己兼任就做了策划。所以很多程序也不服，说你们策划不会程序，缺了我们就不行了，但是你们做的东西，写案子，我们也可

以做，说不定能比你们做得更好。（CPM）

而在项目团队当中，策划们——特别是新进策划——常常需要考虑的问题就是如何获得程序和美术对自己的认可，以使其信服自己给其安排的工作。

一位资深策划所撰写的经验文章显示出了策划的这种位置焦虑：在他看来，策划们都害怕成为“被程序和美术鄙视的对象，食物链底端的工具人”，而想成为“游戏项目的灵魂，掌控游戏世界规则的男人”，在团队中获得地位和认同。他认为“能力”是策划的资本，但是，策划的能力又相当地难以衡量：

> 策划岗位一个很尴尬的处境，众所周知，游戏研发团队里，除了管理型岗位，就是美术、程序、策划三个支柱。美术的能力怎么看？一幅原画出来，画风是否适配，功底是否到位，一目了然；程序能力怎么样？写一段代码出来，逻辑是否严谨，一目了然。策划呢？①

策划的“能力”如何体现？如何测量策划的专业性？这一问题本质上就是策划何以获得其在项目组中主导位置的问题：策划作为一种职业如何与项目组中的其他分工区分开来，并且获得对于游戏内容的主导权？

2. 策划的专业：兴趣和经验

游戏兴趣和经验不仅是策划们在社交圈子当中划界的标准，更是他们用以证明自己职业专业性的标准，换句话说，对游戏的兴趣是策划对游戏内容主导权的合法性来源。一方面，在策划看来，自己才是游戏内容的生产者，如果内容的生产者失去对内容本身的兴趣，那

① 从业十年天美策划：策划如何避免成为程序美术眼中的工具人？［EB/OL］.（2020-01-31）［2020-02-02］. https://xw.qq.com/cmsid/20200131A0F5B200.

么内容本身也难以在市场上获得成功；而另一方面，程序和美术则被允许不拥有这种兴趣，甚至在很多时候是被策划默认为是无兴趣的。

正如国内游戏界著名的策划尤卡在总结国内游戏项目为何失败率畸高时所写：

> 项目的策划，尤其是主策划不热衷玩自己的游戏，是游戏研发中极端危险的征兆。……“有什么好玩的，天天工作就是干这个，还不腻吗？”如果这话是出自程序和美术之口，你可以无视，他们即使不怎么爱玩自己的游戏，也一样可以把本职工作做好，只是不够卓越而已。[①]

这段话的言下之意就是：程序和美术仅需着眼自己的本职工作，做好策划交代给他们的需求，便完成了自己的本职工作，因为他们的分工几乎是纯粹技术性的，他们并不能掌握游戏内容，因而他们对于项目而言最重要的只是自身的专业技能，其个人特质对于游戏项目并不那么关键，所以他们是否对游戏拥有兴趣同样不重要。

但是策划不同，游戏内容在其构想和监督下被生产出来，他们如果不对游戏痴迷，那么他们也难以理解什么内容能够使消费者产生兴趣；他们如果不是玩家，那么也无法理解玩家。与此同时，策划在项目组中的责任似乎并没有被局限在游戏本身，他们不仅被要求向整个游戏内容负责，还经常被视为项目组的“灵魂”。正如尤卡所言，失去游戏兴趣的策划不仅会使得游戏失去可玩性，还会使得整个项目组丧失动力：

> 他们本该是一群最有动力，热情和主动性的人，但现在最主动

① 谁谋杀了我们的游戏？[EB/OL].（2019-08-23）[2020-02-02].https://wenku.baidu.com/view/51e6e8494128915f804d2b160b4e767f5bcf8039.html.

的工作却变成环境所迫的被动行为；他们本是推动变革的领袖，他们却失去了最起码的胆量；他们不再愿意去探索这个游戏还有什么可玩之处，他们惧怕任何大的改变……他们会把每个阶段的失败推诿到各种“正确的原因”上，但绝不会提及自己是如何毁灭了一个游戏开发团队的精神根基——我们在做好玩的游戏。

游戏兴趣与游戏经验则是一体两面的，事实上，策划们对游戏兴趣的强调在很大程度上便是落脚于游戏经验的获得。在策划看来，游戏经验是游戏策划职业必需的知识结构当中相当重要的一部分，正如失去游戏兴趣会让策划失去对玩家兴趣的洞察，没有游戏经验会让策划无从了解游戏市场，同样难以生产出受市场欢迎的游戏内容：

你如果在游戏（行业）里面不玩游戏就是一个劣势。像我们策划就不用说了吧，玩游戏就是我们工作的一部分，只有一直玩游戏，才能跟上市场，看市场上现在的游戏是什么样的，趋势是什么。不光是竞品，竞品当然重要，你要学习人家的得失优劣，这是最直接的了，其他的所有的游戏其实也是都要玩的，游戏毕竟是相通的，核心的玩法你可以移植，表层的系统就更加通用了是吧。（APM）

3. 专业的技术：作为被区隔的理由

实际上，策划们为了保证自己在项目中的主导位置，还会阻止项目组中的其他成员参与到游戏内容的生产当中，主动与其他职业分工进行区隔。这一点最直接地体现在游戏策划的需求产生过程当中。

在项目组当中，需求产生的阶段也就是游戏内容构思的阶段，这一阶段决定了游戏内容的基本样貌，而这一阶段几乎完全是策划独自参与的，这使得所有游戏内容都被掌控在策划手中。以我所在的项目组为例，策划将游戏内容需求划分为若干重要等级，以确定研发优先级。低优先级的需求一般完全由单个策划个人负责，如细节体验优化、常规内容更新，这些需求由策划自行发现、提出和构想，交由程序或美术等技术团队实现时，也只需在线上流程说明，而诸如游戏新内容、新功能的高优先级的需求则可能由主策划提出，交由某策划具体负责构思，这些重要的需求往往需撰写具体文档说明，并且必须以讨论会的形式与全体策划确认，通过后方可提交给技术团队进行实现。如此，从游戏内容生产的一开始，无论大小或重要与否，都由策划掌握、主导。

并且，在整个过程中，策划们尽可能地阻止技术团队成员对游戏内容产生影响。实际上，时常会有技术团队成员希望参与到策划需求产生的阶段，在我实习所在的项目组中，程序就曾向策划们提出希望参与到游戏开发流程前期过程中，然而屡屡被策划拒绝。

程序们的这种尝试在项目组工作流程规则制定时就已经开始。当时的项目负责人（主策划）在确立现有的工作流程规范时，特别强调了策划内部会议的重要性，要求重要的游戏内容在需求产生阶段必须召开全体策划会议，主要负责的策划在会议中需向其他策划展示需求流程和细节，并且征求意见。而当时的主程序以项目效率和组内氛围为理由，要求程序有权参与游戏内容的需求形成阶段的策划会议当中。在公司内部该工作流程百科词条之下，当时的主程序有以下留言：

> 强烈要求程序团队加入策划会议当中去。我个人经历过不少项目团队，也经历过很多失败的项目，深刻地感受到团队参与和团队氛围的重要性：我经历的上一个项目失败很大的原因就是策划闭门造车，不让程序参与，不考虑技术的可实现性，导致需求出来后程

序根本无从下手，后期开发流程出现不必要的返工；更糟糕的是，在这个过程中程序没有参与感，也很难有能动性，项目氛围糟糕，有事能拖则拖……这些问题完全能够被避免，只要程序能加入需求形成的阶段。

其下，主策划的回复仅有一句："专业的人做专业的事，需求形成程序无须参加。"

直至现在，项目组每周的周会、重要需求的会议也从来没有程序参与，只有在内容完全成型，需求基本形成后，策划才会与相应的技术团队成员进行沟通，而此时的沟通则基本上是策划交代需求，确认资源和技术可行性，已然没有讨论的余地，技术团队也就无从参与游戏内容的实质创造，只能通过自身掌握的技术工具进行内容的实现。

技术团队的专业似乎太过"专业"，以至于他们掌握的技术能力成为策划用以将其排斥在游戏内容生产外的借口。

ZBM：开需求会的时候让我们也来听一下，让我们也学习学习你们的需求是怎么形成的嘛。

LPM：没这个必要的啊，你们来也没啥用，还耽误你们时间。

ZBM：怎么没用，我们过来也能听听设计思路，你们过来提需求又不想讲这些，搞得做的时候还得反复问你们，沟通成本多高。

LPM：哎呀，我们案子写详细点就行了，我们自己策划会都开得烦，你们还想来听。再说策划会是要听意见的，把你们都叫过来，七嘴八舌的，一个会估计可以开一天了，到时候你们自己东西都写不完了。

由此，策划因为拥有对于游戏的兴趣和经验，从而主导着游戏内容，甚至整个项目，而技术团队则被允许甚至默认不拥有这种兴趣和经验，甚至因其掌握的专业性技术被排斥在游戏内容的创作之外。

三、玩家身份区隔：文化资本的有用性

策划们以游戏兴趣和经验为标准在社交和工作中划定界限，实际上就是在以文化趣味与文化资本为标准进行身份界定和划分，策划们在社交当中几乎又在重复着游戏行业对新进策划的挑选过程。“玩家”身份是这种区隔的最低表现，往往被默认为非玩家的女性首先被理所当然地排斥；而玩家内部又要被进行划分，必须拥有特定的文化趣味，一定量的文化资本，才能成为 APM 口中所谓的“真的玩家”。

在社交中，策划们有意识地以游戏相关的文化趣味和资本进行区隔，实际一定程度上是在保证自己所掌握的文化资本在社交圈层当中的有效性。之前已经讨论到，游戏相关的兴趣和经验并不在多数场域具有能够作为一种文化资本而存在的价值，难以被转化为社会资本与经济资本，这对游戏策划而言是难以接受的。LPM 对于参加同学会的排斥很明显地显示出了这点，对于处于其他行业生产场域的同学而言，游戏兴趣和经验并不具有价值，在策划间适用的话题便容易失效，在这个层面上，与其是说策划 LPM 以游戏兴趣和经验为界主动区隔了他的同学，不如说是他的同学们对他进行了区隔。

而在游戏生产场域，游戏兴趣和经验作为一种高价值的文化资本而存在，拥有更高游戏文化资本的策划以之区隔低资本的女性、程序，而如 ZBM 这类拥有高游戏文化资本的程序也能够在策划处将之转换为社会资本，加入策划的社交圈子。

四、修辞文本的权力分配：能者任之

进一步地，在游戏生产场域，关于游戏的兴趣和经验何以成为一种高价值的文化资本？这部分来源于游戏策划们在游戏生产场域的不懈努力——证明正是这种文化资本使得他们能够理解市场和消费者，从而生产出符合市场期待的游戏产品。由此，游戏兴趣和经验便成为一种与程序和美术所掌握的计算机和美术技术相同的专业技能，这种文化资本便成了一种在游戏生产场域衡量个人价值的指标。

既然衡量的指标已经建立，下一步便是根据它来分配权力，在游戏生产领域，这种权力便是修辞游戏文本的权力。拥有游戏相关的文化资本成了掌握游戏内容的合法性来源，游戏策划以此为理由将其他分工区隔在游戏内容创作之外，独占着修辞的权力。

在这一过程中，能者统治的意识形态显著地发挥着作用。首先，作为权力分配标准的文化资本本身就包含着对于能者统治的理解，文化资本本身就是策划能够在游戏中再生产能者统治的证明；其次，游戏修辞权力的分配过程本身便是按照能者统治的原则进行，策划们正是依照能者统治，创造了这种分配方式，使得自己能够名正言顺地获得权力；最后，这种权力分配的结果便是能者统治意识形态的再生产，掌握游戏文本修辞权力的策划们势必要继续在游戏中写入更为精妙的能者统治，使之影响更多的玩家。

第六章　总结

一、研究结论：再生产——游戏策划与能者统治

国内游戏行业当中，游戏内容的生产者——游戏策划——以游戏相关的文化趣味和文化资本为标准进行着再生产，这种文化趣味

和文化资本是指对国内 F2P 游戏的兴趣以及在其中进行的消费、取得的成就。这种再生产是一种在文化消费分层当中相近人群的再生产，也是一种相近意识形态认同人群的再生产。

这种在国内主流游戏文本当中普遍存在的意识形态便是能者统治，它以一种更为虚伪的方式为游戏内的分层进行辩护——以表面上的个人游戏技能掩盖游戏分层当中付费制胜的逻辑，分层便看似是以个人能力为基础"公平"地形成。策划的再生产又促成了能者统治意识形态在游戏文本当中的再生产，认同能者统治的策划们将这种认同通过游戏传播给更多玩家。

在游戏生产场域，能者统治并不单纯地存在于游戏文本当中，在游戏公司中，游戏策划们以游戏相关的文化趣味和资本积极进行着社交区隔，以保证自己拥有的游戏兴趣和经验能够作为有价值的文化资本而存在；策划们同样以文化趣味和文化资本为标准，按照能者统治的逻辑在游戏内容生产中建立起区隔，使得自己独占修辞游戏文本的权力。

由此，国内游戏策划的再生产和能者统治意识形态的再生产紧密联系起来：能者统治作为能够为游戏吸纳玩家、留存玩家、使之付费的手段，被国内游戏广泛采用；认同将能者统治写进游戏文本的玩家才能成为策划，策划们又以能者统治获取在项目组中修辞游戏文本的权力，游戏中也就不断被写入能者统治，能者统治的逻辑通过游戏文本不断地被传播至更多的玩家。在这个过程当中，能者统治已经不仅仅存在于游戏文本当中，它势必要对作为听读者的玩家的观念和行为产生影响。

二、延伸讨论和研究局限性

1. 游戏文化与社会分层

本研究关注国内的所谓的主流游戏市场，发现当中存在的游戏策划自我再生产和能者统治意识形态再生产，也发现能者统治意识形态作为一种工具，能够使得游戏吸纳玩家、留存玩家，促使其在游戏当中进行付费，并且掩盖付费制胜逻辑，从而合理化游戏当中存在的分层。进一步地，这种游戏文本所传播的能者统治意识形态会对玩家产生何种影响？这一点实际上只是对游戏策划在游戏生产场域进行了分析：策划们会动用能者统治的逻辑促使自身拥有的游戏相关的文化资本在游戏生产场域具有价值，并且以之掌握修辞游戏文本的权力。但是，在游戏生产场域当中的这种能者统治意识形态是否或多大程度上来源于游戏文本？这是本研究没有能够回答的问题。而在更大的尺度上，在游戏生产场域之外，国内主流游戏文本当中的能者统治意识形态对广大玩家产生了何种影响，以至于对社会产生了何种影响？它是否同样能够使得玩家认同和合理化当前的各种社会分层现象？甚至于使得玩家对于现实当中的各种“付费制胜”进行下意识的认同？由于聚焦于游戏策划，这些问题本研究同样难以进行回应。

可以推测的是，被编码进游戏文本当中的能者统治绝非是游戏策划们的原创，它们是对策划们自身所处社会环境的一种反映，游戏当中存在的分层体系也在某种程度上是一种对现实社会分层的再现，这一点无疑在付费制胜逻辑盛行的国内更加明显。但是，游戏当中的分层设计与现实社会的分层同样有着明显的差异——首先，它是完全人为设计、有明确目标的：游戏分层设计的直接目的是吸引和留存玩家；其次，分层中的价值尺度衡量是绝对客观的：游戏产品能够以计算机语言对玩家在游戏内的行为进行客观的衡量。

由此，一套为了满足玩家心理需求的分层设计，必然会使玩家在其中感到不同于社会中更加主流的分层中的满足感。在社会分层当中处于劣势地位的个体将到此寻求一种替代性的心理补偿，同时，在社会分层中占据优势地位的个体也将会到此体验更加直接、明显的心理满足。而在依托代码、精妙设计的游戏分层当中，全面客观的衡量则将强化玩家对于“公正的能者统治”在更为广泛的层面可行的幻觉。在游戏这一封闭空间当中，一切行为发生在预设的代码框架之下，可以被计算机所察觉和衡量，因此，根据某种标准对身处其中的玩家进行客观的衡量成为可能。但现实生活往往是开放、复杂甚至于混沌随机的，这种“客观”的难以实现是贝尔所设想的能者统治难以真正实现的原因之一。

这些问题从属于一个母题：游戏与社会的秩序如何相互构造。本文聚焦于能者统治所讨论的分层归根到底上是一种秩序，游戏在当前社会秩序的语境中被生产，而游戏的秩序又将反过来影响社会秩序，这也就是一种游戏社会化与社会游戏化的过程（王水雄，2019）。

2. 游戏文本的多样化

另一方面，既然有所谓主流，那么同样也会存在非主流，本研究聚焦于高度同质化的、自我再生产着的主流游戏，就难以看见更具有多样性的非主流游戏。在国内非主流的游戏当中，除了前文CPM偏好的欧美主流游戏，还有大量的小制作独立游戏，而独立游戏所在的地方恰恰是脱离能者统治再生产闭环、能够生产出更多样游戏文本的空间。

独立游戏是指规模较小的工作室甚至于个人所生产出的游戏。规模庞大、资本雄厚的游戏厂商固然掌握更多、更先进的生产资料，但游戏产品归根到底是一种文化产品，生产一款游戏的资料并非像生产一台电脑一般难以获得，游戏生产由此具有了脱离被资本主导的潜力。由此，独立游戏的生产往往并不单纯地面向市场，甚至于主动脱离市场的掌控，选择完全不营利，它们不需要能者统治来吸纳和留存玩家，甚至逼迫玩家付费。独立游戏因此可以更多地作为一种文化艺术作品而非商品形式存在，它们也就能够承载更多的批判性，事实上，许多独立游戏正是以对主流游戏和现实社会的讽刺而闻名，这些游戏文本的存在及其可能产生的影响同样不应当被忽视，它们的存在也预示着游戏文本得以走向多样化的可能性所在。

参考文献

[1] 鲍德里亚．消费社会 [M]. 南京：南京大学出版社，2000.

[2] 贝尔．后工业社会的来临 [M]. 南昌：江西人民出版社，2018.

[3] 布迪厄．区分：判断力的社会批判 [M]. 北京：商务印书馆，2017.

[4] 董明来．游玩与阅读——游戏符号学初探 [J]. 符号与传媒，2011(01)：227-246.

[5] 高雪莲．精神家园的迷失：远离自然的儿童游戏——基于柳溪村儿童游戏的田野调查 [J]. 北京社会科学，2015(10)：19-25.

[6] 郭星华，韩可一．趣味区隔功能的流变 [J]. 社会科学，2017(08)：72-78.

[7] 胡春阳．传播的话语分析理论 [D]. 上海：复旦大学博士论文，2005.

[8] 刘少杰．符号价值消费的现实基础与感性选择 [J]. 探索与争鸣，2018(09)：58-64.

[9] 王宁．音乐消费趣味的横向分享型扩散机制——基于 85 后大学（毕业）生的外国流行音乐消费的质性研究 [J]. 山东社会科学，2017(10)：5-15.

[10] 王水雄．从“游戏社会化”到“社会游戏化”——网络时代的游戏化社会来临 [J]. 探索与争鸣，2019(10)：148-156+160+2.

[11] 韦路，张明新．第三道数字鸿沟：互联网上的知识沟 [J]. 新闻与传播研究，2006(04)：43-53+95.

[12] 杨洋．故事性电子游戏的理论建构与实践 [J]. 社会科学战线，2019(09)：262-266.

[13] 张明皓，叶敬忠．游戏商品化中的留守儿童 [J]. 探索与争鸣，2019(04)：92-99+159.

[14] 朱迪．高雅品味还是杂食？——特大城市居民文化区分实证研究 [J]. 山东社会科学，2017(10)：35-43.

[15]Banks J,Humphreys.The Labour of User Co-Creators:Emergent Social

Network Markets？[J].Convergence,2008,14(4):401-418.

[16]Robert Cassar.Gramsci and Games[J].Games and Culture,2013,8(5):330-353.

[17]Tak Wing Chan,John H.Goldthorpe.The Social Stratification of Cultural Consumption:Some Policy Implications of a Research Project[J].Cultural Trends,2007,16(4):373-384.

[18]Fox,Alan.Class and Equality[M].Socialist Commentary,1956.

[19]Johnson,Robin S.Toward Greater Production Diversity:Examining Social Boundaries at a Video Game Studio[J].Games and Culture,2013.

[20]Littler Jo.Against Meritocracy:Culture,power and myths of mobility[M].Taylor and Francis,2017.

[21]Menuez,Paolo Xavier Machado.The Downward Spiral:Postmodern Consciousness as Buddhist Metaphysics in the Dark Souls Video Game Series[D].2017.

[22]Paul,Christopher A.The Toxic Meritocracy of Video Games:Why Gaming Culture is the Worst[M].University of Minnesota Press,2018.

[23]Peterson,Richard A.Problems in comparative research:The example of omnivorousness[J].Poetics,2005,33 (5):257-282.

[24]Schudson,Michael.How Culture Works- Perspectives from Media Studies on the Efficacy of Symbols[J].Theory and Society,1989(18):153-180.

[25]Tschang F T.Balancing the tensions between rationalization and creativity in the video games industry[J].Organization Science,2007,18(6).

[26]Young,Michael.The Rise of the Meritocracy[M].Penguin Books,1961.

消费认同与集体暴力
——粉丝网络暴力的生产及对策

夏杰艺　北京大学社会学系2018级
指导教师　佟新

粉丝网络暴力是粉丝文化中一种特殊的组织性集体暴力，表现为粉丝群体通过语言暴力、人肉搜索、捏造谣言、举报等行为在网络上打击其他群体或个体，以维护自己的偶像。近几年来，粉丝网络暴力已成为本土粉丝文化中引人注目的问题，它的侵略性、群体性、组织性，令圈外人无不侧目。如今，当普通网民想要谈论某个名人时，他们不得不用拼音缩写代替名字，否则可能招致相关粉丝的攻击。这种暴力绝不只是无知青少年间的游戏——承暴者的精神创伤、敌我分明的二元思维、愈演愈烈的举报之风、公共领域的萎缩——粉丝网络暴力显然没有如公众所愿局限于自己的小圈子；相反，它逐步展现出令人畏惧的能量，侵蚀着偶像、粉丝和网络公共空间。

大众和媒体常以为粉丝网络暴力只源于粉丝病态、狂热的迷恋，但这样的想象既无助于我们理解粉丝，也无助于阻止粉丝网络暴力的蔓延。齐泽克在讨论暴力时这样说道："我们应学习后退一步，摆脱直接可见的，由明确的行为者表现出的‘主观’暴力的迷人诱惑。我们需要感知那种引起主观暴力爆发的背景轮廓。”粉丝并非一个悬浮的群体，他们深深嵌套于资本主义文化工业的生产消费链，与这个时代相互交织。本研究试图将粉丝置于文化工业中的一环，理解粉丝网络暴力是如何产生的，进而寻求暴力背后的动力机制。同时也希望借暴力切入本土粉丝文化，展现东亚偶像粉丝圈子的运作特征。

第一章　文献、理论、方法

一、文献综述

粉丝并非是 21 世纪才出现的新新人群，对某种事物的狂热着迷也绝非当代独有现象。早在 20 世纪六七十年代，西方学者已经开始对电视、电影爱好者进行研究，这些爱好者可被视为最早的“粉丝”群体，他们是传播技术革新后文化消费扩大化带来的第一批受众。随着大众媒体逐渐深入世界各个角落，文化娱乐的形式不断丰富，粉丝文化越来越繁盛，产生了大量亟须记录、关注、解释的现象，引起了学者们的浓厚兴趣。西方的粉丝研究领域至今已经积累了相当丰富的著述，它们交错承替，提供了理解粉丝的多种角度，构成了粉丝研究领域的学术版图。通过梳理，笔者认为主要可以分为三种研究视角，它们并不是截然分割的，但有着不同的侧重和关注。

第一种是从心理学的角度探讨粉丝现象存在的原因，主要结合社会问题和时代特征，以精神分析理论解释粉丝的心理和行为，这类研究通常将粉丝视为一种精神病态现象，认为这种精神病态与社会功能失调相关联，常见于 20 世纪七八十年代的早期西方粉丝研究。

第二种是从社会学的角度分析粉丝群体的社会属性，关注粉丝的阶级、性别、文化资本。其代表人物是费斯克，利用布迪厄的文化资本理论分析粉丝，认为“粉丝”一词是支配群体利用文化权力对从属群体的“污名”。这一类研究强调社会不平等对粉丝群体的影响，关注个体是如何通过粉丝群体获得力量的，包括群体内部如何建构身份认同、社群关系、自我价值来对抗群体外部的意识形态压迫。

第三种是从文化研究的角度讨论粉丝现象。这一类别可上溯自法兰克福和早期伯明翰学派对大众文化的批判，将粉丝看作文化工业霸权下生产出的“消极受众”。针对“消极受众”，詹金斯则援引德塞都的“盗猎”理论提出了“积极受众”范式，强调粉丝对文化工业的反向影响。该理论认为，粉丝群体是一种参与性受众，与普通消费者不同，他们主动对媒体文本进行个体化、私人化的解读，盗猎原有文本，生产出新的意义，这些意义常常与文化工业传达的主流话语相悖。该视角的代表人物包括詹金斯、费斯克等，他们将粉丝文化置于新时代的媒介特征中理解，讨论消费者文化权力的可能性。

西方粉丝研究的对象主要是媒介粉丝（Media Fan，主要指电影或电视节目的粉丝），其次是音乐粉丝、体育粉丝群体，对东亚特色的偶像工业粉丝文化则至今缺乏深入研究，东亚学术领域的偶像粉丝研究也因其地域性特征难以进入西方主流学术界的视野。但粉丝文化具有共通性，欧美的经典粉丝文献仍然提供了许多有助于理解偶像粉丝文化的观点。

1. 精神分析中的粉丝情感与心理

心理学视角的粉丝研究集中于关注粉丝的情感和心理何以形成如今的样貌，运用精神分析的理论理解追星行为的快感来自何处。

这其中主要有三个比较重要的研究方向：一是分析粉丝对偶像的崇拜和依恋心理的实质，即“是什么”；二是分析这种心理的功能，即为什么会产生；三是这种心理导致的行为实践是怎样的，粉丝通过何种方式形成这种心理过程。

粉丝对偶像的崇拜、依恋、幻想，被学界认为是一种替代性的社会关系。大众媒介模拟了社会互动的关系，以至于人们对这种关系产生了依赖。Horton 和 Wohl 的研究认为，媒体模拟了面对面的社会互动的形式，给人们造成了一种类似交流、对话的错觉。“媒体制造了长时间的类社会关系、类亲密关系，这也难怪观众会感到不满，想要和明星产生真实的亲密接触。”（Horton and Wohl，1956）Schickel 认为，名人的存在就是为了满足人们对自我身份与关系的想象。跟踪、骚扰等粉丝极端行为的产生，是由于粉丝想以这种方式分享名人的威望与身份，以补偿长期匮乏的内在自主性，他们缺乏关注，也没有权力和声誉，社区关系寥寥，却希望成为名人的一部分（Schickel，1985）。

因此，粉丝行为被理解为一种治愈形式，有助于个体弥合自我与外部客体之间的裂痕。Stanley 指出，粉丝对偶像的信仰与热情是一类心理治疗，这种情感投射能够避免自我价值的崩塌，任何挑战粉丝信仰体系的行为，就是在挑战他们的自尊（Stanley，1977）。海纳曼对粉丝的极端幻想实践进行分析，发现粉丝的幻想带有救赎与缝合功能，它的出现与个体的创伤性经历紧密相连，通过这种方式，粉丝表达了自身被压抑的、寻求圆满的欲望（海纳曼，1992）。桑德沃斯则归纳了粉丝心理的功能的三种解释方式：弗洛伊德“性本能”理论、克莱因的投射和内摄理论、温尼科特的过渡性客体理论（桑德沃斯，1992）。

斯泰西关于女性影迷的研究对粉丝情感认同是如何形成的做了详细的分析，她发现粉丝对明星的认同分成幻想和实践两个过程，幻想性认同包括挚爱、爱慕、超越、渴望、灵感五个层次，而认同实践主要有假扮、相像、模仿、复制四个类型。她的研究具体化了粉丝的情感认同过程，指出粉丝情感不仅是一种心理活动，还包括文化实践。

这一类粉丝研究着重于分析粉丝情感和心理，主要运用精神分析理论，寻找粉丝心理与社会问题之间的关联，倾向于将粉丝心理解释为一种现代性后果或社会失范的表现。粉丝情感与心理的研究对本文中分析偶像粉丝认同的形成具有相当重要的作用，启发我们更深刻地理解粉丝精神、心理层面的运作。

2. 社会学视野：结构、经验与粉丝身份

社会学视角出发对粉丝文化的疑问，常常体现为：粉丝之所以为粉丝，与其在社会结构中的位置是否存在某种关联？这一类研究聚焦粉丝文化中的性别、阶级、文化资本等问题，揭示不平等的结构特征对粉丝行为的影响。粉丝文化被理解为一种“安全阀”，为粉丝提供了可消费的娱乐内容、社群文化和共同体的支持。个体在粉丝行为中获得力量，向社会和自身施加影响，以试图逃避、反抗固有的社会关系和支配文化。

在这些著述中，女性主义的阐释有着重要地位。媒介粉丝中存在着惊人的女性比例，这说明粉丝行为并非仅仅是私人的情感过程或精神出口，它在某个社会群体身上更容易且频繁地发生。Ehrenreich 和 Hess 在考察了 20 世纪 60 年代社会性别期待后，发现女性群体面临着艰难的角色期待，而披头士反性别规范的无拘无束的形象代表着一类更加自由的生活方式，这是女性迷恋他们的原因。性压抑和狭隘的性别角色导致了披头士女性粉丝群体的产生，这也解释了女性粉丝为什么经常选择颠覆异性恋模式的明星作为崇拜对象（Ehrenreich & Hess & Jacob，1992）。

费斯克对粉丝文化资本的分析非常有启发性，他认为部分粉丝的病态化与社会的文化层级结构有关。费斯克强调，粉丝是支配群体对从属群体的“污名”。社会经济地位的高下，决定了人们教育投资的不同，特权群体可以获得更多的文化资本，培养区隔于贫困者的品位。特权阶层的文化构成了“高雅的、官方的”文化，并且通过教育体系合法化，比如从来都没有“艺术粉丝”这种说法（Fiske，1992）。官方文化依赖对文本的审美评价和个人艺术性的提升；与此相反，大众文化的支持者倾向于与文本建立私人联结。大众文化没有官方体制的支持，缺乏合法性。粉丝文化通常和这些被“官方文化”诋毁的文化形式联系在一起——流行音乐、爱情小说、漫画、好莱坞明星（Fiske，1992），这些工业文本的生产往往鼓励人们的参与。粉丝从流行文化中选择感兴趣的部分征用和加工，在粉丝组织中复制相当于官方文化的正式机构。

费斯克认为粉丝文化是大众文化的强化，是与官方文化对立的影子文化，它对官方文化的某些价值和特征进行借鉴、改造；而粉丝，往往是一些从属群体，在自己制造的文本和叙事中，获得面对现实压迫性地位的文化工具。通过参与粉丝群体，粉丝们为自己构建了一致的身份，进入自己创造的文化活动领域，这是与压迫性的意识形态和令人不满的日常生活作斗争的力量来源（Grossberg，1992）。在本研究中，我们同样发现，人们投入粉丝文化像是一种逃避、忘却现实的迂回手段，这与日常生活中无力感、疲惫感、乏味感有着相当紧密的联系，消费者希望在粉丝圈子中重拾面对生活的力量和信心。

3. 大众文化研究视域中的粉丝、文化工业和媒介空间

詹金斯的《文本盗猎者》被看作粉丝文化研究的开山之作，他借用德赛都的“盗猎”概念，将粉丝定义为文本的“盗猎者”：粉丝对原始的文本进行挪用，按自己的喜好重新解读和创作，他们私下传阅的粉丝杂志、小说、剪辑的恶搞视频，实际上都是对原始文

本的“盗猎”活动。德赛都的理论认为，消费者缺乏自己的生产场所，窃取和挪用生产者的成果，这是弱者对抗强者的策略，在这个过程中观众将消费转化为生产。

尽管在文化产品的生产和分配环节中，粉丝是无权的、依赖于文化工业的，但在文化产品的消费过程中，粉丝却有着相当大的自主权。粉丝对文本的“盗猎”，破坏了传统的等级制度——这一等级制度赋予作者高于读者的特权身份，暗示对文本的理解有着正确和非正确的策略（Jenkins，1992）。詹金斯提出了融合媒介和参与性文化的概念，认为融合媒介的技术革新使受众能更深入地参与到文化工业的意义生产中，挑战文化工业的话语霸权。

一些学者好奇粉丝是如何形成和维持这一庞大的社区的，他们因此关注粉丝社群中互动秩序和生产纪律。研究发现，粉丝群体中存在某种“礼物经济”（Rachael，1999；Tisha. 2014；Karen，2009，Purpleyin. 2006）。粉丝有着类似“Potlatch”的行为方式：他们总是制作各种各样的小说、视频、展览，供给社群不求回报，这是粉群集体智慧的结晶（Rachael，1999）。与“Potlatch”不同的是，这种礼物经济并不一对一，而是一对多，许多个体都可以收到礼物，包括那些从未付出的粉丝，甚至圈外人。Lanier 和 Fowler 研究发现，粉丝自己制作礼物并赠予社群，可以获得更高的地位和影响力。但是他们在赠送时往往不是出于利益需求——这是一种爱的劳动，所有人都在不同程度上这样做，只是粉丝们有意识地、公开地这样做。对粉丝而言，这是一个深刻的情感过程，也是一种享乐体验（Lanier&Fowler，2014；Allert，2010）。南希·贝姆进一步整理出了粉丝在网络上的四种交际实践类型：告知、推测、批评、改写（贝姆，1992）。

粉丝社区和粉丝组织的存在不仅是为了建立社会关系和生产文本，它还蕴藏着政治潜能和反抗空间，帮助粉丝集结个体的力量，取得抗衡的空间和权力。莱农·白利运用哈贝马斯的理论分析女性粉丝网络空间，认为女性被公共空间驱逐进私人领域，但是在赛博空间里她们建造了一个基于亲密和支持的粉丝异托邦。亚当布朗的《团结则立》描述了足球民主化与商业化之间的博弈，以及在这一过程中球迷如何通过建立组织，号召抗议运动，来对抗足球工业的制度性霸权。

在这类“积极受众范式”的研究中，粉丝总是以一种反抗者的形象出现，甚至有学者这样下定义：“粉丝如果不将他们的粉丝身份展示为一种抵抗活动，就不是真正的迷狂者，这种抵抗活动使得粉丝总是比那些企图将抵抗趣味反过来兜售给他们的商家棋高一着。”（Taylor，1999）在这种范式中，受众被划分为了普通消费者和粉丝两个群体，消费者被归为负面的、消极的，缺乏知识和专业表现，而粉丝则是更专业、更博识，有能力参与文化生产，对抗商业化的力量。

Matt Hills 为代表的粉丝研究者认为这种范式过于乐观，事实上，大多数时候粉丝群体不是在争夺文化权力，而是被文化工业收编。Andrejevic 的一项粉丝与电视工业的互动研究呈现了粉丝网络社区如何成为制片人的劳动力，为电视工业增加了双倍价值：制作组允许粉丝承担部分自己喜欢的策展工作，并让他们不间断地给予制片方市场反馈；片方承诺让渡小部分控制权的同时，将大量文化生产和市场研究的工作转移给粉丝。粉丝礼物经济成了电视工业生产链条的一部分。当网络媒介越来越发达，粉丝生态越来越成熟，粉丝群体很难建构一个封闭的异托邦，资本在其中看到了商业化的可能，粉丝文本生产、社群互动中逐渐出现文化工业和媒介平台的影子。

“积极受众”的观念并非是文化研究者的虚构，但过分强调却可能影响对粉丝真切的认识，让人们以为粉丝身份和消费者身份是对立的，而粉丝所处的现实情况远比文献复杂。假如将目光投向东亚的偶像工业，投向另一种粉丝文化生态中，我们将会发现，粉丝不仅深谙娱乐产业的规则，并且自愿成为其中的一环，他们以难以想象的“忠贞”守护着经营者的利益——偶像粉丝圈里，集资购买专辑和代言商品已然变成一种固定习惯，粉丝自动地鼓励其他成员将可支配收入投入到消费活动中；对于经纪公司经营的、偶像表现出的人设，粉丝群体对内深信不疑，合谋丰富、肯定这一人设，对外则不惜采用网络暴力的形式消灭与偶像人设不符的言论。粉丝虽然在某种程度上表达了反商业化的信念或意识形态，但他们同时也是商品完美主义者。本研究的核心关切即在于，粉丝网络暴力中的这种极端文化消费者是如何产生的，这种现象与偶像工业、资本市场又有何种关系。

4. 粉丝暴力相关研究

本文关注的粉丝网络暴力是东亚偶像粉丝圈子中的一种特色现象，在欧美的粉丝文化研究中，最类似的研究主题是粉丝暴力与冲突，这类研究通常关注体育粉丝之间的暴力殴斗事件，研究对象主要是所谓的“足球流氓”（Hooligan），试图探讨足球粉丝暴力是如何产生的。

主流研究认为足球粉丝暴力来源于民族认同，足球场提供了为数不多的可以公开表达民族主义或种族主义的场所，让人们可以共享这类认同感并引以为傲，竞技足球的输赢激化了民族认同情绪，导致极端暴力殴斗事件的发生（Giulianotti，1994a；Giulianotti，1994b；Finn&Giulianotti，1998；Gardiner，1998）。也有研究认为，体育粉丝之间的仇恨、敌对心态是观赏性体育领域培育出来的，根植于观赏性体育运动的竞争排名机制的影响，竞技体育的二元对立赛制造成了粉丝之间嫉妒、畏惧、崇拜的情绪，粉丝自身也主动参与了这种二元结构的建立

（Theodoropoulou，2007）。

这两类解释都将粉丝暴力归结于身份认同向暴力的转化，只不过一种认为足球粉丝的身份认同来源于民族认同，另一种则认为粉丝的身份认同来源于二元竞争机制。这些研究启发了本文对粉丝身份认同的考察，同时也令笔者关注到偶像工业中类似的竞争机制对粉丝网络暴力的影响。

另一些足球粉丝暴力的研究还关注到了暴力参与者的社会身份。盖利·罗布森对密尔沃的“足球流氓”身体文化进行了考察，发现密尔沃足球流氓文化与工人阶级的阶级惯习存在紧密关联，工人阶级的“公共童年”、对男性气质的强调，影响了他们在体育场中对身体的运用（Robson，1998）。Lewis 的研究发现，北美体育粉丝的暴力参与者大多是年轻的白人男性，而且参与暴力的粉丝认为暴力是一种男子气概的表达，她认为足球暴力与社会对男性性别角色的要求和想象有关，一定程度上是社会化过程中男子气概对个体的“污染”导致的（Lewis，2007 ）。虽然本文讨论的偶像文化中的粉丝网络暴力的参与者多是年轻女性，但是她们的社会身份对暴力参与行为的影响也值得关注。

5. 文献小结

粉丝情感与心理的研究对理解偶像粉丝认同的形成具有关键意义，而粉丝身份与社会结构的相关文献，提示我们关注粉丝网络暴力现象的社会性，社会制度、主流文化、参与者在社会结构中的位置对暴力参与行为有着何种作用。大众文化领域的“积极受众”与“消极受众”的范式之争，令笔者试图思考粉丝在文化生产—消费链条中处于何种位置，粉丝网络暴力与偶像工业又有着怎样的关联。

粉丝网络暴力是东亚偶像粉丝文化中的特色现象，西方研究鲜有涉足，最相近的研究是关于体育粉丝暴力的研究，强调身份认同与暴力的相互转化关系，并探讨了民族主义和足球暴力的相互渗透、观赏性体育领域的二元竞赛机制对敌对心态的建构。同时还分析了社会化过程对暴力参与的影响，如性别角色、阶级惯习。这些文献提示笔者重点考察身份认同中蕴含的暴力潜能，考察粉丝身份认同和群体边界形成的动力机制，关注偶像工业中类似的竞赛机制。同时笔者也试图“看见”粉丝网络暴力现象的社会性，理解当前结构、制度、个体角色等因素是如何参与到网络暴力的生产过程中的。

目前，国内的粉丝文化研究主要分为媒介粉丝研究和偶像粉丝研究两大类型。媒介粉丝研究一般在西方文献基础上讨论，相对成熟但缺乏新意（陈彧，2014；刘晓静，2011；孙雨田，2016；邓惟佳，2009）；偶像粉丝文化的研究往往对这一亚文化的了解不够深入，流于表面，分析往往张冠李戴。在一定程度上可以说，针对当前越来越普遍的粉丝网络暴力现象，国内文献还处于空白状态。粉丝网络暴力发生在东亚偶像工业的特殊语境下，且其暴力性质、发生过程、参与群体与体育粉丝暴力迥异，西方的粉丝暴力研究尚不能诠释这一问题。笔者将尝试解释偶像粉丝群体的网络暴力产生过程，探讨其与偶像工业、媒介资本之间的关系，同时运用社会认同理论，分析本土粉丝的身份认同、社群构建、情感机制，以弥补偶像粉丝文化的一些研究空白，贡献这一文化领域的新知识、新事实。

二、理论框架：社会认同论与认同的消费性转向

在粉丝网络暴力事件中，以偶像为中心的粉丝身份认同的建构与暴力的产生过程紧密相连，身份认同与群际冲突的相互转化关系发挥着关键作用。本研究将采用泰弗尔的社会认同理论视角，以粉丝身份认同与网络暴力的相互转化关系为主线，阐释两者转化背后隐藏的动力机制，帮助理解粉丝网络暴力行为日常化、泛滥化的社会根源。

社会认同理论是由泰弗尔、特纳等人在 20 世纪 70 年代提出

的，关注的是人的认同过程，并由此出发对群际关系和行为进行解释。该理论认为，当人们形成对某一群体的社会认同时，倾向于以积极的特征标定内群体，以消极的特征标定外群体，这会导致内群偏好和外群排斥，容易引起群体间的偏见和冲突（张莹瑞，佐斌，2006）。社会认同理论揭示了认同与暴力冲突之间的关系，启发了社会学领域对于暴力、冲突、集体行为的研究。

传统的集体行为理论强调弱势群体的被剥夺感和对社会现实的不满，如相对剥夺理论、挫折—攻击理论，其对集体行为的解释逻辑与Sherif的夏令营实验类似，更关注现实中的冲突情境对集体敌意情绪的影响。社会认同论细化了这一过程，揭示出冲突或剥夺情境是通过作用于社会认同，从而作用于集体行为，或者说，社会认同是一个中介变量，加强了个体对集体剥夺的感受力，从而导致集体行为。一些研究发现，群体认同水平可以预测外群偏见和激进的集体行为（Kelly，1996；Simon，1998；Liss，2004；Hirose，2005）。

阿马蒂亚·森在《身份与暴力：命运的幻象》中指出，单一、绝对的身份认同是当今世界冲突加剧的根源。人们的身份可以是多维的，不同种族、文化、党派、性别的群体可以在其他方面达成共情或共识，但是绝对单一的身份划分标准消解了人们交流的可能，损害了人类共同克服暴力的能力。“一旦世界上种种区别被整合简化成单一维度的、具有支配性的分类体系，那么我们所共享的人性就会受到粗暴的挑战。”他提出了应对认同暴力的办法：拒绝单一的身份划分、强调人的多元性。

卡斯特认为，网络时代的社会认同蕴藏着新的可能，随着社会生活大规模的网络化发展，社会认同也日益超越个体认同和群体认同的边界，在网络交往中成为无边界限制、流动扩展的真正意义的社会认同（卡斯特，2006）。他认为网络是一种新的社会形态，超越了民族或国家的限制，在这个空间中，抵触资本主义和全球化的各民族基层社会成员可能达成一种新的社会认同，穿越传统社会制度的横向连接，并动员起激烈冲击全球化秩序的大规模社会运动。网络空间造就的抗拒性集体认同将成为引起人类社会发生空前深刻变革的强大的社会力量（刘少杰，2014）。然而，网络并非一个客观、中性的平台，它本身即是媒介资本的一种形式，是由利益驱动的经济体。

在社会学领域关于认同暴力的研究中，文化、民族、政治、性别等结构性因素是社会认同形成的关键，在这一基础上形成的认同造成了群体之间的相互排斥和暴力冲突。然而，当我们审视粉丝网络暴力时，会发现相互暴力的粉丝群体在社会结构中所处的位置是高度雷同的——粉丝大部分是年轻的女性群体，同属于偶像—粉丝亚文化圈子，有着相似的情感和心理过程，共享同一套感觉结构、价值体系、行为逻辑，她们本可以成为伙伴和朋友，但却陷入相互攻讦的暴力旋涡中。换句话说，粉丝形成了以偶像商品为中心的群体认同，这一认同使他们无法意识到自己有着相同的利益和诉求。在利润的驱动下，资本借助消费主义的规训和网络空间的虚拟性质，建构了有助于其利润增长的消费认同，并利用这一消费认同使普通消费者蜕变为忠诚的极端消费者。

鲍德里亚指出，在消费社会里社会生活中的一切都成了消费品，不仅是物品，而且包括人的身体、心理、观念和社会认同也不例外。借助商品的符号差异体系对社会体系的模仿，消费既构成了塑造认同的原材料，又构成了人们现实认同的符号、象征和社会交流的工具（王宁，2001）。“消费的一个基本机制，就是集团、阶级、种姓的形式自主化”，“人们总是把物当作用来突出自己的符号，通过消费让自己进入到一个处于较高社会地位的团体中”（鲍德里亚，2000）。鲍德里亚对符号差异体系的论述点出了消费与自我认同之间的隐秘关联，他所论述的消费认同是社会地位体系的反映和模仿，与布迪厄所说的“品位”类似，依托于以结构位置为中心的社会认同之上。

可是，粉丝的消费认同很难说附着于某种社会位置之上，他们的认同更接近于商品偏好的差异，我们也很难说不同的偶像意味着不同的地位层次，他们的魅力差异并非代表着不同的消费阶层。或许消费社会的“进化”远比我们想象得更加迅速，消费认同已经出现了“脱嵌”的趋势，至少在偶像工业中，商品有时已无须依托对地位体系的模仿来引诱人们买单。认同的消费性已经进展到何种地步？脱嵌的、纯粹以商品为中心的消费认同是否可能存在？这种消费认同的生产实践是怎样的？它可能带来何种后果？这是本文想要解答的理论问题。

三、研究方法

1. 文本分析

网络论坛的帖子构成了“饭圈”的共同记忆，见证了粉丝网络暴力冲突的始末。本研究将以微博、豆瓣的粉丝社区中的言论作为重要的材料，对其中发布的文本进行分析，探究粉丝在心理和行动上的逻辑，理解粉丝如何在集体层面达成意识的一致性，以及如何组织网络暴力行为。为了保护文本作者，避免卷入网络暴力事件，信息来源经过了一定的保密处理。

2. 访谈

网络匿名性机制构成的屏障，遮蔽了一部分真实的社会关系，因此需要与 ID 背后真实的行动者进行交流，才能获得关系的证据。本文共有 12 位受访者（见表 6-1），囊括了不同职业类型，身处文化工业的多个位置，保证了研究对象一定的多样性；每次访谈时间在 2 ～ 3 小时，必要时进行一定的回访。对娱乐产业、媒介平台从业者、粉丝的深入访谈，帮助笔者更好地理解了粉丝相关的社会现实。

表 6-1　访谈对象人口及社会特征信息

序号	访谈对象（化名）	职业身份	饭圈身份	年龄	性别	学历
1	小雪	学生、互联网公司产品运营实习生	站姐、某娱乐类微博运营	22	女	本科
2	K 叔	互联网产品经理	粉丝后援会成员、微博大粉	31	男	硕士
3	巴拉	互联网用户研究员	粉丝后援会会长、微博大粉	28	女	硕士
4	晶晶	学生	普通粉丝	23	女	硕士
5	Leo	证券交易员	豆瓣某娱乐类小组组长	23	女	硕士
6	欧欧	学生	豆瓣某娱乐类小组组长	24	女	硕士
7	Leslie	传媒公司总监 / 演员	/	33	男	博士
8	小蓝	偶像经纪人	/	27	女	本科
9	仪	娱乐传媒公司宣发工作人员	/	26	女	本科
10	大佬	偶像类综艺节目编导	/	35	男	本科
11	TT	偶像类综艺节目编导	/	26	女	本科
12	童童	演员经纪人	/	27	女	本科

3. 参与观察

笔者在 2019 年 1 月成为偶像粉丝群体中的一员，对饭圈文化有较长时间的观察和了解，曾深入参与粉丝线上社群的活动。同时，笔者曾在 2019 年 5—8 月在某互联网公司参与娱乐类社区运营，3

个月的实习经验使我深刻体会了社交媒体与粉丝的关系。从 2019 年 11 月起，笔者陆续 5 次参与某艺人活动，包括艺人拍摄、偶像选角、偶像节目策划会议、娱乐行业从业者聚餐等，每次 2 ～ 3 天，近距离观察娱乐行业从业者的社会活动，以帮助深刻地理解研究对象之间的关系。

第二章　粉丝身份认同与群体边界的形成

本章将从粉丝的身份认同说起，讲述粉丝如何与偶像形成一种共情的联结。不过，粉丝对偶像的爱本非偏执和排斥的，正是在偶像工业建构的特殊情境之下，粉丝才塑造出绝对的、单一化的排斥性身份认同，将对偶像的情感转化为对外的防御和攻击。

一、一种联结：粉丝的情感认同

在当下，偶像与粉丝之间的关系绝不仅是简单的、单方向的崇拜和迷恋，它是一种具有互动性的拟态亲密关系。拟态亲密关系是朱丽丽在养成系偶像研究中提出的概念，她发现偶像与粉丝之间关系已深入到了私人领域，具有传统亲密关系的情感性、控制性、亲密性的特征（朱丽丽，2017）。这种拟态亲密关系是偶像工业有意营造的，甚至可以说这就是它贩卖的产品和服务。偶像工业的目标，从一开始就与好莱坞的明星工业不同，它们并非要培养具有票房号召力的电影明星，而是要培养拥有十足魅力的“理想情人”。偶像的价值与歌手、演员相异，不在于他的演艺或音乐作品，而在于他提供的形象如何满足了粉丝关于拟态亲密关系的幻想。

偶像和演员不一样，演员是有作品的，所以公众对他的私生活比较宽容，但是偶像不一样。说直白点，偶像很多时候扮演的是粉丝的幻想对象，是卖人设的，所以无论是戏里戏外，你的私生活都要经得起公众的窥探，经得起考验。抽烟、喝酒、恋爱，都是不行的。（小蓝，偶像经纪公司经纪人）

养成系偶像模式的爆红便是源于它对拟态亲密关系的成功模仿。通过频繁披露这些养成系偶像生活日常，让他们全方位地“裸露”在粉丝面前，接受大家的凝视和窥探。在养成的过程中，粉丝感觉到自己参与和决定了“爱豆”的成长，这种参与感跨越了崇拜者与被崇拜者的心理界限，形成了两者之间相互依赖的远程亲密感。而互联网的新型信息流通结构更是绝好的交流手段，通过微博文字、视频直播等媒介，偶像与粉丝的距离被大大缩短。这种亲密关系是多重的，以情侣、夫妻形式为主，粉丝对偶像的称呼常常是“老公”“老婆”或“男朋友”“女朋友”，其次是姐妹、母子这种亲人形式，不少粉丝称自己为“妈妈粉”“姐姐粉”，用“儿子”“妹妹”等称呼指代偶像。

知道很多人最近道听途说，知道了我和金珍妮有过一段感情，现分手。我必须出来澄清一下，我们确实在一起很久了，但从未分手，那些说我和金珍妮闹掰了的人，究竟有何用意。@金珍妮 老婆，出来辟谣。（摘自某粉丝微博）

这个人真好，好到我觉得这一生忽然就有了寄托和希冀。想看他娶妻生子，万事顺遂，长命百岁。他是我声色张扬下欲盖弥彰的理想。（摘自某段网易云音乐评论）

宝贝，我又来了。今天有一些不开心的事情，但是听到你声音的时候立马放松下来了。我会努力的，继续刷数学题啦。我好爱你好腻。14年喜欢上你是我这辈子做过最好的事，我爱你，很爱很爱你。

（摘自某段网易云音乐评论）

在特定的语境下，偶像的价值是扮演一个美好的情感投入的对象，他能使粉丝建构愉悦的幻想，能使粉丝满足自身的依恋本能，能使粉丝获得寄托、陪伴和安全感。养成系偶像的产品最初往往并非是他的影视、音乐作品，而是他自己，是他的个体形象和个人展现出的魅力。所以我们会看到如今视频网站上出现的一类奇异的粉丝观赏模式——“只看 ta”。这种模式将一部影视剧中偶像出现的部分单独剪辑出来，让粉丝可以只欣赏偶像出现的片段。对于普通观众而言，这种观看模式显然造成了情节的割裂，但对粉丝而言情节是无意义的，他们只需要偶像的形象来提供编织亲密关系幻想的材料。

偶像也常常以粉丝福利的名义为粉丝提供这类幻想材料，这通常被称为“宠粉”。在这种持续的展演下，粉丝仿佛真的拥有了一个亲密对象，时不时与他们通电话、叙家常、报平安。这也是恋爱被认为是偶像禁区的原因：恋爱行为背叛了偶像与粉丝的无形承诺，破坏了双向互动的情感错觉。假如偶像违背了起初令粉丝心动的人设，粉丝将通过拒绝消费的方式来彰显权力，令偶像付出经济代价。消费仿佛一把时刻悬于偶像头顶的达摩克利斯之剑，使偶像不得不时刻谨言慎行，抹去部分的自我以映照粉丝心愿的倒影，而这无一例外地将导致偶像形象的扁平化。粉丝消费不仅意味着联结、支持，也意味着占有和控制。偶像以自身作为生产资料，为粉丝提供情感寄托和梦幻能量，粉丝则通过消费供养偶像，维持这一拟态亲密关系，并对偶像提出要求。

拟态亲密关系的建构使粉丝与偶像产生了深刻的情感联系，这是持续的情感卷入过程，尽管粉丝与偶像是相隔甚远的存在，但通过这种形式突破了心理距离，粉丝在精神上卷入了偶像的角色和意识，形成移情和投射。这种情感投入让粉丝明确了自己存在的意义，标明了自己在社会生活中的位置，是粉丝形成身份认同的关键。换句话说，通过被他人认为“过度”的情感投入，粉丝从暧昧、模糊、均质的个体中脱颖而出，具有了真正的特别之处。

正如克洛斯伯格所说：“情感并非无形的、散乱的，情感是有组织的，它在内心发挥作用，同时也生产出引导我们对世界的投入的地图；这些地图告诉我们，我们可以在哪儿，以何种方式，以何种强度被吸纳入世界中，而非自我之中，这个世界就是我们潜在的自我认同的处所……在这里我们能够把自己的身份作为有待投入的某种重要的东西，加以构建。”粉丝会将自己对偶像的喜爱赋予诸多价值意义，他们将偶像当成是自我信念的具身化体现，这种信念可能是对真善美的追求、对自由的向往，也可能是对公平正义秩序的渴望，抑或彰显自身控制力和权力的欲望。

在拟态亲密关系中维系的情感投入赋予了粉丝某种圈外人决不能体验和理解的“过度”，从而制造出具有区隔意义的特殊身份，情感投入构建了粉丝在意义地图的位置，协助个体找到可归属的联盟，为自身的喜爱赋予意义。偶像为粉丝提供了情感投入的对象，提供了一个投入自我的位置，在这里他或她可以找到自己的身份感和权力感，从而逃避或挣脱平庸、乏味、疲惫、挫败和异化的生活，这是粉丝的救赎之道。这样一来，粉丝的快感与情感、自我与认同全系于偶像一身，他们在精神层面上与偶像形成了真正的“身份命运共同体”。

二、群体边界：偶像工业的驯化

1. 偶像工业的赛马机制

亚洲的偶像工业最初起源于20世纪90年代的日韩，通过严格的歌舞训练、身材管理等课程将平平无奇的年轻人包装为充满魅力的“男神”“女神”。历经数次迭代，如今的日韩偶像工业已形成了包含艺人甄选、内容宣发、粉丝运营的成熟经营体系和流程，并摸索出一套有利于提高经济利益的“赛马机制”。在赛马机制的普遍应用下，偶像工业得以将粉丝转化为忠诚的消费者。

赛马机制的核心是将不同粉群之间建构为一种二元对立的竞争关系，强化粉丝群体的边界感知，并通过消费主义驯化将身份认同转化为攀比式的消费意识。练习生制度、选秀节目都是偶像工业赛马机制的具体表现。韩国2017年播出的大热节目《Produce 101》是这一赛马机制的极致实践，节目从全国选拔了101位来自不同经纪公司的女练习生进行竞争比赛，最终通过观众投票选出最具人气的11名选手出道成团。这档残酷的偶像生存竞争在韩国获得了巨大的商业成功，也是中国大热选秀节目《偶像练习生》《创造101》的前身。极致的残酷在偶像之间建构出一种相当激烈的零和博弈关系，鼓励练习生相互竞争。节目中的一位选手在接受采访时吐露了赛马机制给她带来的心理摧残：

> 那两个八拍本来是我的，但另一个女孩说她想要。我第一次觉得不能放手，就跟她讨论了三个小时，怎么都不行。我们两个一直在讲，但在摄像机面前，你又不能骂脏话。真的，我真的很想骂脏话。
>
> 我跟她争了三个小时，最后还是让出去了……我哭了一个晚上，整整一个晚上，我不只是因为输掉才哭，输掉不是最重要的，重要的是，我觉得自己变成一个很可怕的人。我为了两个八拍，就跟人

家争了三个小时，我觉得自己是不是变坏了。

节目规则暗示观众，如果你喜爱某位选手，希望看到她持续活跃在偶像舞台，不愿她被淘汰，就必须花钱购买投票资格，用消费延续她的偶像生命。赛马机制是对粉丝愉悦的严峻威胁，一旦偶像被淘汰，粉丝情感投入的对象就会被移除，而上文所述的那些快感、权力感、身份感，那些在偶像身上的寄托与希望，会全部烟消云散。偶像仿佛是资本劫持的人质，要求粉丝将爱意兑换为金币，消费主义的鞭子狠狠抽在粉丝心上，可是却告诉粉丝，你们的敌人不是我，而是与你们竞争的其他偶像，正如《创造101》的主题曲歌词写道，“管她多狠，我有我的厉害，我要拿走我应得的爱”。同时，偶像工业又许诺了极其丰厚的“报酬”：一旦你的偶像成为万众瞩目的C位，将获得资本极大的资源倾斜。在这一强烈的对比中，偶像工业制造出一场残酷的零和竞争。

我的梦境等你唤醒

这美丽将要因你亮起

无可取代 I am the one you love

Baby you want pick me up

……

把自己 跟你交换

一起创造骄傲的女孩

Pick me pick me up

你越喜爱 我越可爱

……

管她多狠 我有我的厉害

我要拿走我应得的爱

创造未来 跟我一起期待

荣光属于你我 give me five

（摘自《创造 101》主题曲歌词）

这一文本向粉丝说明，“骄傲的女孩”必须依靠粉丝共同创造出来，缺少了粉丝爱意兑换的消费能力，她会立刻陨落。偶像的梦境等待着粉丝唤醒，粉丝在情感投入中与偶像相互交换，产生了身份意识的互融，当偶像站上 C 位的那一刻，荣光属于她和她的粉丝。偶像工业不断强调偶像即粉丝，粉丝即偶像，粉丝与偶像不只是情感联结，而是荣辱与共的“命运共同体”。

这类选秀节目并不是赛马机制的偶然个例，大大小小的赛马机制充斥着偶像工业的各个角落。在偶像团体中，制作团体成员的销量排名是提高专辑和周边产品销量的普遍方法。经纪公司发布偶像的单人购买链接，粉丝如果从单人链接内购买产品，销量将计为偶像的个人业绩，排名中的优胜者会赢得资源奖励。火箭少女发布新专辑《立风》时，经纪公司制定规则，团体中销量排行前三的爱豆将拥有自己的新单曲；少女偶像团体 AKB48、SNH48 每年都会举行总选举，选举名次决定了成员的舞台站位，粉丝要想为喜爱的少女投票必须购买更多数量的专辑；而 UNINE 的经纪公司甚至用粉丝投票的方式决定团队中谁有机会上综艺节目。每一次专辑、演唱会的发布，最终都演变为粉丝之间的销量“Battle”。

赛马机制利用资源争夺竞赛制造出偶像与偶像之间的零和博弈关系，在身份认同的基础上大大强化了粉丝的群体边界意识，要求粉丝将其他群体视为敌人；同时再通过消费主义的威胁，将认同边界和敌我情绪转化为实际的消费能力，以攫取经济利益。粉丝群体的身份认同越是如偶像工业期待的那般狂热，就越将侵蚀他们对世界复杂多样的理解，只剩敌我黑白。

2. 粉丝内部的主动驯化：虐粉叙事和身份制度

赛马机制将群体边界意识和敌我情绪深深刻在了粉丝的思维中，粉丝甚至主动参与和鼓动这一本质是自我剥削的行为。粉丝依照赛马机制传达的潜在逻辑，形成了一套广泛应用的“虐粉叙事”，以动员粉丝；同时，粉丝群体内部建立了粉丝的身份制度，教化不遵守“规矩”的粉丝。

（1）虐粉叙事

虐粉叙事是粉丝领袖动员群体成员参与消费或劳动的一种话语策略，这套话语策略向粉丝反复强调赛马机制传达的逻辑——偶像与其他偶像是零和博弈关系，粉丝的消费能力决定了偶像的未来——将这种思维模式注入粉丝脑海。以下两段文本是饭圈大粉在微博发布的言论，意在鼓励号召参与粉群的集体行为，包括“氪金”、“做数据”、网络暴力。这些文本展现了虐粉叙事的一些特征：

今晚的排名你满意吗？看那些嘲讽、幸灾乐祸的帖子，你难过吗？如果她掉出出道位，你能看到更多比现在恶毒一万倍的嘲讽。有人说她的出道位稳了稳了，稳了吗？她已经掉到末位第九，真的不稳。

她说她喜欢跳舞喜欢舞台，这是她的梦想。你找一个老粉问问，问问已经有多久没有看到过她的舞台了？

再这样“佛”下去，出道就彻底与她无关，她只能回到那间小小的练习室里对着镜子一个人跳舞，很难等到一个自己的舞台。

我希望能在成团夜对她说一句“出道快乐”，而不是被淘汰了跟她说“对不起没能让你出道”，因为不管说多少句“对不起”，她也没办法再回到这个舞台。所以，请给她投票，让她拥有与她的努力相匹配的名次。我真的很喜欢在舞台上闪闪发光的她。

> 微博评论是最直观的数据，她在我国的营销数为0，公司不捧，粉丝再不努力控评也将“深不见秀”，你真的是否愿意看到这样的结果？被“黑酸”嘲笑、讽刺、谩骂，一遍又一遍洗脑造谣……现在大家都团结一心地破洗脑包，这次中输也都在努力，回归在即，我们不要让大家的努力因为控评不给力被别人全盘否定可以吗？如果你爱她，肯做事，来一起进群尽力吧……净化任务也一样，能尽力的都去尽力，别觉得麻烦不差你的点击，差得多了，希望每个人都能为爱发电。

首先，虐粉叙事的核心是利用粉丝对偶像的移情心理，通过对偶像命运的悲情渲染激发怜爱感，从而达到动员粉丝的目的。在大粉的言说中，偶像被塑造为一个悲情符号，既是“热血美丽的逐梦者”，又是“孤苦伶仃的受难者、牺牲者”，他们有着极其优秀的品质和能力，却濒临淘汰，被公司轻视、被大众误解、被他人中伤。其次，其他粉丝群体往往以一种极其负面的他者形象出现——“嘲讽”“幸灾乐祸”“黑酸”“被别人全盘否定”“黑白颠倒无限针对”，与我群形成剑拔弩张的敌对关系，偶像受到他群的严重威胁或伤害。粉丝领袖将偶像的受难归结为粉丝的责任，“对不起没能让你出道”，强调这种受难处境必须通过粉丝集体积极的消费、劳动，网络暴力行为方能改善，“如果你爱她，就为她投票、做数据”，主动对粉丝进行规训。

在访谈中，粉丝领袖们承认他们在有意识地使用这一话语策略，他们发现这一虐粉叙事对动员粉丝相当有效，不少粉丝正是在这类虐粉叙事中激发了身份认同和边界意识，参与到粉群的集体行为中。

> 一种鼓励粉丝参与的方法就是虐粉了，要么就是说这个资源要掉了，后续合作就没有了；要么就是说公司艺人很多，公司现在力

捧其他艺人。“这还不是因为我们粉丝数量少，粉丝购买力不够吗？他本人还有什么可挑剔的吗？他本人那么好，捧别人的原因不都是因为我们不行吗？那我们真的要这样‘佛’下去吗？真的要这样认输吗？你们真的完全不想支持他吗？”

这些路线我都能总结出来——第一，没有背景、没有公司或者公司不管，就是没有“靠山”；第二，非常努力，独自打拼多年也没有成名；第三，个人优越，要么唱歌优越，要么跳舞优越。这样一顺水下来给他立个人设。普通粉丝啥感觉呢？他很惨很可怜，一个小孩都不容易，都没人管他，我不为他努力，谁来帮他？（巴拉，粉丝后援会会长、微博大粉）

正如帕斯捷尔那克在《日瓦戈医生》中所写道的：“我们越爱我们所钟爱的对象，我们便越觉得她像牺牲品。”这一判断反之亦然，虐粉叙事实际上在模仿赛马机制的规训步骤，利用情感认同激发怜爱，制造对立形成身份边界，强调消费威胁以激发粉丝行动，它有一套情节固定的叙事方式，包括严密的三段式：偶像受难、他群攻击、我群唤起。虐粉叙事在饭圈范围内被广泛应用说明了偶像工业对粉丝的思维模式的深入驯化，它是赛马机制在饭圈动员话语中的映射。

（2）身份制度：准入、排斥、等级

在饭圈文化中有着一项不成文的非正式制度：粉籍制度。粉籍是“饭圈江湖”的“户口”，表示个体归属于某个粉丝群体，粉籍制度主要分为两个部分：准入与排斥机制。等级划分机制和粉籍制度要“教育个体如何成为一个合格的粉丝”，目的是将成员“驯化”为“产消合一”的完美消费者。

在第一章中我们谈到，粉丝如何通过情感投入获得了自己在要义地图中的身份归属，但在这个阶段，身份归属还只是一种较为私人的情感体验，未被群体承认并合法化。对资本而言，粉丝身份只有在转化为消费行动时才是有意义的、可见的，只有当粉丝通过消费、劳动的方式帮助扩张其经济利益时，他们的偶像才会成为资本的“座上宾”而不是被抛弃的“旧布偶”。

粉丝非常清楚这一点，对偶像工业的驯化手段和目的心知肚明，一位被访谈的粉丝后援会成员兼微博大粉 K 叔这样说道：“做流量的粉丝就是要有自知之明，你的任务是证明自己是一个合格的粉丝，只有为他花钱，为他做数据，才能为他赢得更多的资源，最终提高曝光量和名气。”粉丝早已认清自己的“宿命”，依据资本逻辑在饭圈文化中自发形成粉籍制度，通过对消费、劳动、情感排他性三个维度的量化评判，决定粉丝身份是否可被合法化、被群体承认，在群体中又可以拥有怎样的身份等级位置并获得哪些权力。

消费维度即俗称的“氪金”，大量购买包括专辑、杂志、代言商品在内的与偶像相关的商品，参与粉丝群体的集资应援活动。粉丝消费与普通文化消费者的区别在于，他们的消费不只是满足自身的娱乐需要，更是要用消费向资本证明偶像的商业价值，从而维持偶像地位和职业生命。为此，粉丝消费总是显示出一种圈外人难以理解的疯狂，譬如花费数万元购买上百张专辑或数十本杂志，这不是收藏癖在作祟，粉丝深知自己不需要这些多余的商品，这些商品往往会被粉丝免费送给他人，用于帮助偶像扩大消费群体。

劳动维度主要包括数据生产和内容生产两个方面。数据生产即俗称的“做数据”，负责增加偶像相关微博的转评赞数量，用数据向资本展示粉丝数量之庞大、行动力之强，炫耀粉丝群体内部潜藏的可攫取经济利益的丰厚程度。内容生产则是创作与偶像和粉丝群体相关的趣味内容，可能是文字、图片、视频等形式，这些内容能够提高偶像在娱乐圈中的知名度和好感度，也帮助维持成员的身份认同感和群体归属感，本质是帮助偶像稳固并扩大消费群体。

情感排他维度则要求粉丝不能同时喜欢其他偶像，尽可能只喜欢偶像一人，这实际上要求粉丝在心中建立一个明确的认同边界，将他群排除在外。在饭圈看来，“双担”或“多担”（同时喜欢两个或多个偶像）往往意味着粉丝的身份认同有限，也意味着他们蕴含的消费潜能有限，并且这种消费潜能还可能被另一个偶像“侵占”，当两个偶像呈竞争态势时，这一类粉丝还可能会站到群体的对立面，“背叛”粉群成为敌人。情感排他性检测帮助粉群筛选出最忠诚的成员，也是滋生敌我情绪的温床。

在这三个维度中，消费是粉籍制度最核心、最基础的维度，因为劳动、情感维度的最终目的仍然是为消费扩张服务。在豆瓣小组、微博群聊这样一些线上粉丝社区中，粉丝必须证明自己的消费贡献才能加入，譬如晒出购买专辑或参与粉丝集资的电子凭证，否则无法获得身份合法性继而进入社群。一位韩团女偶像的粉丝领袖给出了圈内获取粉籍，即“得到被群体承认的粉丝身份”的消费条件：

> 算笔账，题目就叫“一个名正言顺的韩国爱豆的粉籍需要多少钱”。
>
> 算全年回归2次。
>
> 刷音源：2×100=200元。
>
> 买专辑：买一两张的是路人粉，真粉丝一次回归怎么说也得四五张，那么回归2次就是5×2=10张，一张专辑算运费再加上各种各样的特典就算平均一张90元，10×90=900元。
>
> 应援棒：200元。
>
> Seasons Greeting：200元。
>
> 加一起1500元，不算任何演唱会花销，也没算各种各样的生日集资，不运回集资。有时候拿一位还要抽个奖，这里也没算。

粉丝群体借助网络平台的积分体系评判粉丝劳动。微博超话社区为粉丝设计了等级积分体系，将社区成员签到、打榜、送花、发帖、浏览等行为换算成分数，量化地显示社区成员的身份认同水平，而这套超话等级体系已经被饭圈广泛接受，作为考察粉丝忠诚度的重要工具。

网络社区中的数字痕迹可以反映粉丝的情感排他性，微博在个人主页中展示了用户关注的超级话题、点赞过的微博、转发或发布过的言论，粉群通过观察个人主页，判断是否符合粉丝身份要求。

> 在后援会微博上，会有粉丝私信希望加入粉丝群。如果要进微信群会更加严格，超话等级是九级以上，一定要只喜欢她才可以进。如果是要加入微博群的话，我们的标准比较低，看一下超话等级和微博主页，差不多是唯粉，都可以进。（K 叔，粉丝后援会成员、微博大粉）

借助以上三个维度，粉丝群体一般将成员分为以下三个身份等级：大粉、核心粉、路人粉，群体内的身份认可度由高至低依次下降，拥有的特权也相应变化，如表 6-2 所示。

表 6-2　粉丝身份等级与判定标准

类型	身份判定标准	身份的认可度	身份等级
大粉	1. 极其狂热地投入消费或劳动行为，至少在其中一个方面有突出表现。同时情感排他性明显，通常只发布某一特定偶像的相关内容； 2. 积极鼓励或组织其他成员投入消费或劳动，激发了其他成员的身份认同感和群体归属感； 3. 上述行为在群体内造成了一定影响力，受到粉群尊重和跟随	强	高

续表

类型	身份判定标准	身份的认可度	身份等级
核心粉	1. 非常积极地投入消费或劳动行为，并且具有持续的稳定性，有着较为明显的情感排他性； 2. 尽管在群体内部没有显著的影响力，但是身份认同和群体归属感极强	中	中
路人粉	1. 偶尔参与消费或劳动行为，投入程度不稳定，情感排他性不强，常常同时喜爱其他偶像； 2. 有一定的身份认同和群体归属感	弱	低

对于贡献较多的大粉，饭圈内部会给予奖励，让他们拥有更高的身份等级和更多特权。大粉号召粉丝参与集体行为时会有更多成员响应，包括集资、应援、网络暴力；由于有较多粉丝的支持和追随，大粉可以拥有粉群组织的实质管理权。偶像工业合谋巩固这一身份制度，经纪团队给予大粉更多信息优势和组织管理权，譬如大粉会得到偶像行程和资源动向的第一手消息，可以管理粉丝后援会，并左右门票的分配。除此之外，大粉还可以与偶像近距离接触，拥有别人无法触及的亲密关系幻想材料，比如参加经纪公司组织的粉丝探班，获得爱豆的“晚安语音”，甚至拿到爱豆的贴身衣物。某明星曾经的大粉青黛便是粉丝中的佼佼者，她在粉丝运营中的杰出工作受到了经纪公司的表彰——不仅有机会和自己喜爱的明星共进晚餐，还在生日时收到了为她录制的专属视频祝福。普通粉丝则无法得到这些优待。

对于一些很有才艺、很受粉丝崇拜的“大神”，我们通常会像朋友一样沟通，作为回报，我们会让他们和艺人有更亲密的体验，比如邀请来探班，让艺人录一段语音给他，和他单独说一段话，或者给他想要的艺人穿过的衣服、用过的道具。（仪，娱乐传媒公司

宣发工作人员）

> 工作室对粉丝这边的后援会成员、站姐都有一定了解。后援会会长的蓝V都是需要公司认证的，他们要竞争上岗，后援会的经纪人会扶持他们，协助后援会做一些应援活动。门票第一时间送到后援会手中，他们有分配门票给各站子的权力。（小雪，站姐、某娱乐类微博运营）

身份制度是一种饭圈内部的主动驯化，其主要内容包括对个体身份的准入、排斥和等级划分，其操作方式是考察粉丝的消费、劳动、情感排他性三个维度显示的忠诚水平。通过身份制度或者粉籍制度，饭圈完成了群体对个体的身份认可和权力的差异化授予，加强了粉丝群体的边界意识和身份认同，并教育粉丝主动进入“身份—消费”的循环，努力成为资本期待的忠诚而完美的消费者。

3. 小结

粉丝与偶像在拟态亲密关系中形成的情感联结，使他们将自己与偶像视为一个荣辱与共的命运共同体，对偶像产生强烈的认同和移情。粉丝认同边界来源于偶像工业为提高经济效益而广泛运用的赛马机制，赛马机制的特点是建构偶像之间的零和博弈关系，并教育粉丝以消费能力帮助偶像在激烈竞争中胜出。赛马机制的泛滥让粉丝习惯将其他偶像和粉丝群体当作竞争对手。

粉丝群体内部也积极参与对自身的驯化，运用虐粉叙事唤起粉丝对他群的敌意和对我群的忠诚，动员他们加入消费、劳动、网络暴力等集体行为；饭圈身份制度以消费、劳动、情感排他性为量化标准对成员进行准入、排斥和等级划分，加剧了针对粉丝群体的消费主义规训，制造出牢固的群体边界和敌我情绪。

第三章　身份与暴力的转化

身份与暴力是相互转化往复的过程。本章试图解释身份认同被激化为暴力实践的情境，并对这种情境进行分类，同时揭示媒介资本如何加快了两者的循环，从而促使粉丝暴力日常化泛滥化。最后，笔者提出粉丝暴力的本质是作为体验投入、快感和愤怒的镜像世界，它是极端消费认同的产物。

一、暴力的激化点及暴力的三种类型

认同边界指向我群偏向和他群排斥，它是身份与暴力相互转化的关键，是一种潜在的充满敌意的思维模式。然而需要明确的是，粉丝敌意是如何被点燃的，在一个什么样的时刻敌意被转化为切实的网络暴力行动？笔者认为，如果敌我情绪是逐渐累积的稻草，消费焦虑正是那束点燃稻草的火苗，它使敌意爆发、释放，令粉丝陷入偏执和疯狂。

上文提到，消费主义严峻地威胁着粉丝的情感与愉悦，赛马机制带来的高淘汰和高迭代，使偶像随时可能因商业价值流失被资本抛弃。粉丝一直经受着不安全感的折磨，他们必须不断扩张粉丝数量，将外部的消费者吸纳进我群之中，帮助偶像维持地位。消费扩张的焦虑激化了粉丝的认同边界，他们怀着战栗的敌意将其他偶像或粉丝当作潜在敌人攻击，将他们视为与偶像争夺有限的资源和消费者市场的对手。在担惊受怕中，粉丝群体之间永远无法停止相互征讨。“吸血”“碰瓷”这类常用饭圈话语就是这种消费焦虑的表现，粉丝用这些词汇形容其他明星想通过合作抢走消费者，是强烈敌意和排斥心理的反映：

反正我要的是热度，所有以她为首……所有的好处只能她自己有……（摘自某粉丝微博）

一切都是为了他，现在要做的，就是把利益最大化。他们“吸血”我们，我们一样要“吸血”他们，看谁吸得多，我要节目到最后，云数据那张图里最大的三个字还是他的名字。（摘自某粉丝微博）

将其他偶像和粉丝当作潜在的资源争夺者，导致了资源型暴力的形成。资源型暴力的典型表现包括粉群为了偶像电视剧中的“番位”、MV 中出现的时长、商品销量排名而发生的群体间网络暴力行为。这些在圈外人看来无关紧要的事务，对粉丝而言则是偶像赢得大众好感度的关键瞬间，是向资本展示商业价值的重要时刻。这类暴力的核心特征围绕偶像商业价值和大众好感度展开，粉丝将“和偶像有潜在资源竞争关系”的偶像及其粉群视为“敌人”，通过网络暴力的方式攻击外部竞争者以获得资源优势。

同时，消费焦虑也常常导致粉丝群体内部的相互攻击、对经纪公司的攻击。粉丝群体非常在意粉丝领袖或经纪团队的行动决策是否有利于吸粉和固粉，其他粉丝成员的行为有没有影响偶像的大众好感度，在这个过程中他们常常通过暴力争夺话语权和组织管理权，试图影响决策。粉丝内部权力争夺起初也许来自个体的权力欲和控制欲，但要形成集体性网络暴力冲突，往往要先唤起粉群整体的消费焦虑。这引发了权力型暴力的产生。权力型暴力主要出现在粉丝群体内部，典型表现是唯粉与 CP 粉之间、粉丝群体和后援会之间的网络暴力，暴力产生的动机主要是争夺偶像文本解读权、粉丝组织管理权。不同类型的粉丝，对于偶像的理解往往存在分歧。譬如“泥塑粉”常常对偶像进行性别扭转化的解读，但在父权制的性别角色文化中，这种性别气质的反转解读被粉丝认为可能会降低偶像的大众好感度和商业价值，因而受到诘难。这种暴力的冲突点在于，粉丝群体内部对“怎样才最有利于延续偶像职业生命”存在分歧，粉丝为了实现自己的观点争夺主导权，从而发生冲突。

然而，消费扩张带来的消费形式的多样性与粉丝的情感取向之间存在一种不可弥合的张力。偶像作为一个文化消费产品，无法避免各种各样的消费形式：比较、评价、攻击，而消费群体越是扩张，偶像越出圈，就越可能被大众以多样的形式消费，造成对粉丝自尊的冒犯。偶像是粉丝自身信念和身份的具象化表现，对偶像的攻击也是对粉丝内心秩序的挑衅。粉丝渴望为珍视的偶像，即自己信念寄身的对象，营造一个“无菌”的环境，这种过度的保护欲导致了饭圈网络暴力的出征，粉丝试图将所有他们认为不合时宜的评价消灭，以致对公共空间造成威胁，于是引发了情感型暴力。情感型暴力通常出现在普通大众对偶像批评、嘲笑、恶搞事件中，这些消费形式被粉丝认为是对偶像和粉丝自尊的伤害，会引发他们激愤的情绪反应。这类暴力的发生一般源自粉丝最直接的情绪反应，身份认同造成的移情使得对偶像攻击往往令粉丝感同身受，产生怜爱和愤怒，也感到自身的价值和信念受到了挑战。在情感型暴力中，粉丝与暴力对象之间往往不存在某种隐含的利益冲突。

综上，笔者认为可以根据暴力发生的路径，将粉丝暴力分为三种理想类型（见表 6-3）：资源型暴力、权力型暴力和情感型暴力，其中资源型暴力和权力型暴力主要来自消费扩张的焦虑，情感型暴力主要来自消费扩张带来的形式多样性与粉丝自尊之间的冲突。社会事实的复杂导致粉丝网络暴力往往不仅属于一种类型，常常是以情感驱动，同时混杂着对资源和权力的争夺，在持续的暴力来回中粉丝群体又渐渐忘记战争的起因和目的，陷入情绪无法自拔。但一致的是，无论是情感、资源、权力型暴力，粉丝始终认为自己的暴力行为是为了保护偶像，强烈的身份认同和群体边界意识发挥着核心作用，消费的扩张催化了暴力的转化。

表 6-3　粉丝网络暴力的理想类型划分

理想类型	暴力针对的主要对象	定义
资源型暴力	主要是其他偶像及其粉丝群体	粉丝潜在地将其他偶像、粉丝群体视为竞争对手，认为他们会与自己的偶像争夺资源，威胁到偶像地位，由此对其积极征讨产生粉丝网络暴力
权力型暴力	主要是粉丝群体中的其他成员、经纪公司、影视节目制作方	粉丝为保卫偶像的大众好感度和职业生命，质疑其他成员或组织对偶像文本的解读、粉丝领袖和经纪公司的决策行动会对偶像造成负面的影响，于是通过网络暴力争夺权力，试图影响决策
情感型暴力	主要是消费偶像的普通大众，但其消费方式冒犯了粉丝的情感取向	大众对偶像某些消费形式被粉丝认为是对偶像的攻击，也是对粉丝自身信念和价值的挑战，于是粉丝通过网络暴力的方式维护自尊和感情

二、循环加速：媒介资本的介入

除了偶像工业和粉丝群体，媒介平台也深度参与了粉丝网络暴力产生的全过程，包括身份认同边界的建构、身份与暴力转化的关键环节。网络媒介看似是客观的平台，实际上却因经济利益的引诱催化着粉丝的网络暴力行为。

粉丝在实施网络暴力时常常会自造一些词汇借以辱骂对方偶像，意指对方的偶像人气低落无人知晓，在网络平台上搜索这些词汇，便可以在搜索结果中快速了解每天都有哪些粉丝群体发生了大规模冲突。小雪是互联网公司一名产品运营实习生，她的日常工作之一就是用爬虫爬取这些词汇的搜索结果，从数据的角度呈现粉丝网络暴力时谁家粉丝占据上风，并发布在某微博账号上。这是小雪所在互联网公司产品部门的一项重要计划，他们希望将该微博运营为娱乐领域的KOL，吸引粉丝群体的关注，并逐步将这些粉丝流量转移到公司开发的社交产品上。换句话说，他们将这个微博账户作为新产品的流量池，试图引起粉丝关注，获取新用户。这种名为“偶像数据播报”的运营效果非常不错，短短数周已有微博点赞转发数量超过十万。在流量红利极快到来的同时，小雪对自己的工作充满怀疑，利用粉丝网络暴力事件和打投比赛的数据，激发粉丝的好胜心博得流量，并非她欣赏和推崇的。“我的Leader总是要求我把微博文字写得更挑唆一点，他说我不够会‘舞’，但我真的做不到。”不久后，她将这份不令人愉快的任务交给了另一位同事。

产品的引流仍在持续，小雪所在的部门看好粉丝用户的内容生产和社区运营能力。“粉丝有着很强的结群性，一旦有几个顶流明星的粉丝群体入驻，他们的对家也都会入驻，我们可以用很小的力撬动到更多的用户，而且他们生产内容的热情非常高。”小雪的领导在娱乐小组运营会议上这样强调。小雪为此发出数百条私信给各个当红偶像的大粉，试图说服他们将社群转移到这个社交产品上。但粉丝也并非任平台摆布的羊群，他们对自己的力量颇有自知之明，在与小雪交涉的过程中，粉丝不断地提出自己的交换条件，要求让自己所属的粉群拥有流量最多的小组管理员名额，要求为偶像在流量较大的网络平台或地铁站放置广告，要求为粉群提供线下聚会的资金，等等，不一而足。而小雪则希望粉丝群体可以将阵营完全转移到自己的平台，在这里生产内容。小雪不停地暗示该偶像的对家已经入驻，试图激起粉丝的紧迫感，双方相互试探底线，都希望用最少的付出换取更多回报。最终，小雪成功和一部分粉丝领头人达成了协议。

这不是唯一试图收割粉丝流量的互联网社交产品。通过激化认同和暴力收割粉丝流量，已成为媒介平台社区运营的常规手段。百度贴吧“友谊已走到尽头吧”是在圈内较为知名的娱乐明星讨论社区，在2019年5月举办了一项“盖楼大赛”，各个粉丝群体均可参加，回帖数量最多的粉群可获贴吧两个月的管理权。某明星的粉丝为了在偶像电影上映时主导该组的话语权，参加了此次盖楼大赛，在5月9日～5月10日一天之内“盖出”回帖数量高达451161的讨论帖，赢得盖楼大赛冠军。“友谊已走到尽头吧”借这次比赛重新唤起了用户的活跃度，增加了知名度和用户数量。

以流量为出发点，媒介平台介入了粉丝暴力的生产，或是明确引导，或是潜移默化。平台在粉丝群体认同边界形成中发挥着不可忽视的作用，以微博为例，微博为粉丝建立了线上社群空间“超级社区”，帮助粉丝个体之间建立联系，形成与外界保持一定距离的“粉丝结界”；同时，微博在个人主页上明确标记用户“关注的超话社区”，用户加入了何种粉丝社群、在社群中处于何种角色，都被一一呈现。这为每个用户贴上了明确的身份标签，主动判断用户属于某个群体类别，实际上迫使个体将粉籍作为“第一身份”，不仅强化了粉丝身份认同的符号边界，更加剧了公众对粉丝的排斥和区隔。再者，超话积分体系为粉丝的身份制度的准入、排斥、等级划分提供了数字化的参考标准，如“超话签到天数”“超话等级”，增强了对粉丝成员的监视和规训。最后，超话排行榜等明星榜单作为粉丝黏性和消费能力的展示，成为资本选择偶像的重要参考，因此被视为饭圈“兵家必争之地”。

多款媒介产品为粉丝群体提供了数字化的动员工具。譬如超话社区设有公告栏，通过阅读社区公告、话题指南里的“新粉教学帖”，个体可以迅速了解偶像和粉丝组织，习得如何成为一个合格的群体成员。签到、打榜、送花等便捷的产品功能增加了微博的经济收益，协助组织有效动员粉丝完成群体内部的行动任务。除微博之外，“星饭团”App设计了众筹入口，方便粉丝群体集资，并从每次粉丝集资中抽取一定比例的手续费；“魔饭生”App制作了可以帮助粉丝一键完成数据任务的功能，同时还贩卖粉丝应援活动的“一条龙”服务。借助这些数字化的动员工具，粉丝群体在日复一日的集体行动中识别出自身的轮廓和力量，不断操练自身的组织动员能力，令群体性的网络暴力得以实施。

此外，依靠挑拨粉丝网络暴力获取流量已经成为一个产业，微博平台上有数不胜数的“娱乐营销号”以此为生。“娱乐营销号”是一种以引战和谣言获取流量的娱乐八卦自媒体，通过“拉踩”不同偶像、搬运谣言和负面评论引起关注。这些内容刻意挑战粉丝的认同边界感，使粉丝为了维护偶像在微博下澄清控评。来回多次，微博转评赞数量不断攀升，达到了收割流量的目的。当拥有一定传播影响力后，娱乐营销号开始向经纪公司和粉丝群体收取广告费和保护费，两面通吃。据《半月谈》调查，天眼数据显示，微博上大部分搬运匿名留言区谣言的微博账号均来自同一家公司，这家公司本身也涉及艺人公关业务，对交保护费的“呵护有加”，“不听话”的则“黑料不断”。粉丝愤怒、质疑、不甘的情绪，即使微弱，也会被社交平台的互动制度设计轻松捕捉，转化为转评赞上积累的数字，不自觉中成为娱乐营销号的免费劳工。

平台纵容和默许这一行为。娱乐营销号的存在可以加强粉丝对平台的强黏性，粉丝群体不得不一次次为了保护偶像回到平台，成为活跃用户。粉丝群体对于媒介资本而言，是一种极其高质量的完美受众，他们既有着强大的内容生产能力、群体属性，又自带流量，大大提高了媒介资本所拥有的受众商品的价值。这样一来，平台就成为娱乐圈最重要的传播渠道，牢牢掌控着话语权和流量导向，娱乐产业的宣发费用尽数流进平台：

> 平台会向我们售卖资源包，这个资源包通常按年计算，包括可以帮你上几次热搜，上几次电视剧排行榜，等等。平台的资源包基

本上是两百万起，还有四五百万，甚至更贵的。普通电视剧一般是几百万，一些爆款剧则是数千万的宣发费用。……你不能舍弃这个平台，它太重要了，它就是最重要最对口的娱乐平台，你想要宣传的受众都在上面。（仪，娱乐传媒公司宣发工作人员）

平台充分挖掘了粉丝流量带来的商业价值，设计了许多可售卖的资源。譬如粉丝网络暴力制作出来的艺人黑词条、黑热搜，经纪公司若想撤除则需向平台付费；粉丝群体若想在网暴和控评时占据上风，需加大自身账户的曝光权重，这就必须购买会员和认证。在这方面，平台已经形成了相当成熟的体系。无论是网络平台、娱乐营销号，还是无数想从平台切分流量的利益体，都是粉丝网络暴力隐形的受益者。数字技术将粉丝的力量显性化，也让粉丝在不自觉中成了媒介资本“产消合一”的数字劳工。

在媒介平台的催化下，身份与暴力加速转化。循环往复中，个体被训练出一种特色的“粉丝意识”，这种粉丝意识使人变得敏感多疑，时刻处于敌对的情绪中，以一种二元对立的思维模式去理解社会关系，强调对我群绝对的奉献和对他群绝对的拒斥。一位流量明星的超话粉丝大咖，在某平台主页的热门内容显示了两种面目的奇异混合，一面是对偶像的极度温情，一面是对偶像敌对者的异常暴戾。

粉丝意识是消费认同的极端形式，它能够生发出令人讶异的团结与残暴，也令粉丝成为偶像工业和媒介平台的完美受众，不平等的劳动、消费关系得以再生产。

三、极端消费认同与审查式暴力

粉丝网络暴力的深层次逻辑，是资本培育并助长了一种畸形但经济利益丰厚的消费认同。这种极端的消费认同围绕偶像文化商品建构出来，有着牢固的情感边界，并且制造出令人胆寒的暴力潜能。消费性认同替换或者隐没了粉丝对自身在资本主义生产—消费链条上角色的认识，他们将偶像的利益和情感需求当成自身的诉求，它是一种替代性认同。替代性认同的形成，一方面是源于偶像工业建构的拟态亲密关系造成的粉丝身份卷入和共情意识；另一方面是由于粉丝对自身面临的支配和压抑缺乏抗争的手段，替代性认同可以帮助他们暂时忘却失权或无能的日常生活，投身另一个镜像世界体验快感与愤怒。

消费性认同蒙蔽了粉丝对我群、其他粉群和普通大众的认知，无法意识到他们相对于偶像工业和媒介资本时其实处于相似的结构地位，从而让本应凝聚在一处成为同好的偶像粉丝文化群体，变成了相互攻讦的敌人。粉丝无法认识到真正挟持和威胁着偶像的是偶像工业本身，又或者说他们意识到了，却只能将矛头对准更容易击败的对象。

消费认同是围绕商品为中心建构起来的集体认同，产生消费性认同的个体认同于商品、商品生产者、同样喜爱这一商品并深度投入商品消费的其他个体；社会认同则是围绕结构位置为中心产生的集体认同，是个体由于在国家、民族、文化、阶级、性别等维度上处于类似的结构位置而产生的集体认同，集体认同关系到个体在日常生活中切实利益的争取，它与改善处境、维持地位、抵抗压迫休戚相关。然而，消费认同不具备这样的意义和力量，消费认同缺乏个体切身的利益基础，是以商品为中心建构的认同幻象，它在个体心中越蓬勃，越会影响到对真实关系的感知，甚至替代生活世界及其孕育的社会认同。一位粉丝在访谈中谈到自己在 2020 新冠肺炎疫情公共事件的影响下，猛然从消费性认同及其滋生的敌意中抽身的感受：

我经过了这次疫情以后，对她的感情突然淡了很多。可能之前也在慢慢减淡，但是疫情一来，我忽然间觉得这些东西都太不重要了，真的没有意义。整个微博出现很多关于社会问题的讨论，一下子把我拉回去了。包括我之前因为粉丝对战而对 B 和 C（偶像的对家）产生的愤怒，都没有了。

我曾经有段时间，只要看到有人夸 B 和 C，或者提到 B 和 C，我都会很烦躁，真的不想看到，但是现在就还好了。我现在基本上已经脱粉了，主要是感觉这些都太轻了。（晶晶，普通粉丝）

消费认同，对于个体而言，是寻求快感、忘却痛苦、逃避无力感的情感投入游戏，消费认同的壮大，导致了一种新的、无助于改善我们处境的敌意和暴力的泛滥。极端消费认同中的二元性引发了粉丝对异见者的排斥，饭圈内部造就了一种无形的集体意识，促使人们粗暴地打断那些与他们相左的观点。“我们需要保持一致，否则你就是敌人”，通过网络暴力攻击对方，以维护粉丝内心的秩序。粉丝不仅想要攻击对方，而且想要消灭对方，但凭借单纯的语言暴力无法达到这种目的，他们动用一套新的审查性惩罚机制对异见者进行打击。这种审查性来自一种体制性暴力的演示，支配系统一方面提供了对待异己的态度参考，另一方面提供了可以精准地消灭异己的制度路径。粉丝模仿式地在内部建立了“反黑站”，将群体内部和外部的异见者“挂入黑名单”，并用语言暴力和人肉搜索的方式攻击对方；同时借用社会固有的严苛审查机制，搜寻对方言论与国家意识形态相左之处，通过举报的方式借助公权力制裁对方。

艺人 ×× 被退赛，令人脊背发凉，发现扒黑料举报已经有一套固定的方法：甭管多少年前发表的言论，只要能靠上辱国、色情、歧视女性这三个话题，就拿出来放大，直指人格不端。……以后谁想出头，只好先自我审查一番，把不能讨好大众的都藏起来。这也不仅适用于偶像市场。

粉丝沉迷于以偶像为中心的消费认同及其暴力，但当消费认同的替代性幻象被击碎时，真正应当关心的问题和真正威胁生活的力量，会赤裸地展现在大众面前。政治—经济支配系统纵容着消费性认同和集体暴力的增长，甚至主动引导这一循环，是由于支配系统需要营造这个“值得投入”的位置，将丰沛的情感和愤怒引向别处，从而阻挡犀利的、拷问的、具有抵抗力量的视线。系统借助粉丝力量可以纠察和制裁更多的异见者，巩固并维持秩序，他们对此乐见其成。

饭圈话语和饭圈暴力持续侵犯公共领域来自消费扩张的驱动，同时也仰赖政治—经济支配系统的纵容，毕竟极端消费认同本身在某种程度上是对致力培育社会认同的公共领域的麻痹甚至毁坏。当我们试图应对粉丝网络暴力时，不仅要去规制粉丝网络暴力本身，还要去释放限制在公共讨论空间、压抑在社会认同培育之上的无形力量，当人们有能力、有权利关心切身的生活世界，当人们被真正赋权时，极端消费认同及其暴力，作为寻回身份感、权力感的镜像世界便失去了意义和价值，而粉丝也无从借助严苛的审查机制对异见者进行打击。

四、小结

消费扩张的焦虑是激化粉丝身份认同边界，直接引起网络暴力的关键点。根据消费扩张动力作用于粉丝暴力行为的路径，或者说根据粉丝网络暴力的主要针对对象，可以将粉丝网络暴力分为三种理想类型：资源型暴力、权力型暴力、情感型暴力。消费驱动了粉丝网络暴力的泛滥化、日常化。

媒介资本加速了身份与暴力的循环过程：展示社区成员的身份标签，加剧粉丝对符号边界的感知；数字化动员工具设计，协助粉丝操练集体行动能力；纵容娱乐营销号产业挑拨粉丝暴力攫取流量，从中分一杯羹。在身份与暴力的往复中消费者形成以偶像为中心的粉丝意识，这是一种极端的消费认同，使他们持续处于敏感的敌对情绪中，并将我群忠诚和他群敌意转化为有利于偶像工业的消费实践。

以偶像商品为中心的消费认同是一种替代性认同，帮助个体暂时忘却平庸重复的日常生活，投身于另一个镜像世界中体验快感和愤怒。粉丝网络暴力不能简单理解为个体倾向，它是社会情境的产物，因满足了人们的某种被忽视、压抑的需求，吸引了越来越多个体的加入。二元性的极端消费认同导致集体暴力的泛滥，模仿和借助体制固有的制度，粉丝引发无休止的审查与自我审查，使公共领域迅速萎缩。

五、结语

简而言之，粉丝网络暴力来自粉丝身份认同与暴力的转化和循环，而这一生产机制是以消费为核心驱动的，偶像工业与媒介资本在经济利益的诱惑下，强化以偶像商品为中心的粉丝群体认同，建立了牢固的认同边界和敌我思维，致使粉丝网络暴力不断产生，并逐渐泛滥化、日常化。粉丝对偶像的爱本非排他性的爱，它是在偶像工业制造的特殊场域中扭曲为充满攻击性的偏执之爱。

粉丝身份认同转化为暴力的关键在于群体边界的建构。偶像工业的赛马机制是群体边界形成的根源，偶像工业刻意制造偶像之间的零和博弈关系，让粉丝将其他偶像和粉丝群体看作敌人，滋生了二元对立的敌我思维模式。在偶像工业的驯化下，粉丝群体主动接受了这一逻辑并驯化自身，利用虐粉叙事和身份制度加强对成员的消费主义规训，构筑了坚固的身份认同边界，加剧了粉丝对其他群体的排斥。然而，偶像随时可能被资本抛弃。在扩张消费保卫偶像的焦虑下，粉丝将其他粉丝群体当作与偶像争夺消费者市场的敌人，进行无止境的征讨和暴力；同时，消费扩张带来对偶像的多样化消费形式，当人们对偶像的品评冒犯了粉丝心中的偶像形象，也会唤起粉丝的防御机制。由此，本文将粉丝网络暴力划分为资源、权力、情感三种理想类型。由于经济利益诱惑，媒介资本加速了身份与暴力的循环往复，深度参与粉丝身份认同、群体边界、组织动员的全过程，纵容粉丝网络暴力在媒介平台的滥化。“驯化”的长期持续令个体生发出一种“粉丝意识”，成为资本渴望的“产消合一”的完美消费者。

本文认为，粉丝网络暴力是资本培育并助长的一种极其畸形但能带来丰厚经济利益的极端消费认同的副产品。粉丝的消费认同围绕着偶像商品建构出来，它与以民族、阶级、性别为基础的社会认同非常类似，是一种替代性认同。但这一认同无助于人们体察自身的社会位置，改善实际的生活处境，只是让粉丝群体忽视彼此在社会结构、在资本主义生产—消费链上相似的位置，忽视他们具有相似的利益和诉求，将矛头对准彼此，并模仿、借助体制的固有制裁工具，衍生出泛滥的审查式暴力。替代性认同帮助粉丝暂时忘却失权或平庸的日常生活，投身于另一个镜像世界中体验快感和愤怒；替代性认同也消耗了个体的热情和注意，巩固了政治—经济支配系统及其意识形态的霸权地位，于是被愈加纵容。

本研究关注生产主观暴力情绪的客观动力机制，较为翔实地解释了粉丝网络暴力的产生过程，对其中作用的主体、力量进行提炼并试图做出较为准确的总结，描绘了粉丝、偶像工业、媒介平台的交互运作。不过，尽管笔者尽力描绘了粉丝何以成为暴力的粉丝，却没能解释为什么有些个体会、有些个体不会，对极端粉丝的精神特征还不能完全把握。另外，暴力本身并不罕见，它存在于任何社会圈层之中，饭圈暴力特殊之处在于，它是一种维持秩序的暴力——网络暴力对于粉丝而言类似于集体仪式：粉丝借助暴力书写了苦难的集体记忆，在狂欢中生成同仇敌忾的集体意识，它对于维持粉丝的社会性想象和集体团结有着微妙含义，形塑了饭圈内部独特的社会氛围。这一深层次性质，还有待今后更多的研究探讨并揭示出来。

参考文献

[1] 阿马蒂亚·森．身份与暴力：命运的幻象 [M]. 北京：中国人民大学出版社，2002.

[2] 贝姆．谈论肥皂剧以计算机为媒介的粉丝文化中的交流实践．粉丝文化读本 [M]. 北京：北京大学出版社，2009.

[3] 白利．作为虚拟异托邦的赛博空间．粉丝文化读本 [M]. 北京：北京大学出版社，2009.

[4] 布朗．团结则立球迷民主的一些问题．粉丝文化读本 [M]. 北京：北京大学出版社，2009.

[5] 鲍德里亚．消费社会 [M]. 刘成富，等译．南京：南京大学出版社，2000.

[6] 鲍震培．媒介粉丝文化与女性主义 [J]. 南开学报（哲学社会科学版），2013(06)：120-129.

[7] 半月谈．撕与黑：起底“饭圈”职业黑粉产业 [EB/OL].(2020-01-10). http://www.banyuetan.org/jrt/detail/.20200110/1000200033134991578617474855451762_1.html.

[8] 陈彧．粉丝文本生产的三种路径基于对百度贴吧的考察 [J]. 河南大学学报（社会科学版），2014，54(04)：119-125.

[9] 陈彧．从“看”到“炫”粉丝再生性文本中的自我展演与认同建构 [J]. 现代传播（中国传媒大学学报），2013，35(11)：155-156.

[10] 邓惟佳．能动的“迷”：媒介使用中的身份认同建构 [D]. 上海：复旦大学硕士论文，2009.

[11] 方文．欧洲社会心理学的成长历程 [J]. 心理学报，2002(06)：651-655.

[12] 海纳曼．我将在你身边粉丝、幻想和埃尔维丝的形象．粉丝文化读本 [M]. 北京：北京大学出版社，2009.
[13] 刘少杰．网络化时代社会认同的深刻变迁 [J]. 中国人民大学学报，2014，28(05)：62-70.
[14] 罗布森．密尔沃主义的社会来源工人阶级男性气概的体现与处所．粉丝文化读本 [M]. 陶东风，编．北京：北京大学出版社，2009.
[15] 潘黎．女性主义、精神分析及大众文化．粉丝文化读本 [M]. 北京：北京大学出版社，2009.
[16] 帕斯捷尔那克．日瓦戈医生 [M]. 蓝英年，译．北京：外国文学出版社，1987.
[17] 桑德沃斯．内在的粉丝粉都和精神分析．粉丝文化读本 [M]. 北京：北京大学出版社，2009.
[18] 斯泰西．女性魅惑一个认同的问题？粉丝文化读本 [M]. 北京：北京大学出版社，2009.
[19] 索恩．失控的女孩和女人们日本业余漫画社群的愉悦和政．粉丝文化读本 [M]. 北京：北京大学出版社，2009.
[20] 陶东风．粉丝文化研究：阅读—接受理论的新拓展 [J]. 社会科学战线，2009(07)：164-172.
[21] 刘晓静．盗猎的游戏：国内影视字幕组文化研究 [D]. 西北大学硕士论文，2011.
[22] 孙雨田．“养成”系偶像的粉丝文化研究 [D]. 暨南大学硕士论文，2016.
[23] 王宁．消费与认同对消费社会学的一个分析框架的探索 [J]. 社会学研究，2001(01)：4-14.
[24] 王歆．认同理论的起源、发展与评述 [J]. 新疆社科论坛，2009(02)：78-83.
[25] 于琦．齐泽克论暴力 [J]. 学术月刊，2015，47(09)：70-77.
[26] 朱丽丽，韩怡辰．拟态亲密关系：一项关于养成系偶像粉丝社群的新观察以 TFboys 个案为例 [J]. 当代传播，2017(06)：72-76.
[27] 张莹瑞，佐斌．社会认同理论及其发展 [J]. 心理科学进展，2006(03)：475-480.

[28] 周晓虹 . 认同理论：社会学与心理学的分析路径 [J]. 社会科学，2008(04)：46-53.

[29] 杨玲，亨利·詹金斯 . 大众文化：粉丝、盗猎者、游牧民——德塞都的大众文化审美 [J]. 湖北大学学报（哲学社会科学版），2008(04)：65-69.

[30]Alchian A,Demsetz H.Production,Information Costs,and Economic Organization[J].1972,62(5).

[31]Andrejevic M.Watching Television Without Pity: The Productivity of Online Fans Television & New Media[J].2008,9(1):24-46.

[32]Allert N F.Love's labours':extreme metal music and its feeling community.PhD thesis[M].University of Warwick,2010.

[33]Burawoy M.The Politics of Production:Factory Regimes Under Capitalism and Socialism[M].Verso,1985.

[34]Caughey J L.Artificial Social Relations in Modern America[J]. American Quarterly,1978,30(1).

[35]Cline C.Essays from Bitch:The Women's Rock Newsletter with Bite',in Lewis,L.(ed.),The Adoring Audience:Fan Culture and the Popular Media[M].London:Routledge,1992.

[36]Ehrenreich B,Hess E,et al.Beatlemania:Girls Just Want to Have Fun',in Lewis,L.(ed.),The Adoring Audience:Fan Culture and the Popular Media[M].London:Routledge,1992.

[37]Fiske J.The Cultural Economy of Fandom',in Lewis,L.(ed.),The Adoring Audience:Fan Culture and the Popular Media[M]. London:Routledge,1992.

[38]Grossberg L.Is There a Fan in the House?:The Affective Sensibility of Fandom',in Lewis,L.(ed.),The Adoring Audience:Fan Culture and the Popular Media[M].London:Routledge,1992.

[39]Giulianotti R.Scoring away from home:a statistical study of Scotland football fans at international matches in Romania and Swesen[J]. International Review for the Sociology of Sport,1994a,29(2):171-200.

[40]Giulianotti R.Football Violence:a societal psychological perspective,in

R.Giulianotti,N.Bonney and M Hepworth(eds)Football,Violence and Social Identity[M].London:Routledge,1994b.

[41]Hellekson K.A Fannish Field of Value:Online Fan Gift Culture[J]. Cinema Journal,2009,48(4):113-118.

[42]Horton D,Wohl R.Mass Communication Parasocial Interaction:Observation on Intimacy at a Distance Psychiatry[J].1956,19(3):188-211.

[43]Hills M.Fan Cultures[M].London:Routledge,2002.

[44]Hirose Y,Taresawa Y,et al.Collective action and subordinate group identity in a simulated society game[J].Japanese Psychological Research,2005,47(1):12-22.

[45]Jenson J.Fandom as Pathology:The Consequences of Characterization',in Lewis,L.(ed.),The Adoring Audience:Fan Culture and the Popular Media[M].London:Routledge,1992.

[46]Jenkins H.Textual Poachers:Television Fans and Participatory Culture.Rev.ed[M].London:Routledge,2013.

[47]Kelly C,Breinlinger S.The Social Psychology of Collective Action:Identity,Injustice and Gender[J].Taylor & Francis,1996.

[48]Lewis J M.Sports Fan Violence in North America[M].Rowman & Littlefield Pubshing Group,2007.

[49]Liss M,Crawford M,et al.Predictors and Correlates of Collective Action[J].Sex Rolesc,2004,50(11-12):771-779.

[50]Simon B,Loewy M,et al.Collective identification and social movement participation[J].Journal of Personality and Social Psycology,1998,74(3):646-658.

[51]Stanley M.The Social Meaning of Fanaticism[J].ETC:A Review of General Semantics,1977,34(1):58-61.

[52]Schickel R.Coherent Stangers.In Intimare Stangers:The Culture of Celebrity.Garden City[M].New York:Doubleday,1985.

[53]Sabotini R.The Fannish Potlatch:Creation of Status within the Fan Community[M].The Fanfic Symposium,1999.

[54]Turk T. Fan work:Labor, worth, and participation in fandom's gift economy [symposium][J]. Transformative Works and Cultures, 2014, 15.
[55]Theodoropoulou V. Awe and Envy in Sport Fandom', in Gray J. (ed.), Fandom: identities and communities in mediated worls[M]. New York University Press, 2007.
[56]Tajfel H. Differentiation Between Social Groups:Studies in the Social Psychology of intergroup Relations[M]. Academic Press, 1978.

制造“网红”

郑肯　北京大学社会学系人类学专业 2017 级
指导教师　朱晓阳

第一章　导言①

“小郑，你知道吗？网络直播这个东西不是现在才有的，直播在中国其实是有很长的历史的。”这个被称为虎哥的中年男人，手势熟练地铺陈开了他的茶具，他是这个主播经纪公司的总经理人。

虎哥抬起头来看我：“你看过《水浒传》没有？里面就写了有人在街头卖艺，然后有人打赏，这个其实就是直播。”

“你知道其中最重要的一环是什么吗？”我支吾着答不出来，他继续说：“约定俗成的，卖艺的人要最后鞠一躬，给打赏的人鞠躬，说两句好听的话。一来一往，这个表演才成功。这样打赏的人才有面子。以前的勾栏瓦舍也都是这样。”

透过办公室的玻璃门，我看到外面来来往往的都是穿着高跟鞋，长发浓妆的年轻女性进进出出。“她们都是来面试主播的。”虎哥

① 由于篇幅所限，本文在原文基础上有较大幅度的删改，略去了文献回顾的部分。原文可参见硕士学位论文《制造网红——直播时代的情感、算法与数码资本主义》。本研究的阶段性成果曾在第四届互联网人类学研讨会会议：“相遇——互联网时代人与技术的互构”，第十一届香港中文大学人类学系研究生论坛与 2019 年社会学年会上展示，得到 S-Tech 学术支持计划“中大—腾讯”互联网人类学与中国人类学研究生论文田野调查奖助金的资助。

说道。我发现我所在的这个办公室，是这个三层的独立办公楼中唯一没有直播设备的房间。

走出虎哥的办公室，环顾这座独栋的办公楼，由三层办公室构成。第一层是一个狭长的走廊，连通着数十个直播间，每个直播间里都放置着美颜灯、耳机线、手机支架、麦克风等直播道具。这些直播间以粉色调为主，带有一种女性闺房的隐秘感。其中两间里，主播正对着摄像头热舞唱歌。第二层是招商部，办公室紧密地陈列着三排电脑办公桌，每个电脑屏幕前的营销人员都在打电话，语气激昂，正与客户电话沟通加盟事宜。招商部负责推广直播公会品牌的招商与加盟，即客户缴纳一定的加盟费，就可以在当地复制这个主播经纪公司的经营模式。第三层也陈列着五六排的电脑桌，但桌前的职工看起来比二楼的闲适得多，每个人都紧盯着自己的手机屏幕。他们是直播运营，日常工作是在网络上联系新人来面试主播，在线上指导，督促自己的主播按时直播。

这个主播经纪公司位于北京大望路附近的电影产业园内。以大望路为中心、十公里为半径的区域内的办公大厦、影视文化产业园区甚至居民楼里都散落着这样的主播经纪公司，规模或大或小，内部结构基本类同。一些规模更小的主播经纪公司则聚集在距离北京繁华内环更远的城市外围，因为五环之外相对低廉的地价，外围的主播经纪公司甚至能够提供主播的住宿，对主播群体实行半封闭式管理，为她们提供后勤保障，以满足她们日夜颠倒、长时间的工作节奏。然而，作为提供移动视频技术服务商的直播平台科技公司，大多坐落在北京海淀区——中国的互联网中心。在这里，无数高校毕业生，带着他们光鲜的履历，投入中国的互联网劳动力大军。

不仅仅在北京，直播产业几乎在整个中国大陆落地生根。直播平台科技公司之中的 YY 直播、虎牙直播在南方广州落户；为直播平台稳定输送大量主播的经纪机构则纷纷驻扎福州、成都、杭州等一线城市；加盟主播经纪品牌的小型主播经纪工作室则潜入三四线城市，乃至于落地县城，由此吸收当地闲散的年轻劳动力，拓展地方市场。随着近几年来国内直播市场逐渐饱和，娱乐资本不断入场，海外市场成为待开发之地，中国的直播模式逐渐“出海”。

那些被标签化为“直播网红”的年轻姑娘们，很多来自经济发展相对落后的地区，从城市的不同角落走到摄像头面前。她们怀抱着更好生活的愿景，被裹挟到整个直播产业之中，她们的身体语言、话语与情感都变成这个链条上流水线般生产的娱乐商品。中国互联网浪潮创造了直播行业的风口红利，大量资本流入直播产业，大众娱乐消费转向电子屏幕。主播在屏幕前面仅仅是唱歌跳舞，数分钟内就可以创造千万财富。

如此媒介奇观，并不是一个偶然迸发的事件。“直播网红”是人为运作的结果。直播产业的兴盛是由无数直播运营、网络主播、程序员与观众粉丝共同运作的结果，是直播平台科技公司与公会经纪公司，网络主播与运营相互斡旋的结果，也是技术“媒介化”社会互动的结果。整个直播产业链条如同精巧设计的机器，当这台机器运作起来，每个链条环节都可以不断把劳动、资本与物力“吸纳”进来。身处其中的网络主播、主播运营与投资者、程序员等，处于这个链条中不同的下上游位置，他们在被“裹挟”进来的同时，也在不断重建着直播的生态，重新构造着这台机器结构之优美，这种结构又增强了吸引更多人卷入这个行业的能力。

因此，作为问题的两面被抛掷出来——“直播网红”作为运作的结果，是如何被人为地制造出来的？

整个直播产业是如此精巧地设计，因此每个环节都能“持续”地裹挟劳力与资本，如何理解这种直播机器背后精巧的结构，以及它自我完善与增值的原理？我试图通过民族志的书写，描摹那些被卷入直播行业的风口浪尖的年轻人，他们的生命历程怎么伴随着整个行业而跌宕起伏，他们如何用自己的情感与青春铸造直播行业的繁荣，他们在微观层面采取怎样的行动策略来适应直播行业的发展，以及试图理解网络直播产业是如何改变中国社会的。

一、研究问题

本研究的核心问题是，网络主播的走红作为人为运作的结果，是如何被制造出来的？如何理解网络直播兴盛的社会运作机制？网络主播是通过提供在线情感陪伴的形式创造价值，网络直播的实质是实现陌生人社交关系与情感体验的商品化。因此，理解网络直播兴盛的核心，即理解直播产业是如何实现社会关系与情感体验的商品化过程，同时，理解市场经济生产方式与数码技术在这种商品化建构过程中扮演了怎样的角色。

本研究将从三个维度细化这些问题。

第一，网络主播如何通过各种策略与观众建立情感联系，并实现情感联系的货币化和情感劳动的商品化？

第二，整个直播产业链如何不断生产能够提供“情感展演”与“情感劳动”的网络主播？即主播经纪公司如何在日常运营中招聘、培训和管理网络主播？这些经纪公司，作为直播平台经济的劳务中介机构，如何灵活组织作为“数码劳工”的主播与运营？

第三，网络技术平台公司如何利用技术手段，最大限度地增强用户在线时间和刺激观众的消费欲望？

总体而言，本研究关注于整个直播产业链如何不断生产、出售和刺激网络主播“情感劳动”的消费。从更大的意义而言，本研究尝试探讨如何理解这个时代，如何理解一个社会能建立完整的生态系统，将无形的社会互动与情感陪伴系统化地转变为可供出售的定价不同的消费品？网络直播，不仅作为平台经济的特定形式，体现了数码资本如何改变传统的劳动过程与价值创造方式，也展现了技术如何能最大限度地实现并刺激感情商品的出售、购买与消费。

二、研究方法与田野经历

我的田野开始于 2018 年下半年，通过线上的参与观察，比较不同直播平台之间的直播内容以及主播与观众之间的互动方式，来理解作为社交媒体的网络直播如何吸引几亿中国人沉浸其中。在诸多的直播平台中，我重点关注了 YY 直播。作为中国 PC 段最大的直播平台，它通过年度比赛评选最佳主播，将一整年的时间分成月赛、季度赛、积分赛等，平台的头部主播通过持续性的比赛，在竞争中累积了大量的忠实粉丝，观众与主播共享着胜负的幸福与沮丧，由此产生情感链接。同时，直播平台社区流传着大量主播与“土豪”之间的趣闻逸事，粉丝通过消费这些八卦故事，形成了对主播的印象与认同感。

这段纯粹的线上观察，让我意识到直播平台所制定的奖励机制与比赛规则左右了主播与观众的线上行为，有必要深入了解平台的技术设计，这将有利于理解直播技术究竟如何影响参与者的行为动机。此外，主播之间的敌对，实际是头部公会之间在同一直播平台抢占资源的竞争张力所造成的。所谓的头部公会，即签约了直播平台大主播的主播经纪公司，其主要工作是包装主播，同时代表主播与直播平台协调薪酬比例。他们通过从主播收入中抽成来实现盈利。主播的走红，并不是偶然现象，而是主播经纪公司等机构商业运作的结果，因此，了解主播背后的组织实体尤为重要。

因此，第二年（2019 年）我的田野转向了北京的线下公会，即具体招聘和管理主播的“劳力行”。初期，我以“直播运营 / 主播星探”的工作身份，在一家规模较小的公会里负责招聘面试主播。后期，我被一家国内知名主播经纪公司聘用为“教材撰写员”，负责撰写关于网络主播培训与商业化运营的白皮书。通过这项工作，我有了正当的采访公司内部工作人员的理由，参与观察公司的日常运营。

主播经纪公司作为直播产业链的中间环节，在这里的田野经历给我提供了透视整个直播产业链上下游的机会，同时，主播经纪公司的日常运作，即如何招聘和培训主播，如何包装主播，以及主播与主播经纪公司，直播平台之间错综复杂的经济关系，将我引向了关于“情感劳动的商品化”的思考。主播经纪公司的运行策略随着直播平台的设计与规则设定而改变，这一事实引导我重新思考直播平台作为数码人造物，数码技术的“能动性”如何迎合、导向用户的行为，刺激他们的在线消费。

整个田野过程包含了线上观察、线下的参与观察、非结构访谈等质性研究方法，访谈对象主要为有较长从业经验的直播运营。田野初期，我只是寻求理解网络主播的一夜走红。但随着田野的深入，我逐渐理解到，这些人是为了在流动性社会中寻求陌生人社交、情感陪伴与亲密体验而沉浸于直播。整个网络直播产业链，作为互联网时代的生产组织方式，不断地输入提供陪伴体验的“直播网红”，正是给人们创造了付费便触手可及的亲密社交体验。

第二章　情感展演的社会工厂

当代社会建立了一系列的机制，如此精致且运作可靠，提供了全天候的情感需求服务。一系列关于辅助情感生产的社会产业蒸蒸日上，社会本身就变成了“情感生产”的工厂与消费市场。

“现代最大的改变是市场服务抵达了我们的精神世界、我们的情感生活，这个以前我们抗拒市场进入的领域。”美国社会学家霍克希尔德认为，市场服务的泛化，犹如美国文化中的魔鬼，私人生活逐渐商品化正成为一种被忽视的趋势，现代人需要重新审视如婚姻恋爱、家庭教养等个人事务被广泛地“外包”究竟会产生怎样的影响（霍克希尔德，2014）。

初次接触直播时，小白是东北地区一家纺织工厂的职工。在轮班交替的短暂休息时间里，他会溜出车间，打开手机看一个西安的姑娘在直播间里唱歌。作为纺织工人的他，当时并没有富余的财力给这个姑娘打赏。然而他在线上花费了大量心力帮助这个西安主播培养、管理、壮大粉丝群，这是他回馈这个陌生姑娘给自己带来精神慰藉的方式。万万没有想到的是，因为管理粉丝群的契机，他得以结识一位生意人，为他提供了在北京做直播运营的工作机会，由此进入了网络直播行业。

千千万万如小白一般的普通人，如飘荡的灵魂游走在线上一间又一间的直播间，利用间隙时间来寻找建立人际关系的微小可能。2020 年，我国网络直播用户规模达 4.33 亿，占网民总数的 50.7%。理解网络直播为理解当代中国人如何面对社会关系转型、市场经济扩散到情感社交领域、互联网技术更迭等结构性变革提供了一个切入口，观看直播正是个体为了顺应、调整与抵抗这些抽象力量而作出的一种生活方式选择。

网络直播，便是这个时代的众多生产“情感商品”的社会工厂之一。因此，作为本文研究对象的网络直播，实际上讨论的是市场经济如何通过重组劳动力、资本配置以及数码技术强化感官激情的方式，完成“情感外卖”的规模生产、流通以及再生产，甚至于将消费者 / 直播受众转化为“无酬劳工”的过程。网络直播（秀场直播）是通过网络主播的互动式在线表演，与观众建立情感联系来获取经济收益的整套技术与劳动组织的社会系统。这套社会系统不仅仅关于直播产业的上下游之间的经济关系，还包括了相应的配套的社会文化环境。在这套社会文化中，通过网络直播寻找社交与亲密关系体验，既享有道德的合理性，也被视为是大众接受的生活方式之一。

一、网络直播的产业链

2019 年 5 月，某公司在黑龙江一四线城市举办了“红动 ×××·首季互联网达人经济高峰论坛”。

在这场盛会中，主办方（一家北京网络主播经纪公司）发布了《网红培训白皮书》，台下的投资者手中都握着这本薄薄的册子。三个月前，正是这本册子的缘由，将身在北京的我卷入了这个直播产业之中。当时我在网上四处投递简历，寻找与网络直播产业相关的工作岗位，这家公司相中我的学历背景，将我招聘进公司内部，负责编撰关于直播产业情况与网络主播培训的商品白皮书，我由此进入直播产业内部了解其运作情况。

在发布白皮书之后，会场的大屏幕上放映了一段视频。在这段视频中，各地的实体经营者（实际是由公司内部职工扮演的）在采访中纷纷表示实体经济下滑的困境，巨大的荧幕出现加粗的几行字：“实体经济下滑，网络直播引燃新增长点”。紧接着，画面剪切了各地电视新闻频道对于网络直播正在成为经济新的增长点的相关报道。视频的背景音乐磅礴有力，似乎暗示着直播产业的蓬勃发展。环顾这个会场，巨大的舞台屏幕上不断闪动着“达人经济，内容变现”等直播产业的宣传标语，灯光明亮，鲜花环绕，与会者西装革履，主播衣香鬓影，觥筹交错，言谈掌声激昂，人心振奋，营造出网络直播商业前景无可限量的氛围。举着手机直播的主播，妆容艳丽，将现场之盛大分享给互联网上的无名之众。

这场看似高端专业、噱头满满的互联网达人经济论坛，实际是主办方为了吸引三四线城市加盟商与投资者举办的招商论坛。各地的投资人，可以在现场与这家业界翘楚的主播经纪公司签约，缴纳一定的加盟费，即可以在地方开办挂有其品牌标签的网络主播经纪工作室。

严格而言，整个网络直播的产业链条包括网络移动信号服务商、直播平台软件科技公司、直播公会 / 主播经纪公司、大小公会旗下的网络主播与主播运营、网络电商、直播器材经销商、摄影美容和形体培训与医疗整容服务等行业。这些直播公会实质上是存在于直播平台与网络主播之间的劳务中介机构。因为直播平台只与该平台流水排名前 100 名的公会合作，结算旗下的主播收入。所以行业资源薄弱、经济实力较弱的主播经营者只能在当地成立小公会，通过“加盟”“挂靠”的形式来加入大公会，通过大公会与平台科技公司结算。反之，大公会往往将公司落地在北上广等大城市，无法深入三四线城市，它们也会依靠小公会来招聘本地的网络主播，扩大地方市场。

这场经济论坛结束后，我向北京的公司本部询问加盟商的情况，他们跟我透露，公司仅仅通过这场招商会就签约了 200 家以上的加盟商。这也意味着，这些加盟商将散落在全国各地开始经营主播经纪公司，即直播行业里所称的“小公会”。尽管公司承诺相应的扶持政策，但实际上同事透露，“有十分之一的加盟商能够不亏本就不错了”。网络直播产业链示意如图 7-1 所示。

所谓的“品牌升级全国峰会”的实际意义是，大公会本来是通过扶持运营期下的网络主播，通过主播的收入分成创造利润，现在则转变为通过吸引加盟商，赚取加盟费以及加盟商的经济流水分成。这场实为网络主播经纪公司的展销会之所以能够在此时此地发生，跟整个直播产业的历史发展有着密切的关系。整个直播产业经过数百直播平台竞相出现的“直播元年”，以及“千播大战”的竞争淘汰，资源与资本积聚“头部”，以及海外输出等几个阶段，已历经几次产业转型。

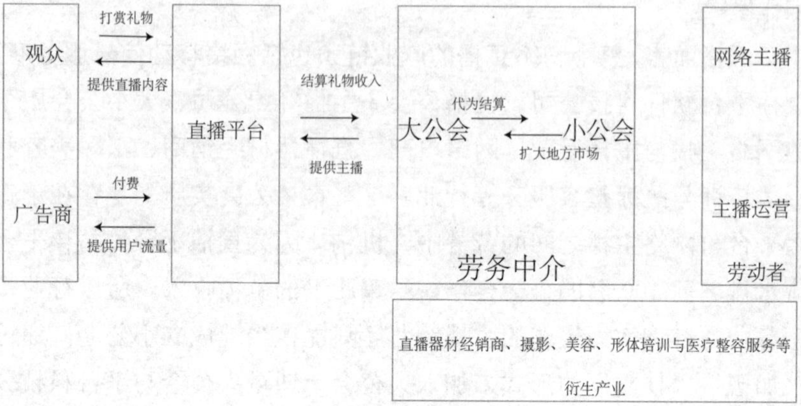

图 7-1　网络直播产业链示意

二、网络直播的发展历史

当我谈起“直播公会”的概念，小龙表现出了对于这个话题异常的热情与熟悉。生活在福建南平的青年小龙一直被家里人视为“无业游民”，因为小龙从初中到职业高中都没有专心于学业，而是沉迷于网络游戏。小龙通过售卖网络游戏的道具与周边赚了不少的零花钱。在他职高的时候（2012 年），小龙开始在直播平台兼职做游戏主播来赚零花钱，前几个月收入甚至能达到上万元。

对小龙而言，游戏公会是很有归属感的社区组织。所谓游戏公会，是网络游戏玩家依附于一款或多款游戏平台，通过游戏平台以外的交流手段，如 QQ 群、BBS、YY 语音频道等进行的以场外实时交流、分配游戏任务、共享游戏道具为主要目的而聚集起来的人群。游戏公会内部有特定的名称与标识，也有严格的规章纪律及权责划分。小龙说：“你可以（将其）理解为镖局，以镖头为中心分配任务，然后集中利益再下发给镖师。”根据小龙的描述，公会内部由队友一起完成游戏副本，然后由队长来分配游戏奖励的装备，“每个职业需要的装备不一样，就如同每人需要的东西都不一样”，因此游戏公会的作用在于对游戏资源的最优化分配。

2012年，网络直播方兴未艾，小龙从专业的游戏玩家转型到游戏主播、从游戏公会成员变成直播公会签约主播之后，经济收入也从出售游戏道具变成了游戏直播的虚拟礼物分成提现。小龙身份的转变，展现了中国社群通信平台由游戏语音到游戏直播的转型，以及线上社区组织由“游戏公会”到“游戏直播公会”的转型。

秀场模式的网络直播实际脱胎于游戏语音交流工具。YY语音成立于2008年，小龙与其他游戏公会的成员依赖YY语音此类的语音通信平台来进行场外的实时沟通，游戏语音平台由此积累大量的用户基础。游戏语音平台的出现，也增强了网络游戏的社交性，游戏玩家自发地利用游戏语音通信工具进行唱歌、脱口秀等娱乐表演，YY平台由此将这种语音娱乐表演进行商业化的运营。对于游戏玩家而言，YY语音不仅仅是用于实时的游戏交流，也被用来听其他用户唱歌、调侃、脱口秀等娱乐活动。

2011年，YY平台上线视频直播功能，网络直播领域中已有9158、六间房等提供多名主播共同主持的“聊天室模式”，YY平台除了提供聊天室模式，还独创了“演唱会模式”，由一名主播单独表演，观众可以通过连麦与主播交流。这种形式，也就是现在网络直播的主要形式。此时，9158、六间房与YY三分网络秀场直播的天下。

2014年，斗鱼、龙珠、熊猫直播平台都开始抢占游戏直播平台，YY网络直播平台将游戏与秀场分化，另设立子品牌“虎牙直播”专门提供游戏直播服务；YY直播则专注做秀场直播。由此，YY由一个靠100万美元天使投资成立的游戏语音服务商，转型为提供秀场直播、开创公会模式下的直播网红生产流水线的互联网企业，并且成功登陆美国纳斯达克。

直播行业的动态发展与资本市场的青睐有着密切的关系，而直播平台的所有者——互联网企业的兴衰则与入场时间有密切的关系。随着智能手机的普及，网络通信技术的进步，网络直播的载体由电脑逐渐转到移动手机端。2016 年，数百个直播平台的大量涌现，被中文互联网标记为“直播元年”，直播行业受到资本的追捧。持续两年的“千播大战”之后，网络直播平台进行了一轮大洗牌，行业进入深度调整期，中小直播平台面临着极大的市场淘汰风险，如何转型经营模式变成普遍的难题。政府也加强了对网络直播内容的监管。2016 年 11 月，国家互联网信息办公室出台《互联网直播服务管理规定》，截至 2017 年末，全国共约有 200 多家公司开展或从事网络表演（直播）业务，较 2016 年减少近百家。2018 年被称为“直播 App 上市元年”，直播平台不得不投入“巨头”怀抱，为的是让后者为其进行流量输送和资金输血，如一直播与微博的战略合作。直播平台之间的竞争，早期依赖于资本入场，直播平台之间的竞争是通过提供高额签约费挖角其他平台头部主播，提高分成比例吸收中小主播来扩大用户基数，后期则依赖如腾讯、新浪、网易等已有用户规模的互联网巨头提供观众流量。

网络直播竞争的实质是各大直播平台都试图在直播市场中建立平台的垄断性地位，头部平台通过资本输入进行大肆扩展，抢夺用户市场与主播群体。当越多的观众单一地集聚在某一平台时，主播不可避免地需要跳槽到这一平台，当越多的优秀者集聚在某一直播平台时，观众也不可避免地要使用这一平台。观众可以自由地切换使用多个直播平台，然而主播，尤其是就头部直播平台而言，则严格地受到了直播平台竞业限制与保护条例的限制，只能在单一的直播平台进行直播。

观看直播的观众与主播都是直播平台的免费劳动力。一方面，主播受到礼物分成收入的刺激，不断自我激励，自动延长在线直播时间。主播的虚拟礼物收入中的 30% ～ 60% 都将归于平台所有，而主播的在线表演也为平台创造了能够创造流量和价值的内容，为平台积累用户群体。庞大的用户群体正是平台的价值所在，用户的关注力、凝视与闲暇时间都被平台打包售卖给广告商，用户的“打赏”更直接给平台创造了货币收入。直播平台通过资本扩张，由此形成“马太效应”，大量的直播用户、主播群体以及公会都集聚在少数的几个直播平台，小型平台慢慢退出直播市场。主播、直播用户似乎变成了达拉·斯麦兹笔下的“受众”（Smythe，1981）。

达拉·斯麦兹的“受众商品理论”认为，随着工业资本主义生产力的不断提高，生产成本不断降低，实现消费扩张是资本主义持续扩张的核心要求。大众传媒变成了资本主义的系统性产物，扮演着“指导其他社会各机构和整个人口设置议题、价值和政治的每日议程”的角色。广播公司等媒体资本家不再是单纯依靠向受众售卖商品来实现工业资本的剩余价值积累，而是在向工业资本家出售消费者。媒体的受众同样是商品的消费者，不仅仅在闲暇娱乐中消费了工业产品，也实现了“有偿劳动者自身的主体性再生产”——消费者为了扩大消费，不得不回到工作以及生产者的社会角色之中（Smythe，1981）。

雇用我的这家直播公会，2003 年在北京成立，以校园杂志起家，之后因为互联网时代的快速发展，而试图涉足娱乐产业实现转型。2008 年举办首届全国校花大赛，推出公司同名电影，也曾培养过男团女团参加“偶像练习生”选秀节目。这家公司在娱乐领域并未实现商业成功，直到赶上网络直播的“顺风车”，情况才有所改善。2016 年“千播大战”的时候，公司开始涉及直播业务，早期的主播主要来自校花大赛，多是艺术院校的年轻女生，2016 年底已经有 2700 万元的营业额；2017 年营业额达到 7000 万元；2018 年底开始做加盟商，创造了 1.2 亿元的营业额与 3000 万元的净盈利。

公司的管理层任姐在描述这段经历的时候，不经意地说：“主播其实就是一个商品。”

在这条直播产业的生产链上，毕业于北京名校信息技术专业的黑人进入了一家科技平台公司做了程序员，却不料几年后直播市场竞争激烈，该科技平台最终破产。19 岁的小红，曾在游戏直播平台做过“游戏陪玩”，之后随父母来北京打工，在一家小公会做起了“主播运营助理”。年少轻狂离家出走的蛇金将网络主播当作自己的第一份工作，最终因为网络的虚幻，转变为了公会办公室里的主播运营。我，一个人类学的学生，随着互联网研究浪潮，进入了大公会，开始田野调研，与他们相遇。我们中的每一个人都在经历着个体生命的展开，也见证着整个直播产业的兴衰变化。

然而，我深知从宏观角度去理解直播，这种尝试本身难免显得无力与苍白。我在田野过程中，亲身接触到一个个活生生的个体，这时，似乎这些外部的社会结构和宏大理论就倏忽地消失了。真正生产直播的人，不仅仅是被剥削的个体，也是一个个充满洞见与行动能力的个人，他们 / 我们将直播产业编组到个体生活之中，以满足自我对于生活意义的追求。

第三章　流量与抽成，不稳定的劳动

会议室里，同事小白在黑板上画出了招聘运营的薪资待遇图例，并加以解释。我问起“挂靠”与“加盟”的差别，同事对此讳莫如深。我的疑惑，正如坐在我对面的这对身着正装的中年男女一般。两天后，作为加盟商的他们会结束在公司本部的培训，回到当地开自己的网络直播公司。在他们的言谈之中，仍旧带有对这个行业的天真与憧憬。

这次培训结束之后，我暗里问同事小白，究竟有多少加盟商能够不亏本。小白笑而不语。那对中年男女站在公司门口跟加盟总监合影，手中举着一块加盟的牌匾，他们背后是公司巨大的Logo，鲜艳的颜色似乎预示着直播行业欣欣向荣的景象。

在他们背后是整个加盟部的办公室。三排工位坐满了二十多个年轻人，每个人都神色紧绷地打着电话：“这个您可以相信，我们公司还是很有实力的，不信的话，您可以来北京这边看看。”“这个我可以跟您保证，我们会有专人全程指导的。”

对比加盟部办公室里一片行业大好的景象，我手机里的微信群也闪烁不停。这个名为“今日直播咨询服务××号社群”的微信群，是直播行业信息交换群，其中大半的信息是关于全国各地主播经纪公司工作室的低价转让。

一边是网络主播经纪公司（大公会）不断地签约加盟商（小公会），各种直播平台不断招聘大公会的入驻平台，直播行业似乎是资本的蓝海；然而另一边，微信群每天都播报着全国范围内转让主播经纪工作室（小公会，也就是大公会的加盟商）的信息，许多直播平台都面临财务危机，濒临下架，似乎预示着直播行业前景堪忧。

这些问题的背后，是网络直播作为一种情感展演的劳动商品何以成为可能。这种劳动商品是如何在整个产业链上被生产、分配与消费的，尤其是当这个产业链条整体呈现出一种不稳定性与“头部效应”。本章试图通过呈现主播运营与网络主播、公会和直播平台科技公司的经济关系，来说明这个产业的“不稳定性”，以及这种不稳定性与“头部效应”是如何给整个产业创造经济利润的。

一、网络主播

无论整个网络直播产业链条是多么复杂，创造经济利益的基本劳动者仍旧是网络主播。网络主播通过在线表演和互动，激发观众长久凝视与打赏的欲望；观众通过购买虚拟礼物来打赏网络主播，实质是观众消费网络主播的在线表演，自发地为网络主播的劳动付费。因此，网络主播的在线表演，是整个网络直播产业的经济利润的源头。

在某些直播平台上，网络主播作为个体，无法直接将虚拟礼物兑换为等价的现金流，需要通过直播公会经一定的结算程序，按照协商的比例来提取虚拟礼物的收入，或是个人主播相较直播公会，与直播平台结算礼物收入分成比例较低。直播公会相当于网络主播的劳务中介，代表主播与直播平台科技公司结算他们的劳动收入。直播公会作为网络主播的经纪公司，通过不断签约大量的网络主播，来增强其与直播平台公司协商虚拟礼物收入分成比例的议价实力。虽然主播在一段时间内只能在一个直播平台开展网络表演，但直播公会却可以同时与数家直播平台进行合作。

位于北京的 S 文化传媒公司的运营人员玲玲是这样描述他们合作的小视频直播平台的提现规定的："个人后台提现是 20%，公会提现是 40%。"这里的"提现"是指网络主播将直播的虚拟礼物收入转化为现金流提取到个人账户上。显而易见，主播签约公会后可以享受更高的礼物分成比例。除此之外，公会会给刚入行的新人主播提供基本的工资保障。

陈玲玲，一个经验丰富的主播运营，介绍着主播的相关待遇："我们的待遇是这样的，一般新人主播会有 3～7 天的培训试用期，在这段时间内双方来确定是否签约。保底薪资是 2000 ～ 5000 元，提成 40% ～ 60% 逐步增加，要求每个月播够 140 ～ 180 个小时，前期是要按照公司要求的时间段来播，因为新主播要学很多东西，基本都需要熬时间，慢慢成长起来之后可以自己定时间。"

S 文化传媒公司是一家规模中等的直播公会，田野初期我曾在此做过一段时间的"主播运营助理"。入行数周后，我才明白玲玲话里的弦外之音。

作为主播运营，我最重要的工作内容是面试新主播。除却少数重回直播行业的主播外，绝大多数的应聘者都是首次踏入直播行业的新人，他们最大的担忧是经济收入的不稳定。网络直播竞争激烈，网络主播逐渐职业化，职业化的主播收入主要来源于礼物分成。如果新人主播将网络直播当作一份赖以为生的工作，观众的礼物打赏并不稳定，那么公会所承诺的保底薪资就意味着基本的生活收入来源。

倘若公会按照保底给主播结算月工资的话，该主播对于公会而言在经济上是负效益的，因为直播平台科技公司并没有给公会结算主播保底的金额，只有礼物抽成，那么这个保底工资等同公会对于主播的失败投资。公会在极少情况下会支付主播保底工资，运营将这种情况称为“总会看走眼那么几次”。保底工资的存在，提高劳动者对于主播工作的收入预期，是为了吸引更多人加入网络直播。因为直播市场充满不确定性，没有人能够确定什么风格的主播能够赢得观众的青睐，公会只有通过“人海战术”来试错，让大量的劳动者尝试将自己暴露在网络摄影头前。公会的营收主要依赖少数几个爆红的网络主播来完成，但公会并不会为那些努力尝试的新人主播支付劳动报酬。

因为市场也是不断变化的，主播“人无百日红”，职业化主播无法承受收入减少的风险，便会黯然离开直播行业，向往网络直播光鲜的劳动者再如流水般补充进来。不稳定的收入与快速变化的市场，造成了网络主播的高流失率。无论是公会，还是直播平台，都已经在主播退场之前分得一杯羹了。

据玲玲所说，礼物提成在 40% ～ 60% 的范围内浮动，说明小视频直播平台公司与公会的礼物分成比例是四比六，意味着 S 文化传媒公司签约的网络主播在某小视频直播平台，每收入价值 100 元人民币的虚拟礼物收入，直播平台将获得 40 元，公会获得 60 元。公会再与签约主播按照约定比例分配这 60 元钱。月收入越高的网络主播，便有更高的议价权，因此分成比例也就越高。当主播的分成比例高达 60%，即意味着公会已经作出最大让步，没有抽成比例，即公会没有通过签约这个主播创造营收。这种极端情况往往是因为该主播的流水较高，提高了公会的整体流水。同理，当公会具有较高的流水时，便对于直播平台科技公司有更高的分成比例商价权，直播平台也会根据公会的流水规模，回馈相应的主播曝光资源，如平台上的推荐位。

除了经济上的考量，直播公会往往承诺网络主播将提供“相应的扶持资源”，即在直播平台上更高的曝光率，参与网络电商的机会，以及媒体曝光机会，例如推荐位，即在特定时段出现在直播平台推荐页面的广告位置，也是常见的公会垄断的扶持新人主播的资源。

二、主播运营

除了网络主播，主播运营也是直播产业的基础劳动者。

主播运营犹如网络主播的娱乐经纪人，招聘主播、督导签约主播的直播状况、结算工资以及提供相应的扶持资源都是主播运营的内容。甚至，有些主播运营要承担主播的生活后勤问题，由此保障主播工作的稳定性与持续性。

网络主播，因为其收入的不稳定，高流动性构成了网络直播的职业特性。因此，主播运营的工作保障了在快速流失主播的形势下，能够源源不断地有新人主播进入直播行业“补血”。主播运营的劳动与直播公会的运作，保障了网络主播作为劳动力持续供给不断扩张的直播市场，是犹如整个直播产业链中的“劳力行”一般的环节。

主播运营的收入与其招聘、签约与流失的主播数量息息相关。田野初期，我曾做过一段时间的主播运营，这家公司给我许诺的工资待遇是保底工资每月 3000 元，再加上签约主播礼物提成的 3% ～ 5%。但是拿到保底工资的前提条件是满足每个月签约 10 个新主播。我作为新人运营，初期只能拿到 3% 的礼物提成。

玲玲手下有十几个主播，每个月她大约能够拿到一万元出头的工资。据玲玲分享她的经验：“经纪人的主要精力应该放在培养新主播，因为成熟的老主播基本上是不用管的。你手下成熟的老主播越多，你就等于是躺着赚钱了。”网络直播的经济抽成关系如图 7-2 所示。

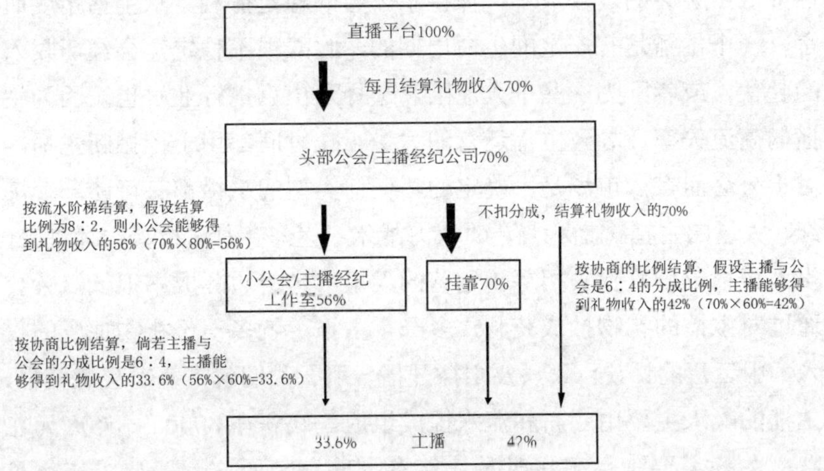

图 7-2　网络直播的经济抽成关系

三、公会、挂靠与加盟商

主播经纪公司，其内部的经营运作发展出精细化经营策略，一般会跟不同的直播平台科技公司签约，因为不同的直播平台有不同风格的受众市场。公会的盈利由两个部分构成：一部分来自旗下签约主播的收入分成，这部分主要依靠主播与运营的劳动完成；另一部分来自招募加盟商的加盟费用，以及这些加盟商的直播收入分成。

例如我所进入田野的主播经纪公司场地，分为三层，地下一层是数十个直播间，用于给新人主播面试、试播以及公司人员开会使用。二楼是加盟部，有 15 ～ 20 个人不断地电话营销，推广加盟业务，人声鼎沸。第三层是运营部，三十几个主播运营和星探坐在格子间，不断地用电脑和手机联系主播。运营部按照直播平台分为了三四个组，每个组有一个公会长，负责跟平台对接，组里一般有十几个人，日常工作就是负责招募和运营主播。

在公会内部，主播运营和主播都有很高的流动性。这种流动性降低了公会的运营成本，保持了公会的稳定盈利。从主播角度而言，一个主播是有一定的生命周期的，收入很不稳定，会经历收入的起伏，或者因为一些个人原因，选择退出直播行业，也正因为主播的高流失率，导致主播运营的大量工作时间都用于挖掘新主播。对于公会而言，市场是不确定的，任何类型的主播都有可能一夜爆红，大量的主播试播相当于“人海战术”。公会海量招募主播进来，投入直播市场，除去招募于运营的人事成本，边际成本很低，公会通过对主播的礼物抽成获利，多一个主播，就多一份礼物抽成的收入。用运营的话说，“只要主播开播，那么我们就是躺着也赚钱”。主播的收入主要由底薪和流水提成组成，底薪在 3000 ～ 5000 元左右，主播需要满足工作时长才能拿到底薪，而这一般要求在每月 120 ～ 180 小时，25 个有效天（开播超过 2 个小时算 1 个有效天）；而流水提成则是礼物收入的 20% ～ 50%。主播运营的收入同理，工资由底薪和提成组成，底薪在 3000 ～ 5000 元左右，底薪的条件是每个月招募到 10 个新主播，他可以从他的主播身上拿到 3% ～ 5% 的礼物提成收入。

对于运营而言，他们也会无休止地招募主播，因为主播是有生命周期的，且总是来来去去，只有不断地招募主播，保证手下有稳定开播的主播数量，他们的收入才会有保障。运营周哥跟我谈起，他的主播数量最多的时候有20多个，不认真工作的时候只有5个。当主播数量达到20多个的时候，其中有很多还是经验丰富的老主播，如果收入稳定他们就会在家里稳定开播，只要主播稳定开播，运营可以获得他们收入的1%～3%，公会可以获得20%～40%的礼物分成。

主播的高流动性跟很多原因有关，主要是收入不稳定。当收入下降不足以满足温饱的时候，他们就会对自己的职业选择以及公会实力产生怀疑，这个时候他们可能会停播，在公会内部换平台，或者干脆选择换公会。但是对于公会来说，主播的去留都不会影响公司的盈利，因为新的主播总是会不断地进来。同理，运营人员如果两个星期没有招到合适的主播，基本在试用期内就会被劝退。运营人员的招募也是持续的，能够为公会创造利润的人才会留下。但即使运营人员流失了，他所招募的主播还是会留在公会内部。

因此，公会在不断地招募主播运营，而主播运营又在不断地招募主播。主播与运营的高流动性与收入不确定性，创造了公会的利润空间。

就公会外部而言，公会通过“加盟”和“挂靠”增加市场占有率。“加盟”指的是，一些没有直播经验的投资者，给大型头部公会缴纳一定的加盟费用，向他们购买行业经验与扶持策略，利用公会的品牌自动对接到直播平台。“挂靠”，是指拥有一定的优质主播资源，有行业经验的公会长或主播运营，因为流水有限，通过挂靠大公会，换取更高的流水分成比例，挂靠不需要缴纳加盟费。

因为大型的直播公会多布局在北上广深等一线城市，公会招纳地方加盟商主要有几层的商业考虑。其一，直播大公会在招纳加盟商时可以收取加盟费，不同规模和地方的加盟费有层级差距，如县级城市的加盟费用在5万～6万元左右，省会城市在15万～20万元左右。加盟费可以给直播公会创造直接的经济效益，但公会也承担着扶持地方小公会（地方加盟商）的义务，即帮助直播工作室选址、培训相关从业人员等。其二，地方的小公会可以吸纳三四线城市乃至农村的观众市场和网络主播，扩大直播公会整体的签约主播数量与观众市场。其三，地方的小公会是通过直播大公会来与直播平台科技公司结算的。因为地方小公会的规模有限，经济结算数额较小，直播平台科技公司只与流水排名在该平台排名前 100 的大公会进行结算，因此地方小公会需要通过大公会统一结算后，再分拨资金到地方小公会。这也意味着，直播大公会吸纳了越多的地方小公会，每月的流水金额越大，在礼物的分成比例上也就可以与直播平台科技公司上有更大的议价权，也能够拿得到更多的扶持资源。车哥——一个直播公会的主播运营——跟我透露，公会每 200 万元的月流水就可以得到一个黄金时段的推荐位，且完全掌握这些推荐位的分配权。

每个月直播公会与直播平台科技公司结算之后，将资金分拨给地方小公会时，会根据地方小公会的流水规模扣除一定比例，流水规模越大，地方小公会的分成比例也就越高。

直播平台科技公司、大公会、加盟商与挂靠、主播与主播运营四方之间通过虚拟礼物收入的层级分成建立经济联系，各级都努力扩大流水的规模，增强向上一级经济附属要求更高分成比例的议价权。例如，倘若主播运营所签下的主播能够创造较高的流水额，主播运营就可以向公会要求更高的分成比例，因此新人运营的分成一般在 3% 左右，而老练的主播运营则可能拿到 5% 的分成。主播的礼物流水越高，则可以跟公会协商提高礼物分成。小公会（加盟或挂靠）月流水收入在 10 万以内，只能拿到 60% 的礼物分成，但是如果月流水超过 40 万元，则可以拿到 70% 的礼物分成。大公会的流水规模越大，则可以与直播平台协商要求更多的资源支持。

简单而言，公会通过加盟和挂靠的形式来扩大直播市场的占有率，开发三四线城市以及县城，增加流水规模，由此用高流水与平台科技公司换取诸如推荐位的流量资源，而中小公会因为没有资源，分成比例较低，有不断加入头部公会的趋势。从空间上来看，处于北京、上海、杭州和广州等地的大公会组织不断吸纳三四线城市以及县城的中小公会，试图将全国的主播都收入麾下，收取他们的礼物分成。无论是公会/加盟商，还是主播和运营，当流水规模越高，礼物的分成比例越高，就能获得更多的流量资源，未来的预期经济收入就越高，由此形成“集聚效应”，小公会和小主播都纷纷向头部公会靠拢。

对公会而言，运营的高流动率意味着每一个运营个体都会竭尽自己的人脉资源带来主播，当运营离开了公会，这些主播仍旧会留在公会。加盟商也是如此，无论其是否成功，他们签约的主播都会留在平台内部。

主播的高流动率则意味着，虽然有大量的年轻人进入直播行业，但只有他们之中的少数人能够短暂地赢得直播市场的青睐，那些未曾获得观众喜爱，或是失去市场青睐的主播便只能退出主播的劳动力大军。公会则利用“人海战术”，用主播大基数来撬动少数走红的主播，从少数走红主播的收入中分一杯羹。

四、王会平的故事

王会平从大学毕业后，在2014—2015年左右进入直播行业，经历了从平台—公会—平台—公会的工作轮转。他在直播平台科技公司与公会之间的跳槽，展现了直播平台与公会在整个直播生态链中此消彼长的经济关联。

早期，他在某一直播平台做“用户运营”的工作。按他的话说，这份运营的工作主要是关于“促活与拉新”。此时，他的工作主要是给刚刚上市的直播平台输送合适的主播，丰富直播平台的直播内容。他起初并不关心由他引入的主播最终签约了哪个公会，但他逐渐在工作过程中发现，相较公会而言，直播平台在整个直播产业链中处于经济的弱势地位。直播平台的利润空间只有主播礼物抽成的约 5%，但是公会在主播礼物收入中获利比例更高。王会平解释道："例如，主播有 100 元的礼物流水，30% 归平台，70% 归公会。当平台刨除运营成本时，平台可能大约只有（礼物流水）5% 的盈利空间。剩下 70% 的礼物分成收入进入公会这块，主播拿走 40% 的礼物分成，公会还有约 30% 的礼物分成。"

因此，他认为公会应该是比直播平台的盈利空间更大。出于这种判断，他跳槽到了 R 传媒——国内一家规模较大的公会。因为财力雄厚，这家公会雇用了大量的星探专门负责招聘主播，因此签约了大量主播，却无人管理。他的新工作岗位被称为"主播导师"，负责管理一个直播平台下的 10 ～ 20 个主播。当时公会的运营人员较少，他一个人就负责一个直播平台的所有事情，掌握所有的平台资源，平台最主要的资源就是推荐位。当时是由公司老板的表弟代为管理这个公司，但他对直播行业一窍不通，迫于无奈只能去请懂行的人来管理，导致了当时公会的管理层职责分工混乱。王会平认为这个混乱的局面反而是一个能够赚钱的契机，当时他手里的推荐位很多，往往以 100 ～ 200 元的价格卖给主播。

之后，他又跳槽到了另一个直播平台。这次，他的职位名称是"公会运营"。公会运营的职务内容是管理直播平台内的公会，代表平台与公会沟通直播的合作细节。通常情况下，这个工作岗位要求职员能够掌握公会的联系方式，打通各个公会的公会长。因为之前的工作经历，王会平手中掌握了一些大公会的联系方式，但是在这份工作中他积累的国内公会资源并没有发挥作用，因为他很快被分派管理海外地区俄罗斯板块的公会对接事宜。其中一个工作内容是审批俄罗斯公会签下的主播资料，通过主播的资料与视频片段判断主播的直播质量。

主播的审核要求较为宽松，一般情况下都会通过主播的资质审核。因为国情不同，俄罗斯人只是把网络直播当作生活的分享方式，主播并没有走职业化的道路。王会平解释道：“俄罗斯那边的情况是，主播大多数是学生。成年人很少是主播，都是上班然后下班喝酒。（学生呢）大多直播一些生活的日常，比如上学、逛街、打鼓之类的，也没有打算用这个赚钱。俄罗斯人大多也就下班去喝酒什么的，也不看直播。”

因为主播的非职业化，导致公会的主播质量参差不齐，待审批的主播甚至达不到基本的外貌要求。最终，他按照一个主播 20 元人民币的价格出售公会通过审核的资格。因为直播平台与秀场公会模式的“出海”，“现在世界各地的公会长，80% 都是中国人”，王会平补充道。

后来，他再次跳槽，来到这家公会，负责“主播运营”的工作，即负责招聘、管理主播、督促主播开播、代为结算工资等。之后他在公会内部由主播运营转岗为财务，实际是负责加盟商的商务合作。他认为，加盟商需要依靠他来加入公会，因此他是甲方。对于王会平而言，这次他调换工作的原因是“不愿意做乙方，求着主播开播，感觉不好。想做甲方”。

王会平反复跟我强调：“你想做互联网行业可以，但是要远离直播行业。主要是这个行业没有技术含量，你不知道怎样做是对的，看不到未来。不敢想 5 年之后，整个直播行业会变成什么样子。但是对于运营而言，大家都觉得 2016 年的时候，直播行业是走上坡路的，但是明显现在感觉是在走下坡路了。”

2019 年 6 月，王会平告诉我，他又准备离职了。王会平的故事，展现了整个直播生态环境，以及其中个人的挣扎与选择。维持着高流动的组织架构，直播产业消费的是无数年轻人的生活风险与不确定性。主播、运营和加盟商三方，进入直播行业，或去或留，留下的是少数幸运者，能持续地为公会与直播平台创造价值，离开行业的失败者，则要独自承担衣食风险，但却不会给公会与平台造成损失。

就资本逻辑而言，整个直播产业链条的上游由公会构成，即负责招募、培训和管理主播的主播经纪公司，主要的利润由主播和主播运营的劳动创造。中游是直播平台科技公司，即负责开发和维护直播软件平台的互联网公司，这些公司被前者称为“官方”。其产业链条的下游则是借着直播带来的流量生存的广告电商、媒体方、服装摄影等等衍生产业。直播公会与平台科技公司相互寄生：直播公会不断给平台输送主播，而平台科技公司则为公会提供直播平台的功能，引来观众流量，提高主播的曝光率。主播的礼物收入构成了直播平台与公会的主要收入来源，不同的平台与公会之间有不同的分成关系。简单而言，一个直播观众用户打赏 100 元钱，平台可能抽取 30% ～ 60% 的佣金，公会分成 40% ～ 70%，主播的薪资来自公会，因此主播薪资待遇一般在 20% ～ 50% 之间。对于平台而言，刨除带宽和平台的维护费用，以及平台的返现，一般而言，可以从用户消费中盈利 10% 左右。

对于直播平台科技公司而言，它所面对的是整个中国直播市场，以及海外市场。2016 年直播元年，直播圈“头部效应”明显，大浪淘沙，许多中小微型直播平台惨遭淘汰，所有市场资源开始向头部直播平台聚集。一方面，作为虚拟直播平台的设计方，它可以通过技术手段与产品设计的策略，来提高平台的盈利空间，例如直播中的“PK”功能，通过年度盛典或季度比赛增加用户流量与黏性，支配观众的消费欲望等。另一方面，它通过不断吸纳直播公会，积攒更多的优质主播，来提高盈利能力。简单而言，平台可以从主播的礼物打赏收入中分成 10%，但平台并不承担主播的运营成本，因此越多的公会合作，越多的主播，就可为平台带来越多的资本积累。

五、不稳定劳动与风险转移

项飙（2012）在《全球“猎身”》中如是说：

> 对于技术革命的乐观估计，常常忽略了信息技术本身的社会性，即该技术是被谁，在什么条件下，为什么目的而被创造和使用的等等社会过程。
>
> IT工业，……归根到底是一些系列对劳动力——包括对劳动力的生产、配置和控制——进行管理的特殊模式。

他将世界信息技术革命的成功归结为印度猎身机制，即依赖于一系列的社会文化和制度组织安排，印度技术工人能够在欧美劳务市场高度灵活地流动，由此减轻了劳务输入国的人力成本，创造了信息技术的繁荣。同理，整个直播行业的兴盛并不单纯是互联网技术发展的结果，也是依赖于一系列高度灵活的劳动力配置与经济结算方式创造的。

整个网络直播产业链的精巧之处，不仅在于不断地“制造网红”，而在于不断地生产能够“制造网红”的人。网络直播作为一种情感展演的劳动商品何以成为可能？直播作为一种劳动商品能够快速在整个产业链上被生产、分配与消费，是因为网络主播与主播运营、直播公会与其加盟商、科技平台公司各层组成了流量与抽成逐级递增的关系。

具体而言，网络主播与主播运营、直播公会与其加盟商、科技平台公司三级之间的经济抽成比例是在一定范围浮动的。经济利益的分成比例是根据各级所创造的流水规模所决定的。如果主播与运营有较高的流水，即可与其公会要求更高的分成比例；如果加盟商有更高的流水额，也可以与所属直播公会要求更高的分成比例；如果签约了大量主播与加盟商的直播大公会有较高的流水，在经济分成上便与科技平台公司有较大的议价权。

“数字资本主义时代，媒介产业数字劳动所遭受的剥削，这种剥削的形式因信息技术与网络平台的发展而变得更为隐蔽。”（姚建华，2018）这种逐级的经济抽成关系，也掩盖了主播、主播运营与小公会所有者所遭受的剥削。一方面，整个网络直播产业链的经济利益创造者始终是网络主播，而职业化的、具备盈利能力的网络主播是运营与公会人为运作的结果。无论是运营离职，还是地方小公会倒闭，由于受到竞业条例的限制，能够持续创造经济利益的网络主播都会留在大公会与直播平台之中。即便他们精心运作的网络主播也随其离场，在主播离场之前，大公会与直播平台也已经分到了主播劳动价值的一杯羹。另一方面，网络直播产业实际上是一个“人格市场”。米尔斯曾借“人格市场”概念，讨论雇员社会中的新现象。当雇员的个人品质也进入了交换领域，变成劳动市场上的商品，高度依赖于人格市场的企业便会利用一些系列的标准和流程来规范员工的个人特质（米尔斯，2006）。公会实际上也在借助运营手段规训、销售主播的人格魅力。由于观众的多元化，以及人格魅力的不可量化，网络直播的“人格市场”充满了不确定性，少数爆红的主播其实是人海战术的结果，大量短暂进入这个行业的主播与运营都是无偿地为整个行业“试错”，大浪淘沙，最终只留下那些能够创造价值的劳动力。正如卡林·法斯特（Karin Fast）所分析的，媒介产业本身生产成本高昂，消费者偏好也很难预期，导致这个产业变成了一个高风险的行业。为了转移市场的风险，降低生产成本，整个媒介产业以诸多形式产生了很多“无酬劳工”（Fast，2016）。

只有当主播、运营乃至小公会真正为大公会与直播平台科技企业创造流量与经济的时候，他们才会得到相应的经济回馈。然而无论是公会，还是直播平台，都没有为那些付出了大量时间与心力的劳动者提供基本的生活保障。主播、主播运营，乃至小型“网红”经纪公司（小公会）的拥有者，似乎都变成了盖伊·斯坦丁（Guy Standing）笔下的“不稳定的无产者”（Precariat）——他们的工作特征在于：“第一，劳动契约属于过渡及短暂性质，通常一份工作时间不会超过一年；第二，工作时间弹性化；第三，薪资水准较全职劳动者为低；第四，被排除在一般社会安全方案的保障之外。劳动契约的过渡化与工作时间的弹性化归因于生产方式的改变。”斯坦丁将这群人视为一个特定的社会阶级，并且认为这个阶级“由于缺少共同的工作时间与地点，因此很难透过集体动员的方式发展共同的阶级认同，进而采取共同的政治行动”（斯坦丁，2011）。虽然他们是经济与劳动权益被直播平台乃至大公会剥削的一群弱势劳动者，实际上他们都根据各自的生活意志，选择进入或退出直播行业，他们每一次自主选择都踩在了各自的生命节点上，一拍不漏。

第四章　网络直播与“网红”的产生

运营玲玲经常对新人主播说的一句话便是：“你要懂得互动，但互动不仅仅包括聊天，聊天只是互动的一种方式。”这个19岁的四川女孩，带着与年纪不符的成熟老练。在做“主播运营”一年多里的时间里，她的日常工作就是面试新人，督促检查主播的工作情况。

视频直播平台有对新人的算法激励机制，因此新开播时有大量的观众涌进，但是几分钟之后，观众都会因为这些新人主播的生涩而离开。每当这种情况发生的时候，玲玲就会让新人主播下播，跟主播重复强调，“你要懂得互动”。玲玲所强调的“互动”概念，对于新人来说，实际上是一套程序化的表演流程，用来完成初期的粉丝积累。这套程序包括以下几个步骤。

（1）屏幕会显示“××（ID 名字）进入了直播间”，那么主播就需要说，“欢迎 ×× 来到我的直播间”，然后根据 ×× 的 ID 名字发起联想，针对其 ID 名字展开话题。

（2）如果某个游客在屏幕打字聊天，主播需要不断重复游客的 ID 名字，然后对游客的话进行回应。

（3）当游客通过打赏礼物表示好感的时候，主播也需要再次点名表示感谢：“谢谢 ×× 哥，感谢你的玫瑰花。谢谢你。”在身体姿态上，主播可能用比心、鞠躬等动作来表示感谢。

（4）在这些过程中，主播会不断地说：“我是新人主播，刚开播，请大家多多支持。大家喜欢我的话，可以点亮屏幕，点下‘关注’，或者送些免费的礼物。”这些句子会一直在直播的过程中被不断重复。

玲玲所说的“互动”，其实包括语言和一系列的肢体动作，唱歌和跳舞是快速暖场的方式，随着背景音乐节奏晃动身体、比心手势、鞠躬作揖，这些身体语言都是与游客互动的方式。然而对于主播来说，这只是她们入门时需要学习的最基础的互动技术。在职业主播的这条道路上，他们还需要学习一整套通过网络实时视频来完成的自我展演，以及与观众建立情感联结的表演策略。

北京大望路附近和四环以外的区域散落着大大小小的主播经纪公司，通常打着“娱乐经纪公司”、“影视传媒公司”或是“网红孵化平台”的招牌。这些主播经纪公司，犹如直播行业的“劳力行”。那些出现在千千万万人手机屏幕上的主播，绝大多数都不是主动地投入网络直播之中，而是通过这些主播经纪公司的招聘、面试、试播、直播培训与薪资待遇议价等一系列复杂过程才出现在网络摄像头面前。

从整个产业链的角度来看，直播平台科技公司要取得商业上的成功，不仅需要对网络直播平台提供必要的技术支持，还需要维持直播平台的社区活跃度，保证直播平台上在任何时段都能够有稳定数量的主播开播。这部分的工作在形式上类似“外包”给了主播经纪公司。因为职业网络主播的工作具有高度的流动性，这也意味着直播平台上会不断地流失网络主播，因此这些主播经纪公司需要持续不断为直播平台招聘和培训网络主播，保持线上网络主播数量的稳定。

主播运营，实际是一项“隐形”的工作，是互联网流量热点背后的人为运作。网络主播群体的制造，即是主播运营的工作内容。

一、主播运营的工作日常

田野初期，我就是以“主播运营”的身份进入直播行业的。主播运营，作为整个产业的基础劳动者，人数需求庞大，准入门槛不高，是涉足直播行业最快捷的方式。关于主播运营的招聘信息，在BOSS 直聘、58 同城等工作招聘网站上比比皆是，一般都以“主播星探”、“主播运营”、“主播导师”或“主播经纪人”等职位名称来描述主播运营的工作。

在入职S娱乐传媒公司之后的几天，我和同期入职的几个同事，蜷缩在一间直播间里开了一个类似于“入职培训”的小会。安哥作为经验丰富的主播运营，负责跟我们讲解基本的工作内容。

（1）主播运营初期的主要工作任务是招聘 10 个能够稳定开播的主播。只有完成这个任务，才能拿到 3000 元的基本底薪。

（2）主播运营的另一项工作内容是“跟播”，即全程观看签约主播的直播过程。发挥“场控”的作用。一方面，初级的场控是不断地跟新人主播聊天，调动主播的情绪，以及让主播间的气氛暖起来；另一方面，场控需要@进来直播间的人，根据ID名称打招呼，对打赏礼物的观众表示感谢。

(3)主播运营要体现自己的专业性，在开播前注意主播的状态，下播后总结主播的问题，还必须对平台里的规则与奖励机制非常熟悉，例如哪些歌曲是明令禁止不能唱的，积分如何变化，等等。在主播面前体现运营工作的专业性，有利于更好地管理主播。

（4）注意主播运营与主播之间的关系，不能谈恋爱。

（5）主播运营要强调主播不能在直播间内只关注某位粉丝，不能因为某位粉丝刷钱就没有底线地夸奖他。如果在直播间发生此类行为，会失去其他潜在的粉丝——“不能因为一棵树失去整个森林”。反之，可以在微信里私下里感谢这位粉丝。

（6）注意主播的“满月”“周年庆”“半年庆”。“满月”的过法是，询问主播大概加了几位粉丝的微信，摸清粉丝的情况，在满月前一个星期开始准备，其一是给粉丝发私信，说一些客套的话，欢迎他到时来“满月礼”上支持一下，不用刷礼物就添个人气就行了。其二是向公司申请下发“热门”。如果“满月”前，主播没有几位粉丝的微信，就要注意主播是否动摇了，是否想要离开了。

安哥大致勾勒了整个主播运营工作所有的内容与痛点。对于任何一个新手运营而言，招聘新主播都是重中之重，其次是保证主播稳定开播。

安哥所说的第二点中的“跟播”，是指运营在主播开播的时候全程观看主播直播。每个主播的开播时间不尽相同，许多主播都是深夜开播的，因此跟播是一个职业主播运营职业责任感的体现。玲玲也借此激励她的助理：“我的主播晚上1点才开播，我晚上1点也守着，你如果能做到无论主播几点开播都守着，你也能赚到我这份钱了。”即便不是工作时间，运营也需要跟播，假扮直播间的观众，来调节直播间的气氛，维护粉丝，同时总结主播在直播时妆容、互动与唱歌等方面的瑕疵。

新主播往往会因为直播间中没有观众而懈怠。不同的直播平台都会有对于新人主播的新开播奖励机制，新人开播时 10 分钟内会有 200 人次的流量。在某些直播平台，这些人流数字背后并不是真实的观众，而是直播平台制造的机器人，有经验的运营通常能够根据用户 ID 名字的无序来判断是否为真人。“这个时候运营需要做的就是稳住主播的心态，假装粉丝”，车哥说他曾经找了 5 个手机，轮流陪主播聊天，鼓励主播维持直播的热情。

在跟播过程中，运营也负责管理直播间的秩序，这被称为“场控”。运营在直播间中需要时刻注意直播间到访的观众情况。直播观众因累积消费的不同对应了不同的用户等级，拥有较高用户等级的账号通常被称为“大号”，大号的打赏潜力比较大，因此“大号”每到一个直播间，都会受到主播的热情欢迎，直播圈也因此认为“大号”比较有排面，甚至有引流的作用。运营的“场控”作用，即在于对直播间里的“大号”表示欢迎，或是对打赏的观众表示感谢，提醒主播应该注意特定的观众，通过与在线的观众聊天来活跃整个直播间的气氛。

简言之，运营工作的核心在于为公会和直播平台持续输送大量能够创造流量与直接虚拟礼物经济收益的主播劳动力，将市场中这些年轻劳动力“制造”为职业化的主播劳动力。如何“制造”网红，本身便是一项复杂过程与专业知识，包括了人才招聘、市场判断、内容策划、粉丝关系维系、推广与引流等在内的一系列工作内容。

二、直播中的脚本与套路

小白，1996 年出生，白净干瘦的一个男生，原本在青岛的纺织车间工作，进入直播行业的契机在于，他原本在工作闲暇时候看一个西安女孩“月儿”的直播，也做“月儿”的管理员。管理员的主要工作就是维护直播间的秩序，帮助主播维护粉丝关系。因为这段经历，他认识了一个“大哥”——直播间里的“大哥”就是给主播刷很多礼物的人。后来，这个“大哥”邀请他来北京创业，做公会。他半信半疑也就来了。

他的主要工作是“内容策略”。他所说的“内容策划”，在直播圈里也称为“直播玩法”，就是通过设计一些主播与粉丝互动的环节，来实现让粉丝刷礼物的目的，主播和运营都能从中获得经济收益。这些环节的设计，通常让人觉得带有人情味，将礼物“去货币化”，让粉丝能够自然地刷礼物，而不会觉得自己是在进行金钱交易。

有个名为“盼盼”的主播，有颜值但无才艺，然后小白就用了一个 28 级的公会号。公会号的意思是，这个粉丝账号是属于公会内部的公共账号，平时由主播运营使用给公会签约主播刷礼物来带动主播的人气，但是平台上其他观众粉丝看不出公会号。因为 28 级属于比较高的等级，说明这个账号在直播平台的消费额度很高，在直播平台会受到主播与观众的关注和尊重。小白用这个账号登录，跟“盼盼”的三个“大哥”说，我们在直播间举办比赛，一个星期内谁刷到榜一，就可以跟主播见面吃饭。他用公司的钱刷了 6 万元，但是整个星期赚了 17 万元。

当主播“萝卜”快要升级 21 级时，他就跟直播间里的“大哥”说，“我们一起帮主播‘接生’吧，大家都按自己的经济水平尽一点心意就可以了。”在网络直播的规则里，主播的等级是由收到礼物价值的多少来决定的，粉丝每次通过刷礼物帮助主播升级便被称为“接生”。当时那个主播还差 1.4 万元升级，他花了 3000 元，和“大哥”一起帮主播升级。

小白说：“主播主要负责与粉丝互动，运营主要是要在直播间里面带节奏，主播知道不知道运营在直播间里的ID是要看情况的，看主播与运营之间能不能相互配合。”

除去“接生”，直播圈还有“满月礼”的传统。开播一个月时，主播会准备特殊的服装造型和精心的节目来答谢粉丝，这天粉丝也会给主播刷大量的礼物来激励主播的成长。但是，在“满月礼”之前的一个星期内，主播运营就会开始给经常出没在主播直播间且打赏礼物额度较大的“大哥”打招呼，一般他们会假用主播的微信账号跟“大哥”聊天，“感谢‘大哥’一直以来的支持，我下周六就满月礼了，‘大哥’来直播间看一下支持一下就可以了，也不用刷什么礼物了。”但实际上，“大哥”的出现，会给主播带来观众流量，以及出于对身份、威望与人情的维护，“大哥”基本也会给主播刷大量的礼物。

所有的这些操作都正如他所说的：“直播就是一个‘套路’的事情。”

三、“后台工作”

“技术赋能”之类的修辞与话语潜藏了技术决定论的视角，将中国互联网相关行业的经济繁荣，片面地归因于技术进步所产生的社会效能——“技术（资本）被看作是价值的载体和创造者，反倒不是协作的劳动力。在现实中，是工人们的协作，以及创造的协同作用产生了剩余价值”（曼泽罗尔，2017），也因此掩盖了技术背后大量的人力劳动支撑起了技术相关行业的繁荣。很少有学者关注互联网产业中的劳动者，以及这些劳动者的处境与阶级形成问题。中国近二十年来互联网产业的兴盛，无论学界，还是媒体、大众都将注意力聚焦在新技术革命所能引发的社会变革。然而，技术本身并没有重塑社会形态的潜能，是人们在日常实践中将技术“深植”到社会文化之中，调整重组日常生产诸多环节以便适应技术的发展。

珍妮纺纱机本身并不能建立大工厂制度，是工业革命期间内每一个鲜活的个体，实践了能够集聚人口的城市空间与工厂制。网络直播平台技术本身也并不能建立网络直播的炙手可热，是围绕着网络主播、主播运营、小公会所有者的一系列劳动配置与经济分成关系的建立，创造了网络直播之“热”。

主播运营的劳动，犹如一种隐形的“后台劳动”，他们的劳动揭示网络直播平台的热度与流量、主播群体的走红、观众对于直播平台的黏性，并不全然是算法机制引导、通信网络技术革新所引发的，而是大量人力劳动累积的结果。本章通过细致描摹主播运营的日常工作，试图说明是技术建构的直播平台背后的人力劳动，即主播运营大量的、重复性的人力劳动，支撑起了网络直播产业的兴旺繁荣。直播行业依靠着“高流动性”与“不稳定劳动”为特征来迎合市场，创造利润。主播运营的日常工作，便是通过招聘与培训主播的重复劳动中维护这种行业特征。

技术崇拜，技术拜物教，抑或对于媒介与信息技术的“迷思化”，也不是今时今日的产物，在雅克•埃吕尔(Jacques Ellul)的修辞中，技术变成了脱离人的意识，自由生产，能够支配社会生活的组织形式以及引导意识形态的无形之手（Ellul，1964）。解构技术崇拜，仍旧需要强调技术背后的劳动，以及这些劳动的组织方式。数码劳工的视角，无疑有利于我们对数码技术祛魅。数码劳工（Digital Labor）是指一切参与到数码媒体技术与内容的生产活动中的劳动者，这包括了南美矿场中采集数码硬件所需要金属的矿工、中国的数码硬件组装工人、软件工程师、职业在线内容编辑、在线客服人员与社交媒体的生产性消费者(Fuchs,2014)。对于数码劳工的关注，有利于我们重新审视信息技术产业中，底层的技术劳动者与整个信息技术产业的剩余价值生产方式，生产资料与经济利益在各个环节之间流通、分配之间密切而细微的关系，理解数码劳工的日常生活实践是如何影响整个信息技术产业的资源配置与生产组织关系的，以及社会网络的建立。主播运营、主播，以及小型主播经济工作室（小公会）的所有者，作为直播产业中的“数码劳工”，通过他们日常生活与个人追求，维持了整个庞大直播产业的日常运作。

第五章　情感展演与剧情制造

一、主播崔淼

下午4点，崔淼（ID名）如往常一般出现在她的直播间。伴随着音乐伴奏，一曲林俊杰《Always Online》唱毕，直播间已然聚集了上百观众，屏幕下方不断闪烁着观众打赏虚拟礼物的屏幕特效。

崔淼，一位北京姑娘，在某知名直播平台已经直播数年，算是榜上有名的女主播。她一头乌黑的长直发，笑容如邻家女孩一般，语言俏皮，很受观众的喜爱。

ID名为“崔淼/小白菜”的观众，不断刷着评论：

> 谢谢九妹的星星/摸摸哒
> 谢谢中中的摩天轮/摸摸哒

“崔淼/小白菜”是崔淼的场控，不断地在屏幕评论是为了表达对观众的感谢，同时负责踢走在评论区刻意羞辱主播的黑粉，提醒主播重点关注来自观众的礼物打赏与评论，提醒主播与用户等级较高、经常出现在直播间的“大哥”打招呼。

此时“崔淼/小白菜”在评论区打出：“@中中的游泳池（ID名），

欢迎中中哥”。在场控的提醒下，崔淼在几百个观众之中，快速识别到了中中哥的存在。她马上开始打招呼，“欢迎中中”“最喜欢中中哥，来了也不说话”。在崔淼的礼物排行榜上，“中中的游泳池”位列榜首，“中中”累积的礼物打赏超过了九成观众的打赏。

崔淼接着说道：“我们今天下午的基础分完成得好好。”她口中的基础分，是平台评估主播的一套评分算法。平台会根据主播直播时段的礼物金额、在线时长、互动频率等因素进行打分计算，给主播进行排名，排名靠前的主播会在直播页面中享有较高的曝光率，其中礼物打赏金额占了排名计算的较大比重。

崔淼轻轻地撩了一下披肩的黑发，大眼睛直视屏幕，巧笑嫣然。背景音乐再次响起，她轻启朱唇：

> 男人也是一朵花，也怕风吹雨打……男人也是一朵花，也怕风吹雨打……
>
> 这首歌之前就是开播的歌曲
>
> 谢谢小昵称
>
> 谢谢橘子

屏幕上再次出现了大额礼物的特效动画。

崔淼说道：“这首歌让我想起前年夏天，那时候开播上来就是一首《男人花》，一天唱个五遍，大家都说能不唱这个了吗，都听吐了。”崔淼在校期间曾凭借良好的外形条件兼职网购平台模特，2016 年她大学毕业时，恰好现在所处的直播平台上线，崔淼只是抱着挣个零花钱的想法做了主播，正赶上了新平台的红利期。她短短几年内迅速崛起，成了直播平台上榜上有名的女主播。她第一次直播只赚了 13 元钱，但如今她的单场直播便能有成千上万元的可观收入。

“中中”接着前面观众的话茬，在屏幕上评论道：“我也从来没送星梦奇缘。”

崔淼开玩笑回应道：“欸，那好巧啊，我也没收到过，要么你送我一个吧。”她跟着背景音乐轻轻哼着“真的好想你”，神情犹如刚陷入热恋的少女，笑容甜蜜。

在与观众的不断互动中，距离崔淼开播已经过去了1个小时，她在“小时榜”上从第55名进入了第12名。

“这也太浪漫了”“天哪，这是我第一次收到星梦奇缘”“Oh，my god”，伴随着她的尖叫，星梦奇缘礼物的动画特效出现在屏幕上。她的忠实粉丝最终还是耐不过她的撒娇，给她打赏了价值不菲的虚拟礼物。

当我试图在直播平台给她发送消息时，惊讶地发现自己作为一个普通粉丝并没有这个权限。直播平台规定，用户必须打赏金额达到一定的数量，才可以在直播平台给主播留信息。

二、程序化的表演

尽管不同的女主播各有各的个性与才艺，但从主播的表演中总是能够识别出一套程序化和高度重复的表演模式。在任何直播平台观看直播都是免费的，如何激发观众的自发的打赏行为，以及实现打赏行为的“去货币化”，即驱除主播与观众之间的经济不对等所导致的道德负担，是困扰主播整个职业生涯的难题。秀场主播实际上是通过一系列的语言、身体、情感展演方式与观众建立情感共鸣，试图激发观众不自觉地点触手机来对她们进行感情回馈。这种点触劳动，或是关注主播，或是发送免费礼物，或留言评论，或是打赏价值不菲的虚拟礼物，看似是在与主播进行情感互动，其实让观众养成打赏习惯，让观众不自觉地将经济打赏行为与主播互动行为混淆。

主播通常是以语言的技巧来间接激发观众的打赏行为，主播会将没有人刷礼物的情景形容成“没有排面”，利用粉丝“我喜欢这个主播，所以我应该要给她一点排面”的心理，刺激粉丝消费；或是将打赏行为包装为一种对主播表达宠爱的方式，“喜欢我就支持我一下”；或男性气概的竞争，看似是鼓励粉丝群体在直播间里为争夺主播的青睐而斗争，但这种斗争仍是经济实力的较量。

主播利用直播功能中的“打榜”和“PK”两个功能，来正当化自己“持续要求粉丝投掷虚拟礼物”的行为。如崔淼所说的“今天的基础分完成得不错”，这类的话术将观众的打赏行为包装成完成游戏任务。粉丝通过不断地打赏来支持主播完成平台的积分要求，来使他们支持的主播在各种比赛、榜单和与其他主播的 PK 等种种环节中脱颖而出。

主播通过观众不同的消费等级，建立与观众粉丝之间不同的亲密关系。由此，观众唯有更多经济付出，才能享有更多主播的交流、关切与亲密感。大主播往往会设置不同级别的粉丝圈，只有满足一定打赏金额与互动频率的观众粉丝，才能进入主播的核心粉丝圈。主播的“榜一”可以添加主播的私人微信，享受主播陪打游戏，甚至线下见面的特殊“福利”。

直播平台软件的设计也参与了这种“去货币化”的过程。平台往往发明各种用于购买虚拟礼物的代币，不同的代币与人民币有不同的兑换比例，而不同的代币与勇于打赏的虚拟礼物之间也有复杂的兑换比例，由此模糊了用户对于打赏行为经济投入的直接感知。平台的 PK 赛、小时榜和助力游戏等项目，是通过主播之间的积分赛形式，刺激观众通过不断地给主播投掷礼物来实现主播占据榜首位置。通过大额的礼物打赏，让屏幕浮现夸张的动画效果，才能在如潮的观众中，迅速获得主播的注意力，实现与主播的互动。

三、剧情的掮客

早上 10 点，Big 白（ID 名）一如往常地出现在他的直播间。犹如茶馆里的说书人，他张口便开始点评某直播平台的风起云涌。Big 白，一位 20 多岁的微胖小伙子，圆框眼镜衬得他的脸更加圆润了，看起来和街上那些年轻人的装扮并无不同。然而，他凭借在直播平台上 20 万～ 30 万元的月收入，早已超越了同龄人，实现了世俗意义的成功。2019 年，他被评为其所在直播平台的“2018 年度十佳男主播季军”。

他是一家大公会的签约主播，所属的公会在各大直播平台都是头部主播，实力雄厚。这家大公会在北京朝阳区某个文化产业园区中有实体办公室，其中有十几间设备齐全的直播间和供主播通宵休息的宿舍，办公室 24 小时有人值守。公会的所有者“我已成年”（ID 名）也是国内知名直播平台上的著名“神豪”，被直播圈里的人亲切地称为“年哥”。

主播 Big 白在讲完一位男性粉丝与男主播之间说不清道不明的暧昧关系之后，清了下嗓子，接着读出屏幕上浮现的粉丝评论——“狼王没人刮了，平台流水直接掉。”他评论道：

> 狼王现在都改路线了，狼王现在都在直播间里面不轻易跟谁发生矛盾了。你看狼王昨天晚上，他想跟直播间里面说两句，但是呢，感觉一说出来又是节奏，自己控制控制再控制，拿捏拿捏再拿捏。他昨天想骂人来着，但是他控制住了。不像之前啊，在直播间里自己带自己节奏。

狼王（ID 名），因为语言犀利、嬉笑怒骂、瞬息万变而在直播平台闻名。他是一个来自内蒙古的小伙子，曾在湖南干过十几年的主持行业，2017 年 7 月试水网络主播，短短几个月内就达到其平台总榜前十名，口齿伶俐，喜怒转瞬，富有感染力。

当场控在屏幕中频繁地 @ 十年之前的我们（ID 名，平台著名金主），他注意到了这个“大哥”，立刻开始打招呼，调侃起来：

> 欢迎“十年之前的我们”，这个大哥啊，我是发现了，你是真的是属于福利部门的。
>
> 谁星光不好，他给谁刷得多。你看前一段时间，我二哥星光不好，给我二哥刷得多，我看一休这两天也不太行，给一休也没少刷。“十年之前的我们”，大哥你真的是纯纯的福利部门啊，看谁星光不好，哗哗一顿刷，看谁星光差不多，点到为止啊。

除去总结其直播平台上的大主播与“土豪”之间的故事，他也不忘适当地煽动粉丝的群众为他刷礼物。不同往常的是，今日他身在河南，平台根据地理区域来计算主播的人气，因此，今日是他与河南省的主播争夺榜单。

他的声音犹如赛事点评员，激昂又煽情：

> 咱们白家军是正式作战河南地区榜，我希望这个榜单上有白家军兄弟们的身份和影子。
>
> 咱们属于第一次客场征战，铁子，我希望我们拿出一个征战河南的态度。
>
> 感谢 ×× 助我征战河南，这个河南榜说实话，真的不是太高。

此时，他在河南小时榜上是第五名的位置，这意味着在这个时间段内累积虚拟礼物收入达到前五。仅仅半个小时后，他便占据了河南小时榜第一，无数的礼物特效与评论充斥着整个直播间，令人眼花缭乱。“感谢我的白家军！”他兴奋地喊着，似乎这是一场没有硝烟，仅凭气概较量的战争。

如Big白这样的主播被称为“八卦主播”或“咨询主播”，每天开播时间稳定，播出的内容近似是用脱口秀的形式来总结平台上每天发生的重大事件，可能是某个主播与某个主播当下的矛盾，也可能是因为曾经拉帮结派之间所产生的纠纷。这些八卦类的主播，在非直播的时间里，就会在直播平台中看其他大主播的直播内容，或者是在后台看粉丝的八卦爆料。通过这些八卦主播，观众可以快速了解平台内头部主播之间的动态。

除此之外，直播圈滋生了一系列的职业写手，这些职业写手通过撰写直播里的日常事件与非日常的戏剧故事来吸引观众，他们所撰写的文字可以吸引观众，加重对特定直播间与主播的关注。因此公会直接雇佣他们，为自己旗下的签约主播撰写宣传文案。除去这些八卦主播和职业写手，广泛存在于各个网络评论网站的粉丝社群也不断地对直播圈的事件进行诠释与再诠释，来正当化他们所支持的主播行为。

一位职业写手是如此描述狼王与他的粉丝之间的惺惺相惜：

> 有一次，狼王直播完下播了，没有太多钱的粉丝们自发开始在直播间接力拍巴掌（某直播平台里最便宜的礼物，一个巴掌10星光值，折合人民币1角），房间里1000多人决定轮流接力一直拍到第二天狼王开播。结果24小时后，狼王上线，小巴掌拍出了140万星光值。也就是说，24小时内，粉丝们不间断地点击了14万次屏幕，不为别的，就为了第二天狼王开播时能够看到。

狼王总是强调自己没有太多“土豪”粉丝，大部分都是聚在一起的普通人。2019年的年度家族战，刚入驻其直播平台5个月的狼王并不占什么优势，他的粉丝自愿组成了一支 500 人的“敢死队群”，这个群的口号是“吃土都要每人给狼王充 500 块”。虽然狼王一再强调进不去就算了，“不想让粉丝拼到靠吃方便面度日”，可最后粉丝们还是合力把狼王推进了平台年度盛典。“狼王为何哭跪金圣”“活力狮大大因何反目”“一休为何封号”“摩尔为何退陌”“徐泽狼王因何分庭抗礼”“马大叔何时回归”诸如此类的标题，犹如旧时港台娱乐媒体对于明星八卦的追踪，刻意利用煽动性的标题，引起观众对于主播之间的逸事的关注。

主播之间的趣闻逸事犹如连续上演的戏剧，八卦主播、职业写手与粉丝创作犹如不断促进剧情生产、流通与再诠释的中间掮客。直播平台对于观众而言不再是冰冷冷的存在，而是一个有集体记忆的地方。粉丝观众之间不断再次诠释主播的行为，强化了粉丝对于主播的情感依托。

观众不仅仅见证了剧情，也参与了剧情的制造过程，他们变成了主播故事走向的脚本撰写者，他们手机屏幕之上的点触行为都会影响主播的反馈行为，尤其当大批粉丝形成军团刷屏，在主播比赛时刷票，作为黑粉刷主播，等等。主播是鲜活的个体，却也是短暂流失的荧幕影像，倘若没有残留的剧情，离线的主播便无迹可踪。

第六章　数码技术的能动性

数码技术的本质是什么？关于这个问题的不同回答将数码人类学割裂为两个对立的阵营：一派学者强调数码技术的“物质性”，他们所探讨的问题是作为基础设施的数码技术对社会生活的制约作用；另一派人类学家则更加强调数码技术的“文化性”，关注人们在具体社会情境中对于数码技术的创造性的使用，这种视角将数码技术本身降级为人们创造性活动的基础。这种人类学的“本体论转向”引发了相关学者对于“是否存在数码本体论”的讨论，关注物质配置对于社会现实构成的影响。例如，汉娜·诺克斯（Hannah Knox)探索数码设备自身的可供性(Affordance)、能动性(Agencies)与计算逻辑（Logics），理解它们是如何参与现实世界的建构。本体论视角能够让我们更加关注数码技术所引发的意外效应，以及数码技术混乱、反稳定、重新引导的性质。

人类学对于数码技术研究的价值仍旧在于日常生活的视角，揭露人们如何在日常的繁碎与重复中不断经历、再造与重新诠释这些直播技术的应用与意义，本章试图利用直播软件内部的页面设计功能来讨论作为数码技术的直播，会对用户的行为产生哪些导向作用。

一、代币

直播平台流通着三种货币类型，分别为充值货币、提现货币和积分货币。

在直播平台上，直播观众为了表达对于主播的喜爱与支持，会给主播打赏虚拟礼物。观众需要用人民币购买虚拟平台上的代币(充值货币），再使用代币来购买虚拟礼物。主播将虚拟礼物兑换为另一种代币（提现货币），再将代币（提现货币）兑换为人民币。观众所打赏的虚拟礼物，构成了秀场主播的主要收入来源。

例如，在陌陌直播平台中，6块钱可以购买42个陌陌币，陌陌币可以用于购买打赏给主播的虚拟礼物，属于充值货币。主播根据累积收到的虚拟礼物打赏累积星光值，星光值就属于提现货币的概念。主播可以将星光值兑换为人民币。个人主播与公会主播有不同的兑换比例，相对而言，公会主播的兑换比例较高。倘若一个观众购买了价值100元人民币的虚拟代币，即700个陌陌币，这些陌陌币可以购买价值7000星光的礼物。主播在虚拟账户上拥有了 7000 星光值，大约价值 700 元人民币，而主播根据提现比例（25% ～ 40%）来提取大约 17.5 ～ 20 元人民币的收入。

映客、花椒等直播平台更加注重培养个人主播，主播可以直接通过直播平台进行个人提现，而非通过公会结算。人民币、充值货币以及提现货币之间有复杂的兑换比例，平台通过复杂兑换比例隐性地实现了对于主播经济收入的提成。如在映客直播平台，直播观众用人民币购买钻石（充值货币），再通过钻石购买价值不等的虚拟礼物打赏主播。主播累积打赏的礼物为映票（提现货币），最后主播将映票兑换成人民币提现。直播观众花费 100 元可以买 1000 个钻石，1000 个钻石价值的礼物打赏给主播，主播可以得到 1000 映票，银票与人民币的兑换比率为 32:1。以兰博基尼礼物为例，用户花费 100 元人民币进行打赏，主播最终可以提现的金额约 31 元。

复杂且不透明的货币兑换比率，一方面让用户模糊了金钱的意识，另一方面将直播平台对于主播的劳动剥削通过技术隐藏起来。

积分货币只在平台中流通，不能通过人民币购买或兑换。积分货币是直播平台为了激励用户在平台的沉浸时间而设置的虚拟货币，诸如每日签到，观看时间达到一定时长，给主播打赏礼物等在线行为，都可以被平台量化为积分制，用以测量用户的在线活跃度。积分货币看似是对用户平台劳动的回馈，然而绝大多数情况下，积分货币是无法兑现，只可以用于给主播送人气礼物。这种人气礼物，仅仅能够加主播的经验值，帮助提升主播等级，也无法给主播带来直接的经济收益。

直播平台通过设置积分货币，来刺激主播与用户的在线活动，提升直播平台的整体人气氛围。

二、流量、推荐位与地理位置

“我们的宗旨就是让大家都快乐，我们只想知道怎样让大家更快乐。”一位直播平台的管理层解释道。该直播平台没有公会势力，没有人为操纵的推荐位，其推荐位都是根据地理信息推送的。唯有如此，使用该直播平台的小主播群体才能更平等地拥有在平台上崭露头角的机会，以及更多的小主播都能通过分享生活影像而获利。没有公会，没有人为操纵的推荐位，也就意味着该平台不像其他直播平台受“马太效应”的影响，大量的财富与资源都集聚在头部主播与头部公会。

这位管理者曾经的留美经历让他仍旧相信互联网的自由主义以及新型民主的可能性，也相信他们公司的企业文化仍旧带有理想主义的色彩，让每一个使用直播平台的人“平等地获得满足。我们所做的一切决策都是处于商业逻辑”。他当时自相矛盾地补充着。

然而半年后，该直播平台也开始尝试“公会模式”。

推荐位是主播在特定时段出现在直播平台首页的广告。如果主播拥有了黄金时段的推荐位，就能保证直播间的人流量，更大的人流量也就意味着收获虚拟礼物的概率增大。多数直播平台都是将推荐位的资源分配给平台内势力雄厚、主播数量达到一定规模的公会，根据公会的营收金额分配推荐位，据大型公会的后台人员透露，大约是每 200 万人民币的流水可以给一个推荐位，但不同平台的规定稍有不同。

在曾经的主播运营虎哥的记忆中，2016年的直播行业形势大好，但也是鱼龙混杂的罪恶滋生之地。他认为，虽然这几年的直播行业在走下坡路，但是来自国家层面的互联网审查制度促使直播平台进行严密的自我审查，净化了整个直播平台环境。曾经做过直播平台运营人员的小雷，因为掌握了大量的推荐位资源的分配权力，也曾以百元价格将推荐位出售给国外的公会负责人。直播公会内部的培训人员品哥，将直播平台的界面形容为“千人千面”，尽管存在着对于推荐位的后台操作，但是不同的人在同一时间段打开直播平台的界面，界面仍旧会呈现不同的主播内容。“千人千面”这样的修辞，体现了行业中人对于直播界面设计后台算法的不解。

某位直播平台的产品经理也曾反思，头部主播与头部公会所争夺入场券的直播平台的年度盛典，最大的奖励也不过是下一年大量的推荐资源。直播平台通过年度盛典将推荐位资源分配给头部主播与头部公会，在“马太效应”下会进一步恶化整个直播平台的生态，因为中小主播突破流量的困境的概率更加渺茫了。

三、年度盛典

2020 年 4 月，八卦类主播“Big 白”在直播间里自怜自艾道：“最近直播间都没有看见出品人大哥。”

我在 Big 白的直播间里评论道：“什么叫出品人大哥？”他竟在如潮水般涌来的评论中看到我的问题，回复道：“出品人大哥就是有投票权的大哥，可以送主播出道的。”

2019 年 5 月，陌陌直播平台在上海喜玛拉雅艺术中心大观舞台举办“陌陌现场巡乐会”的演出活动，节目现场有罗大佑携手 12 位优质主播为万千网友演唱了《童年》、《光阴的故事》、《爱的箴言》和《鹿港小镇》。在场的观众不多，唯有 8 位出品人享有入场券和专门的包厢。这几位出品人是上海地区“星光输出值”最高的用户。

星光值是陌陌直播平台上用来衡量主播收获打赏礼物总价值的货币单位，每 1 位出品人推荐 1 位自己喜欢的主播，加上平台举荐的 1 位，一共 9 位主播登台竞演。这场盛会全程在陌陌平台直播，竞演结果正是由直播间的星光值决定。星光排名第一的主播将获得演唱影视剧片尾曲的机会。不仅主播之间在比拼，8 位出品人也会比拼，当晚星光值输出最高者将成为首席出品人，首席出品人能够决定哪个主播和罗大佑同台表演。

陌陌直播平台所推行的出品人制度，是指由少数消费额度较高的直播用户推荐主播参加“巡乐会”线下才艺舞台。各大直播平台都通过平台赛事推选主播参与线下表演的“年度盛典”，相对以往粉丝团一票一票地推选优秀主播的传统形式，陌陌的出品人制度更加适应了少数观众贡献了多数打赏礼物的直播平台生态。

陌陌直播平台仅仅通过出品人的玩法设计，在一定程度上可以说改变了整个直播平台的生态。主播之间的才艺竞技由多数人的民主选择变成了少数人的寡头垄断。出品人制度的设计，也直接改变了直播间的互动模式，主播从侧重于积累粉丝基数，转向更加注重维护与少数“氪金玩家”的友好关系。

陌陌的出品人制度，是对于年度盛典的一种包装，将原本将主播由全民海选的比赛制度，变成了由少数“氪金玩家”选出心仪主播出道的游戏。因为秀场主播的礼物打赏收入的 80% ～ 90% 都来自一两个粉丝的支持。年度盛典就是直播平台通过礼物数量票选出该年度平台的最佳男女主播与公会的现场颁奖礼。尽管这个颁奖礼是一个实体活动，围绕年度盛典所形成的各级平台赛事以及晋级规则，却是依靠数码技术来实现的。在平台的各级晋级赛、半决赛与决赛的晋级过程中，粉丝为了让他们所支持的主播能过脱颖而出，需要不断地给主播打赏礼物。如果说打榜与 PK 赛是一种常态化的消费刺激，年度盛典的比拼则是该年度最大的非常态盛事。受到激烈比赛气氛的刺激，粉丝会更加凝聚。年度盛典不仅仅刺激了消费，也激活了整个直播圈的生态，因为赛事的胶着，隶属于不同公会的主播，以及他们所带领的粉丝团会因为竞争关系而干戈四起，某些利益趋紧的主播甚至会放下曾经的仇怨，由此加盟。这些干戈与结盟，都会成为粉丝们津津乐道的八卦逸事。这大大增加了直播间的剧场性与可看性。年度盛典的设置，也涉及该直播平台下一年度推荐位等平台资源的分配，由此将大主播、公会之间的实力再次洗牌，制造下一年度的竞争张力。

四、等级、榜一与打赏

主播崔淼曾在直播间里讨论大号与小号的问题。大号是指主播等级较高的账户，一般而言，主播的大号因为使用时间长，有广泛的粉丝基础，因此累积收到礼物的金额较大。她舍不得放弃大号，是因为大号已经累积了大量的粉丝。然而直播间的观众仍旧半调侃半鼓动她去开小号直播，崔淼回应说：“那你就可以做我的榜一了是吗？”

蛇金，一位二十出头的小姑娘，一头黑发在办公室里格外亮眼。她跟我解释“蛇金”这个代号，是她喜欢的动物蛇和本姓金合在一起构成的。她现在已经算运营中的“老手”了，但原本是以主播身份进入公司的。2016 年，她因叛逆而离家，后来参加了公司举办的校花大赛而被公司签约做主播。她觉得最早跟她一起做主播的人大多都比较单纯，其中许多人都是大学生。

在她眼里，主播在直播平台上只有三个月的生命周期。新主播在 0 级到 20 级的时候，一般会快速累积粉丝，出现直播间的“大哥”“守护”。但是 20 级左右的时候“大哥”如果跑了，这时候要么选择坚持直播，再“熬”到有“大哥”，要么就要换小号，要么干脆换直播平台。

“主播都像孤儿一样，大家都喜欢领养小的孤儿，喜欢等级低的主播。”蛇金这样解释道。她有时换小号来直播，“小号是吃百家饭的”，所谓的“百家饭”，即是靠其他主播的大哥来刷钱。对于她来说，用小号直播压力减少了很多，因为“大号要一直播，365 天包括生病都要播”。

她关于主播“生命周期”的解释，其实跟直播圈的“榜一”概念有密切的关系。榜一是指主播粉丝榜中打赏最多的粉丝。对于小主播而言，榜一榜二会带来主播70%以上的礼物打赏收入，粉丝们会竞相争夺榜一来显示自己对于主播的喜爱与忠诚度。因此，蛇金把等级低的主播形容为“小孤儿”，主播的等级高低主要是由累积礼物打赏收入构成的，一个直播观众只需要花费较少就可以做小主播的榜一。例如，达到陌陌主播10级只需累积达到1万元人民币的虚拟打赏收入，而达到20级则需要达到30万元的虚拟礼物打赏收入。若按70%计算，那么做“小孤儿”的“榜一”只需要7000元人民币，而做大主播的“榜一”则需要21万元左右的礼物打赏。榜一也是运营刺激粉丝打赏的重要工具。主播为了刺激粉丝消费，甚至找自己的朋友或是运营刷礼物超过榜一，来刺激粉丝刷更多的礼物来保住榜一的位置。

尽管蛇金当时在直播平台的月收入有时甚至可以到6万元到7万元，但是她仍旧感觉网络直播这份工作让她感到不踏实，日夜颠倒，只是憋在房间里直播，这种工作状态让人十分疲倦。因此她总是断断续续地播，直播三个月再休息两个月。再后来，她干脆自己做了运营人员，以保证稳定的工作时间、实体办公室与真实的工作伙伴，尽管经济收入减少了很多，但是给她带回生活的真实感。

无论是主播，还是直播间的观众，用户的等级都是由累积收到礼物打赏的金额或累积消费虚拟礼物的金额决定的。不同的直播软件有不同等级规定，等级度首先反映了用户的消费能力。根据等级的高低，用户统称为“大哥”、“土豪”或“神豪”。其次也反映了主播的人气程度。对于用户而言，等级高的用户到各个直播间都会受到主播的欢迎。而对于主播而言，等级的高低则反映了主播的受欢迎程度。

累积消费额度越高、等级越高的用户在平台上可以享受越多的“特权”功能，如在陌陌直播平台，3级的用户可以在500以内的直播有入场提示，而10级以上的用户则在所有直播间有入场提示，不受人数的限制。

秀场主播经济收入的八成都是“榜一”和“榜二”贡献的，观众竞相争夺榜一，也是因为主播往往给予“榜一”特定的许诺，如见面吃饭、电话聊天、陪打游戏等，甚至与榜一发展出恋爱关系的也不少。

五、数码技术的遮蔽

首先，我们需要反省：当直播软件提供了无数夜夜笙歌的虚拟直播间时，我们为何观看？被观看的主播是不是道德的被凝视客体，观众与主播之间的观看关系是不是扭曲的，被决定的（Predetermined）？我们是否陷入了被他者操纵观看方式的境地之中？这种观看的关系本身，是否受到技术精英的权力操纵或资本的操纵？

数码技术的广泛应用似乎遮蔽了它的人工性。它作为虚拟存在物，牵引了我们的注意力、凝视方式，甚至在某种程度上影响了世界观的构造。数码技术如此饱和，以至于我们习惯生活于数码环境之中，让我们忽视了数码技术本身的“非自然性”，它不仅仅是社会建构的产物，也是一系列的权力斡旋和资本碰撞的结果。数码技术充满了人工性，它不是价值中立的，而是充满矛盾和权力的对立。作为社会建构的结果，数码技术被不同的利益相关者嵌入了不同的价值导向，它构造了一种世界，它的存在本身即为这种世界正名。在直播平台中，数码技术量化了用户的各种在线行为量化，各种行为都对应着不同的积分、等级以及相应的奖赏，各种行为也被包装了“游戏任务”，用户不自觉地为了获得奖赏，提升等级，完成“任务”，而不断地主动延长在线时间，活跃地参与平台活动，增加消费额度。直播观众为了获取更多的积分货币、提升等级以能开更多的平台功能，为此他们需要不断地延长自己的观看时间，加大礼物消费的速度，以更高的级别来赢得其他观众的钦佩与主播的热情。为了他们所心仪的主播在PK赛、季度赛能够脱颖而出，“有排面”，甚至在线下的年度盛典有演出的机会，直播观众的消费欲望似乎不断地被数码技术所刺激而不断膨胀。另一边，主播为了提升等级，获取观众流量，也需要不断地延长在线直播的时间，然而他们的劳动价值却因为兑换货币的提现比例而隐性被平台所剥削。无论是直播平台上的主播，还是观众，似乎都无法避免成为平台的“无酬劳工”（Fast，2106），无偿地将闲暇的创造性活动变成数字资本主义剩余价值的增长点。

整个剥削用户劳动的过程都是依靠一整套的数码技术来实现与遮蔽的，诸如直播平台的用户等级制度、年度盛典等机制的设置，都让用户不自觉地去完成直播平台设计的各种“任务”，不断地充值，延长观看时间。库克里奇（Julian Kücklich）通过研究游戏模组爱好者对于游戏公司的创造性贡献，提出了“玩工”（Playbour）的概念，即平台用户在线所创造的内容，变成了平台商品化的对象，为平台吸引了更多的用户。在他的论述下，“玩工”揭示了平台用户作为“无酬劳工”的处境：他们的劳动为平台公司创造价值，但是平台却没有给予他们相应的劳动报酬与劳动保障，平台利用闲暇娱乐的意识形态与数码技术遮蔽了他们的剥削过程（Kücklich，2018）。

其次，我们需要追问，此时技术是否已经变成了资本的附庸？是否固化了技术精英的权力？

直播平台的整套技术确实是为资本服务的，为了刺激观众的观看欲望，为了尽可能延长观看时间而存在，以至于在平台制造了一种“消费就能支配他人”的意识形态。在PK赛或是年度比赛中，用户在手机屏幕的触控行为就能左右主播的前途走向。技术是资本的附庸吗？“当代对于数字技术的评论，倾向于将其与过去的‘旧’

技术进行根本性的割裂，但这种割裂往往忽视了引发技术变革的更为广阔的社会背景和不断朝向有利于资本积累的方向演变的现实。”（默多克，2017）直播平台似乎就是如此：数码技术限定和导向甚至于规训了人们的行动可能。

然而，即便如此，技术能够成为资本的附庸，也需要通过复杂的社会互动过程。直播平台科技公司程序员、产品经理和运营人员等通过用户后台数据搭建、修改和再生产直播平台的数码技术。然而用户的后台数据，也是千千万万个散落于世界各地的直播用户，通过无数次观看，打赏与主播互动的在线行为所产生。那么在技术建构的复杂社会过程中，技术是否会产生设计意图之外的效应，这些问题仍旧有待探讨。

第七章　数码资本主义中的幻梦与喧嚣

我所书写的网络直播产业中的各种社会角色，诸如网络主播、主播运营、观众粉丝与小公会的所有者，他们也并不是全然被动地被裹挟到网络直播的资本扩张之中。网络直播对于他们而言，更像是一种凭借物（Enabler），他们仍旧在理性的引导下，不断地适应，努力利用这种技术形态，来实现生活的追求与梦想。网络直播，本质仍旧是一种技术，即一种赋能物，人们并不是全然被技术所挟持，而是“乘物以游心”，由此扩展生活的边界，实现更加多样的生命可能。

将网络直播重新放置到日常生活之中，试图重新理解无数的人如何在日常生活中经历着、实践着、重塑着网络直播的生态。全文围绕三个概念来解释网络直播产业的兴盛，“数码劳工”、“情感商品化”以及“数码技术的能动性”。在此语境下，数码劳工是指所有为直播平台创造利润的劳动者，主要包括了小型主播经纪公司（小公会）的所有者、直播运营、网络主播以及观看直播的观众。直播产业建构了一系列精致的劳动力管理与资本配置机制，通过层层外包，高弹性与流动性的管理体制，将直播产业的市场风险转嫁为数码劳工劳动收益的不确定性。然而，直播产业的流量经济却是获益于数码劳工的日常的、重复性劳动，直播产业的经济利益也主要来自网络主播情感劳动的商品化过程——网络主播通过身体技术建立与观众之间的情感联系，建立不同消费等级的亲密感。在此基础上，直播技术成为了直播平台企业实现资本积累的工具，这些精巧的数码技术遮蔽了直播用户都沦为平台中“无酬劳工”的事实，最大限度地延伸了人们凝视的欲望，刺激了观众的激情消费，进一步强化了情感的商品化。

我无法抑制自己，作为一个田野工作者，一个非正式的民族志书写者，我在解构与建构的过程中不断地对网络直播产业祛魅，与此同时，我必须不断追问，不断提醒自己回到研究的原点，我的书写是试图在投掷一个怎样的问题。是理解网络直播的意义何在？然后，理解网络直播能够帮助我们理解什么吗？

网络直播通过精致的劳动力配置和资本流动机制与一系列的数码技术构建一条生产线。社交关系与情感体验等无形之物在这条生产线上，被打包售卖为不同消费等级的商品。网络直播的兴起与发展是数码资本主义的一角缩影，它展示了数码技术相关产业如何不断地裹挟劳动力与资本，将社会中的个体变成劳动力市场与消费市场的棋子。与此同时，网络直播也呈现了社会中的个人如何改变、抵制和接受资本将劳动力不断吸纳到更大规模的网络直播产业体系之中。

资本主义发展到今日，不再单纯围着传统的物质性生产，虚拟数据的挖掘与生产、情感与图像等“非物质性生产”成了资本主义新的利益增长点。网络直播正是通过售卖主播所制造的影像幻梦而牟利的，它展示了诸如情感劳动的无形之物如何被批量化地生产、定价和售卖。

在此背景下，资本主义如何围绕“非物质生产”而被组织劳动力，资本主义如何利用信息技术来剥削劳动，数码技术如何改变生产关系与劳动过程的转型，等等问题吸引着更多学者的关注。在现有的研究框架中，如受众商品论（Audience commodity）、产销者（Prosumer）、玩工（Playbour）等概念，都在强调科技巨头通过垄断数码平台，利用社交平台的娱乐属性模糊了工作与闲暇之间的界限，将平台的受众转化为平台中生产数据价值的免费劳工。不仅如此，数码技术的相关产业也激发了全球劳动力的重新分工。“当代数字资本主义的特征是随着全球劳工过程的加速网络化，地缘政治的重要性日趋减弱，西方媒介产业的数码劳工不可逆转地被卷入全球信息技术供应链，这些信息技术的实体大部分由中国生产和制造，技术支持服务则由全球不同的国家和地区提供”（麦克斯韦尔，2017）。国内的劳动力也随网络直播的地区分布而流散，北上广吸纳头部主播、大公会所有者和科技公司的高级信息工程师，三四线城市提供小主播、广泛的受众市场和廉价的运营人员。底层的数码劳工的脆弱性被“不稳定性”“无酬劳工”“高流动性”“弹性工作制”“外包”等概念所归纳。正如本文所讨论的，主播运营人员的劳动保证了整个直播平台能有稳定的、职业化的直播输入，然而他们却始终处于整个直播产业价值链的底端。

关注数码技术产业中低端“数码劳工”恶劣的工作处境，不仅关乎劳工问题，也关乎数码技术社会建构的权力问题：技术的建构过程中是否会产生不同社会角色与群体之间权力的角逐？抑或技术体系只是固化了现在的阶级与分工？有如学者所讨论的，“特权精英启动并控制数字创新过程，中间阶层负责在现有协议的基础上设计出新的应用程序；大量数字劳工被安排从事日常的装配与服务功能，这种鸿沟的存在更加固化而非挑战现有的阶级结构”（默多克，2017:5）。

人类学的关切，不仅仅围绕数码资本主义的宏观结构与体系的建构，更着力于个体生命在特定时空背景下，如何组织、利用，乃至于抵抗无形结构的力量。如卡拉·弗里曼（Carla Freeman）的民族志《全球经济中的高跟鞋与高科技》中描摹的多多巴斯岛上信息女工的日常生活。这些妇女随着全球装配线的扩张而卷入了信息产业的工作，利用高科技的工作形式、办公室空间与职业化的着装方式，建构了“粉领阶层”的身份认同，在日常工作中反向塑造了全球化的形式。弗里曼突出了女工在日常生活中对于信息产业全球化潮流的主体感受，以及她们如何将这股趋势编织到个人的生活意义之中（Freeman，2010）。通过理解主播运营、网络主播与观众，我们关注到被裹挟于直播产业的人，如何利用直播产业的兴盛来安排自己的生命历程，如何将直播编织到他们的生命意义之网，如何利用直播排解工作的苦闷和时空压缩的异乡感，重构陌生人之间温情。尽管在中国传统社会文化中，金钱的概念总是与“人情”相互排斥的，网络直播体现的却是陌生的人群如何利用经济消费行为维持一段情谊与陪伴。网络直播作为一个新现象，实际上讨论的是中国人在资本与技术的裹挟下，如何处理人际关系。

本文由于篇幅与田野的局限性，仅仅讨论了网络直播的生产端，即劳力与资本如何被裹挟进产业之中。至于其他问题，例如如何想象和描摹无数的中国人在具体情境中经历、管理乃至于抵抗网络直播裹挟力量，甚至将这种裹挟的力量编织到个体生活中，以及数码技术的消费者与设计者是如何在社会互动中重塑技术的形态，则有待更多的努力。

参考文献

[1] 霍克希尔德．我们如何捍卫私人生活 [M]. 北京：中信出版社，2014.
[2] 姚建华．制造业与服务业中的数字劳工 [M]. 北京：商务印书馆，2017.
[3] 文森特·曼泽罗尔，姚建华，徐偲骕．移动的受众商品：无线世界的数字劳动 [J]. 开放时代，2017（3）:181-191+9.
[4] 米尔斯．白领：美国的中产阶级 [M]. 南京：南京大学出版社，2006.
[5] 米尔斯．美丽的标价：模特行业的规则 [M]. 上海：华东师范大学出版社，2018.
[6] 姚建华．媒介产业的数字劳工 [M]. 北京：商务印书馆，2017.
[7] 盖伊·史坦丁．不稳定无产阶级：一个因全球化而生的当代新危险阶级，他们为何产生，将造成什么问题，社会又该如何因应？ [M]. 脸谱，2019.
[8] 项飚．全球“猎身”：世界信息产业和印度的技术劳工 [M]. 北京：北京大学出版社，2012.
[9] 姚建华．传播政治经济学视域下的媒介产业数字劳工研究 [J]. 南京社会科学，2018，374(12)：122-128.
[10]Ellul J,Wilkinson J,et al.The technological society[M].New York:Vintage books,1964.
[11]Fast K,Örnebring H,et al.Metaphors of free labor:a typology of unpaid work in the media sector.Media[J].Culture & Society,2016,38(7):963-978.
[12]Freeman C.High Tech and High Heels in the Global Economy:Women,Work,and Pink-Collar Identities in the Caribbean[M].London:Duke University Press,2000.
[13]Fuchs C.Digital Labour And Karl Marx[M].London:Routledge,2014.
[14]Guest R H,Blauner R.Alienation and Freedom:The Factory Worker and His Industry[J].Technology and Culture,1965.
[15]Knox H,Walford A.Is There An Ontology To The Digital?[J].Theorizing the Contemporary,Cultural Anthropology Website,2016.
[16]Julian Kücklich.Precarious Playbour:Modders and the Digital Games Industry[J].Fibreculture Journal,2005(5).